México

Pedro Ángel Palou

México

 Planeta

Nota del autor

Aquellas ciudades que permanecen habitadas transforman su esencia a lo largo del tiempo, porque son las personas de carne y hueso las que les dan forma. Las ciudades son seres vivos que crecen, se multiplican y mueren irremediablemente. La Ciudad de México ha sido una curiosa ave fénix que se ha repuesto de la destrucción —cuando era Tenochtitlan—, de las inundaciones, los sismos, las epidemias.

Cuatro familias principales transitan en las páginas de esta novela. Algunas veces se entrelazan sus historias, sus vidas, sus sueños, sus pesadillas. Una de ellas no arriba sino hasta finales del siglo XIX, las demás están casi desde el principio. Lo han visto todo, como sus edificios y sus calles. Lo han padecido y gozado también. Esta novela es una invitación a una larga caminata por la Muy Noble y Muy Leal Ciudad de México, de la mano de algunos de sus ilustres y no tan ilustres ciudadanos.

FAMILIA
CUAUTLE

Tenampi Cuautle
15?? - 1519

Leonor Ixtlilpactzin
Cuautle de Marmolejo ✗ Antonio Marmolejo
1511 - 15??   15?? - 15??

Diego Opochtli
Cuautle
1512 - ??

•> ¿?
Cuautle
1533 - 15??

•> ¿?
Cuautle
1560 - 15??

Felipe Marmolejo
Cuautle
1525 - 15??

Catalina Marmolejo
Cuautle ✗ Diego Santoveña
1527 - 15??   1525 - 15??

Fernando Santoveña
Marmolejo
1544 - ??

Diego
Santoveña
1550 - 15??

Santoveña de Jerez
de la Frontera
1575 - 16??

Gonzalo Santoveña
Monroy
1600 - 16??

Enrique Santoveña
Monroy
1601 - 16??

Agustín Santoveña
Vélez
1625 - 16??

•> Descendencia   ✗ Unión
matrimonial

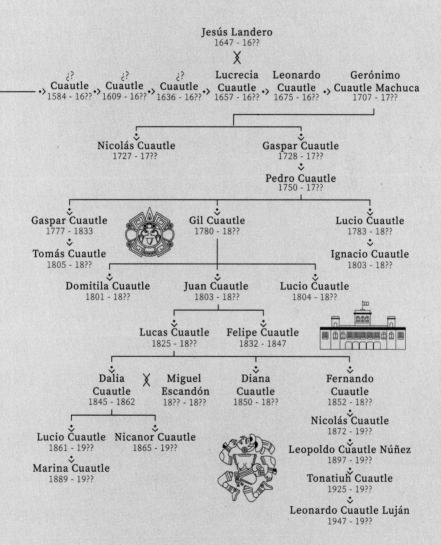

Jesús Landero
1647 - 16??

¿?
Cuautle
1584 - 16??

¿?
Cuautle
1609 - 16??

¿?
Cuautle
1636 - 16??

Lucrecia
Cuautle
1657 - 16??

Leonardo
Cuautle
1675 - 16??

Gerónimo
Cuautle Machuca
1707 - 17??

Nicolás Cuautle
1727 - 17??

Gaspar Cuautle
1728 - 17??

Pedro Cuautle
1750 - 17??

Gaspar Cuautle
1777 - 1833

Gil Cuautle
1780 - 18??

Lucio Cuautle
1783 - 18??

Tomás Cuautle
1805 - 18??

Ignacio Cuautle
1803 - 18??

Domitila Cuautle
1801 - 18??

Juan Cuautle
1803 - 18??

Lucio Cuautle
1804 - 18??

Lucas Cuautle
1825 - 18??

Felipe Cuautle
1832 - 1847

Dalia
Cuautle
1845 - 1862

Miguel
Escandón
18?? - 18??

Diana
Cuautle
1850 - 18??

Fernando
Cuautle
1852 - 18??

Lucio Cuautle
1861 - 19??

Nicanor Cuautle
1865 - 19??

Nicolás Cuautle
1872 - 19??

Marina Cuautle
1889 - 19??

Leopoldo Cuautle Núñez
1897 - 19??

Tonatiuh Cuautle
1925 - 19??

Leonardo Cuautle Luján
1947 - 19??

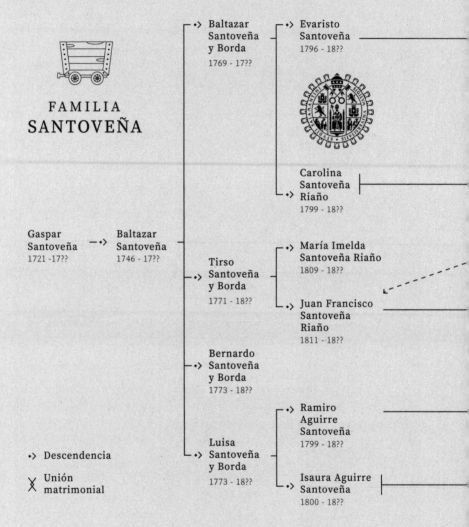

FAMILIA
SANTOVEÑA

Gaspar
Santoveña
1721 -17?? —·> Baltazar
Santoveña
1746 - 17??

·> Baltazar
Santoveña
y Borda
1769 - 17??

·> Evaristo
Santoveña
1796 - 18??

·> Carolina
Santoveña
Riaño
1799 - 18??

·> Tirso
Santoveña
y Borda
1771 - 18??

·> María Imelda
Santoveña Riaño
1809 - 18??

·> Juan Francisco
Santoveña
Riaño
1811 - 18??

·> Bernardo
Santoveña
y Borda
1773 - 18??

·> Luisa
Santoveña
y Borda
1773 - 18??

·> Ramiro
Aguirre
Santoveña
1799 - 18??

·> Isaura Aguirre
Santoveña
1800 - 18??

·> Descendencia

✕ Unión
matrimonial

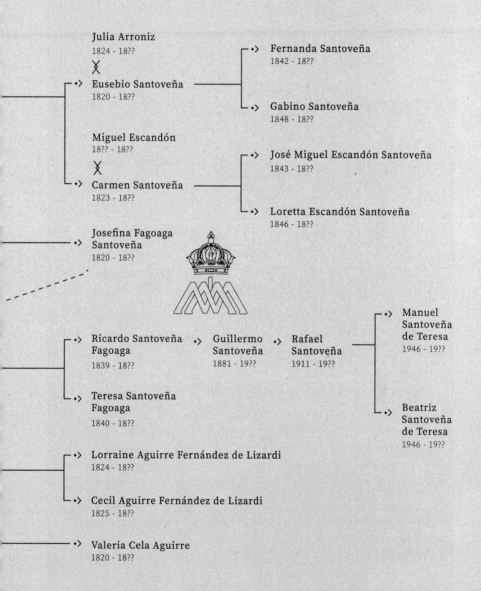

Julia Arroniz
1824 - 18??

Eusebio Santoveña
1820 - 18??

Fernanda Santoveña
1842 - 18??

Gabino Santoveña
1848 - 18??

Miguel Escandón
18?? - 18??

Carmen Santoveña
1823 - 18??

José Miguel Escandón Santoveña
1843 - 18??

Loretta Escandón Santoveña
1846 - 18??

Josefina Fagoaga
Santoveña
1820 - 18??

Ricardo Santoveña
Fagoaga
1839 - 18??

Guillermo
Santoveña
1881 - 19??

Rafael
Santoveña
1911 - 19??

Manuel
Santoveña
de Teresa
1946 - 19??

Beatriz
Santoveña
de Teresa
1946 - 19??

Teresa Santoveña
Fagoaga
1840 - 18??

Lorraine Aguirre Fernández de Lizardi
1824 - 18??

Cecil Aguirre Fernández de Lizardi
1825 - 18??

Valeria Cela Aguirre
1820 - 18??

FAMILIA
LANDERO

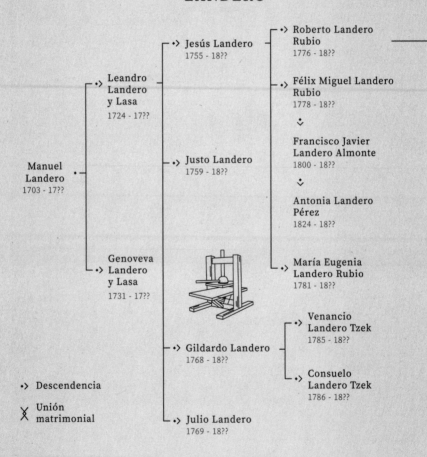

Manuel
Landero
1703 - 17??

Leandro
Landero
y Lasa
1724 - 17??

Genoveva
Landero
y Lasa
1731 - 17??

Jesús Landero
1755 - 18??

Justo Landero
1759 - 18??

Gildardo Landero
1768 - 18??

Julio Landero
1769 - 18??

Roberto Landero
Rubio
1776 - 18??

Félix Miguel Landero
Rubio
1778 - 18??

Francisco Javier
Landero Almonte
1800 - 18??

Antonia Landero
Pérez
1824 - 18??

María Eugenia
Landero Rubio
1781 - 18??

Venancio
Landero Tzek
1785 - 18??

Consuelo
Landero Tzek
1786 - 18??

Descendencia

Unión
matrimonial

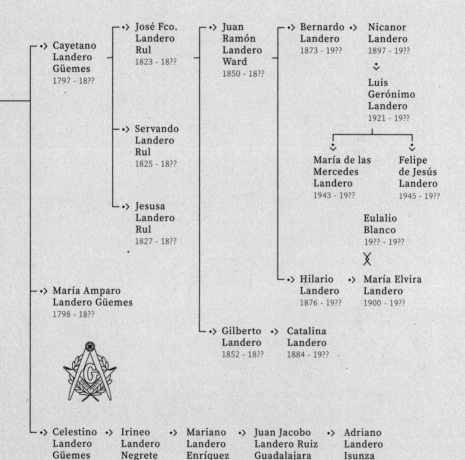

•› Cayetano
Landero
Güemes
1797 - 18??

•› José Fco.
Landero
Rul
1823 - 18??

•› Servando
Landero
Rul
1825 - 18??

•› Jesusa
Landero
Rul
1827 - 18??

•› Juan
Ramón
Landero
Ward
1850 - 18??

•› Bernardo
Landero
1873 - 19??

•› Nicanor
Landero
1897 - 19??

Luis
Gerónimo
Landero
1921 - 19??

María de las
Mercedes
Landero
1943 - 19??

Felipe
de Jesús
Landero
1945 - 19??

Eulalio
Blanco
19?? - 19??

•› Hilario
Landero
1876 - 19??

•› María Elvira
Landero
1900 - 19??

•› María Amparo
Landero Güemes
1798 - 18??

•› Gilberto
Landero
1852 - 18??

•› Catalina
Landero
1884 - 19??

•› Celestino
Landero
Güemes
1801 - 18??

•› Irineo
Landero
Negrete
1822 - 18??

•› Mariano
Landero
Enríquez
1848 - 18??

•› Juan Jacobo
Landero Ruiz
Guadalajara
1878 - 19??

•› Adriano
Landero
Isunza
1900 - 19??

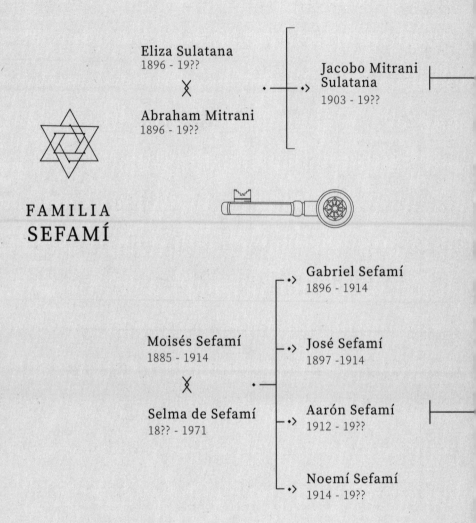

Eliza Sulatana
1896 - 19??

✗

Abraham Mitrani
1896 - 19??

Jacobo Mitrani
Sulatana
1903 - 19??

FAMILIA
SEFAMÍ

Gabriel Sefamí
1896 - 1914

Moisés Sefamí
1885 - 1914

✗

Selma de Sefamí
18?? - 1971

José Sefamí
1897 -1914

Aarón Sefamí
1912 - 19??

Noemí Sefamí
1914 - 19??

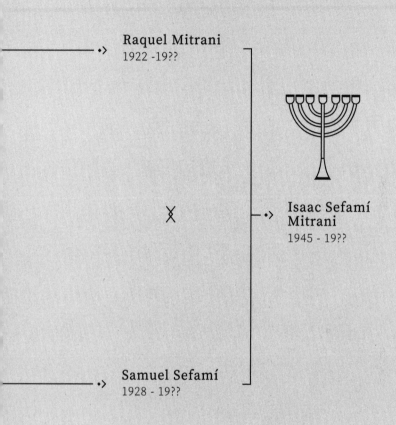

Raquel Mitrani
1922 -19??

Isaac Sefamí Mitrani
1945 - 19??

Samuel Sefamí
1928 - 19??

•> Descendencia ✕ Unión matrimonial

Cuando uno extraña un lugar, lo que realmente extraña es la época que corresponde a ese lugar; no se extrañan los sitios, sino los tiempos.

MARCEL PROUST

LA CIUDAD ANTES
LLAMADA TENOCHTITLAN

1. Calzada
   Tlacopan

2. Casa de
   Moctezuma II

3. Casa de
   Cuauhtémoc

4. Calzada de
   Iztapalapan

5. Aviario de
   Moctezuma II

6. Calzada
   Tepeyácac

7. Embarcadero
   de Tetzcoco

8. Embarcadero
   de Tetzcoco

9. Acueducto de
   Chapultepec

10. Centro
    Ceremonial Mayor

11. Calzada
    Tenayucan

La Gran Tenochtitlan en 1514. Ilustración libre a partir del Mapa de Núremberg

PRIMERA
PARTE

1

1526

¿Es esta su ciudad? ¿Es acaso este su nombre?

La ciudad se llamaba Tenochtitlan, y el nombre de él era Opochtli, el de la mano izquierda, porque siempre dibujaba con esa mano, a pesar de la oposición de su padre, Tenampi Cuautle. No conserva su nombre, ha perdido su altépetl.

Todo su mundo ha sido sepultado en las ruinas de la ciudad. Su padre prefirió quitarse la vida antes de perecer por la mano de los españoles, dejándolo en la orfandad a él y a su hermana. Como los cadáveres amontonados en las calzadas, hediendo y pudriéndose así sus recuerdos de esos días finales. Han pasado ya más de cinco años y ahora este lugar se llama Ciudad de México, capital de la Nueva España, y a él le han cambiado también el nombre: ha pasado a llamarse Diego. Así lo han bautizado. A él, como a otros pocos *grandes,* les han dejado conservar el apellido; a los demás también eso les han quitado. Diego Cuautle habla mexicano y castilla, y ahora también el latín de los frailes. Ellos dirían que corre el año del Señor de 1526.

Pero sigue siendo en su lengua materna que se pregunta si esta es su ciudad aún, si debajo de los recuerdos y los cadáveres y las casas destruidas ha quedado algo de él, de los suyos.

Hubiese estudiado, como su padre, en el calmécac. En cambio, los frailes se lo han llevado a su casa cerca del Templo Mayor, donde están edificando un convento grande que llamarán San José de los Naturales. Él los acompaña muy seguido a ver las obras. Quieren que siga estudiando y luego se ordene, como ellos, de sacerdote.

Le ha tomado cariño uno de los frailes que llegó apenas hace dos años, fray Toribio. A los frailes los recibieron Cortés, Pedro de Alvarado y Cuauhtémoc entre fiestas que duraron varios días. A fray Toribio no solo le interesa que dibuje o le lea antiguos libros de figuras, sino que le cuente de su vida personal antes de la destrucción de la ciudad. Que le refiera todo acerca de su fundación, de la llegada de su pueblo al valle, de los esplendores de Tenochtitlan.

Esta mañana de septiembre apenas clarea y se despeja el cielo de una incipiente llovizna. Fray Toribio lo invita a salir del convento, a que lo acompañe a comprar unas cosas junto al Portal de Mercaderes, que estaba en obra. Todo el lugar era un lodazal y se inundaba mucho. Caminan un largo tiempo hasta ahí, al lado del edificio del Primer Cabildo, en esta que ya no es su ciudad, sino la que ellos, los teules, llaman Ciudad de México.

Lejanos parecían los días de la limpieza del altépetl, cuando Hernán Cortés se fue a vivir a Coyohuacan mientras mandaba sepultar los miles de cadáveres que hacían imposible el tránsito. La fetidez aún no la abandona, y sabe que así será mientras camina por las calles recientes de la nueva traza de la ciudad que el capitán Malinche, como le llamaban a Cortés, mandó a hacer a Alonso García Bravo. A ese soldado, a quien los españoles llamaban buen geométrico, se le pidió que hiciera la nueva delineación allí donde antes estaban el Templo Mayor y las casas del tlatoani Moctezuma y de sus principales. Ahora ni siquiera se puede caminar por los tantos *indios* —así les llaman los teules a los mexicas porque equivocadamente un marino, Cristóbal Colón, creyó que en estas tierras se hallaban las Indias, según le han explicado los frailes en Tlaltelolco.

Indios y españoles van y vienen en un frenesí de construcción. Todos quieren tener una casa, o mejor un pequeño fuerte, en el solar que les ha sido asignado por ganar la guerra y destruir a los suyos. El propio Cuauhtémoc, quien vivía ahora en Tlaltelolco, en un palacio que llaman el Tecpan, fue puesto al frente de quienes limpiaban la ciudad y él tenía que pedirles a sus antiguos súbditos que destruyeran las casas y los templos para edificar la ciudad nueva. ¡De dónde iban a sacar las piedras para tanta y tanta casa solariega! Los predios repartidos a estaca y cordel. Si el español fue conquistador tiene derecho a propiedad de dos solares, pero deberá construir en ellos o podría perderlos.

—Mala costumbre de esta tierra —le dice fray Toribio a Diego—, porque los indios hacen las obras y a su costa buscan los materiales y pagan a los pedreros y carpinteros. He visto que si no traen de comer ayunan para seguir trabajando.

—No es costumbre, Motolinía, es por obligación. Les pegan o los maltratan. No sabe cuántos ya han muerto por andar acarreando piedras de un lado para otro. No es vida para ellos, pero no tienen elección.

—¿Por qué me dices *Motolinía*, hijo? —A Diego le molestaba aún que fray Toribio le llamara así, como si su padre verdadero no hubiese muerto por culpa de ellos, de los teules.

—¿No le han dicho? Por pobre, pero también por lástima. Repito lo que oigo. Todos le llamamos así porque nos causa compasión la pobreza de su ropa rota y vieja.

—Fue el viaje desde Veracruz hasta aquí, o quizá la misma travesía, la que nos destruyó los hábitos. Pero me gusta el nombre. Creo que cambiaré el mío. Dejaré de llamarme Benavente. ¿Me dirías Toribio Motolinía? Es la primera palabra que aprendo de tu idioma. Es como si tú también, hijo mío, me hubieses bautizado. Será más fácil además para vosotros llamarme así.

Caminan por la plaza Mayor rumbo al predio que será el nuevo convento. Hernán Cortés ha edificado un hospital en el lugar donde él y el tlatoani Moctezuma se encontraron por vez primera. Se contempla desde unas calles antes el Hospital de Jesús, a donde también Motolinía va algunos días a oficiar misa. A Diego le ha impresionado el artesonado del techo y la hermosura del edificio. Ahora lo ha acompañado a socorrer enfermos y bautizar niños recién nacidos. Bautizar es una obsesión para Motolinía, piensa que solo así estas gentes como él dejarán de ser bestias para ser salvados por su Dios.

Es viernes y el carcelero mayor tiene permiso de salir a pedir limosna por las calles. Se lo topan de frente y le pide monedas al fraile. No tiene ni dónde caerse muerto. Menos aún Diego Cuautle, tlacuilo devenido en informante y lazarillo de caminantes. El carcelero convertido en mendigo se da de bruces contra un grupo de indios que arrastran en carreta enormes piedras. Una mula cansada les sirve de ayuda. Hace tiempo que hay que cuidar a los animales. Una ordenanza prohibió que anduviesen sueltos por las calles, so pena de confiscarlos a sus dueños. Ahora están guardados en los solares, muchas veces amarrados.

Esta es la ciudad del barullo, de la construcción y de las ordenanzas. Todo quiere tasarse, medirse, regularse. Mientras esto ocurre, la antigua Tenochtitlan se ha convertido en la Ciudad del Caos. La plaza de Armas repleta de comerciantes ha obligado al cabildo a exigirles a los dueños de las mansiones que construyan unos soportales para socorrer a los mercaderes y protegerlos así de las inclemencias del tiempo. El Portal de Mercaderes está en pleno levantamiento, otra obra más.

—Esta es una ciudad con prisa —le dice fray Toribio—, todo el mundo está preso de urgencia ante las multas y las nuevas reglas. Un marco de oro, hijo, debe pagar quien no haya limitado aún su propiedad y puesto puertas hacia la calle. Pero no todo soldado es Hernán Cortés, cuyo palacio (porque eso no es una casa, míralo) ha requerido seiscientas vigas de cedro. Nadie puede salir tampoco a sus pueblos de encomienda, so pena de perderla, porque hay tan pocos españoles que se teme un levantamiento de indios. Hace dos años les dieron plazo para cercar sus solares o podrían perderlos.

Diego Cuautle piensa, a pesar del cariño que le tiene a Motolinía, que eso estaría bien. Diezmada la ciudad de conquistadores no sería difícil tomarla por asalto, reducirlos a nada. Pero guarda silencio. Fray Toribio le señala la calzada de Tacuba, antes Tlacopan, y le comenta que se han repartido ya varias huertas a lo largo a nuevos vecinos. Seguirán llegando españoles como murciélagos, ciegos y rapaces, a ocupar cada vara de la ciudad.

Van hacia lo que será el convento de San Francisco, el fraile quiere supervisar la obra de la casa y de la iglesia. Cuarenta indios trabajaron asombrados con la bóveda de la iglesia, maravillados de que no se viniese abajo cuando se descimbró. Ahora están decorando los retablos y dando los toques finales. En un par de meses se trasladarán todos aquí. Se lo comenta a Diego. Uno de los albañiles, Lopillo, siempre se acerca a fray Toribio e intenta besarle las manos. El fraile lo ataja y le da un abrazo. Se ha vuelto un tallador de madera y esta vez le muestra a Motolinía una escultura de san José que está terminando. Justo hoy también Diego ha dado por concluido su libro de figuras sobre la consagración del Templo Mayor. Cuando van de regreso a casa pasan por allí, después de cruzar la plaza. No se han atrevido aún a destruirlo, pero Diego sabe que no tardan en desmantelarlo piedra por piedra hasta no dejar nada. Se acuerda de cómo Pedro de Alvarado destruyó las piedras de sacrificio y la imagen de Huitzilopochtli, el Colibrí Hechicero. Zurdo como él. Dios de la Guerra y el Sol. Los cien escalones del Templo Mayor se yerguen, empecinados, ante la extraña pareja.

—Vi tu libro de figuras hoy, hijo. Es hermoso y me ayuda tanto a entenderos. El año 8-caña es en realidad el año del Señor de 1487, cuando consagrasteis vuestra diabólica mezquita. —Diego no se acostumbra a que se refiera así a la antigua religión que no desea desaparecer, así como así, pero como con tantas otras cosas guarda un silencio manso—. Ahuízotl sucedió a Tízoc y a él se le debe el punto final de la obra.

—Espinoso de agua.

—¿Cómo?

—Ahuízotl, «espinoso de agua». Tízoc quiere decir «pierna enferma». Este último fue quien realmente inició el templo. Muchos años tardó su construcción, padre.

Cada vez que le llama así se detiene de súbito, recuerda el otro significado del vocablo y siente rabia. Recuerda su orfandad. No tiene nada, le han quitado todo. Ni siquiera su antigua ropa. Ahora viste ese tosco hábito de los frailes, que lo acalora. Se siente extraño en su propia tierra. ¿O es que ya no es suya del todo?

—¡Tantas cosas ignoro, hijo!

Llegaron a casa y fray Toribio le pidió que lo acompañara a su celda a *leer* juntos el libro de figuras, pero se encontraron con fray Pedro de Gante y mejor sacaron unas modestas sillas de palo al patio; los tres estaban viendo los dibujos de Diego Cuautle y escuchando sus explicaciones. La primera lámina era más bien un mapa. El lago de Texcoco ocupaba buena parte de la superficie del plano. Con el dedo él les indica cómo desde Iztapalapan se sigue hacia el norte al pie de los cerros del Tepeyácac, al oriente hacia Chapoltepec. Más allá, al sur, Xochimilco, otro lago unido por un canal con mucha corriente. Y les señala el islote mexica donde se hallan ahora, unido apenas por las calzadas que los españoles dejaron intactas, como las que conducen a Tacuba o Tlaltelolco. Les muestra los barrios *profa-*

nos: Moyotlan, lugar de los moscos; Teopan, en el templo del barrio; Atzacualco, donde queda la compuerta de agua; Cuepopan, sobre la calzada.

En medio de ese mapa, hecho de agua y de pequeñas parcelas de tierra, el Templo Mayor y sus setenta y ocho edificios.

—¿Y este otro templo? —pregunta fray Pedro.

—El templo de Tezcatlipoca, el Espejo Humeante. Señor de la Noche.

Los frailes se santiguan. Hablan en latín entre ellos. Siempre lo hacen así, pero él ya ha ido aprendiendo y siente que pronto entenderá todo.

En su dibujo se alternan casas y chinampas, hortalizas y huertos alrededor del templo de tres puertas, una para cada calzada principal. Los canales con sus canoas y el recinto de las fieras y de las aves de Moctezuma, donde ahora se edifica el convento. Es un detalle ponerlo allí, solo como referencia. Ni siquiera lo notan los frailes. No le preguntan nada sobre el lugar. Moctezuma tenía aves de todos los confines, cientos de ellas, para contemplarlas, para escucharlas cantar, pero también por la hermosura de sus plumas que adornaban los penachos y los escudos de sus guerreros.

—Has dibujado bien el lugar de los sacrificios endiablados —dice Motolinía y señala la piedra encima del templo, entre las dos columnas. La sangre brota del guerrero.

—*Téchcatl* es el nombre de la piedra. No solo son prisioneros de guerra, también enanos, albinos, niños, sacerdotes, músicos, prostitutas, esclavos. Todo dependía de la ceremonia.

Después de comer con los frailes en el humilde refectorio un caldo de guajolote —que llamaban gallina de la tierra— y pan, va a la biblioteca a escribir y dibujar. No le gusta el pan, prefiere la tortilla. Pero a los frailes les encanta, van todos los días al molino y traen su masa y hornean hogazas duras y sin sabor que mastican con las dentaduras viejas. Diego tiene que mojar el pan si quiere encontrarle alguna gracia.

En la biblioteca, que no es otra cosa que un cuarto con mesas toscas y taburetes y una estantería que guarda unos pocos volúmenes, él se refugia. Le han enseñado a leer y a escribir en castellano y empieza con fray Pedro clases de latín. Prefiere no leer los gruesos libros de los hermanos. Se guarda en sus libros de figuras, en las listas de vocablos que le piden que ponga en dos idiomas. En algunas ocasiones acompaña a otros frailes al mercado de San Juan, el mercado de indios, por plantas medicinales. Le han enseñado a dibujar las plantas como a ellos les gusta y él debajo pone el nombre en mexicano y en castellano. Al menos treinta dibujos ya les ha hecho. Motolinía le pide explicaciones y anota en un pergamino las que llama *relaciones*, aunque Diego solo les diga historias viejas, las que escuchó en casa y que seguramente su padre y el padre de su padre oyeron antes de sus mayores. Si no fuera por él, piensa, cómo se enterarían los frailes de la naturaleza verdadera de las cosas de la que llaman Nueva España.

Para ellos esta ciudad tiene cinco años.

Para él, en cambio, cientos. Es Mexi-co, el lugar del ombligo de la luna.

Es su lago y sus canales, es su tierra y sus chinampas. Aunque la antigua casa de piedra de su padre haya sido destruida. Aunque sus padres hayan muerto. Aunque se empeñen en edificar otra encima.

Se va haciendo tarde en el minúsculo claustro y lo envían a dormir con los suyos. Otros cuatro jovencitos como él, todos *tlacuiloque*. No les gusta a los frailes que hablen en mexicano entre ellos, porque no saben aún suficientes palabras como para entenderlos, pero a ellos no les importa. Tan pronto como se quedan solos cambian de lengua. Ellos mismos tampoco entienden todas las palabras de los frailes, y mientras unos y otros se quedan dormidos solo se escuchan los rezos de los españoles y las palabras inconexas, los insultos de los jóvenes mexicas allí recluidos, evangelizados, bautizados, encerrados.

Diego Cuautle piensa en su hermana. Desde hace días no se puede quitar de la cabeza a Ixtlilpactzin, Carita Alegre. Le ha pedido a fray Toribio que consiga que se puedan ver. Necesita saber cómo está, qué ha sido de ella. Sabe que la han casado con un soldado de Cortés, pero a él no le permitieron asistir a la boda. Pocas, como ella, tuvieron esa suerte. Si a tal destino se le puede llamar de tal forma. *Pipiltin*, hijas de nobles. Algunos de los caciques han podido incluso conservar sus casas en la que llaman calle de la Acequia. Muy pocos, los más cercanos a Moctezuma. A su hermana la llamaron Leonor en el bautismo: doña Leonor Cuautle. Le agregaron *doña* después del casamiento, no tendrá más de quince o dieciséis años. Antonio Marmolejo es su esposo y tiene casa y un buen solar. Hace un año de la boda. ¿Habrán tenido un hijo, una hija? Sabe que viven en la calzada de Iztapalapan y que su casa tiene frente hacia la calle y al acalote, uno de los canales principales que lleva al lago. Calle llena de puentes de piedra, como la de la Acequia, por donde transitan a pie o en canoa miles de personas todos los días. ¡Qué son ellos dos, miserables piedrecitas en medio de la tierra y el lodo y la muerte!

Se duerme pensando en el rostro hermoso y alegre de su hermana. Lanza entonces una maldición en su lengua: esta será la ciudad de los desastres y arrasará con todos, sepultándolos. Será la ciudad de las inundaciones y de los terremotos. Como le ha dicho Motolinía: las siete plagas de Egipto volverán a Tenochtitlan.

Esa será su venganza.

2

1529

Leonor Cuautle de Marmolejo sale de su casa acompañada de dos indias y de un esclavo. Hace años que los esclavos no pueden ir armados, por miedo a que se amotinen, así que su esposo la hace acompañar también de un español recién llegado, un primo que vive con ellos. Ha habido muchos robos y asaltos a plena luz del día. La ciudad ha seguido creciendo en casas y palacios, y más y más calles con vecinos venidos del otro lado del océano. No se habla de otra cosa que del juicio de residencia ordenado contra Hernán Cortés por el rey. El capitán general no está en la Nueva España, así que se le enjuicia en ausencia. Los testigos, a decir de su esposo, son a modo, enemigos todos dispuestos a destruirlo. Muchos antiguos soldados de Cortés se han hecho ricos y han traído esposas de Castilla, deshaciéndose de sus esposas indias, con la complacencia de la Iglesia y de las autoridades. A ella esa mala suerte no la ha tocado aún. Ella ha hecho lo posible por adaptarse a los gustos de su marido y se pone todo lo que él quiere, se viste como una señora española y en su casa se come como en la mejor de Granada, donde vive el emperador, según él mismo presume a sus amigos.

Desearía no acordarse del tiempo no tan lejano cuando ella era Ixtlilpactzin y caminaba sonriente por las calzadas, o iba en la piragua con su hermano. Preferiría olvidar y que el olvido fuera una especie de sueño en el que hubiese despertado no solo con un nombre distinto, sino también con un cuerpo diferente. Los sirvientes la llaman *doña Leonor*, y su esposo —al que tampoco eligió— le ordena o le manda con un simple: *¡Mujer!*, como si hubiese dejado de tener siquiera nombre. Esa *mujer* le ha dado ya dos hijos al capitán Antonio Marmolejo y la casa ha seguido creciendo como su familia, volviéndose para ella cada vez más enorme e inhóspita. Hace ya cinco años que dejó de ver a su hermano Diego. A él, como a todo lo demás, también se lo arrebataron cuando lo mandaron a estudiar a Tlaltelolco. Una vez lo vio en misa. Una sola ocasión. A lo lejos, Opochtli era el mismo debajo del hábito negro. Le sonrió cuando sus ojos grises y tristes se encontraron. Todo este tiempo le ha pedido a su marido que propicie el encuentro, pero Antonio se ha negado. Piensa quizá que aislándola del pasado este se borrará. Que ella será como él. ¡Quién sabe qué es lo que piense Antonio!, hace tiempo que dejó de preguntárselo. Su señor capitán, otro teule, un misterio. Su padre había dibujado un último amoxtli y Diego lo guardó. Después de haberse visto en misa se lo mandó con un criado junto con una vasija con forma de águila. Le dijo claramente que lo cuidase, que lo enterrase. Le escribió en castellano un pequeño recado: «Los teules están destruyendo todos los documentos, toda nuestra memoria. Métslo en esta vasija, ponlo donde nadie nunca lo vea. Es el último recuerdo de nuestro padre. Y destruye este mensaje. Opochtli».

Además de impenetrable, su esposo era también irascible, presto a ataques de ira por cualquier pequeñez. Después de lo ocurrido en casa del capitán Cortés en Coyohuacan hace unos años con su mujer Catalina, a la que llamaban *la Marcaida*, Leonor teme el enojo de los teules. Antonio y ella, con muchos otros capitanes y sus esposas, habían ido a cenar esa noche aciaga a la casa de Cortés. Una hija del mismo Moctezuma Xocoyotzin vivía allí, y Malintzin, a quien ellos llaman *Marina*, y a quien Cortés desechó en el viaje a las Hibueras. Allí la casó con Juan Jaramillo. «El capitán y sus esposas», bromeaba siempre Antonio. «¡Y yo no puedo con una!».

Aquella ocasión la riña había empezado por una cuestión de órdenes a esclavos. Doña Catalina estaba muy molesta con el capitán Solís:

—Veo con enojo que nuevamente se ha tomado la libertad de mandar sobre mis hombres. Se lo he dicho antes: solo yo mando en esta casa y en su gente.

—Lo siento, señora —contestó Solís apenado—, pero no soy yo, sino su marido don Hernán quien los ocupa.

Catalina entonces le amenazó:

—Nunca más nadie se meterá con mis cosas, ¿ha oído?

—¿Con lo vuestro, señora? ¡Yo no quiero nada de lo vuestro! —contestó Cortés riendo.

Eso fue todo. Suficiente para enfurecerla. Don Hernando la reconvino de mala manera, burlándose además de ella.

Doña Catalina salió del salón enojadísima y se encerró en su recámara. La cena continuó como si nada. A Cortés le gustaban las fiestas. En sus aposentos la Marcaida lloraba, y solo su camarera, Ana Rodríguez, la consolaba. Pero todos saben que, en la noche, con el pretexto de confortarla, Cortés en realidad fue a matarla. Una esclava india en la madrugada avisó a doña Ana que algo pasaba en las habitaciones de la pareja. Las dos entraron abriendo la pesada puerta de un golpe. Cortés sostenía en sus brazos a la pobre Catalina Xuárez. Dicen que tenía grandes marcas en el cuello. Las cuentas de oro del hermoso collar que tanto le habían ponderado en la cena estaban desparramadas en la cama deshecha. Ana se atrevió a preguntar:

—¿A qué se deben estos verdugones? —dijo señalándolos—, pobre de mi ama.

—Catalina se desvaneció súbitamente y tuve que agarrarla del collar para que no cayera.

Pretextos. Las sospechas de que el propio Hernán Cortés había asesinado a su esposa corrieron por las calles como una tormenta. Al ser acusado de ello el capitán acusó la insolencia de quien lo consideraba sospechoso:

—¡Quien lo dice vaya por bellaco! ¡Que yo no tengo que dar cuentas a nadie!

El propio Antonio se lo contó a fray Toribio a la semana siguiente. Solo de eso se hablaba entonces. Así que Leonor prefiere hacer como que no escucha y nunca le responde a su marido. Mejor que crea que él lo controla todo, aunque no sea cierto. En las cosas de la casa, manda ella. En sus hijos ella es quien ordena lo que debe hacerse. Parece, oh funesto destino, que todos han olvidado.

Ella se ha entregado, como una náufraga, a sus dos hijos, Felipe y Catalina. Tienen cuatro y dos años. No ha podido tener más descendencia. Han muerto dentro de ella dos niños más y le da mucho miedo volver a quedarse preñada. Estuvo muy cerca de la muerte,

31

según le dijo la partera. A veces piensa que hubiese sido mejor dejar este mundo. Los vivos matan, los muertos viven. En el Mictlan. Antonio no la ha tocado desde entonces, menos mal.

Ahora, se dice, sale a la calle, acompañada, protegida. Le gustaría poder ir a ver a su tío, al que los españoles llaman *el gobernador de los indios*. Su tío es quien ha logrado que no haya más sangre. Al menos así lo piensa Antonio, quien lo respeta por ello. No todos piensan igual. Ha oído decir de él que se ha enriquecido, que es muy descortés con su propia gente. Ella no lo cree. Pobre, lo tiene tan difícil. Nunca quedará bien con nadie, ni con los teules ni con los suyos. Pero él sigue en pie. Y ella sabe que mientras viva tendrá su defensa, su protección. Se siente menos huérfana. Es el hermano de su madre y desde que ella murió, antes de que llegaran los españoles, la ha tenido bajo su manto. Desde niña le cantaba:

> México-Tenochtitlan Altitic
> entre los juncos y las cañas,
> donde se alza el cacto entre las rocas,
> donde el águila se detiene a descansar
> y la serpiente pita y silba,
> donde el águila se relaja, se regocija
> y cena hasta el hastío,
> donde la serpiente sisea
> y los peces brillan,
> donde las verdiazules y amarillas aguas
> se mezclan y hierven
> en el centro del lago
> donde el agua entra,
> donde los juncos y las cañas susurran,
> donde moran los sapos y las serpientes de agua,
> donde el blanco ciprés
> y el frondoso sauce se erigen
> se ha declarado
> que ahí se conocerán el sudor y el esfuerzo.

Y de sudor y de esfuerzo, pero también de derrota, se han hecho sus vidas en el querido altépetl, hoy llamado *ciudad*. Su tío, don Andrés de Tapia Motelchiuhtzin, fue nombrado gobernador por Cortés en 1526, no siendo huey tlatoani, sino solo cuauhtlatoa. Un tipo de noble, pero no un tlatoani, por lo que muchos no lo querían. Además, sin Cortés en la Nueva España el caos se apoderó del gobierno de los españoles, tan dispuestos a la pelea. La llamada Real Audiencia, a cargo de Nuño de Guzmán, fue más cruel que el propio Pedro de Alvarado. Ahora Nuño de Guzmán está lejos de la ciudad, quizá haciendo daño en la llamada Nueva Galicia. Pero se llevó a su tío, Motelchiuhtzin, a la guerra. Ahora Leonor va a ver a su tía y a su sobrino, Hernando —a cuántos, qué desastre, han bautizado con el mismo nombre de Cortés—, quienes lloran también la ausencia del gobernador.

* * *

Don Antonio Marmolejo es muy amigo de quien ha trazado la nueva ciudad española encima del altépetl. Lo convida en casa a menudo. Alonso García Bravo, dice el marido de Leonor, trazó con mano maestra «esta ciudad de Dios». Así la llama. Él decidió, nombrado por Cortés como cartógrafo, dónde iría la llamada Catedral, y mandó limpiar varios solares y puso medidas a la plaza de Armas. En su mapa, que seguía trayendo como un talismán, estaba dibujado el presente, pero también el futuro. Las casas del cabildo, el palacio de los Virreyes. Don Alonso midió personalmente, con ayuda de dos hombres, la longitud y la anchura de las calles y calzadas. Han empezado a hacer puentes entre las calles y los canales. Una tarde Leonor los vio, sobre la mesa, con varios instrumentos, recordar las razones de la traza:

—Aquí el *decumanus maximus*, de oriente a poniente. Aquí el *cardo maximus*. Este es el centro desde el que levanté mis planos.

—Ay, don Alonso, no solo eso. Quizá la ciudad más hermosa del orbe. Entre las sierpes cristalinas de tantas y tantas acequias, cuán largas y anchas, qué planas y rectas las calles. Es usted un gran geométrico.

—El terreno lo ha dictado todo. Desde este punto —volvió a decir, señalando en su dibujo el lugar que ella, Leonor, identificaba más bien como el Templo Mayor. De igual forma ellos hablan de las calles con los nombres que les han puesto, pero ella piensa en los que la han guiado, Tlacopan, Iztapalapan. Ahora las llaman calle del Rastro, calle de las Ataranzas, de Plateros, de Tlapaleros, de Curtidores, de Chiquihuitecas. Les ponen a las calles el nombre de los oficios de las gentes que allí moran y tienen sus establecimientos.

Don Alonso había combatido en muchas batallas y se hallaba enfermo y cansado, pero el rostro se le iluminaba al hablar con Antonio. Le traían una copa de vino y un poco de pan, lo que lo regocijaba como a un niño. En muchas de esas ocasiones había música en casa, lo que la hacía feliz a ella. Era su mayor placer, escuchar esas flautas, esas notas, como si una parvada de pájaros estuviera dentro del patio de su casa. Esa casa que, pese a su soledad, tanto quiere, con su huerta y su vasto jardín hacia adentro.

—Vuestra morada, don Antonio, más que casa, parece fortaleza —le comentaba don Alonso, porque se había erigido cada vez más alta en preocupación de los tantos sucesos de armas y de robos y rapiña que en los últimos años habían asolado a la ciudad.

¿Y su calle? La ahora llamada calle de la Acequia, donde también vivían otras familias de nobles mexicas. A la izquierda la calle de las Canoas, con casas que, en cambio, los españoles pensaban bien macizas, sin gracia, sin artificio, con tupidas rejas en las ventanas y altos balcones. Así los escuchaba conversar. Luego doña Leonor se volvía a abstraer en el encanto de la música.

Acabará pronto la reunión, porque casi ya es la hora de la queda, las campanas de la Catedral tocarán a medianoche. Hay luna llena. Los españoles viven espantados con los que llaman aullidos de un alma en pena. Escuchan a una mujer penando y dicen que no ha podido irse al otro mundo. Se santiguan haciendo la señal de la cruz y corren a sus casas presas de espanto. Algunos aseguran haber visto a esa mujer, vestida con un traje blanquísimo y con un velo tan espeso que le cubre el rostro. Otros más dicen haber contemplado su figura, de lejos, o desde sus ventanas al correr las pesadas cortinas, mientras camina noche tras noche por la plaza Mayor. Afirman que el recién nombrado barrendero de la ciudad, Blasco Hernández, quien tiene la encomienda de mantener las calles limpias, se ha atrevido a seguirla, pero no ha conseguido otra cosa que verla desaparecer en el lago, sumergiéndose en sus aguas. Los españoles la llaman la Llorona.

Esa mujer, piensa Leonor recordando las historias que le contaba su padre, no es otra que la diosa Cihuacóatl, que se les aparece a los teules. No se atreve a decirlo, la acusarían de idólatra o de hereje, la podrían quemar en la hoguera, su marido la despreciaría, pero ella lo sabe. Es Cihuacóatl, mitad mujer y mitad serpiente. Diosa de la Tierra, madre de la fertilidad y de todas las cosas. Ella la llama también Quilatzi, Coatlicue, Coyolxauhqui, Malinalxóchitl, Huitzilincuátec, Yaocíhuatl, con cada uno de sus tantos nombres. Ella abandonó a su hijo Mixcóatl en aquella desierta encrucijada. Por eso regresa y llora, pero no lo encuentra. Solo halla un romo cuchillo de sacrificios. Brama al aire, vocifera y regresa al lago. No hay que temerle.

«¡Oh, hijos míos, que ya ha llegado vuestra destrucción!, ¿dónde os llevaré para que no acabéis de perder?», afirman los españoles que la oyen decir. Pero no puede ser cierto, porque Quilatzi no puede hablar castilla, y en su lengua no la entenderían. Ellos no entienden. Se persignan, corren a sus casas y solo gritan que ahí viene la Llorona si creen haberla escuchado.

* * *

Los payani traían las noticias a las casas de los nobles antes de la llegada de los españoles. Muchas veces eran noticias funestas. Ahora las cartas que vienen desde España alegran o entristecen a quienes las reciben con tantos meses de distancia frente a los sucedidos. Hoy Antonio Marmolejo ha recibido carta y está feliz.

—¡Albricias, mujer! —le grita a doña Leonor—. Se han cumplido mis deseos y mi hermana, doña Isabel, ha decidido acompañarnos en la Nueva España. Llegará en el próximo barco. Será de gran ayuda en la casa, con la educación de nuestros hijos, para que crezcan como los hidalgos que son y un día puedan vivir en España como si allí hubiesen nacido.

Al principio no se atreve, pero luego interrumpe apenas la perorata del marido:

—¿Existe, don Antonio, algún problema con la educación que yo les brindo, con el cuidado que les pongo?

Su marido estalla en carcajadas.

—¡Ay, mujer, qué cosas dices! No sabes nada de religión, ni de geometría ni de teología, ¿cómo piensas que puedes instruir correctamente a tus hijos?

—Los cuido y los crío como me lo ha pedido, señor. No creo que haya falta alguna en mí como madre de esos dos, que son dos pedazos de esmeralda de mi corazón. ¡No me los arrebate, por lo que más quiera!

Su imploración es recibida con la misma risa estruendosa, con la condescendencia de quien se sabe amo y señor. Aun así, ataja:

—¡Descuida, mujer, que nadie piensa arrebatároslos! Será mejor para ellos que aprendan bien su lengua, que no se les escapen todo el tiempo las palabras en mexicano que tanto te gustan. Tú ya hablas bien castilla, como le dices. Entenderás todo lo que mi hermana diga. Podrás, incluso, si lo deseas, acompañarla y así aprender con ellos, ¡mira que te hace tanta falta!

Doña Leonor sabe cuando ha perdido una batalla. Aun así no puede contener las lágrimas. Pide licencia para retirarse a sus aposentos. Ya verá qué estratagemas necesitará para conservar el cariño de sus hijos. El capitán Cortés le quitó a Malintzin a su hijo Martín, de apenas dos años, y luego se lo llevó para siempre a España. Esa sí sería su ruina, que la dejaran aquí, en este lugar que ya no es suyo, sola.

No tiene nada, lo ha perdido todo, a no ser por Felipe y Catalina.

A partir de ese día doña Leonor Marmolejo Cuautle, Ixtlilpactzin, no volverá a dormir tranquila. Le queda una última defensa. No se había atrevido a leer el amoxtli de su padre. Lo dibujó antes de morir y Diego se lo confió como un tesoro. Ahora lo leerá y lo sellará con miel dentro de la vasija que también le entregó su hermano, luego lo ocultará donde Antonio Marmolejo no pueda dar con él. Apenas tiene fuerza, pero lee y sabe que se trata de 1519, el año 1-caña, como dibujó Tenampi, el recordado.

3

1-caña

Un amoxtli de antes de la llegada de los teules

Ardiendo están los templos todos, y las casas comunales... Y todo era como si hubiera batalla... Dignos de compasión son el pobre viejo, la pobre vieja, y los niñitos que aún no razonan. ¿En dónde podrán ser puestos en salvo? Pero... no hay remedio... ¿Qué hacer?... ¿Nada resta? ¿Cómo hacer y en dónde?... Ya se nos dio el merecido... Como quiera que sea, y lo que quiera que sea... ya tendremos que verlo con asombro.

La visión de los vencidos

Es un dibujante de amoxtli, los que los teules llaman libros de figuras. Debe explicar cómo se va a terminar ese sol, el quinto. Un gran temblor está por venir. Eso le decían los viejos sacerdotes. Es el quinto sol, el último. Se destruirá la Tierra. Lo sabían los teotihuacanos. Así ha ocurrido cuatro veces antes de este final, en la vida todo se repite: una y otra vez, cien veces.

Ometéotl, el señor de los mantenimientos, protege al tiempo y al calendario; Cipactli, que lleva la Tierra en sus espaldas. El último signo del calendario es cuidado por la estrella durmiente, Xóchitl. Son los únicos que vivieron antes de que iniciara el tiempo. Serán los únicos sobrevivientes de la destrucción final...

¿Ellos dos, Ometéotl y Cipactli, lograrán que el mundo renazca? No lo sabe. Solo dibuja lo que le dijeron, lo que sabían sus antepasados en Teotihuacan.

El lugar se llama Omeyocan. *Allí donde se fabrican los hijos de los hombres.* En ese lugar han estado siempre los dos ancianos, Ometecuhtli y Omecíhuatl. Nacer es descender del cielo. Morir, su consuelo, consiste en regresar allí.

Aquí se cuenta: de Omecíhuatl nació un cuchillo de pedernal para el sacrificio. Cayó en el norte y de él nacieron mil seiscientos dioses: legión infinita precedida por Xipe Tótec, el Tezcatlipoca Rojo, dios del Este y del Amanecer; de Tezcatlipoca Negro, dios del Norte, la Noche y del Frío, y de Quetzalcóatl, Tezcatlipoca Blanco del Oeste y del sol que se pone, como él: sol poniente, sol del crepúsculo. Huitzilopochtli, dios del Sur, Tezcatlipoca Azul, sol del mediodía.

Seiscientos años descansaron estos dioses antes de crear el fuego, el tiempo, el Mictlan y sus dioses propios, los trece cielos, las aguas y sus dioses particulares. Cipactli, el monstruo y la tierra también nacieron entonces. Ese fue el primer sol.

Cuatro soles preceden al suyo. ¡Nefasto día cuatro en el que ha perecido cada uno! El sol del jaguar, el sol del viento, el sol de la lluvia y el sol del agua. Un temblor de tierra, está escrito, terminará con este mundo del que él solo es una brizna de polvo.

Primero la Tierra estuvo poblada de gigantes, pero el sol se detuvo y en la oscuridad de las tinieblas las fieras devoraron a los pobladores. Luego un terrible huracán convirtió en monos a los hombres.

Más tarde, en el año 4-lluvia, el fuego cayó del cielo y los hombres se convirtieron en guajolotes. En el 4-agua, un diluvio de cincuenta y dos años dejó las montañas sumergidas y los hombres se convirtieron en peces, salvo una pareja que protegió Tezcatlipoca. Los subió a una canoa tallada en un tronco de ahuehuete, cada uno con su mazorca de maíz. Ellos lo desobedecieron al encender el fuego para comerse un pez. Les cortó los pescuezos y les cosió las cabezas a las nalgas: los convirtió en perros.

Xólotl y Quetzalcóatl subieron del Mictlan los huesos de los muertos y con paciencia los regaron con su propia sangre. Hambre y terremotos, dicen los textos, terminarán con este sol, el de movimiento.

Por eso él dibuja este último amoxtli, ahora que los teules han acabado con Tenochtitlan, ahora que la gran ciudad ha desaparecido para siempre, como antes ocurrió a Teotihuacan.

Allí empezó a enderezarse el camino, en este sol.

Mucho antes, se dice que cuando aún era de noche, cuando aún no había luz, cuando aún no amanecía, dicen que se juntaron, se llamaron unos a otros los dioses, allá en Teotihuacan.

Dos dioses se arrojaron al fuego por decisión de todos los otros: de ellos nacieron la noche y el día. Sus montes les hicieron y esos montes son ahora del Sol y de la Luna.

Tuvieron valor y se arrojaron al fuego, para que se hicieran todas las cosas.

Y Nanahuatzin de una vez vino a tener valor, vino a concluir la cosa, hizo fuerte su corazón, cerró sus ojos para no tener miedo. No se detuvo una y otra vez, no vaciló, no se regresó. Pronto se arrojó a sí mismo, se lanzó al fuego, se fue a él de una vez. En seguida allí ardió su cuerpo, hizo ruido, chisporroteó al quemarse. Y cuando Tecuciztécatl vio que ya ardía, al momento se arrojó también en el fuego. Bien pronto, él también ardió. Y según se dice, se refiere, entonces también remontó el vuelo un águila, los siguió, se arrojó súbitamente en el fuego, se lanzó al fogón cuando todavía seguía ardiendo. Por eso sus plumas son oscuras, están requemadas. Y también se lanzó el jaguar, vino a caer cuando ya no ardía muy bien el fuego. Por ello solo se pintó, se manchó con el fuego, se requemó con el fuego. Ya no ardía este mucho. Por eso solo está manchado, solo tiene manchas negras, solo está salpicado de negro.

Dicen que allí estuvo, que allí se recogió la palabra. He aquí lo que se dice, lo que se refiere: aquel que es capitán, varón esforzado, se le nombra águila-jaguar. Vino a ser primero el águila, según se dice, porque ella entró primero en el fuego. Y el jaguar vino después. Así se pronuncia conjuntamente, águila-jaguar, porque este último cayó después en el fuego.

Así sucedió: cuando los dos se arrojaron al fuego, se hubieron quemado, los dioses se sentaron para aguardar por dónde habría de salir Nanahuatzin, el primero que cayó en el fogón para que brillara la luz del sol, para que hiciera el amanecer. Cuando ya pasó largo tiempo de que así estuvieron esperando los dioses, comenzó entonces a enrojecerse, a circundar por todas partes la aurora, la claridad de la luz. Y como se refiere, entonces los dioses se pusieron sobre sus rodillas para esperar por dónde habría de salir el sol. Sucedió que hacia todas partes miraron; sin rumbo fijo dirigían la vista, estuvieron dando vueltas. Sobre ningún lugar se puso de acuerdo su palabra, su conocimiento. Nada coherente pudieron decir. Algunos pensaron que habría de salir hacia el rumbo de los muertos, el norte. Otros más, de la región de las espinas, hacia allá se quedaron mirando. Por todas partes pensaron que saldría porque la claridad de la luz lo circundaba todo. Pero algunos hacia allá se quedaron mirando, hacia el rumbo del color rojo, el oriente. Dijeron: en verdad de allá, de allá vendrá a salir el sol.

Fue verdadera la palabra de quienes hacia allá miraron, que hacia allá señalaron con el dedo. Como se dice, aquellos que hacia allá estuvieron viendo fueron Quetzalcóatl, el segundo nombrado Ehécatl y Tótec, o sea el señor de Anáhuac, y Tezcatlipoca Rojo. También aquellos que se llaman Mimixcoa y que no pueden contarse y las cuatro mujeres llamadas Tiacapan, Toicu, Tlacoiehue, Xocóiotl. Y cuando el sol vino a salir, cuando vino a presentarse, apareció como si estuviera pintado de rojo. No podía ser contemplado su rostro, hería los ojos de la gente, brillaba mucho, lanzaba ardientes rayos de luz, sus rayos llegaban a todas partes, la irradiación de su calor por todas partes se metía.

Y después vino a salir Tecuciztécatl, que lo iba siguiendo; también de allá vino, del rumbo del color rojo, el oriente, junto al sol vino a presentarse. Del mismo modo como cayeron en el fuego así vinieron a salir, uno siguiendo al otro. Y como se refiere, como se narra, como son las consejas, era igual su apariencia al iluminar las cosas. Cuando los dioses los vieron, que era igual su apariencia, de nuevo, una vez más, se convocaron, y dijeron: «¿Cómo habrán de ser, oh dioses? ¿Acaso los dos juntos seguirán su camino? ¿Acaso los dos juntos así habrán de iluminar las cosas?».

Pero entonces todos los dioses tomaron una determinación, dijeron: «Así habrá de ser, así habrá de hacerse».

Entonces uno de esos señores, de los dioses, salió corriendo. Con un conejo fue a herir el rostro de aquel, de Tecuciztécatl. Así oscureció su rostro, así le hirió el rostro, como hasta ahora se ve.

Ahora bien, mientras ambos se seguían presentando juntos, tampoco podían moverse, ni seguir su camino. Solo allí permanecían, se quedaban quietos. Por esto, una vez más, dijeron los dioses: «¿Cómo habremos de vivir? No se mueve el sol. ¿Acaso induciremos a una vida sin orden a los seres humanos? ¡Que por nuestro medio se fortalezca el sol! ¡Muramos todos!».

Luego fue oficio de Ehécatl dar muerte a los dioses. Y como se refiere, Xólotl no quería morir. Dijo a los dioses: «¡Que no muera yo, oh dioses!».

Así mucho lloró, se le hincharon los ojos, se le hincharon los párpados. A él se acercaba ya la muerte; ante ella se levantó, huyó, se metió en la tierra del maíz verde, se le alargó el rostro, se transformó, se quedó en forma de doble caña de maíz, dividido, lo que llaman los campesinos con el nombre de Doble Labrador. Pero allá en la sementera del maíz fue visto. Una vez más se levantó delante de ello, se fue a meter en un campo de magueyes. También se convirtió en maguey, en maguey que dos veces permanece, el que se llama Doble Maguey. Pero una vez más también fue visto, y se metió en el agua, y vino a convertirse en ajolote. Pero allí vinieron a cogerlo, así le dieron muerte.

Y dicen que, aunque todos los dioses murieron, en verdad no con esto se movió, no con esto pudo seguir su camino el dios Tonatiuh. Entonces fue oficio de Ehécatl poner de pie al viento, con él empujar mucho, hacer andar el viento. Así él pudo mover el sol, luego este siguió su camino. Y cuando este ya anduvo, solamente allí quedó la luna. Cuando al fin vino a entrar el sol al lugar por donde se mete, entonces también la luna comenzó a moverse. Así, allí se separaron, cada uno siguió su camino. Sale una vez el sol y cumple su oficio durante el día. Y la luna hace su oficio nocturno, pasa de noche, cumple su labor durante ella.

Es el relato de los mayores que él dibuja para que no se pierda nunca. Cuando termine enrollará el libro de figuras, lo guardará en una vasija de cerámica con forma de águila y utilizará el mismo pedernal de sus abuelos para quitarse la vida. ¿De qué sirve vivir en un mundo que ya ha muerto?

Temblará su cuerpo de frío antes de que tiemble la Tierra y el quinto sol desaparezca.

Se cerrarán sus ojos, oscurecidos antes de la tiniebla última. Lo sabían los viejos y ahora lo sabe él, Tenampi Cuautle, mientras derrama sus lágrimas y se dice que solo se está un tiempo en la Tierra.

Tendrá valor y arderá en el fuego: así habrá de ser, así habrá de hacerse.

En Tenochtitlan se ha hecho de noche, para siempre.

4

1540

Han pasado diez años desde la llegada de Isabel Marmolejo, cuñada de doña Leonor. Diez años ya desde que la verdadera señora *española* se adueñó de la casa, de la servidumbre, del marido, de los hijos. La mala suerte de ser reemplazada por una esposa española quizá hubiera sido mejor, habría compartido a su marido, pero nunca habría dejado de ser la madre de los hijos de don Antonio Marmolejo. En cambio, doña Isabel llegó a hacerse cargo de todo. Doña Leonor perdió su nombre cuando se perdió Tenochtitlan, dejó de tener voz al casarse con don Antonio Marmolejo, con la llegada de doña Isabel se tornó incorpórea, apenas una sombra. ¿Quién era esa *mujer*, que no era ni india ni española? Un vientre grande que iba vaciándose de a poco, como su casa. ¿Había vuelto a ser Ixtlilpactzin?... Menos joven, menos sonriente. No. Oscuridad, sollozos y ruido de enaguas. Eso era todo.

* * *

El puerto de la Vera Cruz era una feria y romería, hacía poco que había llegado la nave de aviso anunciando el pronto arribo de las naos provenientes de España. Eso solo significaba la posibilidad de vender lo que se había producido y de comprar lo que venía de la Península. Un día después de la llegada de la nave de aviso atracaron en el puerto las naos. El arribo de estos barcos era saludado con grandes manifestaciones de júbilo. Aquello era solo bullicio. Las autoridades locales debían subir y cobrar los debidos impuestos y revisar todo lo que traían para dar su asentimiento. Uno de los barcos traía también la correspondencia; los otros, telas finas de Holanda e Italia, vinos españoles y franceses, ron, sedas, frutos secos, gallinas, cerdos, caballos y esclavos. La nave de aviso se preparaba para volver a España con la correspondencia urgente y la noticia de que los navíos habían llegado.

Para descargar los barcos llevaban cargueros de color. Algunas veces los negros que venían en las naos para ser vendidos como esclavos trabajaban en la descarga antes de ser llevados a la feria para ser intercambiados por plata, principalmente a los señores de las plantaciones de caña de la región. Descargaban por mar con pequeñas naves de remos cuando la nave anclaba lejos del puerto, o por los planchones cuando atracaban en el muelle. Había empezado la feria que duraba generalmente un mes. A ella acudían personas de todo el interior de la Nueva España, no solo comerciantes con la plata en la mano, también gente que iba a vender lo que había producido: maíz, caña y frijol. Además, todo aquello proveniente de las minas que iría a parar a las arcas de la Corona. Las calles, la plaza y el puerto se llenaban de olores, estridencias y colores diferentes. Gente distinta, gente nueva. Españoles que venían para quedarse, españoles que esperaban a que la nave estuviera lista para volver a su tierra de origen. Los que no viajaban eran los indios, ni los negros. Los negros habían venido del Viejo Mundo para quedarse, los indios nunca viajarían, salvo algunos nobles que fueron llevados a la corte durante el siglo XVI.

El alcohol no era excepción en las ferias: ron para los señores españoles; pulque o chicha para los demás, los indios. Las ferias traían eso consigo: bullicio y trifulcas. Los humores subían tanto que no faltaba a la mañana siguiente el cuerpo de algún desorientado que se hubiera ahogado o dejado matar en la riña flotando a orillas de la playa. Los burdeles también hacían un buen negocio. Muchos de ellos llenos de niñas indias.

Rumbo a la capital de la Colonia salían enormes carretas escoltadas llenas de cosas traídas de España: telas, vinos, perfumes, encajes, frutos secos, aceites y encurtidos. Todo ello para vender a las familias hispanas instaladas en la capital de la Nueva España.

* * *

La casa es más grande para doña Leonor, así como el vacío que le crece dentro, del que no está al tanto si se origina en su vientre o en la garganta. Solo sabe que desde que se fueron Felipe y Antonio, allí, en el gañote, se le atora todo, lágrimas y pitanza. Se le atasca quizá por días y cuando finalmente cae, es una bola de emociones y carne que cae a un lugar vastísimo lleno de vacío. Ahora que solo está con la niña Catalina, doña Leonor tiene tiempo para repasar lo que ha vivido, y piensa en su hijo Felipe. Ella no sabe si harán de Felipe otro teul, y si él, con el tiempo, habrá de olvidar el rostro de su madre y lo reemplazará con el de la tía Isabel. La partida de su cuñada no le ha devuelto su lugar de señora de la casa. Los diez años de doña Isabel en esa morada de la calzada de Iztapalapan han dejado claro cuál es su lugar. Años atrás, por esa misma calle hubo de entrar Hernán Cortés, el mayor teul del tiempo de los teules, a la gran Tenochtitlan para terminar, junto con sus soldados, con la era de la Triple Alianza. En Tenochtitlan se había hecho de noche para siempre. La calzada de Iztapalapan seguía de pie en un mundo contrario.

Los días de doña Leonor trascurren en su casa, la cocina y los mercados; va al de Tlaltelolco y al de la antigua Tenochtitlan. El templo de los españoles, del que había sido ordenada su edificación en 1524 por Hernán Cortés, estaba cerca del que fuera el Templo Mayor. Allí donde el capitán general, ahora marqués del Valle de Oaxaca, y sus soldados fueran acogidos para descansar los primeros días luego de su llegada a la Tenochtitlan. Incluso allí, tampoco se sentía cómoda doña Leonor. No sabe si añora su tiempo, no sabe si querría ser de nuevo Ixtlilpactzin, porque ahora tiene dos hijos con un señor español.

Así que va de un mercado a otro. A pesar de sus ropas españolas y el frufrú de su miriñaque, su piel y su cabello indianos la delatan. En Tlaltelolco habitan los de su raza, en Tenochtitlan los españoles mercaderes. En Tlaltelolco comercian con trueque y a veces con plata: maíz, chile, tomates, peces, cacao, plumas. En Tenochtitlan con plata principalmente. Allí se venden aceitunas, vinos, telas, aceites, cosas traídas de la Península especialmente. Doña Leonor se distrae en ambos lugares, pero en ninguno encaja. Espinoso es el andar de una india casada con un español.

* * *

El marqués ha dejado su alcázar en Cuernavaca para ir al puerto de la Vera Cruz, donde espera zarpar hacia España. Tiene más de cincuenta y cinco años y una larga historia de expediciones, unas exitosas y otras no. Viaja sin la opulencia de años atrás. Las últimas incursiones han mermado sus riquezas y él no se hace más joven. Al llegar al puerto las naos están listas para partir. Hace su registro en la Casa de Contratación, encargada también de verificar y registrar todo lo que la nao lleva a bordo; anota su destino final en Medellín, Extremadura. Tiene planeado encontrarse con Carlos I. Ya en el barco, Cortés pasa mucho tiempo en cubierta recordando sus épocas de conquistas y expediciones.

Cavila en los motivos de su regreso a España. ¿A qué va?, se pregunta. Necesita recordar la corte, a los poderosos españoles y a su majestad, pues a pesar de haber perdido expediciones y de no tener el mismo ímpetu de juventud, tiene derecho a tratarse con ellos de igual a igual. ¿Acaso no fue él quien construyó las bases de la Nueva España? Él mismo, cuando se encontró con el emperador don Carlos, tuvo que hacerse notar. El carruaje del emperador se había detenido ante un gentío, y Cortés aprovechó la confusión, brincó sobre el estribo y saludó a su monarca.

—¿Quién es ese hombre? —preguntó azorado Carlos I ante el mal vestido Cortés.

—Yo soy el hombre que os ha ganado más provincias que ciudades habéis heredado de vuestros mayores —respondió Hernán Cortés altivo.

A la Hispania han llegado las noticias de sus fracasos, pero él sigue buscando el reconocimiento por sus hazañas militares —que también considera políticas—, por su arrojo y valor en la batalla, y por su determinación para lograr tierras y riquezas para el rey. Sigue buscando encajar y *ser* tratado como señor *español*, pues ha sido visto siempre como indiano.

Recuerda sus orígenes sencillos en Medellín, a su padre y a su familia, a quienes señalaban como conjunto de «los medianos», no indigentes, pero tampoco aristocráticos. Recuerda su tiempo en Salamanca y en Valladolid, y su deseo desmandado por embarcarse hacia el Nuevo Mundo. Para entonces solo conserva el título de marqués del Valle de Oaxaca. Viaja solo.

En cubierta recuerda a su primo don Diego, a quien nunca volvió a ver luego de fracasar en una de las expediciones ordenadas por él. En 1532 envía a su primo Diego Hurtado de Mendoza en búsqueda de un paso hacia Asia para que explore las islas de la mar del Sur (océano Pacífico), más allá de los límites de la Nueva Galicia, gobernada por Nuño de Guzmán, uno de sus más tenaces enemigos. Diego zarpa en dos barcos desde el golfo de Tehuantepec y se va costeando el Pacífico hasta descubrir un grupo nuevo de islas (las Islas Marías). Al volver a tierra firme buscando abastecerse de agua, Nuño de Guzmán se opone a tal propósito, por lo que don Diego tiene que salir prácticamente huyendo. Una tormenta regresa a una de las dos naves y termina en manos del enemigo de Cortés, mientras que la otra, en la que viajaba don Diego, se pierde en su fuga rumbo al norte.

Indignado con el resultado de la expedición, Hernán Cortés decide enviar otra, esta vez al mando del capitán Diego de Becerra. Octubre de 1533, las naves *Concepción* y *San Lázaro* zarpan de una playa cercana a la villa de Colimán. En diciembre las naves se separan, y mientras el navío de *San Lázaro*, al mando del capitán Hernando de Grijalva, descubre unas islas (las Revillagigedo), en el *Concepción* se amotina el segundo al mando y asesina al capitán Becerra. El nuevo al mando, Fortún Jiménez, abandona a los frailes que iban con ellos y a los heridos de la revuelta en las costas de Michoacán. El amotinado Fortún Jiménez mantiene el rumbo del barco navegando hacia el norte hasta que llega a una playa (hoy La Paz), donde encuentra a un grupo de nativos muy diferentes a los del altiplano. Allí, él y su tripulación se dedican a saquear el lugar (perlas) y a abusar de las mujeres. Luego de un enfrentamiento con los nativos, en el que muere Fortún, algunos miembros de la tripulación salen huyendo en lo que queda del *Concepción* y llegan a las playas de Nuño de Guzmán, quien los toma prisioneros y les quita la nave.

El capitán Cortés, allí en cubierta rumbo a la Hispania, piensa en esas expediciones que fracasaron y en lo que perdió. Perdió no solo mucho dinero en ellas, sino prestigio de conquistador.

Allí mismo en cubierta toman el sol Felipe Marmolejo y su tía doña Isabel. Felipe, con quince años, mira hacia el oriente y sueña con lo que ha de ver, castillos, palacios donde vive la gente fina, mujeres espigadas como su tía, coches tirados por caballos elegantes. Imagina el Colegio Mayor de San Ildefonso, en Alcalá de Henares, a donde va para estudiar Leyes. Atrás quedaron su madre y su hermana, allá donde el sol se pone, donde alguna vez salió el sol para la familia de su madre. Ahora él mira hacia el oriente, hacia la Hispania, donde el sol levanta, donde se alza una historia nueva para él.

* * *

Cortés había sido derrotado indirectamente en esas dos expediciones en el mar del Sur, así que piensa dirigir una tercera. Esa vez decide encabezar el viaje e iniciarlo allí donde Nuño de Guzmán estaba afincado. Así que prepara un gran número de soldados y sale rumbo a la Nueva Galicia, de la que Nuño de Guzmán es gobernador.

Cortés piensa en su título y en su *nobleza* alcanzada por el matrimonio con doña Juana de Zúñiga. Siente rabia. Nunca le otorgaron el título de virrey, cuando por él la Nueva España estaba de pie; nunca le otorgaron el título de gobernador jefe, cuando por él oro, piedras, metales y plumas preciosas estaban en las arcas de la Corona. Había sido relegado a señor vasallo. Nunca sería virrey ni gobernador porque de origen era solo un hidalgo pobre, y a pesar de ser peninsular, su riqueza y su poder eran productos de sus expediciones y del reconocimiento casi obligado del rey por sus logros. Lo que el rey temió siempre fue que el gran conquistador encabezara un movimiento independentista de la Nueva España respecto de la Corona. Así que aun a pesar de haberse casado con doña Juana de Zúñiga y con ello lograr cierto ascenso, reconocimiento social y un título de marqués, seguía siendo considerado por otros un adelantado, un conquistador salvaje y arrojado, pero carente de la clase y la sangre de un español noble. Así que la pureza del origen de su fortuna siempre fue cuestionada.

Y viene a su memoria el virrey Mendoza cuando le advierte sobre no enfrentar a Nuño de Guzmán, a lo que Cortés se niega alegando que ha gastado una fortuna en esas naves que tiene cautivas.

Y le recuerda, además, que él ha sido designado por el mismo rey de España, Carlos I, para descubrir y conquistar nuevos territorios. Así pues, Cortés estaba listo para salir de Tehuantepec rumbo a la Nueva Galicia con el *San Lázaro* —navío de la segunda expedición—, y el *Santa Águeda* y el *Santo Tomás*, de reciente construcción. Cuando la gente en la Nueva España se entera de que el marqués planea salir de conquista nuevamente, muchos lo apoyan ofreciéndole soldados, caballos, carne, arcabuceros, ballesteros, aceite y vino, además de clérigos, religiosos, médicos, cirujanos para la expedición.

Arriba Cortés a Santiago de Galicia, donde es acogido amistosamente por el gobernador Nuño de Guzmán. Allí permanecen Cortés y su gente cuatro días, como invitados de Nuño, quien los trataba como distinguidos huéspedes porque temía las represalias de Cortés y su ejército. Después de la salida de Cortés, el gobernador de la Nueva Galicia escribe una carta a la Audiencia en la que se queja de Cortés y su deseo de irrumpir su gobernación, señalando que aquel es solo un capitán general, es decir, un simple siervo de la Nueva España.

El 3 de mayo de 1535 Cortés y su tripulación arriban a una bahía que nombran de la Santa Cruz (hoy La Paz). Allí confirman que los nativos han matado a Fortún Jiménez. Cortés decide establecer allí una colonia, pero cuando este manda traer soldados y comida para quienes van a quedarse, los barcos se pierden y solo uno regresa a las playas de la Santa Cruz. Sin embargo, lo que trae no es suficiente para alimentar a la gente, y luego de buscar víveres sin mucho éxito regresa al altiplano con la intención de proveer desde allí a la nueva colonia, y deja al frente de esta a Francisco de Ulloa. Pero luego de las quejas el virrey ordenó que abandonaran la Santa Cruz y regresaran.

El marqués ya había patrocinado tres viajes de exploración de la mar del Sur y todos habían terminado en fracaso. Así que decide enviar un cuarto viaje, esta vez al mando de Francisco de Ulloa. Julio de 1539, zarpa la exploración del puerto de Acapulco. Viajan en los barcos *Santo Tomás, Santa Águeda* y *Trinidad*. A la altura de las Islas Marías se ven obligados a abandonar la nave *Santo Tomás*, y así continúan el viaje con las otras dos. Llegan a la población abandonada de la Santa Cruz y más al norte. Después de desembarcar y tomar posesión de las tierras del extremo norte de la mar Bermeja (hoy golfo de California), inician el regreso al poblado de la Santa Cruz. Desde allí, y luego de navegar un rato, ingresan en el océano Pacífico. Ulloa va herido debido a una refriega que sostuvo con los nativos. Con fecha del 5 de abril de 1540, Ulloa escribe una carta a Cortés haciendo una relación de los hechos durante la exploración y nunca más se supo de ellos.

En la casa de la calzada de Iztapalapan, doña Leonor recordaba la mañana de junio de 1540, en la que don Antonio Marmolejo, su cuñada doña Isabel y su hijo, el joven Felipe Marmolejo Cuautle, habían de tomar la litera rumbo al puerto de la Vera Cruz. Viajarían veinte días tomando paradas en algunas posadas del camino, principalmente en Puebla y en Jalapa, donde sería entregado el correo proveniente de la capital, dejarían algunos pasajeros y tomarían otros. Pese a la incomodidad del viaje, era la forma más conveniente en la que podían confiar en una llegada segura al puerto. Las literas y los carruajes eran jalados por bueyes y mulas, lo que hacía más difícil el traslado. Una ordenanza real había reservado los caballos para el uso exclusivo de la guerra.

* * *

Don Antonio recuerda el día en que decide enviar a su primogénito a estudiar a España y lo conversa con su hermana. Ella y el chico irán a radicar a España para que Felipe estudie en el Colegio Mayor de Alcalá de Henares. Don Antonio quiere que su hijo se forme en Derecho, en la lengua y las costumbres de sus antepasados, señores del mundo. Se cruza en cubierta con Hernán Cortés. El marqués sale de sus recuerdos aciagos al ver a don Antonio, y se cuestiona la vida que lleva ese antiguo soldado español, quien sin buscar títulos aristocráticos con la tenaz determinación propia del capitán general logró tener una familia e hijos, dos herederos en quienes confiar su apellido. Felipe tiene entre quince y dieciséis años y va a España a educarse. Ver al joven le recuerda a sí mismo cuando dejó España (y la escuela en Salamanca o Valladolid) para embarcarse hacia el Nuevo Mundo. Le recuerda a su padre, quien pagó ese segundo viaje que hizo a La Española, trayecto que no olvidaría jamás y que haría en repetidas ocasiones buscando la gloria del éxito.

Entonces recuerda su entrada a Tenochtitlan.

Repica en su memoria el frenesí que lo llevó a sublevarse del gobierno de Diego de Velázquez y esa fuerza vuelve a inflar su cabeza y a llenar su sangre. Lo lleva a recorrer distintos pasajes de su vida: su primer viaje por la costa del Seno Mexicano (hoy golfo de México), de Campeche a Tabasco, y lo que hoy es Veracruz; su encuentro con Malinche; su matrimonio con Catalina, la Marcaida; la matanza de Cholula; las mujeres que amó; la muerte de Catalina y su segunda boda, con doña Juana de Zúñiga; el triunfo conseguido en Tenochtitlan; su nombramiento como marqués del Valle de Oaxaca; la muerte de Moctezuma; su triunfo sobre los tlaxcaltecas, quienes se le unirían para acabar con los mexicas; la tortura y sentencia de muerte de Cuauhtémoc… Un carácter resuelto no anda tan lejos de un error de estrategia. Dos rasgos que sus enemigos han usado en la corte del emperador para acusarlo de llevar oro de procedencia turbulenta, gemas de yerro y almíbares de tormento.

* * *

A diferencia del marqués, Felipe va hacia el oriente a una vida que se levanta; Cortés a una vida que se pone.

* * *

Don Antonio Marmolejo ha acompañado a su hijo y a doña Isabel a España. Visitará a la familia y dejará instalado al chico. Para quedarse con Felipe va doña Isabel, ella habrá de acompañarlo y respaldarlo como un miembro de los Marmolejo. La fortuna de don Antonio es conocida en tierras de la Hispania. Felipe es mestizo, así que habrá que educarlo, hacer de él un caballero castellano.

Para doña Leonor, su hijo se ha ido a la patria de los teules. Sufre la partida de Felipe y sabe que nunca volverá a ser su pequeñito.

Desembarcan en Sevilla, el 26 de septiembre de 1540. El puerto es una algarabía. La gente espera la llegada de las novedades del Nuevo Mundo. Sobre todo, los jóvenes que trabajan en el puerto porque aspiran a pagarse un pasaje que los lleve a La Española, a Santo Domingo, a la Nueva España a seguir los pasos de los exploradores más renombrados, allí esperan escuchar a aquellos que viven allende el mar para imaginar cómo es la vida del otro lado del mundo. Están convencidos de que allá tendrán riquezas y ascensos militares prontos.

* * *

Tiempo después, en la madrugada del viernes 2 de diciembre de 1547, Hernán Cortés sueña con cabezas y brazos que ruedan por escalinatas, presas de lanzas y arcabuces. Los gritos lo despiertan abruptamente. Piensa en Pedro de Alvarado, su propio adelantado, quien temiendo un motín de los indios —mientras celebraban una fiesta religiosa y al mismo tiempo orquestaban una rebelión— decide matarlos. ¿Qué habría sido de él y de todos si Pedro de Alvarado no hubiera dirigido a su gente al exterminio de *los otros*? La fiebre lo tiene alucinado. Está en Castilleja de la Cuesta, cerca de Sevilla, en el palacio de su amigo Alonso Rodríguez, jurado municipal del lugar. Recuerda a su amigo el jurado y al duque de Medina Sidonia que ha de regresar a la Nueva España, allí donde aún es un señor. Y cuando pensaba en volver a sus posesiones en el Viejo Mundo la muerte lo sorprende.

Lo sepultan en el monasterio de San Isidoro del Campo y hasta 1567 sus restos serán llevados a la Nueva España.

* * *

Leonor seguía triste. Las escapadas lujuriosas de su esposo no le importaban gran cosa. Era otra la fuente de su dolor: su hijo lejano, su hermano —al que no podía ver por prohibición de su esposo, que ahora vivía en otra de las parcialidades—. Diego había tenido dos hijos, según le informaban puntualmente sus parientes. Huanitzin, su tío, había sido consejero de la llamada Segunda Audiencia y era muy cercano al virrey Mendoza. Ella, al menos, tenía ahora alguien que la protegiese. Todo en su casa era de su marido, menos su hija Catalina. Los muebles, los criados, las ropas, la comida y el dinero para comprarla. Ella solo conservaba los recuerdos. Y la pérdida, que es la posesión más cruel, la más vacía. Le quedaba, eso sí, de su padre, una vasija con forma de águila en la que había escondido su último amoxtli para que los teules no se lo llevaran. Antes de darse muerte, dibujó y contó y dejó su legado. Ella desde entonces la ha escondido y se la dará a Catalina algún día, cuando se case, explicándole de qué se trata, instándola a cuidar la herencia familiar con celo, como si fuese la propia vida. Ella así lo haría, con uñas y dientes. Su marido y los teules podrán haberle arrebatado todo, pero no el recuerdo, no el olvido. No el amoxtli final de su padre, tan querido. Se lo contó a Huanitzin y él mismo le pidió que lo escondiese:

—Los teules entienden de oro, de joyas, de lo que pueden vender. No de nuestros dioses, no de nuestros huesos. Guárdalo bien, querida mía. Así como yo guardo esta ciudad de su rapiña. Lo bueno es que el nuevo teule es distinto; empiezo a pensar que haremos cosas importantes con él, cosas que conserven el espíritu de nuestros antepasados y su poderío. Solo espero que entre nosotros se conserve la concordia y no peleemos por la pasajera fama, el efímero poder, hija mía.

* * *

Felipe Marmolejo no ha vuelto nunca a la Nueva España. Está en Valladolid. Su tía, doña Isabel, quien vive en Alcalá, sigue pendiente de él y de su vida social. Su padre, don Antonio, quien ya está de regreso en la casa de la calzada de Iztapalapan, quiere que se case para poder llevarlo de vuelta a la Nueva España. Y piensa que, algún día, una esposa de origen peninsular lo hará regresar con prestigio y reputación doblemente legítimos.

Don Antonio Marmolejo ha ido y venido de España en varias ocasiones. Su hija Catalina es una joven en edad casadera, y también él quiere a un joven español para ella; sin embargo, la joven ya está enamorada en México de un mestizo.

El hermano de Leonor, Diego, ha dejado el convento de Tlatelolco ante la imposibilidad de ordenarse como fraile, y se ha ido a vivir con una mujer a Atlacuihuayan, que los teules llaman Tacubaya. Había conseguido que fray Toribio le ayudara con una pequeña parcela en esa zona. Un lugar pequeño donde comenzar una familia. Aquel solar virgiliano, le había dicho el fraile. Ahora, se decía, ya tenía dos hijos. A Cuautle, sin embargo, no le serviría ya el latín aprendido en Santa Cruz de los Naturales, en Tlaltelolco. De esos años en el convento dibujando lo que los españoles llamaban libros de figuras solo le quedó otro oficio, el que le permitiría sobrevivir, el de albañil. Él y sus otros compañeros habían sido quienes, después de maitines, edificarían parte de sus propios aposentos con la arquitectura española. Del convento, entonces, trajo a su nueva vida el útil conocimiento de la aritmética y la geometría, y una conversión labrada a punta de rezos diarios, frugalidad e incluso abstinencia. Alguna vez, ya viejo, se dio cuenta de que, aun casado, seguía siendo un franciscano, a pesar de no haberse ordenado nunca como tal.

A Leonor, el virrey Antonio de Mendoza, el nuevo teule, no le inspira la menor confianza. Ha escuchado varias veces a su marido hablar con Pedro de Gante o con el obispo Zumárraga sobre él y sus planes. En alguna ocasión, incluso, pudo escuchar todo lo que hablaban:

—Es encomendero en la Península, heredero de Socuéllamos y de doscientos mil maravedíes —le dijo Zumárraga a Antonio Marmolejo, refiriéndose al virrey.

A pesar de sus escapadas nocturnas, su esposo frecuenta y recibe al obispo en casa todos los sábados. A ella le corresponde revisar que se sirvan los platos correctamente. Zumárraga, sin embargo, es frugal y apenas toca las viandas. No toma vino. Antonio es propenso a la borrachera y se achispa fácilmente, aunque el vino es aguado.

—Nuestro virrey cuenta con enorme abolengo; dio vasallaje al príncipe don Carlos en Flandes, nuestro augusto rey; participó en las guerras contra los comuneros y estuvo en la coronación de Carlos como rey del Sacro Imperio Romano Germánico. Antes de venir a las Indias fue embajador en Hungría. Ojalá un día nos permita a Leonor y a mí que los agasajemos como se debe. Su mujer, Catalina de Carvajal, fue dama de la Reina Católica.

—Tiene fama de sabio y buen lector. Y la tiene bien ganada. Nos hemos hecho cercanos y hemos acordado establecer una imprenta en estas tierras, que no de otra forma se propaga el saber. Ha accedido a ayudarme en la construcción de conventos y en la apertura de la Pontificia Universidad; me ha prometido dotarla con una estancia de ganado y ya ha escrito para solicitar la aprobación regia —continuó el arzobispo.

Para Leonor lo único que importaba es que fuera realmente sabio, como se decía, y compartiera el poder con los suyos. No de otra forma, pensaba ella, con dolor ante la forma en que la ciudad en la que había nacido iba desapareciendo poco a poco, avasallada por las construcciones de los teules. Le gustaba escuchar al arzobispo Zumárraga porque era bondadoso y muy noble. Le tenía incluso cariño. El fraile siguió contándole a Antonio:

—El virrey me ha enseñado un hermoso ejemplar de arquitectura. Un tratado firmado por el italiano León Battista Alberti. Vino leyéndolo en el barco rumbo a la Nueva España y ha hecho anotaciones precisas. Piensa que aquí puede establecerse una nueva Roma. Yo estoy de acuerdo, una Ciudad de Dios como la que soñó san Agustín de Hipona. Me da grandes esperanzas. Yo mismo le he escrito un par de cartas al emperador quejándome de la falta de arquitectos capaces en estas tierras. El virrey está convencido de una traza moderada para embellecer la ciudad.

Antonio estaba exultante. Hacía tiempo que Leonor no lo veía así, francamente feliz.

—Hay gran temor de un levantamiento de indios, su excelencia —le dijo a Zumárraga—, espero que llegue a oídos del virrey y haga algo al respecto.

—Descuida. Ya ha escrito al emperador solicitando que no haya indios alrededor de la ciudad sino a un tiro de ballesta, que todo el circuito se allane, que los hoyos que aún existen se cieguen y que por la ciudad no pasen más de otras dos acequias de agua. Yo he visto cómo ha ordenado que se hagan alcantarillas de argamasa y que las atarazanas se muden de sitio a la calzada de Tacuba. Ha ordenado que se ensanche la dicha calzada otro tanto y que se cerque la ciudad. También ha pensado prohibir que los indios anden a caballo y posean armas de españoles.

—¿Ya le ha respondido el rey?

—Me ha mostrado la misiva. Don Carlos ha ordenado que se derriben los cúes sin escándalo de los naturales, y la piedra sea para las iglesias y monasterios.

Todo esto llegaba a oídos de Leonor, quien tenía que contener las lágrimas. Debía avisarle a su tío Huanitzin, aunque estaba segura de que no se podía hacer nada para evitar la destrucción del Huey Teocalli.

Cuando unas semanas después pudo conversar con él, se asombró de encontrarlo dirigiendo las obras para enviarle al papa un mosaico de plumas.

—Se trata de *La misa de san Gregorio*. Viendo este dibujo, nuestros venerados amantecas lo han transformado en su arte. —Le mostró una xilografía europea en blanco y negro—. Mira cuán hermoso es lo que han hecho ellos.

Era indudable. Los colores de las plumas eran bellísimos. El papa Gregorio miraba a Jesucristo, hincado ante el altar.

—Esta obra le mostrará al pontífice que nos hemos convertido a su religión, le hemos pedido que su rey no destruya nuestro altépetl. Pedro de Gante me ha dicho que podemos convivir todos aquí. Los teules y nosotros. Que yo podré mandar sobre los que ellos llaman *naturales*, sobre nuestra gente.

Leonor entonces le refiere lo escuchado en casa cuando el obispo y su marido hablaban de los planes del virrey Mendoza.

—Es una rebelión lo que temen, no a nuestros dioses —terminó ella.

Huanitzin se distrajo dando órdenes. Le contó algunas cosas sobre Diego Cuautle y su nueva vida, ya de casado.

—Un día, lo espero con todo mi corazón, lograré que venga y te llamaré para que puedan conversar. Y ahora, si me disculpas, tengo muchos encargos que atender. —Leonor recordó cuando vio a su hermano por última vez en misa y le mandó con un criado una vasija con forma de águila: «Perteneció a tu padre, contiene un amoxtli que dibujó antes de morir. Cuídalo con celo, mujer, que es nuestra memoria».

Leonor salió a la calle. Esas calles anchas y rectas que Mendoza seguía trazando y en las que, apostados en cualquier parte alta, se podía ver a más de media legua de distancia.

Esa no era su ciudad. Era la ciudad de los teules. La suya giraba toda alrededor del Huey Teocalli. Los teules la habían extendido más allá de Tlaltelolco y hasta la ciudad costera de Tepeyácac. La habían hecho crecer, con su gula y su avaricia, hasta los pantanos: Toltenco, Acatlán, Xihuitonco, Amanalco. La ciudad en la que Leonor caminaba tenía la forma de un cuadrado enorme de más de mil hectáreas, con los tantos y tantos canales que durante doscientos años los mexicas habían transformado de un lago con islotes en el ombligo del mundo alrededor de la plaza de Tenochtitlan y el Teocalli. Los tantos pueblos que ahora llamaban parcialidades. Los altepeme, los calpultin, las chinancaltin.

Ahora las casas españolas no tenían ventanas en las fachadas, ocultaban las vidas de quienes en ellas moraban hacia sus patios interiores. Antonio, su marido, aseguraba que parecían las de una ciudad árabe. Las calles rectísimas, los canales abiertos con sus puentes y sus piraguas repletas de víveres y de animales. El virrey se había salido con la suya y a los naturales los mandaron a los arrabales, lejos del centro. Allí las casas tenían techo de paja y eran de carrizos cubiertos de barro, como lo habían sido siempre antes de la llegada de los teules. Al menos las casas pobres, no las de los pipiltin, o las cercanas al Huey Teocalli, como la Casa de las Águilas, los calmécac, los tlacochcaltin. Leonor siente la flecha de la nostalgia que se le clava entre los senos, sus recuerdos sangran como si a su piel la hubiese cortado el filo de una flecha de obsidiana. Sabe que todo eso no volverá.

A su esposo, en cambio, toda esa transformación lo embelesa. Habla de la utopía posible, del sueño de la ciudad de su dios; eso ha escuchado Leonor. A ella le gustaría que nunca hubiese cambiado, que sus muy anchas y muy derechas calles, mitad de tierra y mitad de agua, por las que andaban las canoas, siguieran igual: con sus puentes y chinampas. La utopía más bien imposible de los teules es su pesadilla, el mal sueño del que nunca se podrá despertar.

* * *

En 1538, tres años después de la llegada del virrey, una cédula firmada por la reina misma autorizó la apertura de una casa de mancebía en la ciudad. Se concedieron cuatro solares al final de la calle de Mesones para que se establecieran allí cuatro distintas casas públicas habitadas por mujeres españolas recién llegadas. En la entrada de cada uno de estos establecimientos se colocó la rama de un árbol para indicar qué tipo de oficio se practicaba en ellas.

—Un lugar para tragos, tajadas y gandaya —les diría Antonio Marmolejo a sus amigos cuando se iban a la recién bautizada calle de las Gayas. Se llamaba Mesones porque allí desde 1525 Pedro Hernández Paniagua estableció el primer mesón para que los viajeros pudieran «holgar con carne, pan e vino».

Antonio no volvió a tocar a su mujer, lo que para ella era un alivio.

Ahora, mientras caminaba de regreso tras ver a su tío, Leonor miró la ciudad en frenesí constructivo; contempló también la destrucción de su mundo. No pudo más. Se le salieron unas lágrimas calientes con sabor a ira que le mojaron la cara. Esta vez no podía contener el llanto. Así, con infinito dolor, regresó a ese lugar que nunca sería su casa, sino la de Antonio.

Catalina, su niña amada, era su único consuelo.

5

1562

¡Curiosas jugarretas del destino! Felipe Marmolejo Cuautle salió de la Nueva España en el mismo barco que tomó el capitán general, Hernán Cortés, y regresó, casi sin pretenderlo, tantos años después, en otro galeón, esta vez con los dos hijos del conquistador. Se ha hecho buen amigo de Martín Cortés Malintzin, a quien sus hermanastros llaman *el Mestizo*. Como él mismo, ellos son miembros de la que en España llaman *nobleza indiana*. Vuelve a la capital novohispana a solicitud de su hermana, Catalina, quien le ha pedido que regrese a encargarse de las cosas mundanas de la herencia. Doña Leonor, su madre, ha muerto.

En el barco, Felipe escucha con fascinación las historias de Martín Cortés; siente verdadero interés por ese mestizo que lleva el mismo nombre de otro hijo del gran conquistador, Martín Cortés Zúñiga, a quien todos tratan como si fuera el mismo capitán general, aunque él es el marqués de Oaxaca.

El Mestizo le cuenta a Felipe Marmolejo de su tiempo en la Orden de Santiago y como paje al servicio del rey Felipe II cuando este aún era príncipe. Le cuenta que lo que hacían era repetir una y otra vez los ideales caballerescos.

—Honor y guerra, generosidad y protección, cordura y fortaleza, mesura y justicia, obediencia a la Iglesia, fidelidad y lealtad. ¿Usted no estudió eso en San Ildefonso, don Felipe?

—Soy un hombre de leyes, don Martín, no de gestas.

Dice eso mientras se pregunta por la verdadera razón de su regreso a tierras mexicanas. A Felipe dinero no le falta, además de la herencia de su padre, la tía Isabel le ha dejado sus bienes en la Península. No ha regresado buscando riquezas, una quincalla más o menos no lo perturba; nuevas propiedades más bien lo cansan. Ha regresado por curiosidad, porque no recuerda, porque ha olvidado los contornos, los colores, los olores; mas algo ha quedado indeleble en su memoria: una ciudad que cada vez se borra más, pero que él recuerda bella, bulliciosa, presta para la fiesta, la música y la pendencia. Le hace falta algo de aventura, quizá lo lleva en las venas.

Mientras piensa eso, Martín Cortés le habla del adiestramiento en combate y de algunos festivales donde los caballeros luchan entre sí para ganar prestigio y experiencia. Le habla, incluso, de la ceremonia en la que el entonces rey Carlos I ha entregado a su hijo Felipe II la corona de los Países Bajos, siete años atrás, y de cómo al año siguiente le heredaba además las de Aragón y Castilla, convirtiéndolo así en rey de todo el territorio español.

Martín Cortés Malintzin viaja solo; Martín Cortés Zúñiga viaja con doña Ana Ramírez de Arellano, hija del conde de Aguilar.

* * *

Catalina Marmolejo está casada con Diego Santoveña, uno de esos peninsulares que han venido a buscar fortuna en el Nuevo Mundo. Don Diego se dedica al comercio. Luego de llegar de la Península se asoció con don Antonio Marmolejo, padre de Catalina y de Felipe, para crear una pequeña compañía de transporte. En realidad, el padre de Catalina había puesto la mayor parte del capital y, a cambio, había asegurado un matrimonio venturoso para su hija mestiza. Con el tiempo ese pequeño negocio, compuesto de arrieros con mulas y de tamemes, indios cargadores, había crecido. Llevaban mercancías como oro, plata, azúcar y cacao de la capital novohispana al puerto de la Vera Cruz, para de ahí ser llevadas a España; y también traían productos de la Península como aceite, telas finas, vino y armas. Unos años más tarde estaría presente en Acapulco cuando volvía el galeón que había ido a explorar las Filipinas. A partir de entonces, dos veces al año la empresa de transporte de don Diego llevaría mercancía del puerto de Acapulco al de la Vera Cruz, de donde zarpaban las naves con productos de Oriente rumbo al puerto de Cádiz.

Doña Catalina y don Diego tienen un hijo llamado Fernando Santoveña Marmolejo.

* * *

A Martín Cortés Malintzin, el nuevo amigo de Felipe Marmolejo, también lo atormenta el ocio. Ha sido soldado y ha combatido, lo mismo en Piamonte y Lombardía que en la tristemente recordada toma de Argel, frente a los piratas berberiscos, en la que tantos perdieron la vida y otros más fueron cautivos. Juegan a las cartas en cubierta, para liberarse del mal de mar, de los mareos y de la comezón de la piel. Para sentir la brisa y espantarse el temor de la enfermedad. Allí Martín le narra sus desventuras: la arrogancia de su hermanastro, a quien en una burla macabra su padre también llamó Martín. Martín Cortés Zúñiga, hijo de Juana, es diez años menor que él; pero don Hernán lo hizo marqués del Valle, le heredó su título, sus haciendas y su fortuna. El Mestizo comparte con Felipe el haber sido arrebatado de su madre, Malintzin, solo que mucho más pequeño. A los dos años, Martín Cortés Malintzin perdió todo y tuvo que vivir más de treinta años consiguiendo una fortuna que no era suya, sino prestada por su padre: el honor de las armas, las guerras absurdas. A Felipe su nuevo amigo le parece lleno de tristeza, de esa que viene a llamarse melancolía. Cuando no gana en la baraja, vuelve a su estado de pesadumbre y tristeza; se vuelve ensimismado, con la mirada en lontananza, como si algo muy preciado se le hubiera perdido en alta mar. A Felipe se le ha hecho costumbre entretener al amigo y sacarlo de sus malos humores. En esas tardes de larga travesía, la conversación vuelve muchas veces a sus otras heridas, las del alma.

Esa tarde, en cubierta, luego de un juego fallido para el Mestizo, comienza a llover. La lluvia parece recrudecer su estado melancólico y le evoca memorias de una vieja derrota en el Mediterráneo. Su rostro muestra, entonces, remembranzas de la fallida conquista de Argel, veinte años atrás.

Pero hoy está en la cubierta del barco que los llevará a él, a su hermano Martín y a su nuevo amigo de vuelta a la Nueva España.

—El capitán general nos abandonó a mi madre y a mí tan pronto cayó la ciudad principal de los indios, porque creyó que ella no le servía más; no había nada más que interpretar ni comunicar a un indio. Y aunque después, muy pronto, me llevó con él, nunca olvidé el rostro de mi madre. La vi morir de viruelas cuando yo tenía cuatro años.

Da un gran sorbo a su copa de vino y hace muecas debido a su acidez. Continúa.

—¡Qué importa haber nacido el primero, don Felipe, si solo he sido Martín el segundón!

Felipe alza las cejas con sorpresa:

—Yo no recuerdo el rostro de mi madre.

* * *

Los hijos del conquistador entran a la Ciudad de México el 17 de enero del 1563. Todos son bien recibidos, especialmente el marqués. Doña Ana Ramírez de Arellano llevaba en brazos al primogénito, Jerónimo Cortés, quien había nacido en las tierras mexicanas de Yucatán.

Para el verano de 1563, el licenciado Jerónimo de Valderrama ha llegado a la capital novohispana en calidad de oidor del Consejo Real y Supremo de Indias y visitador de la Corona. Ostenta enormes facultades concedidas por el monarca español y está allí para inspeccionar el gobierno del virrey Luis de Velasco, sucesor de Antonio de Mendoza.

La mañana de la llegada del visitador, en el palacio del Marquesado, Martín Cortés lo recibe antes que el mismo virrey Velasco, provocando una breve confusión. El visitador piensa que es el virrey quien lo ha recibido. Segundos más tarde, Velasco los encuentra saludándose en la sala de audiencias, lo que le ocasiona un profundo disgusto. Para el visitador Valderrama, el hecho ha sido un curioso malentendido.

Tan solo un año más tarde, en junio de 1564, el regidor Juan Velázquez de Salazar propondrá ante el cabildo de la Ciudad de México que se suprima el cargo de virrey, pues la llegada de Martín Cortés solo ha alentado el deseo de los criollos de romper por todos los medios con la Corona.

Felipe está a la mesa con su hermana Catalina, su cuñado Diego y su sobrino Fernando. Degustan una cena y charlan sobre las novedades que ha encontrado a su regreso. Se ha afincado en la casa de sus padres, en la calzada de Iztapalapan; ha recorrido la ciudad y arreglado los negocios pendientes de su padre. Incluso está pensando en hacer una inversión en la empresa de transporte de su cuñado. Es Catalina quien comenta en la mesa que hay rumores de que algunas familias pudientes en la ciudad están preocupadas por la refrenda de ley que dicta que los descendientes de los conquistadores y primeros fundadores de la Nueva España están obligados a devolver sus propiedades a la Corona, luego de dos generaciones. Muchos de sus allegados están en esa situación y se habla también del regreso de Martín Cortés, segundo marqués del Valle. Felipe sonríe porque recuerda que su nuevo amigo, Martín Cortés Malintzin, se quejaba de ser un segundón. Si escuchara esta conversación seguramente se reiría con él, pues a fin de cuentas su hermano también lo era. Pero lo que su hermana decía en la mesa no podían ser sino rumores y rabietas de criollos *soñadores*. Voltea la mirada a su cuñado, buscando apoyo a sus pensamientos; pero Diego solo sorbe su vino y asegura que no hay para qué meterse con la Corona. Con esa glosa de sobremesa, Felipe duda del comentario de su hermana y lo carcome la curiosidad. Así que, ante el exceso de tiempo en la capital, decide ir a buscar a su amigo para preguntarle qué hay de cierto en aquellos rumores.

* * *

Valderrama corrobora que el virrey Velasco está malversando fondos de las arcas, así que decide informar al rey sobre la situación. Velasco se ve tan presionado por el descubrimiento, y su muy segura destitución, que muere en 1564. Dos años tarda el rey en nombrar a un sucesor, lo que permite que los oidores y asambleístas de la Audiencia tengan mayor reconocimiento como autoridades de la Nueva España.

Martín Cortés Zúñiga, el segundo marqués del Valle, invita a sus colegas españoles a reuniones y fiestas en su casa, donde él se disfraza de Hernán Cortés o donde juntos, él y su esposa, adoptan el papel de reyes de la Nueva España. Tal es el entusiasmo en esas fiestas que, un buen día, uno de los hermanos Aguilar decide comentarle que el traje de rey de la Nueva España le queda muy bien y lo insta a romper con la Corona con base en su calidad de heredero del gran conquistador, Hernán Cortés. La llegada del marqués, dos años antes, había significado la presencia del regente natural de las Indias. El marqués se deja halagar; para él, lo que estos criollos dicen es la verdad. Él es el sucesor del gran capitán general de Indias y, por tanto, heredero legítimo y rey natural de la Nueva España. El entusiasmo sigue creciendo. A decir verdad, lo que sus invitados exigen no le parece descabellado. El Consejo de Indias había sido instituido de forma independiente del de Castilla para coordinar los asuntos de las tierras conquistadas, pero nunca veló por los intereses de la Nueva España ni de los indianos, aun cuando eso significara el sacrificio de los fundadores y sus descendientes, quienes dieron su vida y su espada para hacer crecer este territorio al servicio del rey. Así, lo que pudo ser un primer paso hacia la independencia política ha sido solo un paliativo.

Martín es un peninsular prepotente y muy sobrado. No solo se sabe hijo del gran conquistador, también sabe que las riquezas y propiedades logradas por su padre —incluido el título nobiliario— son bienes heredados sin posibilidad de ser restados por las Leyes Nuevas, porque el acuerdo entre Hernán Cortés y el rey Carlos I es inapelable, inalterable y vitalicio. Así que, siguiendo los halagos de sus invitados y el juego que iniciara con los disfraces, el marqués decide mirarse al espejo y asumirse como tal. Finalmente el descontento va tomando forma y tiene un líder. Martín Cortés Malintzin está con su hermano, no porque haya decidido reconocer en él al sucesor legítimo de su padre, sino porque en su condición de mestizo e hijo bastardo sigue estando por debajo y no tiene otra opción. Luis Cortés de Hermosilla, hermanastro menor de los dos Martín Cortés, también decide unirse. Lo que empieza como una broma en una fiesta se convierte en un plan de rebelión contra la Corona.

* * *

Martín Cortés Malintzin informa a su amigo Felipe de la situación, y este, entusiasmado por la novedad y la necesidad de aventura, se une a las tertulias y veladas en casa de los Cortés. Para Felipe, la condición de mestizo es también dolorosa. No se siente ni hijo de las Indias ni legítimo español. Como su amigo, se encuentra siempre fuera de lugar.

Diego Santoveña se entera de las reuniones en casa del marqués y advierte a su cuñado del peligro en caso de ser descubiertos por los oidores o las autoridades de la Nueva España. Lo invita a no participar en el movimiento de revuelta. Felipe está sorprendido y responde con una carcajada, asegurando a su cuñado que los rumores de rebelión son infundados, y que se trata de un pretexto ideal para reunirse con sus colegas españoles en una ciudad donde *no pasa nada*. Felipe encuentra en esas tertulias una gracia especial y está convencido de que el movimiento de rebelión no es más que una extensión de los disfraces que deciden colocarse los anfitriones e invitados.

Los criollos están decididos a dar el paso.

* * *

El 16 de julio de 1566 los oidores citan al marqués a la Audiencia y lo apresan. Inmediatamente después son aprehendidos sus hermanos Martín y Luis; los hermanos Ávila, Alonso y Gil; y al día siguiente, todos los demás señalados, entre ellos Juan de Villafaña, Felipe Marmolejo Cuautle y Juan de Torre. Todos ellos viejos conquistadores y sus descendientes. Baltasar de Aguilar, un colega y amigo de reuniones, los ha entregado.

Luego de su aprehensión, el marqués es sometido a un interrogatorio por parte de los oidores. Entonces confiesa que, efectivamente, se reunían él y los hombres aprehendidos para conversar y festejar, pero que todo lo que allí se enunciaba no era más que la resulta del jolgorio. También confiesa que, en la casa de Alonso de Ávila, donde estaban Fernando de Córdoba y otros, el licenciado

Espinosa les dijo que a él y a Alonso los habían traicionado los oidores. Y agrega en su confesión que él no estaba alarmado por tal aviso porque era amigo del virrey Velasco, del oidor Villalobos y del visitador Valderrama. Poco a poco, Martín va aceptando los hechos presentados por la Audiencia, pero se declara inocente.

En su confesión, Alonso de Ávila asegura que «la presunta rebelión no ha sido una conjuración planeada por personas específicas». Dijo que «se había ido desarrollando la posibilidad de levantarse como una medida necesaria para defender sus haciendas y oponerse a la política vigente. A todos les había interesado la idea salvo al marqués, quien dijo que era de *burla*».

El Mestizo es llevado a un costado del palacio Virreinal, donde es interrogado. Lleva grillos en los pies y esposas en las manos. Le preguntan cuál fue su participación en la presunta rebelión, a lo que contesta:

—Soy un hombre de cierta edad, y mis actividades y mi nombre me han puesto en íntimo contacto con un gremio interesante y hasta singular. Pero he dicho la verdad y no tengo nada más que decir.

Es golpeado y azotado con cadenas y lo único que repite es que ha dicho la verdad y no tiene nada más que decir.

—Honor y guerra, generosidad y protección. He dicho la verdad.

Es atado de pies y manos al potro. Hacen girar el torno, y sus piernas y brazos se estiran tanto que se disloca el brazo izquierdo. Grita de dolor.

—Cordura y fortaleza. He dicho la verdad y no tengo nada más que decir.

Es puesto en el suelo bocarriba, atado de pies y manos, y con un embudo le vierten agua en la boca, llena su garganta, su nariz, sus pulmones. No puede gritar, se ahoga, y como puede de su boca salen estas palabras:

—Mesura y justicia. He dicho la verdad y no tengo nada más que decir.

Martín es dejado en el suelo. El lugar donde está es una galera húmeda, sin luz ni ventilación. Los insectos y roedores hierven el piso. Está mojado y encadenado. Apenas puede moverse.

—¿Me estás viendo, padre? Te habla tu hijo bastardo. Nos abandonaste a mi madre y a mí tan pronto cayó la ciudad principal de los indios. Entregaste a mi madre a un desconocido. Más me hubiera valido quedarme con ella. ¿Qué gané? Mi piel es morena, mi sangre mestiza. Soy tu primogénito, mas nunca el primero. Solo soy y he sido Martín el Segundo. ¿Qué he ganado?

Los atormentadores vuelven a su celda, insisten en que debe confesar su participación en la rebelión. Van a aplicarle la garrucha. El brazo que tiene dislocado está hinchado y cuesta a los verdugos amarrarlo por detrás.

—Fidelidad y lealtad. He dicho la verdad y no tengo nada más que decir.

Lo único que mantiene a Martín es el recuerdo de la jura de aquellos principios. De sus tiempos de juventud.

* * *

Las torturas se repiten en otras cámaras con los demás implicados. A Felipe Marmolejo le duelen todos los huesos. Se los han estirado en el potro. Lo único que se escucha en el palacio Virreinal y en las calles son sus gritos: «¡Paren! ¡Basta! ¡Me declaro culpable! ¡Soy conspirador contra la Corona! ¡Sí, queríamos asesinar al hijo del virrey Velasco! ¡Exhibiríamos los cadáveres de los oidores en la plaza Mayor para convencer al pueblo de que no había a quién acudir para exigir justicia! ¡Sí, quemaríamos los documentos como acto simbólico para borrar el nombre del rey!».

Felipe solamente quiere acabar con el dolor, las mutilaciones de dedos, piel y partes de la lengua, los insectos de noche, los roedores y la humedad, el frío. La muerte es mejor que todo esto.

Meses después, ya entrado 1567, al llegar los visitadores Luis Carrillo y Alonso Muñoz para destituir al virrey Gastón de Peralta, deciden dictar órdenes de aprehensión a sesenta y cuatro personas más por el delito de rebelión contra la Corona y sentenciar a muerte a todos los criollos señalados por Baltasar de Aguilar.

Doña Catalina Marmolejo se encuentra en la plaza Mayor, donde tanto a su hermano como a otros rebeldes les será aplicada la sentencia de muerte. A su lado se encuentra don Diego, su esposo, quien recuerda el momento en que Felipe le dijera que todo aquello eran solo rumores infundados y el pretexto ideal para reunirse con sus colegas en una ciudad donde *no pasa nada.* Don Diego cavila sobre el apremio de aventura de su cuñado. Repasa su risa.

La espada pende sobre el cuello de Felipe Marmolejo. La hoja cae y su cabeza se desprende, rodando por el suelo.

En la capital novohispana lo único que se sabe es que el marqués de Oaxaca y su hermano mestizo han sido enviados a España.

Sus sentencias serán dictadas por el rey en 1573.

6

1634

Les pidieron cubrir con paños color negro los espejos de todas las piezas. Eclipsar la casa sin mucho aspaviento. El señor Santoveña había muerto. Reutilizar la tela negra de sobra, tanto de mantilla española como de raso vil; ponerla sobre todos los lienzos, cubrir los marcos, desaparecer los tablones. La muerte ya ocupaba cada una de las recámaras de esa casa del Paseo. El señor había sido un hombre limpio de sangre, decían algunos, a la par que se santiguaban; pero no de corazón, respondían los más entre la servidumbre. El señor don Enrique Santoveña Monroy había recibido, entre el ruido de una lluvia imperturbable, los santos óleos a las tres de la mañana de un 15 de octubre de 1634.

En breve se dejarían venir las mujeres adoloridas a dar el pésame a la señora Esther de Santoveña. Habría que alquilar un traje para acudir al sepelio, para acompañarla, sobre todo, pues seguro que la señora no se sentiría cómoda llorando en los hombros de sus cuñadas, las gemelas Pérez Salazar. Dos mujeres arpías cuya única gracia y anécdota eterna era la de haberse casado con dos hermanos de la estirpe de los Santoveña, viniendo ellas de una familia de apellido dudoso y siendo ellos peninsulares. La señora Esther buscaría otro hombro distinto al de sus vestidos almidonados de telas europeas. A don Enrique lo había amado, con decoro, con absoluta obediencia. Lo echaría de menos. La había dejado sola en una ciudad a medio vivir, condenada al abandono, la Ciudad de México. Sin más familia que la servidumbre. «Habría que regresar a Puebla», pensó.

Mientras en la cocina se escuchaba el movimiento de mujeres a todo lo que daba:

—¡Pónganle azúcar a las aguas de canela! —gritaba Obdulia, el ama de llaves.

Un poco más de azúcar, para aminorar la angustia de que el señor Santoveña no hubiera pagado lo suficiente para librarse del infierno, no estaba de más. Gastar las reservas de la despensa valía la pena para no pensar en su alma quemándose a fuego lento. Cuando a Obdulia le venía a la cabeza la imagen del señor Santoveña como un alma del Purgatorio, mejor se santiguaba. Si alguien sabía de los tantos pecados que seguro no había confesado el señor Santoveña, era ella. Ponía las manos al fuego de la misma cocina, si fuera necesario: el patrón había muerto en indudable pecado mortal.

El mismo señor Santoveña, junto con su hermano Gonzalo, había llegado a la Vera Cruz en un largo y accidentado viaje en 1620, con sendas cartas de recomendación para los marqueses de Guadalcázar. El día que tomó el carruaje para la Ciudad de México llovió a cántaros y tuvieron que dormir en el trayecto, vista a los volcanes, pues los caminos para llegar al palacio se encontraban anegados, al grado de poder, decían, pescar una que otra trucha tornasol en alguna calle. Tardó más de tres días en estar a la puerta del imponente palacio de piedra, una piedra que no conocía, diferente al tono claro de Salamanca, al tono tierra de su casa.

Tuvo que esperar un par de horas en el salón para las visitas, en el segundo piso. Todo el primer piso se había inundado, incluidas las oficinas, de las que habían podido salvar el mobiliario y el cortinaje. Ahora había que orearlo, abrir de par en par los ventanales mientras el sol los prefiriera. No había decoraciones suntuosas, como él hubiera creído. Le habían contado que era un reino rico, con oportunidades para todos sus habitantes. Pero si ese era el palacio, supuso que los virreyes preferían gustos frugales, decoraciones discretas, cristianos apegos.

Traía toda su herencia, que en el reino europeo le alcanzaba para menos que lo que le alcanzaría en la Nueva España. Además, so pena de excomunión por parte de su tío franciscano, había prometido casarse con Esther, la primogénita de sus tíos los Sánchez de Guevara. Tan pronto como la desposara, administraría la casa del Paseo, una hacienda no lejos del palacio, en el pueblo de Tlatelolco. Con eso, y con su herencia, le esperaba una gran y próspera vida terrenal.

Una vez mostrados sus respetos al virrey y a su consorte, comenzaría los preparativos para su boda y para ser parte de la nobleza sin títulos de la nueva tierra, su casa, ahora. Formar una familia con aires de marqueses no sería difícil, lo apoyaba, además de su tío franciscano Juan, la promesa de profesión de su primogénita como clarisa, en su tierra natal, Salamanca. La dote había sido vasta, pero el sacrificio había valido la pena, pues, sin lugar a dudas, la cercanía de su hija Pilar con Dios y su Iglesia le vendría bien para comenzar otra vida en la Nueva España, lejos de la tumba de su primera esposa.

Venía con la encomienda de ayudar, dados sus conocimientos humanistas, en el proyecto del ingeniero y cosmógrafo Enrico Martínez, quien había acometido, planeado y mil veces reiniciado la obra del desagüe del valle de México, desde 1607. El tamaño de tal faena se le había asignado desde la monarquía, a quien había servido de cosmógrafo. Con gran ahínco había aceptado estudiar otros cielos en el mundo nuevo y, de paso, ese gran tajo originado en Nochistongo hasta el río de Tula serviría de desagüe para los lagos de México y Texcoco; y también para el río Cuautitlán. Pero una y otra vez, los tantos virreyes que por la gran ciudad pasaban cancelaban el presupuesto, le negaban el recurso y la importancia al ingeniero, y se encomendaban a las ánimas del Purgatorio para que no lloviera y que escampara, en su lugar. Una y otra vez llovía copiosamente y las aguas negras no alcanzaban a salir más allá de la laguna de Zumpango.

Ya el capitán general de la Nueva España, don Hernán Cortés, había cantado aleluyas por haber vencido a la naturaleza, no solo a la de los indios, sino a la de los propios elementos, el agua, la tierra, el fuego y el aire, para edificar su ciudad de acuerdo con su utopía de conquistador. Ya la noticia de la asombrosa Ciudad de México y su imposibilidad vencida había dado la vuelta al orbe. La muerte temprana del conquistador, acongojado por haber tenido que defender su magna obra para la Corona española, ante tribunales y vecinos, le evitaron la desdicha y humillación de ver, en 1555, a su ciudad bajo el agua, a las campanas doblando por los cuerpos que sin vida iban flotando, ahogados paseantes por esas calles trazadas con tanto esmero.

Poco se aprendió de esa calamidad. Sirvió de motivo para refrendar los milagros y los peligros que cohabitaban con la ciudad; para aumentar la fe. El virrey Luis de Velasco, porque Felipe III ya le había pedido cuentas al respecto, fue quien retomaría la estructura pendiente del desagüe; su misión sería soplarles a las constantes nubes negras. Enrico Martínez llegó con nombre de extranjero que rápidamente castellanizó; dedicó días y meses a estudiar los lagos, los ríos de su nueva tierra. Su obra iría acumulando y levantándose sobre esmeraldas piedras edificantes, es decir, sobre los cientos de indios que en la construcción monstruosa fueron quedando sepultados.

¿Cuántas almas se habían quedado prensadas, húmedas, desde aquella albarrada de los indios que Moctezuma I había mandado a Nezahualcóyotl construir? Eran datos borrados en el cuaderno de Santoveña. No tenían nombres, no había número aproximado, pero las familias de los deudos eran incontables, habían sido tantos los perdidos en aquellos años de mediados del siglo XV, tantos los que se quedaron con la argamasa entre los dedos, bajo una avalancha de piedras. Agua salada y agua dulce, un solo lago, el de Texcoco, separadas por ese dique que rozaba a Iztapalapan. Una gran obra destruida por la incapacidad de medir daños de los conquistadores: en tiempos de secas era mejor darles paso a los bergantines y que estos navegaran a sus anchas, para que los indios los vieran llegar, que estudiar las consecuencias del derrumbe de la albarrada.

* * *

No tenían nombres, pero se calculaba la muerte de treinta mil indios que perecieron ahogados, muertos de hambre, presas de la peste, la enfermedad que ellos llaman *cocoliztli*. Los ricos se instalaron en los pisos de arriba de sus casas, se mandaron traer mil canoas de las poblaciones vecinas, se decía misa desde los campanarios para evitar el fin de los tiempos, el castigo inmisericorde de los pecados de soberbia y lujuria. Santoveña repasa su cuaderno, ocho mil españoles huyeron de la ciudad maldita. Solo cuatrocientos españoles se quedaron a vivir en la ciudad inundada, presa de la ira del Señor y del segundo diluvio.

Mismo fin tuvo la inútil albarrada de los españoles, mandada a levantar por el virrey Mendoza. Reconstruir lo construido. Esa sería la maldición eterna de la Nueva España, recoger sus pasos eternamente. Resarcir errores. Pedir perdón. Volver a empezar. Los buenos deseos, pensaba Santoveña mientras analizaba el estudio hidrológico de la cuenca de México del ingeniero Enrico Martínez, en nada habían evitado que el agua fuera el peor enemigo de la ciudad. Los habitantes españoles vivían en el segundo piso de sus construcciones y dejaban para el primero la cocina o el comedor y el recibidor, piezas que se podían fácilmente desaguar. Los que más sufrieron fueron los comerciantes, que rentaban los primeros pisos de las casonas y los entresuelos para guardar sus cosas y evitar las ratas y la humedad. Se habituaron, tanto españoles como mestizos, a esperar siempre lo peor y, al mismo tiempo, a esperar que las aguas retomaran su nivel.

Santoveña se instaló tras conocer al virrey Gelves en su caserío de Tacubaya. El acueducto de Santa Fe sería solo el pretexto para empezar la segunda parte de su vida en una nueva tierra, con una nueva mujer, con un nuevo trabajo. Todo parecía predestinado al feliz desenlace. Con lo poco que conversó con los virreyes, se hizo una idea de que todo sería de fácil tránsito. Además, llegar con su hermano Gonzalo, tan diestro en los negocios, como sus antepasados secretos, le aliviaba en mucho la situación.

Tras su matrimonio en la ciudad de Puebla con Esther Vélez de la Cerda, por arreglos de su tío Juan, quien vivía en Huexotzingo con sus hermanos, en la misma comarca poblana, tuvo todo el éxito que un matrimonio arreglado en buenos términos podría tener: una sumisa aceptación por ambos cónyuges de un destino sin más aspavientos que los que la naturaleza o Dios dictaran. La madre de Esther había muerto recientemente por algo parecido a la enfermedad de la peste. En realidad, nunca se hablaba demasiado. Su padre, peninsular, lo había lamentado mucho, pero no tanto, pues su verdadera compañera era una india que lo seguía a la sombra, fiel e indiscutiblemente. Por su gran apoyo al monasterio de los franciscanos, su hija pudo casarse con los Santoveña que venían en camino por una comisión especial de la corte española.

A Puebla, Enrique Santoveña solo fue por dos días: la víspera de su matrimonio y el día de la ceremonia. En la noche que llegó, la conoció: Esther era una mestiza fresca, de cara ovalada y nariz, a diferencia de él, más discreta. No tan blanca, pero con un tono de piel que contrastaba con su castaño cabello largo y quebrado. Cuando la vio, Enrique no hizo sino bendecir su suerte. Con esa mirada apacible y ese cabello tan abundante, bien podría formar un nuevo linaje en México.

Por su parte, Gonzalo, su hermano, no tenía mayor intención de formar una familia. Viviría con Enrique y pasaría largas temporadas en la Vera Cruz, en Puebla, en Valladolid, haciendo negocios con las mercancías incautadas de la Nao de China, con los establecimientos recién abiertos, con los productos de los indios, con los manjares de los mercados. Tenía una férrea obstinación por pasarla bien, por no ir a la iglesia los domingos, por aprender y, mejor aún, fundar una nueva economía. No quería tener hijos. No creía en la vida eterna. Quería vivir esta vida en el mayor placer posible, y la piel de las naturales de la Nueva España le parecía tan deliciosa como el cacao que cosechaban.

El marqués de Gelves, imprudente como era, dejó en solo promesas retomar el proyecto del ingeniero Martínez. Las aguas del lago de Cuautitlán y de Zumpango acrecentaron la afluencia del lago de Texcoco. A cada torrencial, días enteros para volver a las tierras escampadas. Bien claro lo tenía el marqués al ser nombrado, a poco de subir al trono, por Felipe IV, virrey de la Nueva España: pasarla bien. A las indicaciones reales de no gastar en fiestas, palios y peregrinajes, prefirió ahorrar en construcciones como un acueducto que, ya en décadas pasadas y a pesar del alza de tributaciones, había sido muy oneroso. Para él, la burocracia de la Nueva España, los oidores y las anuencias servían para tapar cualquier decisión delicada: echarles la culpa por su tardanza y malos oficios lo salvaba de ser señalado o vituperado.

El acueducto de Santa Fe había sido finalizado hacia 1620. El dinero proveniente del peninsular Baltasar Rodríguez había sido bien usado, pero no suficiente. El reforzamiento necesario fue ignorado por el virrey Gelves, quien por el contrario quiso dejarlo al azar. Esa era la tarea por la que había sido enviado Enrique Santoveña, ayudar al grupo cercano del virrey a tomar decisiones certeras con respecto a la inversión en las obras hidráulicas. La misión, si bien no la abandonó del todo, sí fue hecha a un lado al encontrarse con una pared más alta que el último dique del acueducto: la necedad del virrey.

Desde hacía dos años el acueducto estaba a punto de derrumbarse. Los vecinos fueron mudándose porque dejaba escapar agua en demasía. Otros, los temerarios, le hacían aberturas para regar sus tierras o dar de beber a su ganado, con lo que se debilitaba aún más su estructura. ¿Cómo controlar a tanta gente que necesita el agua? Las mujeres lavaban ahí y los molineros y la demás gente arrojaban en él toda suerte de desperdicios.

Las lluvias tampoco ayudaban.

Cuando se decidió retirar los diques que desviaban los ríos de Amalhacuan y Cuautitlán el agua de las lluvias se dispersó. Algo de tranquilidad sobrevino, porque venía el tiempo de secas. Mala previsión, porque llovió y llovió todo el mes, hasta las fiestas. Hubo, en el Cabildo, quien propuso trasladar la ciudad y defenderla del inminente desastre con más diques y represas. Otro propuso desecar el lago, pero movió a risa, todo el comercio de la ciudad y los grandes traslados se hacían por agua. Desde hace tres años, a propuesta del abogado del Cabildo, el doctor Sánchez de Guevara, la totalidad del impuesto sobre el cuartillo de vino se utiliza para el desagüe. Se han fortificado las albarradas de San Lázaro, se han construido nuevas calzadas en San Cristóbal, Mexicalcingo y Guadalupe.

Se han limpiado acequias y apretillado calles y calles, se han encarcelado las aguas de los ríos de Sanctórum y Morales. Pero a pesar de los esfuerzos de don Enrico Martínez, la tozudez del virrey los tiene con el alma en un hilo.

El desastre de la inundación de 1629 aún se notaba. El arzobispo Francisco de Manso y Zúñiga se lo había dicho en una cena a Enrique Santoveña:

—Casi todos los edificios están dañados y el marqués de Cerralbo, a pesar de la ordenanza del rey Felipe, se niega con otros ricos propietarios de esta ciudad a que busquemos otro lugar donde asentarnos que no sea sobre este lago. Pereceremos como los animales que Noé no recogió en su arca en el próximo diluvio.

—Ay, excelencia, Gonzalo y yo, en cambio, hemos decidido trasladarnos a Jerez de la Frontera, a hacernos cargo de nuestras minas de plata. Lleva su excelencia razón, un día esta ciudad amanecerá sepultada por las ruinas o por el agua. Hemos decidido donar nuestras casas a los dominicos, de los que Gonzalo hace parecer que es tan afecto, para que puedan allí establecer el Santo Oficio. ¡Mire que a pesar de que el nivel de las aguas ha bajado en el último año aún he venido a verlo al palacio Episcopal en canoa! ¡Menudo asedio acuático el que sufrimos!

¡Si aún viviese don Enrico! Nunca pudo reponerse de que el virrey Cerralbo lo encarcelase. Fue demasiado tarde cuando se dio cuenta de que debía liberarlo y ordenarle que contuviese el agua. Durante meses la ciudad quedó inservible, era imposible habitar en ella. La mayoría se fue a Puebla para sobrevivir.

—Mi hermano siguió su consejo y finalmente, aun muerto Martínez, se ensanchó el canal del desagüe y se hicieron las represas que él había planeado. Ahora solo les queda esperar la evaporación, pero nosotros nos vamos de la ciudad, está decidido. ¡Esta cena es nuestra despedida, su excelencia!

7

1649

Es el alba del 11 de abril. La noche anterior una solemne procesión atrajo el interés de los habitantes de la Ciudad de México. La nobleza en pleno asiste al auto de fe en la plaza de los Voladores. El tribunal del Santo Oficio quemará en la hoguera a trece judíos ya sentenciados. Nadie desea perderse el espectáculo. Pero la vigilia previa es larga y cansada. Tres nobles encabezan la procesión, portan el enorme estandarte de la Inquisición. El tribunal se ubica en la casa que la familia Santoveña regaló a los dominicos cuando salieron a vivir a Jerez de la Frontera a ocuparse de sus minas, después de la gran inundación. Atrás de los tres legos desfila un enorme contingente de frailes —serán más de treinta— ataviados con sus túnicas negras y blancas, limpiando el polvo de las calles con sus sandalias. Cantan en latín. Hay un patíbulo que se erigió dos días antes en la plaza. Los aristócratas se retiran pronto y los frailes siguen orando, toda la santa noche, en voz alta, por el alma de los tristes condenados.

Ahora han dado las seis de la mañana. Las campanas han estado, talán, talán, repicando desde el amanecer. Hay miles de personas congregadas: negros, indios, españoles, mestizos. Se escuchan los pasos marciales de las tropas que escoltan a los judíos. No solo traen a los trece sentenciados a muerte, sino a otros veintisiete pobres diablos a quienes se les redujo el castigo a prisión. Faquines indios portan efigies de otros sesenta y seis judíos, mujeres y hombres, que murieron en las cárceles secretas de la Inquisición. El silencio ahora es incómodo, denso, como si una capa de neblina hubiese cubierto a la ciudad entera. Solo se escuchan los pasos de la procesión. Detrás de los prisioneros y de las efigies desfila una gran columna de funcionarios, clérigos y legos. Todos llevan sus ropas más elegantes, como si asistieran a una nueva comedia en el Coliseo y no a la ejecución macabra de sus antiguos vecinos. Inquisidores, obispos, regidores y el propio virrey y su séquito se sientan en la galería cubierta del convento, desde donde se alcanza a ver el patíbulo. La tropa se lleva a los trece condenados a un tribunal cercano. Allí se les leen nuevamente sus sentencias para luego volver a trasladarlos al patíbulo.

La crueldad del espectáculo admite una mínima clemencia. A doce de ellos, a quienes se les reconvino una última vez para que se convirtiesen, se les estrangula primero. En grupos de cuatro, ante el silencio estupefacto de la muchedumbre, se les cuelga, arrepentidos y conversos, en una piedad postrera, para que mueran antes del fuego terrible de la hoguera. Ya cristianos se les arroja a la pira. Allí sus cuerpos inertes arden, junto con las efigies que los indios arrojan una a una. Las llamas, enardecidas, amenazan con tocar las nubes con sus lenguas de fuego. O al menos así lo miran quienes en la plaza se arrodillan y santiguan.

Uno de los condenados, Tomás Treviño de Sobremonte, se negó a arrepentirse de su apego a la ley de Moyssén. Al desgraciado, con los pies y las manos amarradas por una gruesa soga, se le arroja vivo a la hoguera. La plaza huele a cabellos quemados, a grasa y carne que se incinera. Se escuchan ahora los gritos enloquecidos de Treviño, el más rico de los condenados, un gran comerciante de diversos géneros. Alcanza a gritar:

—¡Echad más leña, después de todo soy yo quien paga por ella!

Desde que fueron arrojados los primeros cuerpos, además, había desaparecido el silencio. La muchedumbre gritaba, enloquecida por el espectáculo. Vitoreaba, rezaba, maldecía a todos los vientos a los condenados.

Toda la noche se quedaron en la plaza, mirando las llamas atizadas por más y más leña consumir del todo los cuerpos. Miles de personas pernoctaron a la intemperie, sin moverse. Algunos comerciantes vendían caramelos y otras viandas. En la esquina de la plaza una india ofrecía también champurrado y chocolate caliente.

Todo el mundo tenía permiso de asistir, incluidos los esclavos. Sus amos deseaban que mirasen como escarmiento los castigos públicos. Entre la multitud se encontraba uno de ellos, Diego de la Cruz, nacido en Texcoco, quien había sido vendido al padre Bartolomé de Balfermoso, dueño de un enorme obraje. Diego laboraba allí como cardador de lana. A Diego lo aterrorizaron los gritos de Treviño, pero se le ocurrió un plan después de contemplar durante horas el macabro castigo de los judíos. A él la suerte nunca le había tocado. Su madre había comprado su libertad y la de dos de sus hijas vendiendo pollos. Pero el dinero no alcanzó para liberarlo a él y lo dejó en cautiverio por considerarlo irrespetuoso y malcriado con ella. Era propiedad de Juan de Gorostiaga, pero lo alquiló a un tabernero. Allí tampoco tuvo suerte, ya que le dio por beber a escondidas y a embolsarse partes exiguas de las ganancias para jugar. Mal le salió a Gorostiaga el alquiler, ya que tuvo que pagarle al dueño de la taberna el dinero hurtado por su esclavo. Había que venderlo cuanto antes. Diego de la Cruz no deseaba que lo mandasen lejos de la ciudad, quién sabe cuál sería su destino en el septentrión, se decían tantas cosas… Casó entonces con una mulata libre, Antonia. Su madre, que ya lo había perdonado, arregló la boda. La ley era clara: no podría separarse a un esclavo de su cónyuge libre. Lo vendieron a Pedro Belardo, oficial de las cortes. Otro amo, otro oficio.

Don Pedro lo hizo su cochero. Diego de la Cruz seguía bebiendo a escondidas. Casi al clarear empezaba a empinar la botella. A veces estaba tan borracho que el coche zigzagueaba por las calles, pues no podía llevar los caballos derechos. De pronto la bebida lo arrastraba aún más y se desaparecía por días. No tantos que lo pudiesen juzgar por fugitivo —las penas incluían la castración o la muerte— y siempre regresaba a solicitar el perdón de su amo.

Volvieron a venderlo, ahora a Balfermoso, para trabajar en su obraje. Quizá el peor de sus destinos. Hubo buenos días, al principio. Hacía profesión de fe cuando veía al clérigo, rezaba en voz alta, pasaba las cuentas de un rosario, se arrodillaba pidiendo le santiguase. Al sacerdote le conmovió la religiosidad de su esclavo y le daba especial permiso de ausentarse los domingos para ir a la iglesia. El obraje estaba custodiado todo el santo día y toda la santa noche, así que escaparse y salir, como había hecho con otros amos, era casi imposible.

Casi, porque Diego de la Cruz siempre tenía modos. Siempre volvía, borracho. Siempre recibía el mismo castigo: veinte latigazos.

Diego comenzó a odiar el lugar con vehemencia. Una ocasión, incluso, no aguantó más:

—¡Muera la Virgen María! ¡Satanás, protégeme de estos malditos!

Balfermoso interrumpió el castigo. No podía distinguir si las blasfemias del esclavo eran las de un poseso o solo producto de la bebida. Lo hizo curar y lo dejó descansar del trabajo por dos jornadas enteras.

Empezó a correr la especie de que Diego de la Cruz no era de fiar, que estaba poseído por el diablo.

Después de haber asistido al auto de fe supo su siguiente paso. Se haría judío, no podía ser peor que ser esclavo. Ahora habría que idear un plan para su *conversión*.

Se quedó merodeando por la ciudad, escondiéndose de los guardias y los espías. Con un real que había hurtado en la confusión de la muchedumbre, se metió a una taberna cerca de La Profesa. Bebió hasta que cayó en el suelo. El tabernero le tiró un balde de agua y le preguntó quién era su amo. Dos hombres fueron a arrojarlo al obraje.

Volvieron los latigazos. Esta ocasión blasfemó de tal odiosa forma que Balfermoso lo acusó de hereje y los soldados del Santo Oficio lo encerraron en su cárcel secreta. Un pobre esclavo podría aguardar por meses, o incluso morir en la mazmorra, sin llegar a tener audiencia.

Tiempo suficiente para rumiar su plan.

Cuando al fin su caso fue escuchado por los inquisidores contó sin tapujos lo siguiente:

—Era, señorías, un domingo en el que tenía descanso del obraje. Me encontré afuera del Parián a Pascual de Rosas, un negro libre amigo mío de hace años. Le hice saber mi nueva suerte y me propuso que iniciásemos una empresa comprando y vendiendo ropa en Texcoco. El negocio inició con cincuenta pesos de Pascual y doscientos de mi propio peculio. No solo nos alcanzó el dinero para una partida de ropas, sino para un puesto de ventas en el Portal de Mercaderes. Así pasaron unos meses, pero el negocio no prosperaba del todo. Mi amigo Pascual me convenció de que nuestra suerte podría cambiar mágicamente si nos convertíamos a la ley de Moyssén, pues afirmaba que esa era la única razón por la que los conversos portugueses tenían tanto dinero.

Los inquisidores escuchaban el relato, atónitos, y el escribano lo convertía, en sus propias palabras, en declaración judicial:

—Decidí huir del obraje el siguiente domingo. Pascual me instruyó, vusías, en la forma de lograr nuestra conversión. Ayunamos y pasamos la tarde en la Alameda. Nos impresionó ver a tanto hidalgo paseando con sus esposas y a tanta hermosa mulata aún más ataviada y enjoyada que las mismas señoras, pues buscaban seducir y llevarlos a sus casas de lisonja. Tal espectáculo disipó nuestra reserva. Con otros amigos negros, ya de noche, nos fuimos a una taberna. Otros más se unieron a nuestro grupo, con sus guitarras y arpas. Íbamos de una taberna a otra, cantando por las calles, pero con el estómago vacío y rugiendo. Yo sugería que fuésemos a buscar algún alimento. Pascual conocía una hostería que estaba abierta después del toque de queda. Una mulata nos sirvió pollo y vino. Algo pasó entonces que me hizo arrepentirme de abrazar la ley judía de la mano de Pascual, y sin despedirme salí de allí y me fui rumbo a Texcoco, a casa de mi madre.

La historia, pese a tener tantos elementos inverosímiles, cautivó a los inquisidores, que siguieron haciéndole preguntas sobre su arrepentimiento.

—Fui a la iglesia a pedir la confesión, pero el cura me dijo, después de escucharme, que no tenía poder alguno para absolverme de tamaño pecado y me devolvió al obraje. Esa es la causa de que don Bartolomé me haya acusado de blasfemia.

El esclavo fue devuelto al calabozo e iniciaron las pesquisas de los inquisidores para corroborar los asientos del acusado. La declaración hizo muy pronto agua por todos lados. No les fue posible encontrar a ningún Pascual de Rosas en la ciudad. Fue traído de nuevo y se le hicieron preguntas sobre la religión judía que Diego no pudo contestar. No sabía leer, nunca había sido adoctrinado y lo único que conocía era el famoso ayuno. ¡De dónde iba a sacar además el pobre diablo doscientos pesos para un negocio de ropa!

No se requirió de tortura alguna para que De la Cruz aceptara que había vuelto a mentir. No era judaizante, sino un ferviente cristiano, afirmó llorando, hincado y con los brazos en cruz como había hecho frente a Balfermoso.

Lo cuestionaron entonces por la causa de su mentira, para qué todo el laborioso trabajo de hacerse pasar por seguidor de la Ley de Moisés.

—Para poder llegar a vosotros, excelentísimos señores, y hacerles ver la injusta carga, el odioso empleo en que nos tienen en el obraje. Somos tratados como animales, señorías, y moriremos de hambre y cansancio uno por uno. De qué otra forma podría llegar a vosotros sino con las mentiras que he proferido y de las que me arrepiento una por una.

—Muerto de cansancio y hambre —repitió en voz alta el presidente del tribunal.

—Además, don Bartolomé ha faltado a su palabra de dejarme pasar dos noches a la semana con mi legítima esposa en Texcoco. No nos deja salir nunca. Solo por las mañanas de domingo para ir a misa.

El presidente del tribunal inquisitorial volvió a hablar:

—So pena de excomunión y de doscientos latigazos, Diego de la Cruz, deberás guardar secreto de lo que has dicho en este lugar. Saldrás de aquí, puesto que has pagado previamente tu castigo durante meses en las celdas. Balfermoso deberá pagar, y así se le hará saber, veinticuatro pesos para solventar los gastos de este tribunal y de la alimentación del esclavo. Llevará órdenes, también, de no castigarte y de permitirte cohabitar con tu esposa en Texcoco.

* * *

En privado, por supuesto, aconsejaron al clérigo que vendiese cuanto antes a Diego de la Cruz, el díscolo y mentiroso que los había engañado con su supuesta conversión. Francisco de Sigüenza y Góngora lo compró entonces, en subasta, por cuarenta y seis pesos, para emplearlo como mozo de cuadra para sus caballos. Diego de la Cruz había aprendido a portarse mejor, aunque no del todo bien, y en un par de años pasó a ser cochero y a llevar por toda la ciudad a don Francisco. Lo asombraba la cantidad de hospitales que Sigüenza visitaba para llevar caridades. El Hospital Real de Indios, el de Nuestra Señora de Belem, el del Amor de Dios, el del Espíritu

Santo, el de San Juan de Dios, el de La Misericordia, el de San Hipólito, el de San Lázaro. La ciudad era otra, irreconocible para él, a pesar de haber nacido ya en la Nueva España; para su madre, que había sido traída del África, seguramente por los cambios y la cantidad de casonas y palacios, el asombro era aún mayor. Don Francisco lo dejaba ir a Texcoco no dos, sino tres noches a la semana. Claro que él no ayuntaba, como todos pensaban, con su esposa Antonia, con quien nunca había vivido. Ella ya tenía otro hombre. Diego se quedaba en casa de su madre. Una de sus hermanas ya se había casado también, pero se había mudado a Tlaxcala. Él sabía la diferencia entre ser esclavo y ser libre, pero también las dificultades que para un negro o un mulato existían en la ciudad; quizá fuera de ella podría empezarse una nueva vida.

Entretenía esa posibilidad, pero también le gustaba una joven negra que trabajaba de cocinera en casa del hermano de su amo, Carlota Machuca. Intentó cortejarla, pero los rumores corren más rápido que el cocoliztli y ella supo que estaba casado. Le volvió a dar por la bebida, pero era más cuidadoso en no hacerlo por la mañana, ni delante de Sigüenza.

Los domingos seguía yendo a misa, muy de mañana. En Santa Catarina Mártir, cerca del Convento de Santo Domingo, aunque evitaba a los dominicos desde su frustrado intento de engaño con la Inquisición. Después se iba a la Alameda a ver a las mulatas que no podía pagar, pero que le fascinaban vestidas de seda, con encajes de plata, cintas anchas de color claro y largos herretes plateados colgando de sus refajos hasta el suelo. Contemplaba sus complicados vestidos, con faldas también guarnecidas de plata y oro, con unas hermosas fajas adornadas con perlas y mangas anchas y abiertas en los extremos, de fino género chino. Llevaban sus bucles cubiertos de cofias labras y finas sedas con más plata. Un mote, en algunas de ellas, invitando al cortejo. Quizá fueron esclavas, pero el amor las ha dejado sueltas, prestas para esclavizarlo a él, Diego, con sus senos casi al descubierto.

Había quienes incluso las acusaban de hechicería, pues los hacían sus amantes con desenfadada facilidad. A él, por supuesto, solo le era permitido ver.

Por las tardes de domingo se iba a la calle de Mesones, a buscar algún placer accesible, afuera de los portales de las casas de amor

barato. Una rama de árbol colgada de la entrada para que no hubiese duda del género que allí se practicaba. Le fascinaba la calle de las
Gayas, aunque solo en algunas ocasiones tuviese los reales para pagar la diversión. A él le gustaba ayuntar con una a la que apodaban
la Chinche.

A veces, unas pocas, la suerte le sonríe.

8

1692

Corrían las horas en silencio y recogimiento en la casa de Carlos de Sigüenza y Góngora, mientras el cosmógrafo se hallaba sobre sus libros. Es domingo, 8 de junio, fiesta de Corpus. Escuchó entonces ruidos y gritería en la calle. «¡Otro alboroto de borrachos, esta ciudad es imposible!», se dijo. Su criado, un mestizo llamado Leonardo Cuautle, tocó a su puerta alertándolo a gritos:

—Don Carlos, por Dios, ¿qué no escucha? Se ha levantado la gente, ha estallado un tumulto. Todos corren al palacio Arzobispal y al Ayuntamiento. Parece que hay miles de personas en la plaza Mayor. Grande catástrofe se nos avecina.

—Vamos, Leonardo, guarda un poco de calma y ayúdame con la capa, que ya salimos a ver qué ocurre afuera.

Al fin Sigüenza se levantó de su sillón, apartó el enorme libro de astronomía y abrió la cortina púrpura que cubría la ventana y hasta hacía un instante no dejaba pasar la luz. Corría debajo infinita gente. Mejor no esperar a la capa, le gritó a Leonardo que no hacía falta y salieron ellos dos también despavoridos. A los pocos minutos ya estaban en la esquina de Providencias. El pueblo apedreaba sin misericordia el palacio. Los había de toda ralea: indios, mestizos, negros, mulatos, pero también chinos, lobos, zambo prieto, zarambullos, saltapatrás, todas las castas congregadas como a la puerta del infierno. Su corazón dio un salto. Por primera vez en meses se apoderó de él el miedo. Calculó de inmediato, con su gusto por los números. Al menos unas diez mil almas había allí reunidas. Detuvo del brazo a Leonardo, sin atreverse a dar un paso adelante. Un alarido uniformemente desentonado y horroroso le causaba enorme espanto. La piel se le erizó. Un tumulto así podía ser capaz de todo. Se podría derrumbar entero el cimiento de ese precario orden. De esa efímera gloria que su amiga, la monja Juana, había descrito tan hermosamente en su soneto, que recordó como si esas palabras pudieran acallar los gritos de la multitud: «y claras las efímeras centellas / que el aire eleva y el incendio apura…».

Sus pensamientos parecieron conjurar el paso siguiente de la turba. Prendieron fuego a las puertas del palacio. Vehemente incendio, las llamas se extendieron como lenguas endemoniadas. En su memoria fue recorriendo los espacios del palacio seguramente consumidos por el fuego: lo vio pasar destruyendo las salas de acuerdo y los papeles de los escribanos. Se prendía el edificio todo: la contaduría de tribunales, el almacén de los azogues, la memoria entera de la Nueva España, los dimes y diretes, los pagos y las deudas. No pudo contener él mismo un grito de espanto. El criado lo conminó a regresar a casa, queriéndolo hacer entrar en razón:

—Señoría, esto puede ponerse mucho peor, más nos valdría poner pies en polvorosa y resguardarnos.

Sigüenza lo calló serenamente y se escondió en un soportal, desde donde podía seguir contemplando la espantosa escena. En poco tiempo no hubo puerta ni ventana en la que no hubiese fuego. Es curiosa la manera en la que la multitud se agita, se enardece, se mueve al unísono. Le parece una danza macabra, en la que ya ninguno es quien era, sino que todos son una informe, amorfa masa indiferenciada, pura materia enfurecida.

Han logrado su objetivo destruyendo el palacio Virreinal y ahora se dispersan, en grupos compactos, hacia el Portal de Mercaderes. Los apremia el pillaje, los ataca la codicia, o el hambre vieja, el hambre de comer. Sí, pero también el hambre de tener. El hambre de ser. Atacan por doquier. Saquean los cajones de comercio, toman y rasgan las sedas, arremeten contra los marfiles y las porcelanas. Ahora se olvidan del palacio; los apremian otros menesteres más mundanos, pero también de mayor abundancia.

—¿Qué hace, don Carlos?, ya vámonos —le suplica Leonardo. Es huérfano, no conoce otro padre que el astrónomo, a quien le guarda una lealtad suprema. Él lo recogió y lo ha cuidado como a su hijo, enseñándole a leer y a escribir, y aritmética y tantas otras cosas. No lo sirve, le agradece. Por eso siente que la temeridad tras los curiosos espejuelos lo hará cometer una imprudencia.

Y es así como ocurre. Un grupo de soldados, no más de cinco, marcha hacia la plaza y él los sigue, después de presentarse ante ellos. Los militares están ahí para poner orden, para evitar más ataques al palacio. A él le preocupan otras cosas, mucho más esenciales. Un par de ellos, reconociendo su jerarquía y quizá comprendiendo silenciosamente su misión, lo ayudan, junto con Leonardo. Han sustituido las armas por hachas y barretas. La labor es extenuante. Han entrado a palacio y ahora cortan vigas caídas, atrancan puertas para que salga el humo. Se tapan la boca y la nariz con paños mojados que nadie sabe de dónde han salido.

Leonardo sí reconoce la misión de su señor, rescatar el archivo, la memoria, el recuerdo. Lo único que deja constancia de nuestra presencia en la Tierra.

Con un ahínco que asombra, el sabio toma legajos, se los pasa a los soldados y a Leonardo. Sabe qué es lo que debe salvar. Conoce el archivo como si fuese su propia biblioteca. No le atañe lo presente, que puede rehacerse con la ayuda de letrados. Le interesan los documentos más añejos.

—¿Qué haremos con todo esto? —pregunta Leonardo, que ahora no solo teme por la salud y la supervivencia de quienes han acometido tan loca empresa, sino por el destino de tanto papel y legajo, de todos esos libros. Don Carlos ordena a los soldados que los lleven a su casa; ya habrá tiempo, cuando se hayan calmado las aguas, después de la tempestad, de devolverlos a su lugar. Por ahora es menester salvarlos.

Leonardo piensa que es mucha suerte que la muchedumbre amotinada se encuentre preocupada del saqueo de los cajones de los mercaderes, y los dejen a él y a su señor y a los dos soldados salir de allí. En casa, don Carlos les ordena que los dejen en la mesa del comedor. Los esparcen sin cuidado, cansados, ennegrecidos por el humo y la ceniza. Sigüenza se olvida de ellos, solo le interesa la letra. Toma uno de sus libros, mientras Leonardo les da unas monedas a los soldados y los despide.

—Ve a la biblioteca por mi pluma y tinta —ordena.

Cuando tiene todos sus instrumentos abre uno de los libros de actas, y para que quede constancia de lo allí acontecido, escribe: «Don Carlos de Sigüenza y Góngora, cosmógrafo de Su Majestad, catedrático jubilado de matemáticas y capellán del Hospicio del Real Amor de Dios de esta ciudad [...] libró este libro y los que siguen del fuego en que perecieron los archivos de esta ciudad en la noche del 8 de junio de 1692, en que por falta de bastimento se amotinó la plebe y quemó el Palacio Real y Casas de Cabildo».

Solo entonces le sobrevino el cansancio y procedió a sentarse. Leonardo había ido a la cocina y ordenado le sirviesen algunos alimentos.

—¡Cena conmigo, Leonardo, esta noche, te lo ruego! Siento que mis fuerzas flaquean y que toda esta empresa de conquista vana que es la Nueva España puede eclipsar en solo un día, como el sol, sin poder renacer del todo.

—¡Venga, don Carlos!, no se ponga así, siempre hay un nuevo día. Si el sol no se pusiera por el poniente cada noche no volvería a amanecer.

—Tienes razón, hijo. Solo que la justicia no parece encontrar lugar en estas tierras.

Don Carlos solía ensimismarse después de proferir una frase asaz contundente. Leonardo lo dejó en silencio y salió a ordenar que le trajesen a él también sus alimentos. Don Carlos le convidó una copa de vino, que él no supo rehusar.

Le trajo asimismo un aguamanil al sabio para que lavase sus manos. Don Carlos le pidió que alzase su copa, que brindaran por la amistad que los unía después de tantos años. Leonardo casi se ahoga. Nunca le había hablado así. Sentía un especial cariño y también percibía que era mutuo, con la confianza de la amistad. Sonrió, le placía sentirse así de cerca de su señor después de tanto tiempo a su sombra.

—He de confiarte, antes de que sea demasiado tarde, hijo mío, cómo llegaste a esta casa, de dónde vienes.

Ahora sí, el ahogo de Leonardo Cuautle era mayor. Necesitaba agua, no vino, para limpiarse la garganta.

—Soy todo oídos, señor don Carlos.

—Y toda nobleza, hijo mío. Nunca he tenido oportunidad de contarte estas cosas. Primero porque no estabas en edad de razón, luego porque lo consideré inútil para tu educación y tu ingenio. Y luego porque los años pasan y otras encomiendas parecen más importantes. Pero ahora que apenas salvamos unos cuantos libros de las voraces llamas y que todo lo demás será imposible de recordar para quienes vengan a morar a esta ciudad, me ha quedado más claro que nunca que debes saberlo.

Toma su copa, bebe un largo trago. Luego en silencio da cuenta de su plato. Son largos minutos en los que Leonardo Cuautle también permanece callado. Solo cavila. Piensa que quizá a él tampoco, a esta edad, le interese saber nada de ese pasado que a su señor le parece tan imprescindible. Él ha sido cuidado, ha tenido sustento y un techo. En no pocas ocasiones ha sentido, además, el cariño de Sigüenza. Eso le basta.

—Tu madre era una mestiza. Hija natural de un español y de una mestiza que quedó viuda siendo muy joven. El español la repudió y ella vino a dar a luz en la calle, abandonada. Murió a los pocos días de parirte. Allí, en plena luz del día, sin partera alguna. La acogimos contigo en el hospicio, pero estaba muy débil y nada pudieron hacer las monjas. Tu madre se llamaba Lucrecia Cuautle. Nosotros te bautizamos, pero yo quise dejarte el apellido de tu madre.

—¿Y mi padre? ¿Cómo se apellidaba?

—No necesitas saberlo. Ha muerto ya. Tú piensa que eres hijo de Dios y de tu pobre madre que tanto sufrió.

—Me ha hecho daño, don Carlos, tanta historia. Me gustaría saber quién fue ese hombre. Si tiene otros hijos, quiénes son, qué hacen, quién es su madre. Usted lo sabe y no puede negarme ese consuelo.

—¿Ese consuelo o esa venganza?

—No lo sé de cierto. Mi cabeza es un enjambre maldito a esta hora. Es preferible la ignorancia.

—No digas tonterías. La ignorancia nos hace perdernos y la sabiduría nos permite encontrarnos.

—Dígame entonces quién fue mi padre.

—«Nunca hallo gusto cumplido, / porque entre alivio y dolor, / hallo culpa en el amor / y disculpa en el olvido» —responde crípticamente con otro poema de su amiga Sor Juana. Leonardo está acostumbrado a esos raptos poéticos, o a otros más bien místicos en el que su señor ve apariciones.

»Un panadero. Es todo lo que sabe mi razón, hijo. No su santo y seña, solo su oficio. Y de nada vale ir con todos ellos. Inquirir será en vano. El desgraciado pagará su abandono en el infierno.

—Y a mí, dígame, ¿de qué me sirve su castigo eterno? Abandonó a mi madre y luego por eso mismo me dejó a mi suerte, desamparado. Si no hubiese sido por su infinita generosidad, don Carlos, ¿qué hubiese sido de mí? ¿Quién sería? ¿Un paria? ¿Un truhan?

—Un hombre de bien, Leonardo. Tu corazón es noble, aunque haya sido pisoteado por el destino. Yo ya estoy viejo y tú debes buscar una mujer con la que casarte.

—¡Ganas no me faltan, don Carlos! ¿Con qué fortuna, siendo como soy solo criado suyo sin un céntimo ni dónde caerme muerto?

—Te dejaré una cantidad, pequeña, debido a la precariedad de mi situación, pero suficiente para que ese no sea un impedimento. Donaré mi biblioteca a la universidad, por supuesto. Puedes vender esta casa y trasladarte con tu mujer a algún lugar más modesto, que no consuma tus rentas. Lo tengo todo arreglado. Mira, aquí están los pormenores de tu herencia.

Sigüenza entonces le tendió un pequeño legajo donde estaban delineados los términos que le había apenas compartido.

—No hablemos de herencia, ni de donaciones ni de ventas. Está usted como un roble. Posterguemos cualquier conversación sobre la muerte.

Leonardo tocó madera mientras daba nervioso un par de bocados.

—¡Ya lo sé, hijo, no seas supersticioso! Debes ser práctico, ¿hay alguien en quien hayas puesto tus ojos? No te conozco ningún amorío, ni siquiera un devaneo.

—Don Carlos, podría ser Eufrasia, el ama de llaves. Pero no me he atrevido a compartir con ella mis sentimientos.

—¡Eufrasia, mira nada más, lo tenía en mis narices y no me he dado cuenta! Pero Eufrasia es esclava, bien lo sabes.

—Podría usted comprarla y liberarla con el dinero que su excelencia me ha propuesto, aunque nos quedásemos sin nada.

—¡Comprármela para mí, qué locuras dices! Bueno, forma parte de los bienes de mi hermano, pero podré pedirle que la libere, para él no es gran cosa una esclava más o una menos.

—Entonces, don Carlos, ¿haría eso por mí?

—Hijo, veremos. Déjalo todo en mis manos. ¡Eufrasia!, qué curioso —insistió y vino a quedarse en silencio, cavilando.

Leonardo terminó sus alimentos, apuró el vino y se aprestó a retirar en una bandeja los platos y las copas. Don Carlos se había aficionado recientemente al tabaco y sabía que después de cenar debía prepararle sus cosas y liarle un cigarrillo, acompañado de un cordial de capulín, que le traían de Puebla sus amigos capellanes.

Habría que dejarlo solo. Con sus libros y su humo y sus monstruos.

Leonardo no podía creer lo que su suerte había cambiado en un día. Mientras la ciudad ardía en motines e incendios, él tendría los medios para conseguir esposa. Si tan solo Eufrasia aceptase, entonces no tendrían que irse de allí y podría cuidar a don Carlos.

Mientras lo pensaba, al dirigirse a la cocina se percató por vez primera de que quería al sabio cosmógrafo como a un padre. No podría abandonarlo nunca, mucho menos para casarse con una desconocida.

¡Tendría por fuerza que ser Eufrasia Machuca!

* * *

Mientras tanto, entre el humo y el ligero mareo del vino, Carlos de Sigüenza recuerda el poema de su amiga, la monja jerónima. Esta vez le viene a la mente el *Sueño*, por la cantidad de referencias astronómicas que discutieron juntos después del eclipse de Luna del 22 de diciembre de 1684. Juana llamaba al hermoso poema *papelillo*, pero también reconocía que era lo único que había escrito por gusto, no por encargo. *Sic itur ad astra*. Así se viaja a los astros, era el lema de la monja en su *ex libris*. Sigüenza se levanta y va a su atril. En él se encuentra un libro de la biblioteca de su amiga, un pesado volumen de Athanasius Kircher. Relee el lema y pasa su mano por el sello, hermoso. «Piramidal, funesta, de la tierra», recuerda el verso y dice otros tantos en voz baja. Para él lo increíble es que hace un año, tan solo, esta ciudad que hoy estalló en tumultos fue presa del pánico, pero por un eclipse de Sol. Cuántas veces se había referido él a que un suceso como tal ocurriría; estaba descrito, estaba en los almanaques. Pero de nada sirve cuando la superstición, como con Leonardo, es una forma de pensar. La ciudad enloqueció creyendo que era el fin del mundo, el anuncio del Día del Juicio.

El 23 de agosto de 1691 la Ciudad de México vivió la noche más corta de cuantas haya memoria. Duró apenas diez avemarías. Don Carlos va a su escritorio, abre el cartapacio, prepara la pluma y la moja en tinta negra. Escribe:

> Por el tiempo de casi medio cuarto de hora, no hallamos más horrorosa. Como no se esperaba tanto como esto, al mismo instante que faltó la luz, cayéndose las aves que iban volando, aullando los perros, gritando las mujeres y los muchachos, desamparando las indias sus puestos en que vendían fruta, verdura y otras menudencias, por entrarse a toda carrera a la Catedral; y tocándose a rogativa al mismo instante, no solo en ella sino en las demás iglesias de la ciudad, se causó de todo tan repentina confusión y alboroto que daba grima.

Levanta la pluma, pasa el secante. Piensa que es la misma grima que le dio el alboroto de la plaza Mayor esta tarde. En qué condiciones habrán quedado los cajones de los mercaderes, cuánto costará restaurar el palacio Real, cómo se aplacará a la turba.

Finalmente es por no tener sustento que se produce el pillaje. Este será llamado, piensa Carlos de Sigüenza y Góngora, *el Motín del Hambre*. Todavía escucha en sus oídos los gritos de la turba: «¡Muera el virrey y el corregidor, que tienen atravesado el maíz y nos matan de hambre!». Cierra los ojos y contempla a la infinita gente que corría hacia la plaza, a medio vestir. El odio al virrey Gaspar de la Cerda Sandoval Silva y Mendoza no es distinto que el que han sufrido otros gobernantes, aunque él no tenga culpa de la sequía en el norte de la Nueva España.

Quizá nuevamente todo haya sido culpa, además del hambre, de la superstición. Un cometa en el cielo le trajo a esta gente el recuerdo de sus antiguas mitologías. Y entonces los de Tlatelolco, hambrientos, se vinieron a apedrear el palacio. Cómo habrá quedado el Parián y el Baratillo, con sus tantos objetos robados y usados, o la calle de las Canoas con su mercadería y sus flores. Casi doscientos comercios posee el enorme Parián —hace matemática don

Carlos—, con casi trece mil varas cuadradas y sus ocho puertas de entrada. No solo habrán dado cuenta de las sedas y los marfiles de ese hermoso teatro de las maravillas con los más variados objetos de Oriente, gracias al Galeón de Manila: libros, biombos, camas, espejos, joyas, abanicos, cristalería, cerámica, ropa fina, hermosas telas. ¡Qué sentido tiene pillar allí si no habrá dinero para revender toda esa mercadería que igual y terminará arrojándose al lago de Texcoco!

Del brazo de Leonardo, mientras aguardaban a los soldados, le preguntaron a una india por qué motivo se había producido aquel tumulto, si era por falta de maíz para moler en la alhóndiga, pero la mujer lo negó y así les dijo:

—De ello tenemos mucho escondido en casa. Mira, señor, nosotros queríamos levantarnos contra el reino, discurrimos que sería bien tener mucho de nuestra parte, y como la cosecha del maíz se había perdido y había poco y era caro, nos mandaron los caciques que comprásemos mucho más de lo que había menester y que lo enterrásemos, para que faltase a la gente pobre, y estos serían de nuestra parte cuando nos levantásemos.

Ahora, mientras casi se recoge a dormir, no sabe si creerle a esa mujer. Seguro fue el eclipse y luego el cometa. O habrá sido quizá el maldito, detestable y pernicioso pulque que beben en demasía y provoca la sodomía, el incesto, los robos, sacrilegios y otras abominaciones mucho mayores.

Vuelve a mojar la pluma y escribe, preso del rapto de su musa:

No les pareció a los indios que verían esto el que quedaban bien, si no entraban a la parte en tan considerable despojo; y mancomunándose con aquellos y con unos y otros cuantos mulatos, negros, chinos, mestizos, lobos y vilísimos españoles, así gachupines como criollos, allí se hallaban, cayeron de golpe sobre los cajones donde había hierro y lo que de él se hace, así para tener hachas y barretas con qué romper los restantes, como para armarse de machetes y cuchillos que no tenían. No se acordaron estos desde este punto de las desvergüenzas que hablaban, ni los indios y indias de atizar el fuego de las casas de ayuntamiento y de palacio y de pedir maíz, porque les faltaban manos para robar. Quedaba vacío un cajón en un momento de cuanto en él había, y en otro momento se ardía todo, porque los mismos que llevaban lo que tenían y le daban fuego; y como a este se añadía el de todos los puestos y jarales de toda la plaza que también ardían, no viendo sino incendios y bochornos por todas partes, entre la pesadumbre que me angustiaba la alma, se me ofreció el que algo sería como lo de Troya cuando la abrasaron los griegos [...]

A los que se habían salido de la ciudad la misma noche del domingo, aunque les sobraba la ropa y dinero, no les acompañaba el sustento, y acometiendo a algunas canoas que venían navegando desde Chalco con provisión de maíz, las dejaron sin grano; pero con la actividad con que don Juan de Aguirre y don Francisco de Sigüenza, mi hermano, introdujeron, aquel en otras canoas y este en las recuas que halló muy cerca, no solo suficiente sino sobrado maíz, pudo abundar aquel día y sobrar para otros en la ciudad, si su excelencia sin más consejeros que su caridad y misericordia no hubiera mandado que a todos, y con especialidad a la ingrata, traidora chusma de las insolentes indias, se les repartiese graciosamente y sin paga alguna cuanto hubiese entrado.

Cuando se ha secado la tinta, firma la misiva, la introduce en un sobre que lacra con esmero y sopla la llama de la vela. Ha sido un día largo y aciago. Precisa dormir.

9

1737

No saben dónde comenzó todo. Nomás empezaron a sentirse enfermos algunos allí en el obraje. José Juan Xopa, el más fuerte cardador, fue el primero en sentir ese frío en todo el cuerpo. Pensaba que era el cansancio acumulado de días. Había trabajado mucho en el obraje lavando vellones. Tenía que dejar las guedejas listas para el hilado, limpias, escardadas y secas. El trabajo de limpieza requería destreza y fuerza para retirar la suciedad y los restos de grasa. Los desechos eran tirados al piso, donde los roedores se juntaban a beber las natas de agua y cebo, de restos de piel y polvo. La mayoría de los trabajadores de los obrajes de la Nueva España eran indios naboríes, descastados, pero José Juan había llegado allí buscando comida. Tenía diez años cuando se presentó con el obrajero, era huérfano y estaba hambriento. A cambio de una jícara con una especie de caldo de papas, el chiquillo había adquirido una deuda eterna. Era, junto con otros niños y mujeres del obraje, hilandero del taller. Casi todos los trabajadores querían fugarse para escapar de los abusos y de las infinitas deudas; en cambio, José Juan quería quedarse y tener qué comer, dónde dormir y quién lo acompañara. Como otros niños allí, dormía a ras de suelo y comía a veces sí, a veces no, pero José Juan se animaba. Varios niños murieron a causa de los maltratos del obrajero y de las condiciones en extremo insalubres en las que vivían allí, pero José Juan llegó a los doce años. Él había resistido. Desde entonces, se había convertido en cardador. Ahora era un hombre más recio y fuerte y era jornalero de lunes a domingo, desde el amanecer hasta entrada la noche.

Para iluminar sus casas los españoles usaban velas. Pero los indios, los pobres y los esclavos, además de gozar de la luz de los rayos del sol, o de vez en cuando de la luna, usaban recipientes con manteca y un trozo de cuerda, a pesar de que les ardían los ojos con tanto humo. Así que toda actividad obrera se acababa cuando se extinguía la luz del sol. En algunas de las casas de los señores españoles se colocaba un farol que iluminaba sus entradas, pero no era una costumbre de todos los días.

José Juan quería pagar su adeudo y casarse. Hacía poco que había conocido a una india bonita y planeaba construir un jacal en las afueras de Tlacopan. Había pedido apoyo a Gerónimo, otro de los cardadores del obraje, para que lo ayudara a construirlo.

Gerónimo Cuautle Machuca vivía en una casa de adobe en Tlacopan. El piso era de tierra y lo barrían y mojaban cada mañana. Era mulato y tenía dos hijos varones, libres como él. Los tres trabajaban en el obraje sin ser esclavos. Ninguno sabía de ese dolor.

* * *

Una tarde José Juan empezó a tener mucho calor y sudaba frío. Se retorcía de dolor y deliraba. Estaba al ras del suelo. Los demás jornaleros pensaban que tenía la enfermedad del chinguirito, que era fuente de todo tipo de males, hasta de muertes repentinas, pero José Juan siguió con el calor y el frío y las alucinaciones. Pronto uno de los trabajadores se acercó para ver si podía sustraer algo al moribundo y al levantarle la camisa de manta descubrió que tenía granos en el vientre y que su barriga se inflaba y se hundía hasta dejar ver el costillar cuando respiraba. José Juan olía mal. El aprovechado se asustó y buscó a una joven jornalera. Juntos volvieron a revisarlo. Al girarlo descubrieron que José Juan estaba sucio con sus propios desechos. José Juan abrió los ojos y pidió agua, tosió y escupió sangre. Los dos jornaleros se asustaron tanto que lo dejaron allí solo. José Juan ardía en fiebre y en sus delirios nombraba a Atzin varias veces.

* * *

Semanas antes, José Juan se había ido de cargador a la plaza y al mercado y hasta de albañil a México. Caminaba por la calzada de Tlacopan, por allí donde tiempo atrás salieron huyendo Cortés y sus hombres de Tenochtitlan, a la isla de México. Allá siempre alguien estaba construyendo algo. Los españoles habían llegado a derribar una ciudad entera para levantar otra. Templos, edificios, casas de señores. El levantamiento nunca parecía acabarse. Tenía prisa por pagar el adeudo para casarse con su india bonita y levantar su jacal. Había ido a México algunos fines de semana, de noche y de madrugada, a descargar varias diligencias que habían llegado de Acapulco. Los baúles y contenedores traían seda, tafetanes, algunas muestras de cerámica y lozas de porcelana, pimientos, hierro, pimienta y otras especias que venían de las Filipinas y de China por el mar del Pacífico. La Nao había atracado en Acapulco y todo debía ser llevado a la capital novohispana. Algunas de las mercancías se quedarían en la ciudad capital y otras seguirían su viaje a Veracruz para ser llevadas a Europa. Así que, por algunos fines de semana, José Juan había ido a México a trabajar y algunas de esas noches pasó por una taberna para celebrar que se matrimoniaría con Atzin.

En la taberna se vendía tepache, meoctli, aguamiel, chinguirito y otras bebidas refrescantes y fermentadas. No todas tenían permiso para producirse o consumirse, pues con el afán de que en las colonias se comprara lo que era traído de la Península, se les había ordenado a los comerciantes de la Nueva España que no podían producir su propio aguardiente. Si querían bebidas de caña tenían que comprarlas a los productores y comerciantes españoles que enviaban sus productos desde España. Así que, además de prohibido, estaba mal visto que alguien las elaborara o las consumiera. La abundancia de miel, su baratura y la facilidad para elaborar el aguardiente era lo que lo hacía una bebida tan buscada; una olla y una cazuela eran los únicos instrumentos con que las mujeres pobres fabricaban el chinguirito en lo oculto de sus casas.

Esas noches lejos de Tlacopan, José Juan había bebido, como otros esclavos, indios y mestizos, el aguardiente hecho en la Nueva España, el chinguirito. Esa bebida que para los productores criollos de pulque y para los comerciantes de aguardiente venido de Europa era solo venenosa y mortal.

Gerónimo se enteró de que José Juan no estaba bien y quiso llevarlo a su casa en Tlacopan, pero ya para entonces otros jornaleros habían caído enfermos en el obraje. La enfermedad se esparcía resuelta en Tlacopan y había llegado a México. Poco después José Juan murió en el obraje.

Inmediatamente a los hospitales empezó a llegar gente enferma.

El primer lugar donde se atendió a los enfermos fue el Hospital Real de Naturales. Allí llegaron los primeros enfermos de Tlacopan. Los médicos no reconocían el padecimiento: «Todos generalmente dicen acontecerles un continuado y universal frío, que sienten en todo el cuerpo, con grave incendio en todas las entrañas: lo que explican diciendo tener un volcán de fuego en el estómago». Los enfermos manifestaban fiebre intensa, sangrado por boca y oídos, fuerte ardor en las entrañas y tabardillo.

Cuando algunos españoles enfermaron fueron llevados al Hospital de la Purísima Concepción y Jesús Nazareno. Y pronto ese hospital se llenó de enfermos: españoles, indígenas, mulatos, chinos, cambujos... El hospital los recibía a todos.

* * *

Algunos españoles se repusieron de la enfermedad, pero la mayoría de los indígenas y otros hijos de las muchas castas murieron en días. Los médicos se dieron cuenta de que los españoles enfermos eran los menos. La gente fuera de los hospitales también lo notó. Por lo que todos empezaron a creer que los enfermos habían sido atacados por el mal para pagar por sus faltas. Los excesos en la bebida de pulque, tepache, guarapo y chinguirito, así como el descuido moral, eran la causa del mal desencadenado por la huey matlazáhuatl.

La muerte te alcanza donde sea. No distingue casta alguna. La muerte se ha ensañado con esta ciudad. Hay unos músicos callejeros que pasan cantando:

> La muerte ciriquiciaca,
> jalando su carretón,
> parece una sombra flaca,
> bailando en el malecón.

Así pregonan y cantan los músicos queriendo arrancar una sonrisa en medio de la tragedia. Sin lograrlo. Su risa se vuelve una risa macabra de la fortuna.

Ahora Gerónimo tiene miedo. Tantos se han muerto ya de huey matlazáhuatl que a él ya no le daban ganas de salir de su casa para ir a trabajar. Su madre, de hecho, padecía la enfermedad, se la había contagiado uno de sus hermanos, que también trabaja en el obraje y que aún vivía con ella. Su padre había muerto hacía años, abandonándolos a su suerte. Gerónimo temía por sus hijos. Él decide ir a probar suerte a México y dejar el obraje. Como ni él ni sus hijos eran esclavos, podían dejar el taller y dedicarse a otra cosa. ¿En qué tipo de jornada podrían emplearse?

Pronto la matlazáhuatl siguió los caminos reales. Los roedores y los piojos que viajaban con algunos enfermos ayudaron a transportarla fuera de la Ciudad de México: Calimaya, Metepec, el valle de Toluca, Cuernavaca, Cuautla, Cholula, el Bajío, Acatzingo, Tlaxcala, Tepeaca, Puebla, Querétaro, Hidalgo y Veracruz. Este mal era distinto de otros, del hueyzáhuatl o viruela, y del tepitonzáhuatl o sarampión. Y muchos murieron. La población menos disminuida por la muerte era la de los criollos y los peninsulares. Ellos podían tratarse y salvarse porque tenían más cuidados que los otros, quienes vivían de forma muy insalubre y sin posibilidad de aislamiento absoluto. No es la muerte, sino la enfermedad, la verdadera igualadora. Nadie se salva y a todos ataca, aunque no todos mueren.

La gente buscaba remedios con los yerberos y curanderos locales en el mercado de San Juan, a donde habían ido todos los puestos de los indios. Les hacían limpias y les recitaban retahílas de oraciones; otros lo pensaban necesario y les hacían sangrías. Buscaban la limpieza de alma y el perdón divino.

Las autoridades novohispanas temían por la situación, así que establecieron algunas medidas para luchar contra la enfermedad. Decidieron poner fuera de la ciudad los cementerios y aumentar la profundidad de las sepulturas. De cualquier forma, muchos se contagiaban en los propios panteones, al despedirse de sus difuntos. Además, se les ocurrió mudar los basureros y ordenaron evitar aglomeraciones. Poco después concluyeron que nadie debía vivir cerca de aguas estancadas porque el contacto con los roedores y la inmundicia solo agravaba la situación. Y fue así como, de la noche a la mañana, los tranquilos canales, las acequias y todos los vasos comunicantes del líquido vital que irrigaban la ciudad pasaron a ser sinónimo de enfermedad.

La huey matlazáhuatl parecía no tener fin.

* * *

Al norte la peste tardó más en llegar. La enfermedad corría hacia Veracruz y hacia el sur, rumbo de Santiago de los Caballeros de Guatemala.

La familia Santoveña había dejado la Ciudad de México tan pronto la peste había comenzado. No habían querido esperar al diagnóstico definitivo de los médicos del Hospital de Jesús, así que habían empacado sus cosas y vuelto a Zacatecas. Hacía algunos años que la producción minera parecía ir a su desaparición. El saqueo desordenado y excesivo por parte de la Madre España por tantos años había dejado anémico el territorio minero de la Nueva España. Debido a eso, la familia Santoveña se había mudado a México años antes. El patriarca de la familia había pensado que las inversiones en nuevos negocios en la ciudad evitarían que los tiempos malos de La Pureza, la mina que poseían en Zacatecas, y la crisis minera mermaran sus arcas. Pero no había sido así, y luego de algunos años asentados en la capital, habían tenido que regresar a provincia.

La caída era generalizada. Había decaído la ganadería, habían desaparecido fábricas de jabón y de cristal, y las relaciones comerciales entre España y la Colonia no eran las mejores. La gente en el Nuevo Mundo deseaba iniciar negocios propios e impulsar el intercambio comercial entre la Nueva España y la Madre Patria, pero los españoles de la Península no querían perder los privilegios que la posición de Colonia dependiente les ofrecía. Las tensiones entre ambos territorios crecían. Allá no querían enterarse, o al menos hacían de la vista gorda, de las sucesivas mermas de población y manos para el obraje o el campo. Eran épocas de vacas flacas, había que acostumbrarse a ello.

Antes de la epidemia, la Ciudad de México era el centro mercantil, económico, político y social de toda la Nueva España. Eran muchos los productos manufacturados, y pronto hubo gremios de sastres, herreros, orfebres, fabricantes de candelabros. La urbe bullía con actividades. A quienes no eran del todo españoles se les permitía unirse a los gremios, pero solo los legítimos podían adquirir las posiciones importantes. Por otro lado, en un sentido más positivo, los gremios eran protectores de sus miembros, recolectaban provisiones para aquellos que sufrían accidentes y enfermedades, así como también extendían ayuda a las viudas. Además eran activos promoviendo celebraciones religiosas y proyectos filantrópicos para la comunidad.

A Luis Santoveña se le ocurrió, entonces, realizar una fiesta en su casa, invitar a todos sus amigos y sobre todo a sus trabajadores y siervos. Se cocinaron tres cerdos enteros en birria, a la usanza zacatecana, y se hizo caldo de cabeza. Se sirvió pulque y mezcal de Huitzila. Y se rompieron seis hermosas piñatas. Seis gigantescas piñatas que semejaban estrellas en el firmamento. Pensaba el joven que la ilusión de abundancia alegraría a los suyos y a su gente. A su madre, al principio, el empeño todo le pareció frívolo, producto más de una mente insensible que de su propio vástago; pero pronto entendió el propósito, se sumó a la empresa y ayudó a dirigir un pequeño ejército de sirvientes que prepararon los seis días que duró la fiesta, la cual culminó el 12 de diciembre, día de la nueva patrona, la Virgen morena.

Aun cuando hacía tiempo que la Virgen María había aparecido por vez primera en el cerro del Tepeyac, ahora, en tiempos de enfermedad se le recordaba con mayor fuerza, con súplicas más intensas y más frecuentes. Si la enfermedad era producto de la vida inmoral que la gente llevaba, se creía que bastaba con pedir la intercesión de la Virgen para cambiar el destino de algunos creyentes. Y aunque muchos de los solicitantes murieron con la enfermedad, sus almas lograron ser salvas. Otros, los menos, habían logrado sobrepasarla aun cuando habían cohabitado con enfermos. Las peregrinaciones con la Virgen María se habían arreciado; unos oraban por el fin de la epidemia, otros para pedir la cura, otros más para agradecer la recuperación.

A pesar de que san Hipólito había sido nombrado el patrono de la Ciudad de México, luego de esos momentos de enfermedad, dolor, angustia y muerte, la Virgen María, con la apariencia que había tomado frente al indio Juan Diego, sería la verdadera Santa Patrona, la salvadora.

* * *

La familia Landero era muy conocida en la calle Tacuba por su pequeña y hermosa panadería La Piedad. Si era cierto que un esclavo negro venido con Cortés había sembrado los tres granos de trigo que encontró perdidos en un saco de arroz, y que ese mísero botín dio primero ciento ochenta plantas, y si, como Francisco López de Gómara había escrito, pronto hubo infinito trigo gracias a ese gesto, lo único verdadero es que con el correr de los años el gremio estaba compuesto de españoles, particularmente vascos o navarros.

La Corona había redactado complejas leyes y reglamentos para contener el poder del gremio. Los Landero eran, entre esos privilegiados, algunos de los benefactores principales de la curiosa libertad interna en el comercio del pan. La Fiel Ejecutoría estaba a cargo de hacer valer las leyes, quizá en el espíritu general de «cúmplase, pero no se obedezca». Entre los resquicios de los reglamentos, Manuel Landero, con muchos de sus correligionarios y compañeros de gremio, era quien decidía qué tipo de trigo, dónde y cómo se sembraba. El pan había sido, sin embargo, tasado a precio único: medio real. El panadero jugaba, entonces, con el peso. El mismo medio real podía comprar en buenos tiempos dieciocho onzas de pan blanco fino, *pan floreado*, pero en épocas como las actuales, tan tenaces como en la peste de 1575, apenas alcanzaba para catorce onzas. La gente compraba mejor pambazos —panes bajos, a la letra— hechos con harina gruesa, que aunque usualmente pesaban cuarenta onzas hoy apenas llevaban catorce. Los fieles repesadores se hacían, por supuesto, los occisos. Cada pieza era marcada con la insignia registrada de la casa. La pena podía ser severa por vender pan sin marca, hasta diez pesos por la primera ofensa y luego cuatro años de suspensión del oficio. Pero la segunda ofensa llevaba peor castigo, el ser borrado perpetuamente del gremio y pasar en la cárcel dos años.

En días aciagos, de epidemia y muerte, el celo y el desvelo de las autoridades se desvanecían del todo. Había que sobrevivir, y cada vez era más duro. Los Landero tenían permiso de hacer pan de sal, pero no de dulce, pues eso estaba reservado para los bizcocheros. Por eso Manuel había pensado que su hijo Leandro, no bien llegase a la edad reglamentaria, abriera un negocio de pan dulce, para acaparar el mercado entero. Había que pagar las deudas. Pocos panaderos lo lograban. Era la práctica del empeño que su padre había sufrido, para tener que pagar la deuda inicial al Estado, de treinta pesos. Un panadero ganaba apenas tres y medio reales al día, así que una deuda de tal tamaño podía llegar a pagarse hasta en tres años. «Siempre estamos en deuda», decía su padre. A él no le iba a pasar eso. Emplearía sus propios peculios para abrir la bizcochería de Leandro, pues su panadería, La Piedad, era toda suya y estaba pagada al cien. Su sueño era tener, además, un molino y escapar de las ordenanzas que obligaban a comprar el trigo con determinados mercaderes y molineros, haciendo más cara cada pieza.

Hacía apenas un par de centurias que el trigo había llegado a la Nueva España, pero los procesos para transformarlo en alimento habían sido resueltos y rápidamente se habían arraigado entre la población su producción y su consumo. Y aunque al principio el pan había sido producido en hornos familiares, paulatinamente esta práctica se fue convirtiendo en labor de pequeñas empresas productoras que llevaban su pan a las pulperías para que se vendiera. Y luego, poco a poco, también se fueron estableciendo reglas rigurosas tanto en lo referente a su producción como a sus precios. Eso hizo que solo ciertas familias resolvieran dedicarse a la elaboración de pan de manera más formal.

A ellos no solo los tocó la fortuna, sino su hermana oscura, la muerte. La hija menor, Genoveva, cayó presa del huey matlazáhuatl. Manuel prohibió a los hijos mayores, particularmente a Leandro, que fueran por un tiempo a La Piedad. No podía perder también a su primogénito. Genoveva era traviesa, le encantaba jugar con los panaderos. Alguno de ellos la había contagiado del terrible mal. Ahora yacía, como un ángel, en su pequeña cama. Manuel, conmovido, había hecho traer a un pintor para que retratara a su hija. Quería plasmarla así, en su tránsito al más allá, para siempre. Vestida de blanco, coronada de flores. La muerte niña era un género en boga. El pintor cobró el doble, debido a la plaga, y la pintó con la imagen de la Virgen de Guadalupe al lado, protegiéndola. Sus tres hermanos vivos la cargaban, yerta, en el retrato. Durante años Leandro pasó por el comedor de la casa y contemplaba el tétrico recuerdo de su hermana muerta, arrebatada por la epidemia. Tiempo después, cuando heredó la panadería y la casa, hizo guardar la pintura. Por muchos años estuvo escondida y algún día un Landero la encontró y la puso encima de la caja registradora de La Piedad, sin saber bien a bien de qué o de quién se trataba. Así pasa con las memorias que buscan ser indelebles: se pierden igual que todos los recuerdos, hermosos o trágicos, en la noche de los tiempos. El pasado es inefable, después de todo. Vivimos en un presente casi ciego, y nos inventamos el pasado para sobrevivir.

Para el año 1739 la mortandad de la epidemia había disminuido, aunque también la población.

Gerónimo Cuautle había sobrevivido al huey matlazáhuatl, y la Virgen de Guadalupe con él se había convertido en la salvadora de las almas, en la Morenita que todo lo puede. Cuautle mandó pintar seis exvotos en agradecimiento por los favores recibidos.

10

1753

A la mayoría, la Ciudad de México le parece insoportablemente ruidosa. A él no. Para Ignacio de Jerusalem las calles están llenas de hermosos sonidos, de melodías interrumpidas, pero vibrantes. Incluso el griterío lo estimula. Llegó a la Nueva España hace ya nueve años. Lo contrataron, inicialmente, como violinista y compositor del Coliseo. El empresario que fue por él a Cádiz, Gaspar de Santoveña, le permitió hacerse de una pequeña orquesta. Hizo el viaje con su mujer, sus hijos y diecisiete músicos. Probar suerte lo tenía en su sangre. Pero no creía realmente en lo que los demás llaman suerte. Era el primero en levantarse en la mañana a componer, mientras le preparaban un café y unas simples tostadas. El último en irse del teatro, despidiendo de mano a todos los músicos. A veces bromeaba diciendo que a él en lugar de correrle sangre le corrían notas musicales por las venas. De cualquier forma, de no ser por la llegada de Felipe V y los Borbones, a un italiano como él no se le hubiese admitido en las cortes españolas. Agradecía la vejez de Carlos II, su falta de descendencia, la locura de querer ahorcarse con sus propias sábanas. Agradecía también que el estilo antiguo estuviera siendo desterrado por el moderno. Lo que no sabía es cuán difícil sería en las Indias imponerlo, cuán duro sería su empeño esos primeros años, hasta que consiguió hacerse del puesto de maestro de capilla de Catedral.

Estaba ahora por inaugurarse el Coliseo Nuevo y sus días se habían llenado de aun mayor ajetreo. De la catedral al teatro, del teatro a la catedral, supervisando, dirigiendo, controlando con su meticulosa precisión todo en los ensayos. Incluso la escenografía o el vestuario, que no le correspondía. Este Coliseo Nuevo es el orgullo de todos en la ciudad. Un primer teatro Coliseo se quemó en el año del Señor de 1722, un 19 de enero, después de la representación de una comedia de infausto título, *Ruinas e incendio de Jerusalén o Desagravios de Cristo*. Para aumentar la ironía, la obra que se estrenaría al día siguiente se llamaba *Aquí fue Troya*. Pero Troya ardió por completo esa triste noche. El incendio arrasó con el teatro y con buena parte del Hospital Real, el cual regenteaba el teatro con permiso de los virreyes para hacerse de dinero para su propio mantenimiento.

La mañana siguiente del incendio se repartió a los enfermos por distintos hospitales de la ciudad. El virrey dispuso una buena suma para que no solo se restaurara el edificio, sino que se construyera otro teatro, igual, a cargo de los hermanos hipólitos. Pero el local era insuficiente, y además la cantidad de obras y espectadores molestaba en demasía a los enfermos. El recreo y la diversión de los sanos era estridente y no dejaba dormir en el hospital varias noches a la semana. En un terreno propiedad de los hermanos, entre el callejón del Espíritu Santo y la calle de la Acequia, se edificó el Coliseo, que ahora iría a llamarse *Viejo*. Ese teatro también se dañó, e igual era demasiado pequeño para albergar a tantas almas deseosas de esparcimiento.

Había que dotar a la ciudad de un verdadero teatro a su altura. Ignacio se desesperaba al ver que la obra, aunque terminada, todavía requería tantos detalles para estar del todo lista. Confiaba en el arquitecto y, sobre todo, en su albañil mayor, pues ya lo había visto a cargo de otras obras grandes y necesarias en una ciudad que se transformaba en un pestañeo. Esa ciudad que lo arropaba ahora con su música compuesta de tantas hermosas voces.

Se detiene en el Parián, a medio camino. Ha salido de prisa de Catedral, después de ensayar unos maitines que ha terminado de componer para la Virgen de Guadalupe. Ahora va al Coliseo Nuevo. No irá en realidad al teatro, sino a la casa de enfrente. Han comprado el inmueble para que funcione como una especie de escuela de música y de canto para el teatro.

El Coliseo Nuevo es hermoso, con muros de extraordinario e impropio espesor. Una hermosa sala en forma de herradura, altísima, con cuatro pisos que marean a quien entra por vez primera. En el último la cazuela, y en los otros, dieciocho aposentillos o desvanes, en un total de cincuenta y cuatro. Todos de arquería, con techo de vigas y balcones volados con barandillas de hierro vizcaíno. Ya estaban colocando en el patio las cuatro bancas de lunetas. Dieciocho personas en la primera fila, dieciséis en la segunda y tercera, y en la última cómodamente podrán sentarse veinticinco. El resto del patio vacío de asientos, dividido por una enorme viga que los albañiles llaman bromeando *el degolladero*. A este mosquete podrán entrar muchas almas. La cazuela tendrá su sección para hombres y mujeres, con su aposentillo dividiéndolo, desde donde con una enorme polea podrán agarrarse los ángeles o demonios que cruzarán en las comedias para solaz del público. Santoveña ha supervisado la construcción; debajo de los desvanes seis sillas de damasco granadino, con el escudo real para que, desde allí sus Excelencias, el virrey y la virreina, pudiesen disfrutar las representaciones. Un gran escudo con las armas reales encima del escenario, y en los huecos del frontis estaban casi listas para instalarse pinturas mitológicas con las musas. Ahora los albañiles se encontraban por encima de la altísima techumbre, colocando gruesas láminas de plomo, para preservar la hermosa armadura de las vigas y tablazón. El cielo raso pintado con fábulas habría también de estar listo en una semana. Santoveña y su jefe, don Josef de Cárdenas, habían echado el resto de lo pulido y exquisito.

Ignacio se ha hecho aficionado al chocolate. Por eso se detiene en el Parián. Una mujer vende el mejor de la ciudad. Lo sigue moliendo mientras lo sirve, caliente. El puesto de la india está enfrente del Rastro, lo único que lo disgusta, con su ristra de animales abiertos en canal y el olor a sangre fresca. Pero voltea hacia el otro lado, donde se encuentran los tendajones de baratijas de todo el mundo. La gente en esta ciudad parece estar comprando todo el día. Pasa por allí el maestro albañil, quien lo saluda con una reverencia. A Cuàutle le ha cobrado estima en estos largos meses de construcción. Josef de Cárdenas y Gaspar Santoveña fueron muy claros cuando pidieron el permiso para levantar el Nuevo Coliseo. Tendría que ser únicamente de mampostería, los teatros de madera eran peligrosos, y estaba presente, en particular, el recuerdo del malogrado teatro viejo. La mano del músico estaba atrás del proyecto entero. El terreno se le compró al mayorazgo de don José Gorráis y Luyendo por trece mil pesos. Los maestros arquitectos, don José Eduardo Herrera y don Manuel Álvarez, trazaron el hermoso proyecto, pero Ignacio confiaba, en realidad, en el albañil mayor. Cuautle tenía fama de diligente, honrado y de terminar siempre a tiempo sus obras. Le dio gusto verlo caminar por el mercado y le convidó una jícara de chocolate lleno de espuma.

—Me han dicho que vives en Tlacopan, Gerónimo. Mis pasos nunca han ido hacia esa parcialidad de la ciudad. Me agradaría conocer por allí. Sé que hay buenos músicos entre los esclavos y los mulatos. Tal vez una visita a alguna taberna, a tu vera.

—No es parte que yo recomendaría a un noble, a tan distinguido músico de Catedral.

—Insisto. Me gustaría escuchar esas melodías de cerca, sin otro ánimo que educar mi oído. Necesito, además, oírlas pronto para unos maitines que deseo posean ese gusto.

—Su excelencia dirá, entonces, cuándo es buen tiempo para la visita.

—Este mismo domingo, si es que puedes.

—Será un honor.

—No se hable más, hombre. Te espero al salir de misa en Catedral, a las seis. Un carruaje estará listo para llevarnos.

Estuvieron de acuerdo y después de apurar el resto de sus chocolates salieron cada uno a lo suyo.

* * *

El domingo siguiente Gerónimo asistió a misa en Catedral y escuchó por vez primera a Ignacio de Jerusalem y su orquesta tocar música sacra. Lo había visto ensayar ya decenas de veces con la orquesta del teatro. Ahora parecía otra persona por completo. Un serio capellán vestido todo de negro. La música le fascinó, de cualquier modo. No le gustaba orar. Le parecía una pérdida de tiempo. ¡Qué año tan extenuante! ¡Qué locas ganas de arreglarlo todo a la vez, como si esta ciudad no se hubiese alzado durante siglos! A él no le faltaba buen trabajo y mejor pagado, pero los peones ya no aguantaban el cansancio, en ocasiones simplemente se caían muertos en plena luz del día.

El empeño comenzó con el palacio Real. Al llegar el virrey se le metió entre ceja y ceja que no era lo suficientemente señorial;

luego comenzaron a empedrar las calles, enfrente del llamado palacio de Axayácatl, donde estaban las casas de Hernán Cortés. Calle del Empedradillo, se le renombró de inmediato. Luego la plaza de Armas, los paseos, la Alameda. Desde que llegó a gobernar el virreinato, don Juan Francisco de Güemes y Horcasitas, el 9 de julio de 1746, el frenesí de obras no se detenía. El virrey lo supervisaba todo. Había visto, por ejemplo, una campana arrinconada, y al ver al maestro albañil le preguntó por ella. Gerónimo Cuautle Machuca nunca pensó hablar con Su Excelencia, o que este se dignase a dirigirle la palabra. La campana era enorme y tenía la corona imperial labrada con sus dos leones de melenas rizadas. Estaba allí el escudo de la casa de Austria, aunque ahora, con Felipe de Anjou, eran Borbones quienes reinaban, pero le pareció hermoso el Cristo crucificado entre la Virgen y san Juan, con un cáliz en la mano, y María Magdalena arrodillada y llorando, con su cabellera al viento. Así también lo apreciaba el albañil. El virrey y su séquito no se limitaban a maravillarse con el arte, sino que lo comentaban a voces. *Maese Rodrigo me facit*, 1530. Estaba allí la firma del artesano y la fecha de fabricación. Se necesitaron cuatro hombres para levantarla como deseaba el virrey. La triste campana no tenía badajo. Con su bastón de hierro Su Excelencia vino a golpearla y el sonido claro y armonioso volvió a asombrar a la corte. Ordenó que se le hiciese un badajo y que debíase poner encima del reloj que coronaba la fachada. Compartió entonces con sus súbditos que pensaba mandar a hacer un nuevo reloj en Alemania. El secretario de actas vino a comentar que la tal campana estaba en la ciudad por un merecido castigo que se le impuso en España.

—¿Y quién castiga una campana? —preguntó con sorna el virrey.

Cuautle se enteró de la curiosa historia. Resulta que no era la única pieza sentenciada al exilio; había en la iglesia de la Compañía, en Pátzcuaro, un reloj también condenado al ostracismo porque no quería dar las horas como era su mandato. Semanas después del suceso aún se contaba entre los alarifes la historia completa de la campana. El secretario de actas consiguió encontrar el documento. En un pueblo de Andalucía, Antequera, una noche el pueblo dormía con gozosa tranquilidad y la campana fue presa de locura: comenzó a tañer desaforada, anunciando un inminente peligro que despertó a todos en la localidad. A medio vestir salió todo el pueblo alarmado.

La campana seguía anunciando con ímpetu las malas nuevas, pero nadie la había mandado tocar, ni el cura ni el señor alcalde. El campanario se encontraba vacío, sin un alma. Estaban seguros los habitantes del lugar de que a la campana la había poseído el demonio. El alcalde, José del Pino, según consta en cientos de fojas, recogió las declaraciones de los testigos, quienes aseguraban que nadie había hecho tañer la campana. Los jueces que llevaron el caso vinieron en acordar, y acordaron, en mandar, y mandaron: «Que se diera por nulo y de ningún valor el repique de la campana. Que a esta se le arrancara la lengua o badajo, para que en lo sucesivo no osase sonar *motu proprio*, y sin auxilio del campanero. Que saliera desterrada la dicha campana, de aquellos reinos, para las Indias».

Así fue como vino a quedar abandonada por decenas de años en un rincón del palacio Real de la Nueva España hasta que el virrey conde de Revilla Gigedo mandó colocarla en la torrecilla del palacio, encima del nuevo reloj que mandó hacer a Alemania.

Ahora Gerónimo Cuautle mira la campana, que tiene lengua y que solo toca si alguien sube a tañerla a la hora advertida.

Por último, el Coliseo Nuevo, que ya tenía seis meses de atraso debido a lo enorme del proyecto y a los cada vez más elevados costos. A él solo le correspondía dirigir a los albañiles, pero había cuadrillas de herreros, ebanistas, pintores. Diez hombres se dedicaban desde hacía días a aplicar hoja de oro en las columnas y estaban por llegar al fin las pinturas del proscenio y el cielo raso que cubriría la gigantesca techumbre.

Y ahora, el músico estaba queriendo conocer Tlacopan.

Al terminar el sacramento salió a la plaza. Sus ojos no podían creer la carroza en la que pensaba desplazarse. Intentó reconvenir a don Ignacio:

—Si vamos en esto tendrá que contratar otro carruaje para escoltarnos. Nos querrán robar. Podríamos alquilar dos caballos, ir a pie. O encontrar un transporte menos lujoso.

El maestro entendió, y después de unas palabras con el cochero, consiguió que una modesta carreta los llevase. Los acompañaba también Ignacio Pedroza, trompetista de Catedral. Cuautle los llevó a una pulquería casi al aire libre. Los músicos conversaban entre sí, quejándose de lo descuidada que estaba la ciudad y ponderando el carruaje, que aunque pobre, les liberaba de pisar las sucias calles, apestosas a inmundicia. No era raro que desde los balcones del segundo piso de las casas se tirase el agua de las bacinillas al grito de *¡agua va!,* ni que en algunas de las plazas menores, como en la que estaban cruzando, se improvisasen mercados y la gente estuviese ordeñando o matando a sus chivos. Pedroza, que salía poco del primer cuadro de la ciudad, era el más azorado. Comentó el dolor que le causaba ver a tanto harapiento y descalzo. A tanto vagabundo ciego, mutilado. Pordioseros pidiendo limosna con las llagas y las pústulas abiertas o sangrando. Una procesión de frailes interrumpió la plática. O la desvió hacia la opulencia de los carruajes que iban dejando atrás, mientras también iba disminuyendo el número de vendedores, caballos e incluso gente de a pie. Lo único que aumentaba en esta zona eran los negros, los mulatos, los esclavos, los libertos y algunos indios medio desnudos.

De Jerusalem estaba feliz escuchando a los músicos tocar sus instrumentos, pero nunca había probado el pulque. Estaba acostumbrado a tocar en casas de ricos, como José de la Borda, el otro dueño de minas, o su amigo Santoveña; a interpretar en tertulias dentro de enormes y enjaezados salones, o en saraos en patios de palacios. El espectáculo del lugar lo fascinaba, ¡tan lejos de la gente decente! Le habían hablado de estos lugares, cuestionados por la Iglesia y las autoridades por igual, lugares de vicio; quizá fuese cierto, pero sobre todo eran lugares de alegría.

¡Quién podría haberle dicho que esa sería una de las noches más divertidas de su vida!

A un grupo de cantantes que tocaba sus seguidillas lo relevaron tres negros con sus cajones. El sonido rítmico, ascendente, único de esas percusiones lo trastornaba. Luego vino otro grupo con arpas y guitarras que iba ofreciendo sus servicios y complaciendo a los patrones con sus variadas elecciones.

Cuautle les llenó una enorme jarra de pulque. Un tabernero les sirvió en sendos jarros de barro. El albañil les advirtió que la bebida era muy embriagante y que entraba como seda por la garganta, por lo que era muy traicionera. Pedroza negó de inmediato, al casi vomitar el pulque. Todo menos resbalar por su tráquea. Era como beber gusanos o un pez vivo. A Ignacio de Jerusalem no le disgustó, aunque tampoco le pareció una bebida apetecible. Pidieron vino, y les cambiaron las jarras. El vino tampoco era bueno, pero al menos no les pareció repugnante. Allí estuvieron por un par de horas, hasta que alguien vino a susurrarle algo al oído a Cuautle.

Se trataba del anuncio de una *jamaica*. A menos de dos cuadras de allí se iba a realizar el baile y la fiesta. Apuró su enorme bebida y se llevó a sus amigos a rastras rumbo al convite. Las jamaicas eran particularmente mal vistas en la corte, y su solo anuncio escandalizó a Pedroza; pero como el maestro mandaba, no tuvo alternativa. Cuando llegaron ya había empezado, y la música de los esclavos cubría la noche. Los cuerpos de las mujeres, medio desnudos, los de los hombres también descubiertos del torso y con apenas unos pantaloncillos blancos de raso. Los cuerpos se rozaban y se tocaban a medida en que el ritmo de las percusiones aumentaba, y había cantos y gritos. ¡Qué lejos de los *coloquios* a los que era convidado frecuentemente por los nobles! Después de la representación teatral, pastel y limonada. ¡Qué aún más lejos del oratorio! Escuchando la música encontró unos acordes que le faltaban para los maitines. Los tarareó en voz alta.

El baile duró toda la noche, hasta el amanecer. Achispados por el vino y la música regresaron, él y Pedroza, en su carruaje. Cuautle también pidió acompañarlos. Desde hacía meses pernoctaba en la propia construcción del teatro, para evitar más retrasos.

* * *

La tarde del 23 de diciembre al fin se abrió el teatro. La función congregó a más de mil personas. La ciudad entera estaba allí para presenciar la obra *Mejor está que estaba*, de don Pedro Calderón de la Barca.

> De una herida:
> Como forastero, en fin,
> a la cárcel se retira,
> pues se ha enterado en vuestra casa
> de quien guardarse debía
> dos veces, siendo, como es,
> de la parte, y la Justicia.

Eso escuchan a los cómicos decir. Los nobles y los plebeyos, todos caben en el teatro, aunque cuidadosamente divididos a causa del precio de las entradas y de su calidad, como insisten en decir las damas que pueden apreciar la obra desde sus aposentos. La cazuela está a reventar de gente: mestizos, esclavos. Nadie se ha perdido el estreno y nadie ha dejado de comentar, asombrado, la magnificencia del teatro.

El virrey, don Francisco de Güemes, y su mujer, doña Antonia Ceferina Pacheco de Padilla, con muchos dignatarios palatinos, gentilhombres y sus damas de honor y sus pajes aplauden. Y siguen aplaudiendo los oidores, los ediles y los numerosos tribunales. Y en la galería y el mosquete quienes no portan joyas igual se regocijan y aplauden.

Ignacio de Jerusalem y Stella piensa que por ningún motivo quisiera estar en ninguna otra ciudad del mundo más que en la Muy Noble y Muy Leal Ciudad de México.

11

1787

Era 28 de marzo. Los pescadores lanzaban sin prisa sus redes en la laguna de Alotengo. Al sur de Pinotepa Real los arrieros hacían pastar a su numeroso ganado. A las once de la mañana se sintió un fuerte temblor. La tierra se cimbró con odio, se diría que regurgitando maldiciones por los pecados de la humanidad. Entonces, quienes allí estaban, en la costa de la intendencia de Oaxaca, vieron con asombro retirarse el mar más de una legua, descubriendo tierras de diversos colores, peñascos y árboles submarinos, dejando millares de pescados en el distrito que se quedó sin aguas. Con la misma velocidad que huyó de su vista la mucha agua volvió otra vez y otras. Luego las olas regresaron llenas de bravura e invadieron las tierras dejando muchos pescadores muertos que venían a incrustarse en las ramas de los árboles. Otros, después del espantoso bramido del mar, quedaron colgados y metidos entre los palos de un monte que dista como legua y media de la costa, y de excesiva altura. Quienes lograron escapar a las enormes olas quedaron muy maltratados y heridos, así como muertas sus monturas.

Las Casas Reales, las torres de la iglesia de San Francisco y los cinco conventos de religiosas, así como la iglesia de Nuestra Señora de la Merced Calzada, todo esto ubicado en la ciudad de Oaxaca, en la intendencia del mismo nombre. El temblor sorprendió al corregidor Joseph Mariano Llano en el palacio de Gobierno, en una audiencia: la ciudad amenazaba con derrumbarse del todo. En las Casas Reales los reos clamaban auxilio ante el posible colapso de los muros. El corregidor sacó a 220 reos y los agrupó en la plaza. Un pregonero gritó entonces: «Será castigado con el mayor rigor y hasta pena de la vida quien intente ponerse en fuga». El corregidor expidió también un bando imponiendo la máxima pena a quien robase la cosa más mínima.

Las noticias de lo acontecido y de los muchos difuntos y los tantos daños no se hicieron esperar en la Ciudad de México, que también sufrió con el terremoto. Así lo consignó en la *Gaceta de México y de noticias de la Nueva España* su redactor, pero hasta el 1 de mayo. En la capital también se sufrió y algunos perecieron. El terremoto de san Sixto encontró a su fundador, Manuel Antonio Valdés Murguía y Saldaña, y a un aprendiz de impresor, Julio Landero, trabajando en su taller, componiendo las cajas para el nuevo número de la publicación, que había alcanzado ya la velocidad de quincenal. Valdés había escrito que la gente se negaba a abandonar las casas dañadas y que piquetes de soldados debían sacarlos a la fuerza, antes del desplome inminente. Después del temblor horrible vino un grande huracán —el sábado siguiente— y un fortísimo aguacero. Fue tanto y tan general el terror y espanto —e incluso la especie que corrió de boca en boca de que el cerro de San Felipe se había desmoronado— que muchísima gente abandonó barracas, chozas y jacalillos, huyendo por los caminos y clamando misericordia.

Julio Landero había llegado como aprendiz a su imprenta casi niño, enviado por su padre, don Leandro Landero y Lasa, dueño de tres panaderías, en la calle de Esclavo, Alhóndiga y la tercera cuadra de San Juan, precisamente a dos establecimientos de la imprenta. El escuincle no quería dedicarse como la familia al negocio del pan, y su padre le pidió que lo tuviese un tiempo, mientras se le quitaba la muina. Pero el muchacho resultó muy industrioso e inteligente, de muy buena memoria y terminó siendo brazo derecho de don Manuel Antonio, quien finalmente le había permitido vivir en una accesoria del local, convirtiéndose también en su velador nocturno.

El día 28 de marzo estaban Valdés y el muchacho componiendo las letras de la *Gaceta* cuando sintieron un fuerte temblor de tierra, y salieron y abandonaron el lugar. Otro tanto hacían los vecinos de todas las demás casas y negocios. Todo se bamboleó de sur a norte, durante largos seis minutos. Muchos habían caído de rodillas en la calle y rezaban y hacían la señal de la cruz. Cuando después del largo rato que siguió temblando muchos regresaron a sus casas a comprobar los daños o mirar si había víctimas, Valdés en cambio tomó del brazo a Landero y se fueron a mirar lo acontecido por toda la ciudad para poder después relatarlo con verdad.

Una hora después, cuando ellos se encontraban en la calle de Plateros, volvió a temblar muy recio. Tembló cinco veces más durante todo ese aciago día de san Sixto. El virrey le encargó al arquitecto José Damián Ortiz de Castro, quien estaba terminando las hermosas torres de Catedral, que recorriese la ciudad para levantar un censo de los desastres. Manuel Antonio Valdés, amigo íntimo del arquitecto, pudo viajar en la misma carroza dando cuenta en su *Gaceta* de los terribles daños. Casas y palacios a punto de venirse abajo en tantas y tantas calles. En la calle del Águila, de Santa Teresa, del Reloj, de San Francisco, en la calle de la Canoa, donde una de las casas más viejas de la ciudad, la de los Borda, tenía cuantiosas grietas y el muro norte a punto del colapso. Lo mismo hallaron gran ruina bajando el puente del Cuervo, y en numerosas casas de bajada del puente Blanquilla, como quien va a la Palma.

Lo mismo colegios que templos, en casi todos los barrios, en las antiguas parcialidades son infinitas las paredes viejas y cuartos en los que hay bastante peligro. Es menester contratar suficiente legión de operarios para echar abajo las casas dañadas y sacar el cascajo y el escombro de la ciudad.

«Los vecinos celebraron novenarios y letanías al castísimo patriarca señor san Joseph. Las procesiones eran enormes, con cuanto lucimiento y decoro exigen las presentes circunstancias para que Dios nos mire con misericordia», escribía don Manuel al reseñarla el 15 de abril. Tres días después un bando ordenó que ninguna persona, fuera del estado, calidad y condición que fuese, hiciera que las mulas de cualquier coche que se condujera trotaran o corrieran porque los movimientos de tierra habían cuarteado en demasía sus edificios, cuyo deterioro agravaría sin duda el rápido, extraordinario e irregular curso con que suelen rodar los coches. Fue el año de los temblores, lo que hacía aun peores las cosas, porque desde el año anterior las fiebres pútridas habían comenzado a diezmar las almas de la ciudad, con sus terribles calenturas, catarros detenidos y vómitos materiales, amargos y verdes, hasta que la mente del todo embotada se extraviaba y la lengua se ponía escabrosa y negra.

La ciudad es desde hace meses un tañer de campanas de muerto.

En la procesión del 15 de abril, sin embargo, Julio Landero sintió que Cupido lo flechaba, que había hallado al fin a su verdadero amor. La muchacha se encontraba con el rostro cubierto por un velo negro y llevaba entre las manos pálidas un cirio encendido. Iba lejos de él, pero pudo entrever con sus ojos cuando la enorme fila dio la vuelta en la calle del Coliseo, caminando rumbo a la Catedral. Llovía. La ciudad había amanecido mojada por la tromba, pero ahora se trataba ya de una discreta llovizna que perlaba los trajes de los hombres y los vestidos de las mujeres y sus sombrillas de encaje.

Al frente de la procesión iba un fraile agustino. Toda la calle llena de gente cantando la letanía. Un aire apesadumbrado, aletargado; un caminar despacio, como no queriendo llegar nunca. A pesar del tono lúgubre del acontecimiento, allí estaba esa muchacha hecha para él, venida de algún lugar divino solo para que él la contemplase. Piensa de inmediato en unas coplas que escuchó en una representación en el Coliseo. Se llamaba *La prueba de las promesas*, no recuerda de quién, solo los versos:

Belleza te compone
divina —no lo ignoro,
pues por deidad te adoro—;
mas ¿qué razón dispone
que perfecciones tales
rompan sus estatutos naturales?
Si a tu belleza he sido
tan tierno enamorado,
si estimo despreciado
y quiero aborrecido,
¿qué ley sufre, o qué fuero,
que me aborrezcas tú porque te quiero?

Mientras la procesión reza en latín o repite la letanía del agustino, él se acerca lo más que puede, con prisa, casi imprudentemente, al frente de la enorme y enlutada hilera. Pero no alcanza a ver a su adorada. La pierde nuevamente cuando doblan en la calle del Empedradillo. Está agotado. Resuella. No puede darse por vencido. Una duda lo paraliza, ¿cómo dirigirse a la dama, él un desconocido con las ropas sucias de tinta de la imprenta? Sin embargo, el instante de titubeo no le impide correr para mirarla. Sabe que quizá no vuelva a verla y eso lo vuelve temerario. Con toda la gente en la calle, le será imposible; solo si sale de allí y llega hasta la plaza Mayor por una calle paralela, para luego toparse de frente con el grupo. Tiene un plan y no para en mientes.

Llega jadeando a la plaza y toma la del Empedradillo para ir frente a la calle del Coliseo. Mira a la procesión venir como un río de gente enlutada, un riachuelo lleno de peces muertos imagina, menos ella. Con el corazón a todo lo que da, palpitando y casi saliéndosele del cuerpo, se coloca en una esquina, del lado del que ella venía, para poder mirarla de frente. A su diosa caída del cielo. Trastabilla y va a caer al lodo, lo pisan los primeros frailes y lo aplastan los nobles que los siguen, y cuando ella está a punto de pasar frente a él, torpemente alcanza a levantarse y la mira a los ojos y cree que ella también lo hace. Por un segundo ella lo mira y siente que le sonríe, pero el grupo avanza cantando, implorando al Señor que no tiemble más, que se acaben los cataclismos que han caído sobre la ciudad.

Gateando alcanza a guarecerse del resto de las pisadas. Es un guiñapo, un despojo, pero ella lo ha mirado.

* * *

Se lo cuenta al día siguiente a don Manuel. Al impresor le da risa, pero también ternura, la ingenuidad del muchacho.

—Y ahora ¿cómo sabremos su nombre? ¿Dónde buscarla? Podemos poner un aviso en la *Gaceta*: «Muchacha vestida de negro que participó en la procesión del 15 de los corrientes y casi pisotea a un joven gandul, el susodicho desea identificarla, favor de acudir a la calle de San Juan número 19».

—No estoy para bromas crueles, don Manuel. No tengo idea. Pero necesito volver a verla. Hablar con ella.

—Te has prendado de una desconocida, muchacho, a la que has visto unos segundos tras un velo. «Amor es más laberinto» —bromea el impresor, a quien le gustan las citas culteranas. Landero no puede seguirlo.

—Y entonces ¿qué sugiere?

—¿Se veía gente decente, española? ¿O pobre, rica, mestiza, mulata o india?

—Rica, ese es mi tormento. Hubiese visto sus vestidos, aunque fuesen negros, y su sombrilla de encaje y sus guantes.

—¿Podrías reconocerla sin velo?

—Seguro, si la miro de nuevo a los ojos.

Idearon un plan. Era cierto que si era noble o rica se solazaría los domingos, después de misa, por el paseo de la Viga o por la Alameda. Quizá incluso por el hermoso paseo de Bucareli. Él podría acompañarlo en la pesquisa, pero habría que conseguirle unas ropas menos desteñidas y luidas.

—Yo puedo hacer como que soy tu tío, y así me presentas a la dama, si al fin vuelves a verla.

Varios domingos duró el empeño, sin suerte. Don Manuel ya no quería prestarse más a la acechanza, a la que se prestó solícito más por pena con su querido aprendiz que por considerar que habrían de tener suerte. Landero lo convenció del empeño y volvieron a intentarlo, por cuarta vez, en junio.

El propio virrey acudía a los paseos, con su corte. Se trasladaban del palacio en canoas ricas y ataviadas, con baldaquines bordados de oro. Algunos nobles hacían lo mismo con sus familias. Otros iban a caballo o en carruaje. Los más a pie. Salían de sus distintas iglesias rumbo a los paseos de la ciudad, de los que todos se jactaban. Los muy ricos de las iglesias, los otros de sus pequeñas capillas. Nadie se quedaba en casa. Eran días de sol y de ocio, cuando todos convivían a la luz del sol, bajo el esplendoroso cielo azul, mirando a lo lejos los volcanes, el majestuoso Popocatépetl y el Iztaccíhuatl, entre los que ya hacía siglos había algún día cruzado Hernán Cortés con sus ejércitos rumbo a la gran Tenochtitlan. Ese domingo estaban nevados, cubiertos de blanco. Todos se maravillaban del valle y de la Ciudad de México, a la que alababan propios y extraños. Se hablaba ya del siglo de las catástrofes en la ciudad, pero también del crecimiento, del estilo moderno, de su magnificencia. Había ya quien la nombraba la Ciudad de los Palacios.

Mucho se hablaba en esos días del pasado indígena. En la propia *Gaceta*, pero también en las otras publicaciones periódicas.

Probaron suerte, ese domingo, en el novísimo —como le llamaba don Manuel— paseo de Bucareli, en honor del anterior virrey que lo mandó formar. La calzada era enorme, en dirección norte-sur, abarcaba desde la plaza de los Toros hasta la Garita de Belén, y además era hermoso. Con sus dos lados finales rematando en círculo y sus fuentes y bancas de mampostería. Pero lo que a Julio más le agradó fue mirar la fuente del centro del paseo. En medio de ella una especie de templete con cuatro fuentes; dos columnas ligeras en cada costado que vienen a rematar en unos resaltes que sostienen una estatua de América. Quizá lo que más lo asombró no fue la estatua, sino que allí estaba ella: su dama, su hermosa.

—Es ella, don Manuel —dijo señalándola con discreción.

—¿Estás seguro?

—Como que hoy es domingo.

—Pues ha salido a pasear con lo que parece su dama de compañía. Eso nos hace más fáciles las cosas.

—¿Cómo así?

—Vamos a acercarnos. Tú te quitas el sombrero frente a la dama, haces una reverencia a modo de cortés saludo, y mientras tanto yo le doy a su acompañante esta pequeña esquela de la imprenta donde le indico que nos busque y que recibirá por ello una recompensa en metálico. Así nos enteramos de quién es tu misteriosa muchacha.

—Siempre tiene un plan.

—No corras, muchacho. Digamos que este es un plan previo. No sé a dónde nos lleve.

Hicieron como el redactor le había indicado. Menos mal que se había hecho de ese nuevo traje y que don Manuel le había prestado un hermoso sombrero.

Cuando estuvo frente a su hermosa, que paseaba en círculo por la fuente, lo que hacía aún más sencillo el encuentro, se quitó el sombrero e hizo la caravana. La muchacha se detuvo, dio unas vueltas coquetas a su sombrilla y lo reconoció:

—Tú eres el muchacho que aplastaron en la procesión, ¿no es cierto?

No le salían las palabras. Ella continuó:

—A menos que me equivoque, lo lamento.

—Sí, es él —terció don Manuel después de haber entregado la nota—, solo que un poco más limpio y menos mallugado.

La chica soltó una risita y se tapó la boca con su guante. Luego bromeó:

—¡Aunque el pobre es mudo! ¿O le comió la lengua el ratón? —esto último dicho con una vocecita infantil que irritó a Julio. Se daba cuenta, además, de que el sonrojo había cubierto toda su cara.

Al fin le salieron dos palabras:

—Un gusto conocerla, señorita.

—El gusto es nuestro —dijo la dama, dando un codazo a su compañera de paseo.

Demasiadas palabras para un encuentro entre desconocidos. Tal vez eso mismo pensó ella, pues se disculpó con un gesto, jugó de nuevo con su sombrilla y se alejó al canal, donde con gestos efusivos saludó a los pasajeros de una canoa. Seguramente sus padres, pensó, o un amigo o unas amigas. Una pequeña orquesta tocaba al lado. Siguió a don Manuel hacia allí, alejándose con desgano de la vista de su hermosa.

—¿Qué le parece? ¿No es una diosa, como le he dicho?

—Corroboro que tienes buen gusto, muchacho. El problema, perdón que te lo diga desde ahora, es que el hábito no hace al monje. ¿Qué pasará si se entera de que debajo de esas ropas se halla solo el humilde hijo de un panadero, que además sigue el oficio incierto de impresor de gacetas y hojas volantes?

—¿Me quita usted toda esperanza?

—No, solo deseo que pongas los pies en la tierra. Esa muchacha está lejos de tu alcance. De cualquier manera he dado la nota y pronto sabremos más de ella. Además, como dice la poeta: «Verde embeleso de la vida humana, / loca esperanza, frenesí dorado, / sueño de los despiertos intricado…».

—¡Que me maten si entiendo una palabra!

—Puede parecer locura, pero no pierdas nunca la esperanza, Julio. Simple y directo. ¿Estamos?

* * *

122

Como su jefe había pronosticado, la dama asistió al día siguiente a la imprenta y dio las señas de su señora. Doña Luisa Santoveña y Borda, para no errar la diana. Hija de una de las familias más nobles de la ciudad. Rica heredera de las dos familias dueñas de minas de plata en Taxco y Zacatecas. ¡Dios, qué mal tino el de su muchacho! Aun así don Manuel le dio unas monedas más y le pidió que conviciese a su señora de un encuentro entre el joven aprendiz y ella, para el siguiente domingo. Agregó una nueva nota, en la que incluía un poema de amor que él mismo había escrito tiempo atrás y cuya destinataria fue también un sueño imposible. Lo firmó como si fuese de su aprendiz.

—Habrás de darnos cuenta, señora, de la respuesta de doña Luisa, para que vayamos preparándonos.

La mujer asintió y se fue, feliz con su paga extra. Solo entonces Manuel Antonio Valdés le reveló el contenido de la misiva y le leyó una copia de sus versos.

—Este poema es ahora tuyo, así que memorízalo, pues tendrás quizá oportunidad de recitar alguna parte como lisonja, si todo sale bien.

Luisa Santoveña aceptó el encuentro, más por capricho o por curiosidad, que por verdadero anhelo. Le hacía gracia el muchacho desgarbado y su pretensión de hacerse pasar por gente decente. Era un juego, así que iría a verlo el domingo siguiente. Solo que esta ocasión en la Alameda. En la esquina de la calle del Agua, a las doce. Todo previamente convenido.

Ocurrió el encuentro. Y se dieron otros más, siempre con la presencia de la dama de compañía a una distancia muy corta. Pero a Julio Landero le fueron saliendo las palabras. Las suyas, no las prestadas por el poema. Y a Luisa le fue pareciendo mejor cada ocasión el joven. Lo que comenzó como una broma parecía hacerse serio. O al menos así lo creía ella, sopesando el cariño repentino por Landero. Era como si su corazón, siempre travieso, hubiese sido atrapado. Sentía alegría, pero también pesadumbre. Landero asistía invariablemente a esas reuniones con la misma ropa —muy limpia, pero la misma siempre— y ella cada ocasión encontraba más difícil explicarles a los padres los paseos después de misa. La hicieron seguir. Encontraron las cartas del joven, algunas más explícitas en declaraciones de amor y otras lisonjas. Investigaron sus orígenes y, como era de esperarse, prohibieron a su hija volver a verlo.

Julio Landero lo supo, primero, porque no asistió a la cita siguiente. Luego lo corroboró de manos de la criada que había ido a la imprenta a buscarlo con una misiva de Luisa. Lacónica: «Si de verdad me quieres como dices, no me busques más». Y su inicial garigoleada debajo de la hoja. En vano intentó don Manuel hacerlo entrar en razón, recordarle que desde un inicio le había dicho que esa muchacha era un imposible. En vano. Landero trepó esa misma noche por la tapia hasta el balcón del segundo piso de la habitación de Luisa Santoveña. El grito de la muchacha cuando golpeó la ventana fue suficiente alerta en la casa. Lo arrestaron. A ella la mandaron al convento de las Carmelitas.

Don Manuel Antonio Valdés Murguía y Saldaña pagó la fianza y lo sacó de la cárcel, jurando que el muchacho nunca más se acercaría al palacio de los Santoveña.

Eran tantos los nuevos empeños del impresor, y Julio estaba tan apenado y agradecido que ayudarlo fue su único consuelo. Su jefe había conseguido permiso del virrey para que ocho carruajes, con sus cocheros, que había comprado recientemente, fueran alquilados por la gente como transporte. Harían *sitio* en cuatro lugares distintos. Dos de ellos enfrente del Portal de Mercaderes, cerca de la esquina donde se ponía el cartel del teatro; otros dos en la plazuela de Santo Domingo; dos frente al palacio Arzobispal, en la calle de Moneda, y los dos últimos en la calle de Zuleta. Cuatro reales la hora, con un reloj dentro para que se supiese el tiempo transcurrido. Tenían las ruedas pintadas de rojo, un medallón en la parte trasera con el número del carruaje y un farolillo adelante que se encendía, para alumbrar el paso, luego de las oraciones. El cochero iba montado en una de las mulas. Se trataba, a decir de don Manuel, de una mina de oro. Además, la imprenta se había vuelto un lugar socorrido, pues la gente de la ciudad había acogido con gran gusto otra de las ideas de don Manuel, poner avisos en las *Gacetas*, con los más diversos tipos de solicitudes. De hecho, esa mañana había compuesto los avisos para el nuevo ejemplar de la *Gaceta*:

Quien supiere de dos mulatas esclavas, la una nombrada María Josefa y la otra Eusebia Josefa Machuca, la primera alobada, pelilasio, ojos chicos, alta de cuerpo, y de proporcionado grueso, con unas enaguas de carmín y otras azules; paño de encantos de colores, u otro azul y blanco de Ozumba; la otra entrecana, mediana de cuerpo, delgada, ojos saltones y sin un diente de el lado derecho, vestida en los términos que la primera y con un paño azul y plata, ocurra a dar razón a la justicia más cercana, respecto a ir fugitivas de las casas de sus amos, a quienes robaron, de lo que darán razón en la del Baño nuevo de los paxaritos en el Salto del Agua.

Y también otros avisos: «Quien tuviere un anteojo gregoriano de reflexión ocurra a la calle de Tiburcio número 49, donde se le comprará». Y: «Don Josef de Terán y Quevedo vende una negra esclava con dos hijas de cinco y dos años de edad: es buena cocinera y lavandera». Para rematar con: «Quien quisiere comprar un aderezo bordado de realce, color azul, acuda a la sastrería de Don Marcos, junto al Refugio, donde lo podrá ver el que gustare».

Julio se había vuelto ducho redactando los avisos. Además de entretenerlo lo hacían olvidar.

Luisa Santoveña y Borda era una daga muy dolorosa, que se le había clavado para siempre en el corazón. Deseaba por las noches no haberla conocido nunca.

12

1790

El viernes 16 de octubre de 1789, después de nueve extenuantes jornadas desde la Villa Rica de la Vera Cruz hasta la Villa de Guadalupe —pasando en el camino por la Antigua, Rinconada, Plan del Río, Xalapa, Las Vigas, Perote, Soto, la Venta del Ojo de Agua, Acajete, Amozoque, Puebla, Tlaxcala, Buena Vista, Apan, San Juan Teotihuacán y San Cristóbal—, el segundo conde de Revilla Gigedo recibió el bastón de mando de manos del saliente virrey, don Manuel Antonio Flores. Le brindaron honores los ministros de la Real Audiencia, muchas personas ilustres del Tribunal de Cuentas, curas, prelados, rectores de la capital. El nuevo virrey tenía 49 años.

«¡Orden, es lo único que necesita esta ciudad, orden!», pensaba Juan Vicente de Güemes Pacheco y Padilla. Había vuelto a la Nueva España, pues de niño había acompañado a su padre, entonces a cargo del gobierno. Ahora de alguna manera *heredaba* la encomienda. Es el décimo virrey en treinta años, lo que ha abonado al caos. Cayó en sus manos, por suerte, el libro de Hipólito de Villarroel, *Enfermedades políticas que padece la capital de esta Nueva España*. El opúsculo lo ha movido a espanto, pero también lo ha urgido a pensar en la solución a tantos males. No faltan en las páginas leídas, por supuesto, las críticas al clero secular y su pureza de sangre que la sofoca. Propone dividir las mitras, para que las rentas eclesiásticas no se concentren en la capital y así beneficien a los pueblos. Al virrey le gustaba anotar en los márgenes de sus libros, con letra menuda. Recuerda que propone que se busquen «curas sin parentela», pues los que la tienen suelen enriquecer a sus familias con lo que le quitan a los pobres. «Si el clero secular padece apoplejía, el clero regular sufre anemia debido a su incapacidad de poseer fincas o bienes raíces, porque debe llevar una vida aseglarada, con grave daño a su clausura». Recuerda también haber leído de las infinitas riñas y luchas dentro de los monasterios entre los frailes españoles, criollos y mestizos, llenos de mañas y trampas, e incluso puñaladas. El monarca debe gastar inútiles setenta pesos para cobrar el tributo de acuerdo con los padrones de los sacerdotes. Él lo tiene claro: un padrón civil tan pronto pueda. Los alcaldes mayores pueden colaborar en hacer dichos padrones nuevos.

No le agradan tampoco las palabras poco lisonjeras que Villarroel dedica a los indios, a quienes acusa de perezosos, ladrones, borrachos, homicidas, incestuosos, idólatras. El virrey cree que haberles dejado los indios a los frailes es parte del problema, pues solo los hacen trabajar en sus tierras y sus oficios. Pero aún mayor es la crítica a los conventos que leyó en el libro. Cuando una mujer toma los hábitos, escribe, sus bienhechores o sus familiares gastan fortunas en refrescos, propinas, regalos, músicos, danzantes. Cuatro mil pesos de dote, además, que no ingresan al fondo común del convento, sino que son para la recién llegada que se hace llevar sus comidas y las de sus criadas, convirtiendo las porterías de los conventos en un tianguis, un mercado tan público y disoluto como el de la plaza Mayor.

No mejor que la Iglesia se encuentra la justicia en la Nueva España, la cual se halla, recuerda haber leído: «de tantas heridas impunemente traspasada por los mismos encargados de su salud y su conservación». De esto él no tiene la menor duda: «el hedor a descompuesto de las salas de lo civil y lo criminal de la Real Audiencia: juzgados, fiscalías, oficios de cámara, alcaldes, procuradores o escribanos. Propinas, cohechos, influencias provocan que, siendo constante y perpetua la voluntad de dar a cada uno lo que le toca, se ve que se quita a cada uno lo que tiene».

Según sus cuentas —después de estudiar las fuentes y preguntar por doquier— no habrá menos de cuarenta mil ladrones y truhanes en la ciudad. Una ciudad que, él calcula, tendrá poco más de cien mil almas. Un tercio al menos de embaucadores de toda índole. «Desde los obrajes, dados por la Real Sala del Crimen a los delincuentes, quienes deberían pagar por ellos el dinero a que eran sentenciados. Anticipo que estimula a los jueces a ser vigilantes en la recolección de vagos, como en el breve despacho de los demás delincuentes que destinaban a panaderías y a otras oficinas cerradas».

Quizá exagera Villarroel o quizá da en la presa con el tenaz arco de su prosa y la fina flecha de sus símiles. No lo sabe aún Revilla Gigedo, pero intuye que el licenciado no está lejos del diagnóstico correcto y que las enfermedades de la capital son tantas y tan tremendas que requerirán una fiera voluntad para enderezarse. Igual los oficios que las fiestas. ¡Cómo es posible que el 15 de agosto un millar de indios, borrachos, saquen la imagen de la Virgen María y con sus silbidos, algazaras e indecencias vayan por las calles gritando a voces! No hay fiesta que Villarroel no castigue con su pluma: la Cuaresma o el 2 de noviembre, en el que se pide a Dios por las almas de los difuntos y en su lugar todos se apiñan en el Portal de Mercaderes a ver las ofrendas, pellizcándose ante las santas imágenes. Lascivia, desorden y robos. «Estos son los sufragios que reciben las almas del Purgatorio de los habitantes de México, en unos días que deberían dedicarse solo para el recogimiento y para la quietud. Todo el tiempo de los finados es un continuo ultraje, permitiéndose vender públicamente y regalarse con títulos de ofrendas, figuras de frailes, de clérigos y de otros personajes, hechas de masa y de dulces, no para recuerdo de lo que fueron, sino por medio de festejo en que dan a entender el poco aprecio con que miran las ceremonias fúnebres que hace la Iglesia».

El virrey va a su cámara y coge el libro, que ha estado recordando de memoria. Suelta una gran carcajada. Villarroel es un maestro de la queja, se dice, mientras lee que de todo se abusa en la capital, incluso de las campanas que repican día y noche. Se imagina a su autor, a quien no conoce, como un viejo achacoso. Lo escucha lamentarse de los puestos de venta en la Alameda, el único espacio arbolado de la ciudad, en donde en lugar de pasatiempo el transeúnte siente enfado y molestia a causa de la más baja plebe desnuda o casi en cueros que la invade. El sabio declina sentarse en las bancas, temeroso de sufrir con los piojos; detesta el olor de las fritangas y toda porquería que allí venden y que son reclamo de la gente ruin y ordinaria. «¿Dónde si no es en México —lee ahora el nuevo virrey sin poder contener de nuevo la risa—, donde reina con despotismo y desvergüenza la incultura y la barbarie, se habría de permitir ni apadrinar este desorden y que sirva de incomodidad y de enfado el mismo paraje que está destinado para un recreo honesto?».

El sábado siguiente asistió a la iglesia de la Real Colegiata, donde el abad y el cabildo entero lo aguardaban. Escuchó con paciencia el *Te Deum* y la misa. Después de la bendición tuvo lugar la ceremonia en que juraba los cargos que el rey le había conferido: virrey, gobernador y capitán general de los dominios de Nueva España, presidente de la Real Audiencia de la Metrópoli y superintendente de la Real Hacienda. A las once siguió la marcha a la capital, en un coche inglés con seis caballos enjaezados con sus penachos de plumas en las cabezas y dos lacayos por delante muy bien vestidos. Salvas de ordenanza rompieron el silencio de la mañana. La procesión de coches seguida del Regimiento de Dragones y el Escuadrón de Caballería de Panaderos, Tocineros y Curtidores, más la Milicia, el Comercio entero, los soldados y una pléyade de mirones y curiosos.

El virrey vería traducidas las palabras de Villarroel apenas unos días después, el 24 de octubre, a la cruel realidad sobre el desorden de la ciudad. Un cabo del Regimiento de Dragones descubre en la plazuela llamada de Tenexpa, a unas varas de la iglesia de Santa Catarina, un carruaje abandonado. Apenas la del alba. Todas las casas cerradas a piedra y lodo. Este lugar de la ciudad no alojaría, y menos de noche, un coche así. Busca testigos, pero no los encuentra. A unas cuadras un cochero le informa que el carruaje, de todos conocido, pertenece a don Joaquín Dongo, comerciante español. Obtiene la dirección y se dirige allí, al número 13 de Cordobanes.

La puerta permanece entreabierta. No tiene que entrar del todo, arrojado sobre la piedra encuentra un cadáver, imagina que es de Dongo. Da parte y es llamado al domicilio el alcalde del barrio. El espectáculo es atroz: en el entresuelo, en las habitaciones, con los cráneos partidos a machetazos, dos cuerpos más. Pronto se sabrá que el tesorero de Dongo, Nicolás Lanuza, es uno de ellos. Encuentran a otros nueve criados revolcados en su propia sangre, con los cuerpos despedazados. Hay una vela de cera consumida con la que seguramente los asesinos se alumbraban durante su macabra masacre. La casa se encuentra en total desorden, baúles descerrajados, porcelanas en el suelo. Dos días se necesitaron para cuantificar el robo:

veinte mil pesos. Muchos días más para encontrar a los culpables. El virrey exigía pronta resolución. No se hablaba de otra cosa.

En la *Gaceta de México*, Alzate escribe que los inescrutables juicios de la Omnipotencia permiten que un vecino escuche la discusión entre un hombre con una cinta manchada de sangre y un joyero, Ramón Blasio, quien es prendido esa misma tarde. El hombre con quien había así conversado en la mañana no era otro que Felipe Aldama, quien se dice español, decente, noble, notorio hijodalgo. Dice que la sangre proviene de una pelea de gallos. En su casa hallan, sin embargo, una hebilla con las iniciales de Dongo y una capa salpicada toda de sangre. Dos amigos de Aldama —José Joaquín Blanco y Baltasar Dávila Quintero—, a quienes se había reportado como almas caritativas que mantenían al amigo, son requisados. Varias talegas aparecen entre las vigas, veintiún mil seiscientos pesos en monedas de plata.

Los asesinos confiesan. Se declaran culpables y narran con detalle su cruel carnicería. Primero asesinaron a machetazos al indio mensajero, luego a los sirvientes y al tesorero, y esperaron a que llegara Dongo alrededor de las nueve y media de la noche. Aldama se hizo pasar por capitán y dejó entrar al dueño, advirtiéndole que se hallaban haciendo una diligencia. El silencio alertó al comerciante, quien llevó la mano a la espada. No le dio tiempo de hacer ningún movimiento. Con machetes, también, lo asesinaron. Más de una hora se pasaron llevando talegas al carruaje de Dongo, que utilizaron para escapar. Luego lo abandonaron en la plazuela.

El virrey escuchó los pormenores de la declaración —que luego se daría a conocer en la *Gaceta*—, y mandó que se hiciera público escarmiento. El 7 de noviembre fueron ejecutados. Se les cortaron primero las manos ofensoras que se expusieron: unas en el lugar del crimen, otras en la casa donde se halló el botín hurtado. El segundo conde de Revilla Gigedo estaba más decidido que nunca a terminar con el caos reinante que le recordaba su lectura de las *Metamorfosis* de Ovidio y el turbio inicio de los tiempos.

«Orden, orden», seguía gritando y mandando. A inicios de 1790, luego de toros, bailes, misas, besamanos, túmulos, castillos de fuego por la jura de Carlos IV, el novísimo virrey propuso a su monarca el arreglo de la Secretaría de Cámara, principal oficina y taller de todas las providencias de su vasto y delicado gobierno, según escribió. No esperó respuesta de España. Lo primero, poner al día el archivo. Él era el primero en despertar y el último en irse a dormir. Las Ordenanzas de Intendencias ajustaban los horarios de los servidores públicos a siete horas, pero en la Secretaría de Cámara se trabajaba hasta el doble de tiempo. No había festividades. ¿Cómo lograr la pronta administración y la recta justicia sin orden y apremio?

Promovió a Antonio Bonilla a coronel de Dragones y le otorgó la titularidad del puesto, pues lo tenían como interino. Arregló los sueldos de los demás directores de los departamentos, entre ellos Justo Landero. Aunque había nacido como hijo de panadero, estudió Derecho y se licenció con muchos honores. Había iniciado su labor allí en 1784 como escribano, pero ahora llevaba el archivo corriente de la Secretaría de Cámara y era requerido permanentemente por Bonilla y por el mismo virrey, a quien tres meses antes había visto entrar a la capital como uno más de los miles que lo vitorearon. El virrey era un fanático de la letra impresa y se hacía llegar las distintas gacetas semanales y la *Guía de Forasteros*, que enviaba a España cada mes al ministro de Gobernación y Justicia para las Indias, Antonio Porlier. Un hermano de Landero laboraba en la imprenta de don Manuel Valdés, en cuya librería se vendían todos los otros semanarios. Cada semana los traía él mismo a la Secretaría de Cámara. El virrey leía, o se hacía leer si estaba muy fatigado, hasta altas horas de la noche.

Se había aficionado a la *Gaceta de Literatura*, del padre Alzate. Le había pedido, por órdenes reales, un informe sobre la seda silvestre, que había ponderado en una de sus entregas. Landero recibió su *Memoria* y la transmitió al virrey, quien pronto le dio audiencia. Intentó vanamente conseguir que el ilustre redactor y sabio se convirtiese en cronista de la Nueva España, entregando nuevas *Memorias* sobre la grana, el añil o el algodón.

Al virrey, sin embargo, lo ocupa solo la idea de contar la población, con un padrón civil que permitiese arreglar los tributos. Se lo encargaría a los intendentes. Se trataba de un censo que diese cuentas del número de contribuyentes, los demás vasallos de ambos sexos, edad y clases, el de ciudades, pueblos, misiones, haciendas, estancias, para deducir el total de almas. Debía hacerse con sumo cuidado para no alarmar a la población con la idea de nuevos tributos.

Solo después de dicho censo podría tener sentido para la Corona la cantidad de reformas que pensaba hacer. La ciudad requería de intervención inmediata, no tenía guardas ni alumbrado público, las acequias estaban llenas de inmundicia, muchos puentes estaban cayéndose o en ruinas, la alhóndiga se hallaba sin reservas de maíz, y el juego y la bebida campeaban frente a su propio palacio. La plaza Mayor, repleta de tenderetes, basureros, cerdos y perros. Habría que trasladar pronto a todos esos mercaderes, desterrar de allí la suciedad y el baratillo, terminar la hermosa Catedral siempre en construcción, desde que la recuerda hace ya casi cuarenta años. Mandó quitar los puestos y los tejamaniles.

La Ciudad de México tenía entonces, sin contar las torturas y los recodos de los barrios lejanos de las viejas parcialidades, trescientas cincuenta y cinco calles, ciento cuarenta y ocho callejos, doce barrios, noventa plazas y mesones, veintiocho corrales o posadas de alojamiento y tres mil trescientas ochenta casas, comprendidas las de vecindad, cuyo valor —pudo saber el virrey gracias a la eficiencia de Landero— era de poco más de cuarenta millones de pesos, con una renta de dos millones. Ni los conventos ni las iglesias, ni los palacios o las casas de ayuntamiento o de la universidad, ni la Casa de Moneda ni la de Apartado, ni todo lo que no es alquilable entra en el recuento. Pero había tanta basura que incluso a un montón enorme le llamaban Cerro Gordo, en Necatitlán.

Allí empezó su labor reconstructora. Habría de empedrar todas las calles principales. Mandó ordenar que los dueños de fábricas de tabaco y de la Casa de Moneda vistiesen a sus operarios, descontándoseles el precio de las nuevas ropas. No era posible que siguiesen medio desnudos o cubiertos con una manta. No podrían entrar así, ensabanados, ni a las fábricas ni a las funciones de Catedral ni a los paseos. Otra vez Landero vino a informarle que alrededor de diez mil almas habían dejado de vagar desnudas por la ciudad.

Landero, sin embargo, no podía saber que algunas de las reformas afectarían el negocio familiar y terminarían de enemistarlo con su padre —quien de todas maneras no le hablaba a su otro vástago, el impresor—, pues Juan Vicente Güemes Pacheco de Padilla decidió también terminar con los privilegios de los panaderos. El gremio se había constituido en 1742 y su padre, Leandro Landero, fue uno de quienes convencieron al conde de Fuenclara, virrey entonces, que convenía al reino y a las arcas. Pertenecer al gremio era cuestión de fortuna, pues solo los más acaudalados panaderos eran admitidos, no aquellos cuya sola posesión es la voluntad de hornear. Trabajar en una panadería, lo sabía de sobra Landero, no era fácil. Quienes quisieran hacerlo debieran empeñar un empréstito con su dueño e irlo pagando de sus propios ingresos. A esa voluntad de someterse al dueño de las panaderías se le llamaba por algo *empeño*: a veces de hasta trescientos pesos. Los trabajadores estaban siempre en deuda. A pesar de que en 1765 Carlos III envió como visitador general a José de Gálvez y Gallardo para evitar este tipo de negocios, los panaderos pudieron convencerlo de que el control del gremio lograba que hubiese un pan de calidad, pero barato para el pueblo. Su padre fue, otra vez, decisivo, al prometerle al visitador contribuir con mil pesos anuales para la construcción y el mantenimiento del pósito donde se guardaba el grano. Los panaderos también se burlaban de España con el famoso «cúmplase, pero no se obedezca».

No había panadero lenguaraz ni gremio que pudiese detener al conde de Revilla Gigedo en sus reformas. Don Leandro Landero, gracias a los buenos oficios de su hijo, consiguió audiencia para él y los otros miembros del gremio. Se oponían, para comenzar, a la ordenanza que regulaba los acuerdos en materia de trigo entre las haciendas, los molinos y las panaderías. Don Leandro intentó explicarle al virrey que dicha imposición encarecería el precio del pan, produciría hambre. Una larga perorata que el virrey, hastiado, cortó:

—Se trata, señores, de con justicia prevenir la usura y los monopolios.

—Pero ahora solo podremos comprar trigo de los hacendados; los molineros solo podrán moler trigo que hayan cosechado ellos mismos. Esto restringirá nuestra habilidad de negociar bajos precios. Tres de mis compañeros perderán sus panaderías o habrán de venderlas.

—Lo sé, señores, y lo siento. No pueden los dueños de molino o de hacienda ser a la vez dueños de panaderías. No pienso transar un palmo en esta materia. De la misma manera ninguno de ustedes, si es legítimo panadero, podrá comprar un molino o manejarlo o rentarlo.

—Mi hijo, su excelencia, le habrá explicado lo difícil que ha sido para nosotros este último tiempo. Todo nuestro empeño consiste en mantener barato el pan.

El virrey, como ocurrió durante todos los años que estuvo en la Nueva España, no transigió.

—El castigo es claro, señores. Lo siento: si alguno de ustedes transgrede la ordenanza y es sorprendido en ello será desterrado diez leguas de la ciudad y se confiscará todo el pan y todo el trigo involucrado en tal ilegal acto.

Dicha audiencia selló el destino del joven secretario, quien no volvió a hablar con su padre. También fortificó la dureza del virrey contra los especuladores. Siguió dictando decretos contra el gremio y su avaricia, denunciando la ostentación y las grandes fortunas de algunos de ellos a pesar de la moderada ganancia de sus ventas.

Este y otros monopolios lo habrían de ocupar con el mismo ahínco que la mejora material de la ciudad, que poco a poco sentía su mano, hermoseándola y haciéndola más justa.

Desde que se despejó la plaza Mayor para la proclamación de Carlos IV se sacó de allí a todos los mercaderes. Luego ordenó al corregidor intendente, Bernardo Bonavía y Zapata, que ya no se volviese a permitir poner los tales puestos y que se los organizase en la contigua plaza del Volador. Encargó entonces la finalización de las torres de Catedral, y además del palacio Real, la reconstrucción y nivelación de la plaza. Todo el año se estuvo en obras. Era curioso que el albañil mayor fuese un hijo de quien estuvo a cargo de buena parte de las obras de su padre, en especial del Teatro Principal. Pedro Cuautle así se lo hizo saber un día en que visitaba la reconstrucción del Real palacio. El conde de Revilla Gigedo no recordaba al padre de su actual maestro de obras, pero aun así le pareció benigna la coincidencia.

El virrey llamaba todos los días, prácticamente, al impresor real, Manuel Valdés, para que imprimiese un nuevo bando. El hermano menor de los Landero iba a palacio, a la Secretaría de la Cámara, y el hermano mayor le daba el escrito que debía estar listo para que los pregoneros lo proclamasen al alba del día siguiente. Los dos hermanos empezaron, quizá por la defenestración del padre, a verse fuera del trabajo, a tomar unos tragos, a conversar sobre sus vidas. Como pasa en todas las familias grandes —ellos eran ocho—, la distancia de edad entre un hermano y otro puede ser un abismo. Las tareas conjuntas y el rechazo familiar ahora sí verdaderamente los *hermanaban*. Los viernes eran de taberna y compartían un lechón y sopa de acelgas, más una buena garrafa de vino. En algún momento salió a la conversación la temerosa escalada de Julio al balcón de la heredera de los Santoveña. Para el hermano mayor era cuestión de chanza, no para el impresor. Una nueva misiva, la segunda y única desde que la encerraron con las jerónimas, lo hacía perder toda esperanza:

—Me ha escrito Luisa, hermano. Apenas una nota de despedida. Ha zarpado rumbo a España, donde el padre ha arreglado su matrimonio. Un rico comerciante, según parece, de seda y especies. Me dijo que no piensa volver, pero que me recordará siempre.

—Nada que hacer entonces, salvo olvidar.

—Es justamente lo que me pidió hace tres años, que la olvidara. Y resulta que ella misma no pudo hacerlo. Ahora es el océano quien nos separa para siempre.

Brindaron por los amores contrariados, por el dolor del alma. Julio incluso enjugó unas lágrimas. Luego pasaron a comentar el tema del día, el pleito entre el virrey y don José Antonio de Alzate, por el famoso censo. Según el clérigo al menos doscientas mil almas moraban en la ciudad. Lo afirmaba después de largas misivas y publicaciones en su *Gaceta*, haciendo cálculos con el consumo de carne, patos y otras viandas. A Revilla Gigedo la loca terquedad del sabio terminó por colmarlo.

—No lo recibe, no le contesta ya carta alguna.

—Acabamos de poner a la venta su última *Gaceta Literaria*. Malhumorada, como todas. Un desastre para los lectores, según don Manuel, que lo que desean verdaderamente es enterarse de las cosas de México, no de las polémicas inveteradas.

—Sí, llegó ya a manos del virrey. No creo siquiera que se digne leerla. Para él es imposible que nuestra ciudad sea mayor a Madrid. No lo concibe y no piensa seguir discutiendo.

—¿Y tú? ¿Quién crees que tenga la razón?

—Alzate, aunque sus cálculos me parecen abultados. Tal vez ciento sesenta mil almas. Muchas más, de cualquier forma, que las que acepta su excelencia.

—Pues a la salud de esta ciudad más hermosa y poblada que Madrid, aunque en esa otra esté mi mujer amada, perdida para siempre.

—¡Salud, hermano!

* * *

¡Qué frenesí! Hay agujeros por toda la ciudad. Pedro Cuautle no se da abasto con cientos de cuadrillas de albañiles y peones. El maestro arquitecto mayor, don Ignacio Castera, dice que, aunque el virrey y Alzate discutan sobre la cantidad de almas que separan a Madrid de México, el conde de Revilla Gigedo está dispuesto a que la Ciudad de México rivalice en belleza y orden con la capital de España. Y Castera, feliz de ser el Sabatini de la Nueva España. Todo parece nuevo, por renovado. Se han puesto faroles en todas las calles y se ha contratado a hombres que los cuidan, a quienes se llama *serenos* y quienes pregonan toda la noche gritando la hora que es y el tiempo que hace. Se han puesto también al servicio unos carros para la basura y otros para los excrementos, con sus campanas. Todos los miércoles y sábados de la semana se barren todas las calles y se riegan todos los días. Se multa con doce reales a quien no lo hace. Se han quitado del Real palacio todas las imágenes que había de Cristo y de la Virgen. Se han puesto en todas las calles o esquinas los nombres y los números de las casas en placas de azulejo. Se han puesto también coches de providencia, como no había ni se los había visto en la ciudad.

Don Ignacio ha encargado abrir calles, empedrarlas, pero también llenar canales y construir puentes. Nunca se había visto trabajo igual. Se ha construido una garita y nuevos arcos del acueducto de Chapultepec. Castera tiene ya listo un plano que presentará al virrey para regularizar la traza de los barrios y corregir la alineación de las fachadas de las casas. El conde de Revilla Gigedo, además, le ha encargado la construcción de una nueva fábrica de tabaco, al sureste de la ciudad, en una zona no habitada, llamada el potrero de Atlampa, más allá de la calle de Bucareli y de la calzada de Chapultepec. El lugar era enorme, los planos habían sido diseñados en España, y era capaz de emplear a siete mil hombres y mujeres en la fabricación de puros y cigarros. A Castera le fascina el nuevo estilo, sobrio y funcional, con notable equilibrio, simetría hermosa. Le han dicho que la fábrica se inspira en la de Sevilla, pero esta es más novedosa.

El virrey, además, ha planeado encargarle al arquitecto Manuel Tolsá otro edificio nuevo, para albergar el Real Seminario de Minas.

Ese viernes, sin embargo, Pedro Cuautle no se encuentra dentro del palacio. Hace tiempo que terminó el Jardín Botánico en uno de sus patios. Ahora se encuentra, con su cuadrilla, nivelando la parte de enfrente de la plaza Mayor, en contraesquina del palacio. Han tenido que excavar, sacar carros de tierra, pues se encuentra muy alzada. Sus hombres, ese mismo año, habían encontrado una enorme piedra tallada, de las que llaman monolitos.

Eso fue en agosto. Luego idearon cómo sacarla. El día 4 de septiembre a las dos de la madrugada, se paró por medio de un aparejo real, compuesto por una doble polea que se afianzó en la andamiada que para el fin se formó, y otras dos sencillas que se colocaron en la propia figura, la una para doblar el cable y la otra para el retorno, cuya maniobra se facilitó con un torno, por cuyo medio se izaba con mucha igualdad y mayor ventaja. En esta misma noche solo se enderezó dicha figura, y el día 25 a la misma hora se sacó y colocó frente a la puerta chica del Real palacio.

Esta mañana el hallazgo era aún más pesado. Una enorme piedra, también labrada, llena de símbolos que nadie entiende. Cuautle se encuentra junto al maestro José Damián Ortiz de Castro, quien supervisa la obra. Ordena que se detengan las excavaciones. La piedra apenas estaba a escasos cuarenta centímetros del suelo, como si no se la hubiese querido enterrar del todo. Se llama a Castera y este al secretario de Cámara y luego al mismo virrey, quien ordena que se la extraiga con el mismo cuidado que la anterior. Hace frío en la ciudad, es 17 de diciembre. Son las once. Varios días tardarán en sacar la piedra y colocarla en una pared de palacio, recostada. Revilla Gigedo pedirá que se adose a una de las columnas de Catedral, donde todos puedan ver la magnificencia de los antiguos moradores de estas tierras, ordena. Una semana más de trabajos hasta que lo consiguen. También se trajo al sabio Antonio de León y Gama para que la estudiase y dijese de qué se trataban los símbolos allí labrados con tanto esmero. Fue él quien convenció al virrey y al cabildo catedralicio de no volver a enterrar la piedra. Don Antonio escribió un tratado sobre los descubrimientos, de larguísimo título: *Descripción histórica y cronológica de las dos piedras que con ocasión del nuevo empedrado que se está formando en la plaza principal de México, se hallaron en ella el año de 1790. Explícase el sistema de los calen-*

darios de los Indios. El sabio había encontrado que una de ellas era el calendario de los aztecas.

Cuautle compró el opúsculo, tiempo después, agradeciendo saber leer y escribir, pues en él encontró la respuesta a muchas de sus dudas. Leer a León y Gama fue como una conversión. Él era indio, esos saberes que allí se describían habían desaparecido, pero eran tan ciertos y verdaderos como los de los españoles y criollos. Leyó con emoción:

En la segunda piedra se manifiestan varias partes de las ciencias matemáticas, que supieron con perfección. Su volumen y peso dan muestras de la mecánica y maquinaria, sin cuyos principios fundamentales no podrían cortarla y conducirla desde el lugar de su nacimiento hasta el en que fue colocada. Por la perfección con que están formados los círculos; por el paralelismo que guardan entre sí; por la exacta división de sus partes; por la dirección de las líneas rectas al centro; y por otras circunstancias que no son comunes a los que ignoran la geometría, se conocen las claras luces que de esta ciencia tuvieron los mexicanos. De la astronomía y cronología, los mismos usos que hacían de esta piedra que vamos a explicar, darán a conocer cuán familiares eran entre ellos las observaciones del Sol y las estrellas, para el repartimiento del tiempo, y la distribución de él en periodos, que tenían cierta analogía con los movimientos de la Luna, de que formaban un año lunisolar, que les servía de arreglar sus fiestas a ciertos y determinados días, que no podían variar del tiempo prefinido por sus ritos arriba de 13 días en el dilatado intervalo de 52 años, al fin de los cuales reformaban su año civil.

Con el libro en mano iba después de misa a contemplar la piedra adosada en la torre poniente, quería entenderla toda. Así que sus antepasados fueron grandes astrónomos, grandes matemáticos y leían el cielo tanto o mejor que quienes vinieron a destruirlos. Pedro Cuautle empezó entonces a coleccionar libros y opúsculos que le explicaran aquel mundo por doscientos años sepultado. Hablaba de sus hallazgos con sus hijas y con sus albañiles. Dejó de vivir en su siglo y fue a habitar a otro en el que desde entonces se sintió mucho más cómodo.

LA MUY NOBLE Y MUY LEAL CIUDAD DE MÉXICO

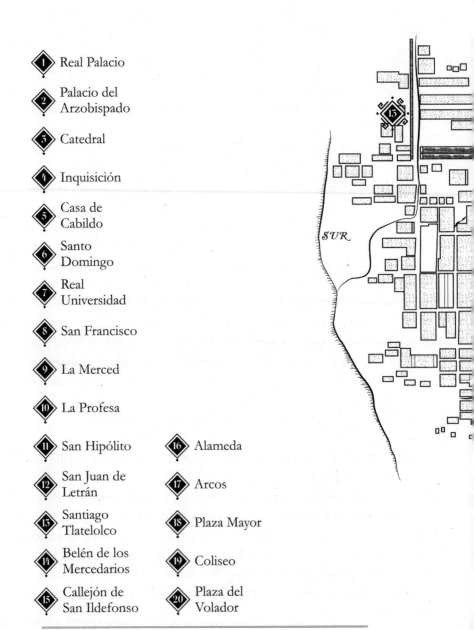

1. Real Palacio
2. Palacio del Arzobispado
3. Catedral
4. Inquisición
5. Casa de Cabildo
6. Santo Domingo
7. Real Universidad
8. San Francisco
9. La Merced
10. La Profesa
11. San Hipólito
12. San Juan de Letrán
13. Santiago Tlatelolco
14. Belén de los Mercedarios
15. Callejón de San Ildefonso
16. Alameda
17. Arcos
18. Plaza Mayor
19. Coliseo
20. Plaza del Volador

Ilustración libre del Mapa de la Muy Noble y Muy Leal Ciudad de México, de 1753. La orientación del mapa sigue la del documento original.

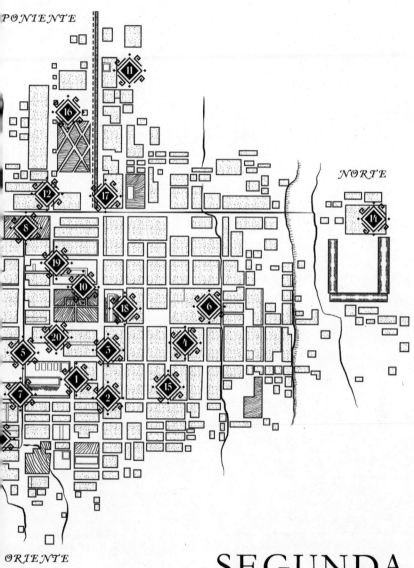

SEGUNDA PARTE

13

1803

Nunca hubiese imaginado Bernardo Santoveña y Borda el inesperado giro que daría su vida al conocer al barón Alexander von Humboldt. Él y sus acompañantes arribaron a la Ciudad de México el 11 de abril de 1803. En el camino de Acapulco le había escrito al virrey Iturrigaray anunciando su llegada, y este le había enviado una afectuosa respuesta ofreciendo serle útil en todo cuanto necesitase para sus investigaciones. Aimé Bonpland, el botanista, tenía treinta años; el hijo del marqués quiteño, Carlos de Montúfar, apenas veintitrés; y el barón, treinta y cuatro años. Estuvieron en Chilpancingo, Cuernavaca y Huitzilac de camino a la capital. Escribiría esa misma noche en su *Diario*: «Rodeada de un gran número de avenidas arboladas y de aldeas de indios, esta capital de México está situada a 2 260 metros de altitud, goza de un clima dulce y templado y es sin duda comparable con las ciudades más bellas de Europa».

La corte novohispana se rinde a los pies del joven sabio y sus amigos.

Bernardo Santoveña lo conoce en la primera recepción que se le ofreció, en la hermosa casa de los condes de Orizaba, a la que el vulgo bautizó como Casa de los Azulejos, por su hermosa fachada forrada de talavera. Toda la nobleza novohispana estaba allí, incluidos los hijos del virrey Iturrigaray, quien gozaba del favor del pueblo por haber permitido las corridas de toros en la plaza del Volador. Él había ido con su padre y dos hermanos, pues querían invitar al noble prusiano a su mina en Taxco. Bernardo, por su parte, quería mostrarle también su excepcional colección mineralógica, pues compartía varias de las pasiones del barón y llevaba tiempo leyéndolo y siguiendo sus pasos como incipiente naturalista. Se organizó una tertulia y estuvo bien aderezada de música y bailes. A Bernardo le preocupaba que las costumbres de sus coterráneos molestasen a Humboldt. El prusiano no bailó en toda la noche. No mostraba interés alguno en el cortejo. La intrépida María Ignacia Rodríguez, apodada la Güera, no se le despegaba, pero el barón tampoco parecía prestarle especial atención y prefería la conversación con don Diego José Rul Calero, dueño de la mina de La Valenciana, en Guanajuato, en cuyo palacio había residido en su visita a la ciudad. Fue el pretexto ideal para que su padre y él conocieran a Humboldt. Rul los presentó con toda pompa, anunciando que la mina de los Santoveña era aún más grande y hermosa, «la mejor mina de plata de estas tierras». Bernardo enrojeció al tiempo que saludaba de mano al sabio. Le asombró lo joven que era: las rosadas mejillas, los penetrantes ojos que sentía que lo desnudaban.

—Espero, don Baltazar, que su hijo Bernardo nos acompañe en nuestros paseos por esta hermosa ciudad.

—Será un honor, ¿verdad, Bernardo? —Un codazo del padre lo sacó de la perpleja zozobra que lo embargaba. Asintió con la cabeza, pero no salían palabras de su boca.

—Mañana iremos a Chapultepec con los hijos del virrey. Me honraría que se sumase a la comitiva. Aquí nuestro amigo Diego se ha disculpado, pues vuelve a Guanajuato.

Don Baltazar siguió respondiendo por su hijo:

—Nos dará gran gusto, barón. Y quizá acceda en algún momento, si el tiempo se lo permite, a que lo invitemos a Taxco. Bernardo ha coleccionado todo un gabinete natural que, además de la mina, nos gustaría mostrarle.

Humboldt aceptó de inmediato, y les prometió consultar sus fechas y así adelantar preparativos.

—Mañana a las diez, Bernardo. Mis amigos Bonpland, *Charles* Montúfar y yo nos alojamos en la calle de San Agustín, número tres. Vendrás en mi carruaje, pues el séquito del virrey nos estará esperando ya en Chapultepec.

A Bernardo le pareció aún más curioso que nombrara en inglés a don Carlos Montúfar, un joven como él, pero moreno y ecuatoriano. Pronto sabría de la reciente pero profunda amistad entre estos dos hombres que serían tan importantes para él en el futuro. Montúfar era filósofo, no científico, como Humboldt y Bonpland, algo que también lo intrigaba.

—Será un placer —dijo por fin el joven minero, encontrando las palabras. Las cejas del barón, delgadísimas, se elevaron apenas unos milímetros, en señal de aprobación.

—¡Brindemos entonces por nuestra amistad! —propuso el barón, y alzó su copa, de la que apenas sorbió.

Alexander von Humboldt llevaba dos diarios, uno donde anotaba sus reflexiones de naturalista, y otro privado, cifrado, que solo él podía entender. En este escribió sus impresiones sobre Bernardo Santoveña, su altura, su complexión, su estricta vestimenta. De poco servía la clave de su escritura si, como en este caso, estaba acompañada de un pequeño boceto, de memoria, del rico heredero. A Humboldt le fascinaba dibujar, lo mismo volcanes que especímenes botánicos, e incluso bocetos de anatomía masculina. En el otro diario, con cierto dolor, escribió esa noche: «México es el país de la desigualdad. Acaso en ninguna parte la hay más espantosa en la distribución de fortunas, civilización, cultivo de la tierra y población. […] La arquitectura de los edificios públicos y privados, la finura del ajuar de las mujeres, el aire, la sociedad, todo anuncia un extremo de esmero que se contrapone extraordinariamente a la desnudez, ignorancia y rusticidad del populacho».

Charles está dormido, ha sido un día agotador para todos. Ninguno ha recuperado el sueño desde que salieron de Acapulco, donde los hospedó el gobernador. Fueron muchos días cruzando montañas escarpadas, llanos infinitos, con la imagen de los volcanes como guía. ¡Qué cantidad de hermosos edificios se pueden ver en la ciudad! Monumentales, por lo menos cuestan un millón o un millón y medio de francos. Y por lo visto los hay por igual en Querétaro, Puebla o Guanajuato. Pero a Humboldt lo sigue perturbando que las riquezas pertenezcan a tan corto número de individuos. Siempre le ha parecido que comparar es un buen método científico. En Lima, por ejemplo, el vecino más rico tenía una renta anual de cuatro mil pesos; en La Habana —debido al cultivo de caña y al empleo de esclavos— la renta es superior, de treinta a treinta y cinco mil pesos.

En la Nueva España, en cambio, hay hacendados —sin contar las minas, por supuesto— cuya renta anual es de doscientos mil pesos. A esta Ciudad de México —con más de ciento treinta y cinco mil habitantes— la rodean terrenos yermos en los que apenas se encuentran diez o doce personas por legua cuadrada. Y aquí hormiguean al menos treinta mil zaragatos o huachinangos —como le llaman aquí a los indios o mestizos— que pasan la noche a la intemperie, apenas cubiertos con una manta.

Le ha pedido al virrey que le permita revisar los archivos, conocer a los sabios, y mirar, mirarlo todo. Medirlo todo: es su obsesión. Le ha dicho Iturrigaray que hay en toda la ciudad dos mil quinientos blancos nacidos en Europa, sesenta y cinco mil blancos criollos, treinta mil indios, veintiséis mil mestizos y diez mil mulatos. Los números fueron proporcionados por el censo del virrey Revilla Gigedo (mientras más le refieren, más claro le queda al barón que la ciudad le debe mucho al virrey depuesto por el marqués de Branciforte y sus añagazas, de todo se entera él). Quiso indagar más acerca de los mulatos y lo asombró la aparente precisión del secretario de Cámara del virrey: cuarterones, quinterones, zambos y prietos, de acuerdo con cuánto tenían de negro y de blanco. Ahora, antes de soplar la llama de la vela e irse a dormir, anota:

México debe contarse sin duda alguna entre las más hermosas ciudades que los europeos han fundado en ambos hemisferios. Apenas existe una ciudad de aquella extensión que pueda compararse con la capital de la Nueva España, por el nivel uniforme de suelo que ocupa, por la regularidad y anchura de las calles y por lo grandioso de las plazas públicas. La arquitectura en general es de un estilo bastante puro; y hay también edificios de bellísimo orden. El exterior de las casas no está cargado de ornatos. Dos clases de piedras de cantería, a saber: la amigdaloide porosa, llamada tezontli y sobre todo un pórfido con base de feldespato vidrioso y sin cuarzo, dan a las construcciones cierto viso de solidez y aun de magnificencia. No se conocen aquellos balcones y corredores de madera que desfiguran en ambas Indias todas las ciudades europeas. Las barandillas y rejas son de hierro de Vizcaya y sus ornamentos de bronce. Las casas tienen azoteas en lugar de tejados, como las de Italia y todos los países meridionales.

* * *

Bernardo ha llegado por el barón en el mejor carruaje de la familia. Tan lujoso que rivaliza con los del virrey mismo. El barón lo abraza al recibirlo dentro de casa. Bonpland y Montúfar lo saludan con menos aspavientos, pero también de modo gentil. Le ofrecen jugo de naranja, café y pequeños panes dulces. Conversan sobre la recepción, sobre las familias que se dieron cita, le preguntan a Santoveña por los orígenes de la suya misma y él narra lo poco que sabe.

—Aparentemente una tatarabuela nuestra era descendiente de Moctezuma. Una noble. Pero el resto de nuestra sangre es española. Mi padre casó con la hija de otro minero y con el tiempo llegó a heredar esa parte (le compró a un hermano de mi madre su parte en la de Taxco y la casa en la que ahora vivimos), pero a mí me gustaría recorrer el mundo, no me veo administrando las minas. Mi hermano mayor sí tiene ese gusto. A mí lo que me place es conocer, aprender, saberlo todo.

—¡Tendrás que empezar por reconocer que no es posible saber más que un poco! —bromea Bonpland, divertido con el candor del indiano. Ni siquiera el barón, que pretende medirlo todo, puede conocer más que una ínfima parte del universo.

—¡Señores, en marcha, que nos espera el famoso Chapultepec! —interrumpe Humboldt y abraza a su nuevo amigo, sin terciar en la discusión.

El viaje era corto, apenas de una legua. El día amaneció soleado, con el cielo azul y despejado. La visita se antojaba idílica. En el camino, Bonpland centró toda la conversación en la botánica. Quería tener acceso a la grana cochinilla y había leído un viejo tratado de un clérigo de nombre Alzate sobre el particular; por eso deseaba ir a Oaxaca y, de ser posible, obtener muestras. Santoveña se ofreció a conseguirle transporte al saber que Humboldt tenía otros planes y quería ir con Charles y con él a Taxco. Luego tenía también pensado un viaje a Michoacán a la zona purépecha. Cuando llegaron a Chapultepec los esperaban ya con una merienda ligera en los jardines del castillo que un antiguo virrey había mandado hacer como coto de caza.

Desde allí arriba el barón fue el primero en señalarlos, se apreciaban las serpentinas de dos nuevos acueductos que de ahí llegaban al lago de Texcoco. Más allá —Santoveña fue quien esta vez apuntó con su índice—, el convento de Nuestra Señora de Guadalupe, encima del Tepeyac. Y los volcanes nevados, habría dicho Montúfar. Parecían niños admirando el hermosísimo paisaje. Los hijos del virrey no parecían tan entusiasmados con la vista; querían cazar palomas, y habían dispuesto todo para tal fin. No entendieron que a Humboldt la caza le repugnaba. Al contrario, se puso a darles de comer a las palomas y a clasificarlas, mientras también hacía un curioso recuento de conejos y liebres.

De mala gana aceptaron que sus anfitriones no cazarían, pero no cejaron en su empeño y se dieron a la tarea de exterminar por su cuenta con escopetas de perdigones varios animales, a los que el barón llamaba especímenes, como si la naturaleza misma fuera un enorme laboratorio o un gigantesco gabinete de naturalista. A Bernardo lo conmovió su resolución. No era fácil negarse ante los «pequeños virreyes», como les decían los criollos. Iturrigaray era un virrey particularmente odiado, no solo debido a que era un soldado plebeyo y no un noble, como sus antecesores, sino por su rapaz corrupción. «Llegó robando, se irá transando», decían en la calle, pero era pariente favorito de la reina y amigo de Godoy.

—¿Se han fijado en que no hay una sola nube? —dijo Humboldt.

—Por meses es así, un azul azulísimo, sin nada que lo desdibuje —contestó Bernardo.

—Todo aquí se encuentra en un estado de espléndida animación. ¿Qué son esas torres allí?

—San Agustín de las Cuevas, y allá San Ángel —responde Bernardo.

Una impresionante cantidad de casas y de iglesias dispersas entre campos bien labrados, avenidas largas y bien formadas.

* * *

La visita fue, por supuesto, espléndida. Comieron, antes de partir, dentro del castillo, que volvió a generar los más encomiosos comentarios del barón.

Humboldt inquirió a los hijos del virrey sobre el rumor de que estaban vendiendo las ventanas del Castillo de Chapultepec:

—Así es, y quizá incluso el castillo —contesta el menor de ellos, quien ha terminado ya con dos codornices en salsa blanca y ataca la tercera—. La Nueva España está en permanente penuria económica, tanto por lo que debemos mandar a la Corona como por los gastos de la corte aquí. Mi padre busca que las cuentas no sean un desastre, como sucedió con sus predecesores.

—Pues el cristal es demasiado caro como para venderlo ahora —responde el barón—. Va a ser después muy difícil reponerlo.

—Si se vende el castillo, será asunto de los dueños.

—Quizá entonces somos los últimos visitantes de este hermoso lugar —bromea Montúfar—, así que agradezcamos a la Providencia por estos manjares y tan singular mañana.

Humboldt insistió:

—No sé si valga mi opinión, pero se la daré al virrey. Me parece imprudente no conservarlo, el único fuerte en todo el valle. Los archivos, el dinero, las propias familias de los virreyes podrían refugiarse aquí en el caso de una crisis revolucionaria. Hay que aprender de la historia.

* * *

Los días siguientes el barón asistió a la Pontificia Universidad y al Real Seminario de Minería en plena construcción. Quería conocer al famoso Manuel Tolsá, de quien admiraba la estatua ecuestre de Carlos IV. Lo que más le interesaba, en realidad, era conversar con don Fausto de Elhuyar y ver su colección mineralógica. Invitó a Bernardo, sabedor de la afición del rico minero por las rocas. La fachada de lo que sería en el futuro el Real Seminario era soberbia. El estilo neoclásico se asentaba de la mano de Tolsá. La imponente piedra era en sí misma una declaración de fe en la ciencia y en la razón. Humboldt admiraba el lugar y conversaba con el arquitecto.

Bernardo siguió acompañando a Humboldt en tertulias, en fiestas, y también a los archivos de la Secretaría de Cámara que Iturrigaray había abierto y dispuesto para él, incluidos los documentos originales del censo del segundo conde de Revilla Gigedo.

Bonpland iba y venía recolectando plantas y visitando los jardines botánicos del palacio Virreinal y las huertas de los conventos, así que casi siempre eran ellos tres, Alexander, Charles y él.

Una tarde, Humboldt llamó aparte a Bernardo, le ofreció un licor dulce —habían comido opíparamente, como le gustaba decir al barón, y necesitaban el digestivo—, y lo tomó del brazo. Caminaron por el patio de la casa, rodeados de plantas y macetas. Una fuente pequeña con su chorro hacía aún más íntima su conversación. Nadie podía escucharlos.

—Esta noche, *Bernie* —había empezado a llamarlo en inglés, como hacía con Montúfar—, tenemos Charles y yo una invitación muy especial que hacerte. Pero necesito saber si estás preparado, que todo esté claro y transparente como el cristal. Los tres tenemos algo en común, algo que no se puede, lamentablemente, andar pregonando a voz en cuello: nos gustan los hombres. Lo supe desde que te conocí en la recepción. Por eso te llamé a mi lado, porque notaba tus tribulaciones, tus dudas, la tensión de tus músculos frente al baile. Como me pasó cuando me negué al cortejo de María Ignacia, quien al fin ha dejado de buscarme.

—Pero, Alexander, no pongas palabras en mi boca que yo no he proferido. Me ofendes.

—¿Te ofendo? Entonces dejamos de lado esta conversación. Hagamos que nunca ocurrió. Tan amigos como siempre. Te ofrezco una disculpa.

Bernardo guardó silencio, pero no se separó del abrazo de su amigo. No sabía qué decir ahora. Le daba aún más vergüenza haberse defendido así, a lo tonto, de algo que él sabía, o por lo menos intuía. No le gustaban las mujeres, eso era del todo cierto.

El barón lo sacó del ensimismamiento.

—¿Lo dejamos entonces por la paz o deseas oír mi invitación? Puedes declinarla sin menoscabo de nuestra amistad.

—Perdona, Alexander. Te escucho.

—Hoy iremos a unos baños. Todo está arreglado para que estemos solos, con algunos hombres que desean y quieren lo mismo que nosotros. Se trata de divertirse un rato, solamente.

—Es muy peligroso, puede llevar a escándalo y terminaría con nuestras reputaciones.

—Está todo previsto. ¿Recuerdas al cochero de los hijos de Iturrigaray? Bueno, es él quien lo ha arreglado. Igual que contigo, una simple mirada y supe que también vivía en el mismo dilema. Pero me ha dicho que conoce a otros soldados, todos como nosotros.

»Él los ha invitado y nada hay que temer, muchacho. Considéralo un regalo muy preciado de un amigo que te quiere. Vienes, pruebas, te cercioras de tus sentimientos. Dejas que la razón te guíe, no tu corazón.

—No sé, me da mucho miedo.

—Te entiendo. No iremos, por supuesto, en tu carruaje. El capitán también ha dispuesto nuestro transporte. Nos recoge a las ocho. ¿Te sugiero algo? Ve a casa, cavila, y toma una decisión. Te estaremos esperando aquí hasta poco antes de la hora. Si no llegas, como dije, nos vamos y olvidamos esta conversación.

El barón le acarició la mejilla y brindó con un afecto que él nunca había sentido antes, ni siquiera de sus padres o hermanos.

* * *

La Real Cédula de 1688 había prohibido los baños de temazcal, ubicándolos como lugares de «pecado» nefando, pero todavía en algunos barrios de indios en la periferia persistía la costumbre de estos baños de vapor, en los que se usaban hierbas medicinales. A Humboldt le había atraído doblemente, y en uno de ellos, en Santiago Tlatelolco, fue la excursión. Bernardo, finalmente, había aceptado la invitación y se había anexado a la comitiva. Eran cinco, con el capitán de Dragones Diego Ojeda, otro oficial y ellos tres. Los esperaban otros oficiales que habían ido por su cuenta. Se dejaron desvestir y sahumar con hierbas y ungüentos. Escogieron pareja, pero a Bernardo le impactó que después de abrazarse y tocarse cambiaban, sin orden, besándose todos. Poco a poco fue perdiendo el miedo, o la vergüenza, o ambos sentimientos. No pudo dejarse ir, del todo, abandonarse a la experiencia. Había leído un opúsculo, un panfleto, llamado *El currutaco por alambique*, que era una burla de quienes gustaban de otros hombres, una sátira contra el afeminamiento. Las imágenes del libraco se le venían a la mente mientras participaba en la cópula, sintiendo más dolor que placer.

Esa noche no pudo dormir. Se arrepentía, por un lado, con todo su corazón, buscando en algún lugar recóndito de su cuerpo una *hombría* que se lamentaba de haber perdido en los escarceos del temazcal. Pretextaría algo para no volver a ver a Humboldt y sus amigos. Tenía que alejarse. Imaginaba el escarnio, el odio de su padre Baltazar si se enterase, el desprecio de todos. Y también recordaba las manos que lo tocaban, los pequeños placeres, la turgencia, el hecho incontrovertible de que sí le había gustado. Era un mar de dudas. A ratos lo sorprendía su propia sonrisa. Es de todos sabido que la noche es inconmensurablemente más larga que el día.

* * *

Tardó tres días en buscar al barón. Mandó primero una esquela, anunciándose y pidiendo ser recibido. En una semana estaba planeado el viaje a la mina en Taxco y no podía, tampoco, explicarle a su padre que hubiesen cambiado los planes, así que tenía que tomar valor y acercarse de nuevo a Humboldt. Esos tres días se fue también acostumbrando a la idea de ser quien era: ese nuevo Bernardo que había descubierto con dolor y vergüenza en unos baños de vapor. Tendría que ser discreto, casi invisible, tendría que aprender del barón muchas más tretas para no ser sorprendido y, muy al contrario, ser respetado. Le dijo todo esto cuando al fin estuvieron solos.

—Te invito a París, entonces —intervino Humboldt—. Yo termino este viaje por América el próximo año. ¿Por qué no nos alcanzas después? Te puedes alojar con nosotros, querido muchacho, y vivir lejos de la mirada paterna. Es un alivio que te reconozcas al fin, Bernie. Vas a sentirte mucho más libre y feliz.

* * *

La primera noche en la casona de Taxco, después de haber visitado la mina, de haberle enseñado al fin al barón su colección, cuando supo que todos estaban dormidos —cada uno en sus aposentos, con la servidumbre también en cama—, tocó en la puerta de Alexander. El barón lo invitó dentro, le pidió que apagase la vela y lo abrazó con fuerza, por detrás, respirando en su nuca, besándolo en el cuello. Fueron horas de amor y de consuelo, de placer y de tranquilidad. Bernardo sintió que había suspirado más veces esa noche que en su vida entera. Tenía la cabeza recostada en el pecho de Humboldt. Él le acariciaba el pelo y le hablaba despacio. Le contaba sus propias luchas internas, su primer amor con un teniente prusiano, Reinhard.

—Una de las razones de este viaje, acaso no la más osada, fue para estar lejos de mi hermano y su tutela. Moriría de tristeza si supiese quién soy y qué es lo que verdaderamente deseo.

Estuvieron hablando de los planes, y Bernardo aceptó gustoso la invitación a alcanzarlo en París. Se le había congelado en el rostro una sonrisa tierna, jovial. Se le había instalado en el pecho algo parecido a la alegría, pero más contumaz, más profundo. Hablaron por una hora, o más. Bernardo le contó parte de su infancia, y le dijo que si viajaba a Europa quería ir a buscar a su hermana a Madrid, pues la familia, de alguna manera, la había desterrado y obligado a casarse allá porque ella se había encaprichado con un plebeyo, con un joven impresor, hijo de panaderos.

Humboldt lo miró fijamente con sus penetrantes ojos azules:

—Bien harías en no llamarlo *capricho*, sino *amor*. Y sí, sería hermoso que la pudieses visitar. Me alegra saber que vendrás a Europa. Te espera una vida que aquí ni siquiera intuyes.

—¿Y Charles no se va a poner celoso?

—Esa es otra lección que sería bueno que aprendieses ya. En estas circunstancias, como comprenderás, no podemos ni queremos ser monógamos. Y espero que tú tampoco. Reflexiona sobre esto. Esta es otra forma de amor.

Antes de despedirse, esa noche, Alexander le dio un beso en la frente susurrándole:

—Bernie, te he dado el mejor regalo que nadie pueda darte: tu libertad.

* * *

Aún le quedarían varios meses con Alexander en la Nueva España. Humboldt cambió sus planes y decidió no viajar a París en agosto, como había pensado. Le daba miedo el vómito negro y se hallaba fascinado con la hospitalidad de sus amigos novohispanos. Fueron al Nevado de Toluca, a Querétaro, a Guanajuato y a Puebla. Le gustaba navegar en canoa por los canales de la ciudad, y seguir las embarcaciones repletas de legumbres, flores y frutas. Iban por agua a Chalco, a Mixquic, a Tláhuac, y regresaban por el canal de Iztapalapa. En ocasiones le entraba la melancolía y le decía a su querido acompañante:

—¿Te imaginas el destino atroz de esta gente? —se refería a los indios que trajinaban y remaban—. Desgraciados vástagos de un linaje que se robó sus propiedades. ¿Dónde, Bernie, hay un ejemplo semejante, toda una nación, una nación entera que haya perdido todo su patrimonio? Quizá solo Rusia, con sus diez millones de siervos, se le parezca.

Bernardo no pudo acompañarlo a Michoacán porque su madre había enfermado repentinamente y deseaba estar a su lado para cuidarla. En septiembre murió y Humboldt lo acompañó en las exequias y el novenario. Había quedado medio huérfano. Lo esperaba el Viejo Continente.

14

1808

Julio Landero había heredado la imprenta de don Manuel Valdés y seguía utilizando el establecimiento como pequeña librería, donde se podían comprar, entre otras, las gacetas hechas por otros impresores. El 9 de junio, la *Gaceta de México* anunciaba el encarcelamiento de Manuel Godoy y la abdicación del rey Carlos en Aranjuez, que había ocurrido el 19 de marzo. Corrían malos tiempos en España y el eco del fracaso borbón se dejaba escuchar en la Nueva España. El viejo virrey Iturrigaray, que ya pasaba los sesenta y cinco años, había sido nombrado por ardides de Godoy, y ahora, para congraciarse, llamó a conmemorar el ascenso de Fernando VII. A este lo llamaron el Deseado y le hicieron un arco triunfal y una semana de fiestas.

Para Landero, la lectura de los semanarios era su única manera de estar al día. Casi no participaba en tertulias ni tenía amigos, y con su fama de soltero empedernido y cascarrabias se mantenía alejado de intrigas. Su única felicidad era componer sus publicaciones y atender la imprenta. El 22 de junio, en la misma *Gaceta de México* leyó que las tropas francesas de Napoleón se encontraban ya en Madrid. La publicación insistía en que su presencia era solo para fortalecer la alianza franco-española. Tres días después, se hablaba de motines y asonadas en Madrid. No se decía nada, sin embargo, de que los franceses habían capturado a los monarcas borbones. Esa noticia tardaría aún en llegar.

El 16 de julio, aprobadas por el concejo, la *Gaceta* publicó las cartas de Napoleón. El virrey llamó a los notables a debatir, a don Francisco Primo de Verdad y a don Juan Francisco de Azcárate, más las familias banqueras de los mineros de plata, a don Juan José Fagoaga y Baltazar Santoveña Raña, al marqués de Uluapa y al marqués de Santa Cruz de Inguanzo. El 19 de julio, el primer magistrado Fagoaga remitió al virrey la decisión del concejo, reconociendo a Carlos como legítimo monarca y manifestando la autonomía de la Nueva España. Gracias a que los jueces de la Audiencia así lo apoyaban, decidieron que hasta que Carlos IV recuperase el trono, ellos gobernarían sin servir a Francia. «La más noble, leal e imperial Ciudad de México, Metrópolis de Norte América» —escribieron, lamentando la caída de su legítimo rey— sostiene que «esta horrida abdicación, involuntaria, forzada en un momento de conflicto, no tiene efecto en los derechos más respetados de la nación. La monarquía española es patrimonio de sus soberanos, fundada por la Nación».

El decreto era confuso, lleno de términos legales, pero Julio Landero entendió que la Nueva España no reconocía la ocupación francesa, que se declaraba soberana. El argumento del concejo era que la soberanía residía en el reino entero, en las clases que lo forman y, como decía a la letra, «particularmente en los Tribunales Superiores que gobiernan y administran justicia, y en las corporaciones que llevan la voz pública».

Iturrigaray había colocado pequeños ejércitos en Veracruz, acantonando a más de mil quinientos militares en Xalapa. La declaración del concejo, sin embargo, solo duró diez días.

A las 5:30 de la madrugada del 29 de julio se publicó el pregón que declaraba rey a Fernando VII.

Siguieron desfiles, misas, loas al Deseado.

Don Melchor de Talamantes se dirigió al concejo para leer una propuesta radical: no reconocer a rey alguno en tiempos de tumulto. La *Gaceta* iba a publicar un reporte anunciando que Valencia se había sublevado contra Francia y había declarado armisticio con Inglaterra.

Julio leyó lo ocurrido en el *Diario de México*, escrito por su amigo Carlos María de Bustamante, pero del que era accionista el juez de la Audiencia, don Jacobo de Villaurrutia.

Los notables de la Nueva España no contaban con que el pueblo se amotinaría contra ellos y su decisión de independencia. Salieron a las calles, tomaron las plazas, gritaban vivas a Fernando VII y lo proclamaban rey y soberano. Personas armadas los acompañaban en la gritería, echando salvas al aire.

Sonaron las campanas de Catedral. Se tiraron varios cañonazos llamando a la gente a la plaza Mayor. El virrey salió al balcón y proclamó nuevamente, como lo había hecho en marzo, después de Aranjuez, a Fernando VII. El populacho llevaba un retrato del monarca e insistía en que se les recibiera. José Juan de Fagoaga y José Arias Villafañe bajaron las escaleras de palacio y se lo llevaron al virrey, que lo mostró en el balcón y luego arrojó pesos a la muchedumbre. Juran que arrojó casi dos mil pesos. O eso se rumora, incluso el solitario Landero lo ha escuchado un par de veces.

En la plaza se quemaban efigies de Napoleón. Más de seis mil hombres marcharon, casi en orden militar, a palacio. La demás gente se congregó en la Alameda, colocando ramas verdes en sus sombreros en señal de júbilo. Landero cerró el local y se unió a la multitud de la Alameda. Los amotinados le parecieron más bien militares, soldados vestidos de civil, haciéndose pasar por pueblo.

El 30 de julio Iturrigaray llamó al Real Acuerdo en una reunión poco acostumbrada: era sábado. Acudieron los jueces de la Audiencia, los ministros y oficiales de la corte, el Ayuntamiento de la ciudad, los líderes del consulado, el Protomedicato, la universidad y los gobernadores y magistrados de las parcialidades de naturales, las repúblicas de indios. El domingo, el virrey y su mujer encabezaron un nuevo desfile, con el Batallón de San Camilo y el Regimiento de Comercio. Mostrando su devoción a Guadalupe, su carruaje fue seguido por dos mil guardias de caballería.

Julio Landero leyó en el *Diario de México* del 5 de agosto un poema que anunciaba que el nombre «gachupín» se había extinguido, el del «criollo» también se había enterrado, y el de «indio» y los otros ya no se usaban, porque Fernando los había unido. Los ricos dejan su vanidad de lado y marchan al lado de los más pobres. Nunca habría sido así, ni en la imaginación de Bustamante. Landero soltó una carcajada. «¡En qué país vive, don Carlos!», se dijo.

Además, ese mismo diario por fin publicaba la verdad: los reyes Carlos IV y Felipe VII estaban cautivos y ambos habían abdicado. En agosto, sin embargo, las malas noticias ensombrecieron a la corte novohispana: el hermano de Napoleón, entronizado como José I, sería el nuevo monarca en España. Las noticias llegaron por los periódicos franceses, pero como siempre sucedía en las Indias, tardíamente. El virrey y sus consejeros se negaron inicialmente a publicar los decretos bonapartistas.

Los criollos del Ayuntamiento decidieron mandar al virrey al diablo diciéndole: «Ya sabemos que usted no manda en nombre de ningún rey».

Los mercaderes les habían dado la noticia.

El virrey, enfurecido, mandó incautar todos los periódicos y papeles extranjeros que traían la noticia. La Junta de Sevilla, que se proclamó Suprema, envió dos emisarios a la Nueva España con azogue para las minas, así como noticias de lo sucedido hasta el momento. Llegaron a la Nueva España el 26 de agosto.

Al siguiente domingo, más por contemplar el espectáculo que por verdadera devoción, Julio acompañó a miles a la iglesia del Tepeyac, a pedirle a la Virgen de Guadalupe unidad y fuerza. Estaban todos los nobles, el virrey, los comerciantes. Incluso su hermano Gildardo, que había heredado la panadería a la muerte del padre.

En los pasillos de palacio, sin embargo, se tramaba la creación de una junta autónoma e independiente que, regulada por el virrey, gobernase *de facto*, desconociendo a Francia. El Ayuntamiento, por su lado, llamaba a un congreso, proponiendo al virrey que renunciase. Iturrigaray vació las cárceles y decidió quedarse a cargo.

Baltazar Santoveña Raña no era el único que detestaba al virrey Iturrigaray y sus corruptelas. Las mañas del viejo soldado habían terminado por sepultarlo. No era un noble, como sus predecesores, sino un advenedizo que había venido a la Nueva España a hacer fortuna. Era tiempo de acabar con él y de limpiar la corte de una buena vez de gente de su calaña. Era ya la madrugada de ese lluvioso 15 de septiembre. Más de quinientos hombres a las órdenes de don Gabriel José del Yermo, de Jesús Landero y de Baltazar Santoveña —un ejército improvisado compuesto en realidad de comerciantes, líderes de los más diversos oficios y algunos nobles— marcharon al palacio Virreinal, y con pocas escaramuzas y menos bajas, capturaron al virrey José de Iturrigaray y lo obligaron a firmar su renuncia hincado a los pies de los arcabuces. Todo el levantamiento duró media hora. Para la una de la madrugada había terminado. Juan Jabat y Aztal, uno de los enviados de la Junta Suprema de Sevilla, había ayudado a Yermo, Landero y Santoveña en su empeño. Una vez arrestado el virrey y su familia, y tomado palacio, hubieron de arrestar al Ayuntamiento, al abad de Guadalupe, a fray Melchor de Talamantes. Primo de Verdad moriría misteriosamente un mes después en las mazmorras.

Al día siguiente el Real Acuerdo proclamó: «Habitantes de México de todas las clases y condiciones: la necesidad no está sujeta a las leyes regulares. El Pueblo ha tomado control de Su Excelencia, el Virrey. Ha demandado su remoción por razones de utilidad y de interés común. Anoche llamó a su ilustrísima el arzobispo y a otras autoridades al Real Acuerdo, quien cedió ante la urgencia y reconoció la remoción del Virrey. El poder ha sido devuelto, de acuerdo con la Real Orden del 30 de octubre de 1806, al Mariscal de Campo, don Pedro Garibay», en virtud del llamado pliego de mortaja, una orden que se otorgaba en caso de que el virrey muriera.

Don Gabriel José de Yermo, rico comerciante con propiedades e ingenios de azúcar, tenía el contrato exclusivo para proveer al Rastro de la capital y una deuda terrible. Santoveña tampoco se hallaba en pujanza, y la plata de sus minas era cada vez menor. Landero, por su parte, se encontraba también sujeto a diversos pagarés debido al crecimiento de su empresa. Había abierto dos nuevas panaderías.

En varios muros de la ciudad amaneció pintada esta consigna:

> Abre los ojos, pueblo mexicano,
> y aprovecha ocasión tan oportuna;
> amados compatriotas, en la mano
> las libertades ha dispuesto la fortuna.
> Si ahora no sacudís el yugo hispano,
> miserables seréis sin duda alguna.

Todo indicaba que la ciudad no podría soportar más ser controlada y mandada por una España tomada por Napoleón y su hermano José.

A Julio Landero le sobrevivían aún tres hermanos: Jesús, el endeudado dueño de las panaderías, con quien no tenía trato; Gildardo, el rebelde casado con una india de Azcapotzalco, a quien tampoco frecuentaba; y Justo, el viejo oficial de la Secretaría de Cámara, que estaba retirado del servicio y ahora lo ayudaba en la imprenta. Este no solo le hacía buena compañía, sino que era de alguna manera las orejas y los ojos que el solitario impresor requería para enterarse de los chismes de la ciudad amotinada.

Esa mañana del 16 de septiembre los dos hermanos discutían el derrocamiento del virrey y el nombramiento del aún más anciano Garibay como sucesor.

—Nuestro hermano Jesús es parte del motín, que no veo cómo termine bien —sentenció el antiguo funcionario de palacio—. El tema detrás de todo es la plata.

—Qué importa un panadero, hermano. Son marionetas de los banqueros que quieren mandar su plata a Sevilla, aunque tengan que hacerlo en embarcaciones inglesas.

—¡Nada queda de la Armada Invencible después de Trafalgar! —insistió Justo.

—Si me apuras, nada queda de la España de los Habsburgo.

—Yermo también es un títere, hay que ir a donde está el dinero. Es la plata, ya te lo he dicho. Y los banqueros. Por eso nadie ha defendido a Iturrigaray. Además, los Fagoaga recibieron a sus cuñados como visitadores de la Junta de Sevilla. Escuché el otro día en un café de la calle del Reloj una conversación muy interesante. Alguien se quejaba de que la junta no había mandado gente ni dinero para apoyar la lucha contra Napoleón. El otro dijo, tajante, que ni siquiera medio real debiera salir de la Nueva España en estas circunstancias. Este reino de ultramar debe ser independiente.

—Demasiada confianza en la tal independencia, hermano. Seguimos atados a España, aunque se lleven nuestras riquezas.

—Pero se pone mejor, Julio. Lo más interesante es que están buscando entre los gobernadores de las parcialidades de indios un rey noble de los aztecas. Quieren coronarlo y proclamar un nuevo reino. Parece que en el intento están todos los ricos, el conde de Valenciana, el conde de Peñasco y los gobernadores indios de San Juan Tenochtitlán y de Santiago Tlatelolco.

* * *

Dos días después, José Luis Rodríguez Alconedo, el platero, y su esposa María Gertrudis Acuña fueron arrestados por el virrey impuesto, Pedro de Garibay, acusados de dicho complot. En la audiencia fueron también llamados los condes y los gobernadores indios, que apoyaban al orfebre en sus planes. El conde de Peñasco reveló que se les había pedido a los gobernadores indios que ayudaran con su gente a levantar diques y controlar las salidas de la ciudad para prevenir la retirada de españoles y así sitiarla y coronar a un rey indio, sacando a los gachupines de todas sus posiciones. Así dijo don Mariano Sánchez y Mora.

* * *

Septiembre siguió siendo un mes de levantamientos. En la mañana del 20, Gil Cuautle, de oficio zapatero, se encontraba caminando con dos amigos, Julián Rojas e Ignacio Rivera, hojalatero. Cruzaban apenas el puente de San Antonio cuando fueron sorprendidos por dos asaltantes que los amenazaron con la consabida frase: «El dinero o la vida». Los amigos resistieron la emboscada. Uno de los rateros entonces declaró:

—Amigos, esto no era sino una prueba. Necesitábamos saber si erais cobardes o valientes. Mi nombre es Vicente Acuña, soy comerciante. Y aquí mi amigo, José Morales, es sastre. No somos asaltantes, al contrario.

Morales terció:

—De hecho, queremos ofrecerles dinero si nos ayudan a provocar el alzamiento de los pobladores indios de Santa María, San Pablo y La Palma. Ya tenemos muchos seguidores en San Juan Tenochtitlán.

—¿Y contra qué nos alzamos, si puede saberse? —preguntó Cuautle.

—Buscamos reclutar a la gente para formar un regimiento de veinte compañías, similar a la fuerza militar de los gachupines, entrar a palacio armados, sacar de ahí a los gachupines y luego ir al convento de Belén a liberar al virrey Iturrigaray. Tengo un compadre que ya ha levantado a mucha gente en San Juan Tenochtitlán. Solo necesitamos más gente de las otras parcialidades.

Acuña interrumpió a su propio compañero:

—Sería mejor, es mi opinión, levantar a toda la gente, pedirle que salga con palos o cuchillos, que prenda fuegos por toda la ciudad y busque la liberación del virrey. Estos gachupines se han hecho del poder militar. Tengo ya treinta gentes listas y vosotros podéis ayudarme a levantar a más comerciantes e indios.

Morales no estaba de acuerdo:

—No tiene sentido la destrucción y el fuego. Mejor levantar una milicia nuestra.

Cuautle y sus compañeros aceptaron la oferta y quedaron de verse por la tarde.

En lugar de ello se dirigieron a palacio y reportaron el incidente a un sargento de armas. El plan para desenmascarar a los comerciantes incluía entonces llevar al encuentro a un oficial del Regimiento Provincial disfrazado de comerciante.

Arrestaron al sastre Morales y buscaron a Acuña durante los diez días siguientes.

Continuaron los interrogatorios. Ya eran dos levantamientos los que Garibay tenía que contener. Se mandó traer a los gobernadores de las parcialidades. El de Santiago Tlatelolco, don Manuel Santos Bargas Machuca, dijo no conocer al platero Rodríguez ni haber hablado con nadie sobre las autoridades del día. El gobernador de San Juan, don Eleuterio Severino Guzmán, decidió hacer esperar a los jueces y solo se presentó a la audiencia después de las seis de la tarde. Negó también conocer al platero y afirmó no haber discutido ningún evento reciente salvo con el juez don Guillermo de Aguirre. Con él sí habló, preocupado por las revoluciones que enfrentaban. Los jueces dejaron libres a los gobernadores indios.

Rodríguez Alconedo, nacido en Puebla, patrón del arte de platería, de 46 años, fue interrogado de nuevo en su celda. Negó todo involucramiento. Esa misma tarde Acuña fue arrestado y justificó haber huido por ser amigo de Talamantes, el fraile apresado con Iturrigaray, quien había insistido en la independencia.

Don José Ignacio, hermano del platero, que se hallaba de visita y que se alojaba en el Mesón de Santo Tomás, fue llamado a declarar también.

—No tengo noticia de mi hermano involucrado en rebelión alguna.

Vuelto a interrogar el platero, acusado ahora de ser el instigador, acusó la venganza del conde de Valenciana:

—Nuestra disputa fue por unas cortinas de plata y trescientos pesos que me debe.

Las autoridades no lo liberaron. Les quedaba Acuña, recientemente preso. Resulta que estaba casado con Gertrudis Tezozomocoa, y tenía mucha relación con las parcialidades. Varios testigos afirmaron haberlo escuchado en la Catedral hablando con Morales y otros sobre la necesidad de vaciar las cárceles y las pulquerías y nombrar a un descendiente del huey tlatoani Moctezuma.

Acuña había estado en pláticas, lo descubrieron pronto, con doña Andrea, una vendedora de frutas del Parián, casada con don Dionisio Cano y Moctezuma, a quien buscaban nombrar rey.

Rodríguez Alconedo no consiguió su libertad sino hasta noviembre de 1809, poco más de un año de cárcel por simples sospechas y por hacer un medallón para el conde de Peñasco.

Acuña y Morales, en cambio, fueron sentenciados a la ejecución, conmutable por ser remitidos a España.

El pueblo nunca llevó a Garibay al poder. Los plateros sí. Por un tiempo breve mandaron su plata a Sevilla, en navíos británicos.

La ciudad nunca volvió a ser la misma.

* * *

Bernardo Santoveña se encontraba en septiembre en Madrid. Salió de París a ver a su hermana gemela Luisa, quien había quedado viuda. Con su padre muerto en Nueva España y su hermano involucrado en el derrocamiento del virrey Iturrigaray, había dejado de recibir dinero, y la generosidad de Alexander no podía continuar sosteniéndolo. El barón le prestó los trescientos pesos con los que hizo la travesía y con los que pensaba mantenerse mientras encontraba empleo o decidía regresar a México. No se imaginaba lo que iba a encontrar en Madrid. Las cartas tardan tanto en llegar que supo que Luisa Santoveña había enviudado cuando lo hicieron pasar al salón y ella lo recibió totalmente vestida de negro. Solo entonces notó que la mansión entera cerca del Retiro se hallaba sumida en el gris velo de la viudez. Luisa no necesitó decirle nada, como ocurre entre gemelos. Se abrazaron largo tiempo y luego él le besó ambas mejillas y le tomó las manos, apretándole los guantes de seda negra.

—Lo siento, hermana.

—Es curioso, terminé por quererlo. A pesar de mí misma. A pesar de nuestro padre, que en paz descanse. Era un buen hombre. En mis circunstancias eso era ya decir mucho. ¿Y tú? Mírate, a la última moda de París, hermoso, alto, delgado. Bellísimo, Bernardo. No sabes cuánto te he extrañado desde el convento. Tus cartas y tus visitas, las únicas de la familia, nunca eran suficientes.

—Yo también te he echado tanto de menos, Luisa. Y hay tanto que contar que nos estaremos varios meses en vela —bromeó.

—Eso será imposible, querido. He vendido todo en España y viajo a México. He comprado un palacio allá, privilegios de la viudez. Una hermosa propiedad cerca del Coliseo Nuevo. Y tú, ¿regresas a París o te vienes conmigo?

—Nuestro hermano mayor no es, precisamente, un admirador mío. Considera que he gastado demasiado en Europa y que no me he hecho cargo de los negocios familiares. Además, no sé si sabes, ha participado en el motín contra el virrey. Él está en el séquito del anciano Garibay. Tienen a Iturrigaray en la cárcel y han desconocido a Francia, solo tienen relaciones con la Junta de Sevilla.

—Este país es un desastre, Bernardo. Yo misma no entiendo nada, por eso me regreso. Prefiero que mis hijos sean indianos, pero vivir en paz.

—Pues no creo que México sea el lugar más pacífico en estos días.

—Siempre lo será para gente de nuestra clase, Bernardo. La decencia, así sea conseguida con dinero y no con linaje, empiedra el camino a todos los cielos. Si lo sabré yo.

—Yo no creo ya tener casa, Luisa. En ningún lado. Ni dinero. Se han detenido las remesas de México. He viajado con un préstamo.

—Pues no se diga más. Entonces viajas conmigo y te instalas a vivir conmigo. No te preocupes por el dinero. Estos niños necesitan a un hombre en casa, qué mejor que un tío tan querido, mi hermano preferido. ¿Qué dices?

—No sé si seré el mejor ejemplo para tus hijos, pero acepto, hermana. Gustoso regreso a la Nueva España, o lo que quede de ella, a tu lado.

—Es justo lo que necesito, que estés tú a mi lado, Bernardo. La Providencia es sabia.

Tantos años lejos de Luisa. No tenía idea de si debía confesarle quién era, en quién se había convertido. Habría que darle tiempo a cualquier infidencia. Eran idénticos: ella con el pelo largo, hermosa y llena de garbo; él con su camisola holgada, el chaleco amarillo de gamuza que se había acostumbrado a usar y el cabello algo ensortijado, a pesar del clima seco de Madrid. Su hermana le ofreció un aperitivo, un orujo, que él nunca había probado, y fue a tocar el piano.

—Pronto vienen los niños, ya los conocerás. Han ido al parque con su ama. Les va a encantar ver a su tío Bernardo, del que tanto les he hablado. No te habrás convertido en un cascarrabias, ¿verdad?

—No he estado entre niños durante muchos años, pero estoy seguro de que me encantará jugar con ellos, Luisa. Será una manera de volver a nuestra niñez, ¿no crees?

—¿Recuerdas cómo jugábamos en la casona de Taxco? Decías que yo era una emperatriz azteca y que tú eras un soldado español, deseoso de convertirme a tu fe y a tus costumbres. ¡Qué alegría volver a estar juntos, Bernardo! Y así ocurrió.

Las semanas subsecuentes fueron una locura: empacar, dar órdenes, convencer a los niños de que dejaban España y a sus primos y amigos para ir a una tierra extraña de la que nada sabían. Ramiro Aguirre Santoveña tenía diez años y su hermana Isaura, nueve. Estaban encantados con su tío naturalista que sabía los nombres de todas las plantas y salía con ellos de excursión al Manzanares a recoger guijarros que clasificaban luego en la mesa del comedor, para enojo de Luisa, que los veía llegar llenos de tierra o de lodo.

Se había establecido entre los cuatro una complicidad a prueba de cañonazos. A prueba de la guerra o de la paz. A prueba de lo único que importa y sostiene: el amor.

Partieron al mes siguiente y se detuvieron en Cuba.

Estaban de vuelta en México en marzo de 1809, sin saber que habían regresado apenas meses antes del estallido que haría añicos a la Nueva España. Sin saber que la guerra, larga y dolorosa, costaría tantas vidas y convertiría todo porvenir en incierto. Sin saber que su hermano mayor volvería a estar implicado en el proceso final de la lucha por la independencia y que su otro hermano sería quien acompañaría a Agustín de Iturbide en Valladolid, cuando se hiciera la captura del tal José María Morelos, quien tenía fama de poseído y de hechicero.

Cuando estuvieron en su casa —habían llegado al puerto de Campeche, después de doce días de viaje que les habían parecido infinitos—, cuando Isaura y Ramiro ya no aguantaban más y los cuatro carruajes que los conducían estaban a punto del colapso, no se imaginaban lo bella, lo hermosa y nueva que parecía la Muy Noble y Leal Ciudad de México.

La mayoría de las calles estaban empedradas, la ciudad se encontraba iluminada. Las torres de Catedral al fin terminadas. Se veía al fin limpia, abierta y plana como una mano abierta. Habían admirado los carruajes que los pasaron, con una opulencia que nada desmerecía frente a los de París o Madrid.

Unos criados les abrieron las enormes puertas para que entrasen los coches. Otros más los ayudaron a apearse. Un personero no solo había realizado la compra de la mansión, sino contratado al servicio doméstico que los atendería. Don Carlos Ozuna, además, les tenía una sorpresa:

—Doña Luisa, esta mujer será su ama de llaves. ¿La reconoce?

Miró a la mujer mestiza. Algo le parecía muy cercano, muy familiar en su rostro. O mejor, en sus ojos, que eran como dos luceros negros y brillantes.

—Es hija de doña Cleotilde, su querida criada.

Era verdad. Eran idénticas. Parecía que nunca se hubiera ido a España, que nunca la hubieran encerrado en el convento de las jerónimas y que estuviera con ella, dispuestas a correr a la Alameda para que Luisa pudiese ver a Julio Landero, su viejo y único amor.

—¿Y tu madre, criatura?

—Murió, señora, con las pestes. El Señor la tenga en su gloria.

Le dio el pésame, y algo la impelió a abrazarla como a una hermana imprevista. La muchacha no supo qué hacer ante el gesto de su nueva ama, pero se dejó abrazar y echó a llorar, como no lo había hecho desde la muerte de su madre.

Esa tarde, después de los digestivos y de haber degustado su plato preferido de la Nueva España, un manchamanteles cuya receta había aprendido en el convento, le dijo a su hermano:

—¡Al fin en casa, Bernardo!, tengo tanto que arreglar aquí.

—Nada tengo que hacer aquí, en cambio, salvo acompañarte, Luisa.

—Ya se verá, ya se verá.

15

1815

Recientemente Luisa Santoveña se había aficionado a la pelota vasca. O mejor dicho, a apostar pequeñas cantidades a sus pelotaris favoritos. Iba los fines de semana con su hermano Bernardo al frontón de San Camilo. Ese sábado, sin embargo, hacía frío en la Ciudad de México. A pesar de la reticencia de su eterno acompañante a salir tan temprano y con necesidad de abrigo, ella no se lo perdería.

—Yo te acompañé anoche a esa ópera cómica realmente infame, que además fue interrumpida por esos jóvenes tarambanas.

—Está de moda, hermana. Te habías perdido esta nueva estupidez de la ciudad. A estos muchachos les llaman cócoras. Su gracia, si es que puede llamarse así, es la impertinencia. Hacen gala de su mala educación y han hecho llorar a más de una cantante.

—Ayer nadie lloró, pero destruyeron la obra; de eso no cabe duda. Cuando regresamos de Europa me asombró la ciudad, te lo dije. Su aire a nuevo, a distinto. Han pasado ya siete años y no deja de impresionarme la velocidad con la que aparecen y desaparecen estilos de peinado, de vestimenta. Me parece tremendamente frívolo.

—Será porque hasta hace poco seguías de luto por tu marido, vestida de negro todo el tiempo, sin necesidad de probar otras ropas.

—En cambio tú, querido Bernardo, ¡mírate!

Ya no usaba los chalecos amarillos que tanto le gustaban en Francia. Ahora se había dejado el pelo largo, como mujer, usaba aretes y los pantalones casi hasta la axila. Sus camisas almidonadas, la casaca hasta el suelo llamada *frac*.

—*Petitmâitre*, Luisa. Aquí nos dicen petimetres. —Soltó una carcajada con la traducción improvisada. La verdad es que Bernardo no era la excepción, muchos hombres habían adoptado el nuevo estilo de vestido. Las mujeres también, las llamaban *currutacas* en las gacetas, o *pirraquitas*. Incluso había versos impresos criticando sus vestimentas:

Sus trajes escandalosos,
desnudos pechos y brazos,
de la obscenidad son lazos
que oponen a los virtuosos.

Así se denostaba a las jóvenes que habían adoptado el «mal gálico» a la hora de vestirse, o de pasearse así vestidas en la Alameda. Aunque Luisa seguía siendo más severa en su atuendo, le parecía hermoso que las mujeres pudieran mostrar su belleza, no solo sus joyas, mientras sus hijos jugaban al trompo o a las canicas. Un bando virreinal recién había prohibido empinar papalotes, por pensar que volarlos propiciaba una mentalidad agresiva entre los infantes.

Bernardo Santoveña atesoraba pocas cosas. No le interesaban las posesiones, los bienes materiales. Tenía a Luisa, y su ayuda y una renta mensual que le permitía vivir holgadamente. Le gustaba, eso sí, recibir libros franceses. Se había habituado a ciertas novelas libertinas que le enviaban por barco dos veces al año. Seguía una copiosa correspondencia con Humboldt. No concebía la mentalidad de su padre, que había sido un coleccionista irredento. La casa, como gabinete de aficionado, lo repelía. Deseaba los espacios vacíos, las paredes casi en blanco. Su frugalidad estaba compensada con tres piezas muy preciadas: un dibujo original de Humboldt, de la planta de la vainilla, que le había regalado antes de partir a Estados Unidos; un par de guantes de cabritilla cuya piel al tacto le provocaba el mayor de los gozos, y una vasija prehispánica que le había dejado su abuelo como único legado. Era hermosa, con forma de águila, y estaba cerrada herméticamente con algo que parecía lastre, pero que era aún más duro. Ciertas mañanas pensaba en violar el sello, comprobar el contenido. En otras ocasiones desistía, sintiendo que el objeto era sagrado, que a él no le correspondía develar su secreto.

Luisa perdió esa mañana con el primer pelotari, pero se repuso finalmente. Ganó en las otras tres contiendas. Les servían limonada o té y pastelitos *fours salés*, que también se habían convertido en una de las más populares viandas. De regreso a casa, Luisa pidió al cochero que se desviase a la calle de San Juan.

—Tengo una diligencia que hacer, una que he postergado ya por muchos años, Bernardo. Lo he pensado bien. Tengo que ver a Julio Landero. Iré directo a su imprenta. Que el cochero te lleve a casa y vuelva por mí. Quizá mi visita sea muy breve.

—Entonces espero afuera.

—Tampoco creo que sea brevísima. Regresa y descansa un poco. Yo volveré a la hora de la comida, casi seguro.

Temía tanto ese reencuentro. Había hecho investigar a Landero. Quería cerciorarse de que no estuviese casado, o incluso de que estuviera vivo. Pero lo que más le interesaba, en realidad, era saber de su propia boca si seguía queriéndola. Ella estaba segura, después de todos esos años y de todo lo ocurrido, de que en su corazón no había habido lugar para otro hombre.

La imprenta se hallaba en un local sin gracia, aunque tenía un pequeño escaparate que daba a la calle. Se asomó tímidamente, pero del otro lado no se veía nadie. Quizá su mala suerte fuese tanta que ni siquiera se hallase allí. Tanto esperar. No se había acercado todo ese tiempo, no por el prurito del duelo, sino por sus hijos. Ahora estaban lo suficientemente mayores para entender. Los había educado de la manera más libre que pudo. Eran dos espíritus independientes, a quienes Bernardo además había instruido en la ciencia y el saber. No podrían reprenderla por acercarse, tanto tiempo después, al hombre al que siempre había amado. Era tiempo, por Dios que era tiempo.

Entró en el local. Una campanilla colgada de la puerta repiqueteó con la severidad de un gallo cuando recién amanece. Un joven muchacho salió de la trastienda y la contempló mientras ella miraba las novedades del día. Tomó un ejemplar de *El Noticioso General*, un diario que no conocía, y sacó unas monedas de su bolsa, para pagarlo.

—¿No está el dueño, muchacho?

—¿Don Julio?

Su corazón dio un salto al escuchar el nombre.

—¿Quién lo busca?

No se atrevió a decirlo.

—Dile solamente que una clienta muy vieja.

El joven la miró, incrédulo. Era una mujer mayor, muy hermosa y elegante, pero no le pareció anciana en lo más mínimo. No hizo tampoco mucho esfuerzo y gritó desde el mostrador:

—Don Julio, aquí lo busca una señora. —Ni modo que repitiese a voz en cuello lo que la mujer le había pedido, no era un ordinario.

Julio Landero salió limpiándose las manos llenas de tinta con un trapo sucio. Iba ataviado con un mandil de gamuza para no mancharse la camisa y llevaba las mangas recogidas con ligas. Tenía el pelo entrecano y un bigote casi blanco. Alzó la vista. Al principio no la reconoció. Contempló a esa desconocida, muy bella, de gran porte. La miró corriendo su vista de abajo arriba, como queriendo comprender qué hacía una mujer en un establecimiento en el que solo entraban hombres a comprar gacetas o a ordenar pequeños trabajos. Pero cuando, después de un breve instante, dio con sus ojos, supo de quién se trataba. Se miraron sin hablar. En silencio. Solo el joven impresor podía darse cuenta de que allí ocurría algo más que la visita de una simple clienta. Ella fue quien se atrevió:

—Julio Landero, no te han pasado los años —mintió.

—No, es cierto. Se han quedado en mí —él siguió de chanza—. La que está aún más hermosa eres tú, Luisa. Este es el día más feliz de mi vida. Nunca pensé volver a verte. ¿Hace cuánto volviste a México? ¿Cómo está tu marido? ¿Tuviste hijos?

—Son demasiadas preguntas, Julio. Las has arrojado como cañonazos. ¿Por dónde empiezo? ¿Por mí o por mi familia? —Se detuvo, analizando la situación, mirando al joven que la observaba suspicaz—. ¿Tendrás una mesa, unas sillas?

—Claro, claro. Pasa. ¡Qué grosero! Esto es una pocilga, no es lugar para una dama, pero así conoces mi cueva. En este lugar me he refugiado todos estos años.

—De la intemperie.

—No, del recuerdo. Es como si hubiese detenido mi vida personal el día que recibí tu última carta. Desde entonces solo he hecho esto: imprimir las palabras de otros. Así al menos he podido quedarme en paz, en silencio.

—Invítame una copa. Tendrás vino.

Quitó libros y otras cosas, cajas con letras y tipografías, hasta dejar limpia una mesa, dos sillas. Fue por un mantel, que tampoco daba buena impresión, y abrió una botella de tinto.

—¿Por qué brindamos? —Se atrevió a preguntar.

—Por lo que tú desees. —Luisa sí que seguía siendo la misma—. ¿Qué te parece por nuestro reencuentro?

Brindaron. Bebieron unos sorbos de sus copas. Julio lo único que deseaba era abrazarla, besarla. Era verdad, estaba aún más hermosa.

—Te contesto, a nuestra edad mejor no estar con rodeos. Mi esposo no vino a la Nueva España porque ha muerto. Eso me convierte en viuda. Tengo dos hijos, que viven conmigo y con Bernardo, mi hermano, al que creo conociste un día. Se llaman Ramiro e Isaura. Ya son unos jóvenes. Se han vuelto indianos muy rápido. Tu otra pregunta prefiero no responderla. No podría decirte cuánto tiempo llevo en México sin herirte. No me atrevía a venir a verte. Todos estos años lo pensé. No sabía, primero, si seguías vivo. Luego, tampoco sabía si te habías casado, si me habías olvidado. Nuestros juegos de niños. No quería saber si todo eso había sido una quimera solamente.

—Ni un solo día ni una sola hora ni un solo minuto he dejado de pensar en ti, Luisa Santoveña. Así que tu presencia hoy ha sido como la de un ángel bajado del cielo. No me interesa saber cuánto tiempo llevas en la ciudad. Me basta con saber que estás aquí. Tengo, sin embargo, que preguntarte algo más grave.

—Dime, pregunta lo que sea.

—¿A qué has venido? —La pregunta, de pronto, tenía la contundencia de un sable en la garganta. A Luisa le pareció ruda, pero no tuvo tapujos en responderla igual de claramente:

—Mira, Julio, vengo a hacerte una proposición directa. Somos ya mayores. Yo no tengo interés alguno en casarme nuevamente, ni creo que tenga sentido. Sé que estás soltero, creo en la sinceridad de tus palabras, porque yo tampoco he podido olvidarme de ti. Mis hijos son lo suficientemente mayores para comprenderme, y si no, peor para ellos. He venido a proponerte que seamos amantes.

Julio Landero se quedó en silencio. Miró a la mujer a los ojos, esos ojos casi violetas que lo fascinaban. Sopesó las palabras de Luisa, se arrodilló ante ella, le tomó ambas manos, las besó y le dijo, sin ningún dejo de sorna:

—¿Dónde firmo que acepto?

—Aquí —le respondió Luisa señalando sus labios.

Solo después del beso, él se atrevió a preguntar:

—¿Amantes debido al secreto? No creo soportarlo a esta edad. Te recuerdo que ya estuve alguna vez en la cárcel por trepar a un balcón furtivo. Si me caigo ahora me rompo la crisma.

Luisa soltó una carcajada.

—No, en secreto ya nunca. Simplemente para no cometer la tontería del matrimonio, que no necesitamos. Pero podemos estar juntos, hacernos visitas, salir en público, y que la gente diga lo que quiera, que somos amigos o amantes, ¿qué importa?

—¿Y tus hermanos?

—Bernardo vive conmigo y tiene sus propios secretos, que yo respeto y admiro. Mi hermano mayor… pues no está muy cerca de mi corazón, ni yo del suyo. Así que nunca nos vemos ni hablamos. La fortuna de mi esposo me permite no necesitar de mi familia. Así que soy libre de hacer lo que me plazca. ¿Te echas para atrás? ¿Te arrepientes?

—Ni un ápice. Pero tendré que comprar nuevas ropas si pienso ir contigo al teatro.

—Veinte ajuares no te bastarán, Julio Landero. ¡Cuánto esperé este momento!

Dentro de ese nuevo abrazo solo cabía la paz.

* * *

El país, en cambio, lleva siete años en guerra. La lucha por la independencia se ha librado fuera de la Ciudad de México. En este lugar casi no se ha sentido. Se ha leído acerca de ella en las gacetas y los diarios. Se ha visto salir virreyes y entrar nuevos gobernantes. El último, un antiguo militar, Calleja, lleva cuatro años intentando apresar al máximo líder del movimiento, José María Morelos, quien tomó la revolución allí donde la habían dejado Hidalgo y Aldama antes de ser ejecutados. Ha sobrevivido al largo sitio de Cuautla. Ha sobrevivido al triunfo de Iturbide en Valladolid, de donde ha huido como un zorro. Siete años la nación ha vivido en la zozobra. La ciudad apenas se ha inmutado. Es como si ocurriese en otro lugar. Los gachupines creen que saldrán triunfantes como siempre. Han llegado nuevos batallones españoles a apoyar al ejército de Calleja. Y han ido cayendo uno a uno los líderes, como el padre Mariano Matamoros. Casi al último, en la infame batalla de Coyuca, Hermenegildo Galeana ha sido decapitado.

Julio, Luisa y Bernardo estaban tomando un digestivo después de comer. Isaura tocaba el piano en el salón. La conversación giraba en torno a la última nueva en llegar a la capital. Al fin habían apresado al cura Morelos, mientras huía con los diputados al Congreso, después de proclamar la Constitución de Apatzingán y abolir la esclavitud.

—Él ha sido el único capturado. Es el que le importa al virrey Calleja, quien lo aborrece —afirma Luisa.

Han leído en diarios los pormenores: lo transportan encadenado, como bestia, camino a Tepecoacuilco. La gente vitorea su captura, incluso escupen al carruaje en donde va enjaulado. Le tiran piedras. Lo meten en una casa, pidiéndole que confiese sus crímenes. Se niega. Entonces traen a veintiséis prisioneros de la batalla de Tezmalaca y allí, sin más, el capitán realista grita:

—¡Fuego!

Los acribillan con una tormenta de balazos. A todos por igual. Indios, criollos y mulatos.

Morelos no confiesa. La noticia de su apresamiento corre por toda la Nueva España. Muchos la reciben con incredulidad. Han de haber atrapado a otro. No es así. Al final acepta escribir y pide papel y pluma, pero la misiva no es para Calleja, sino para su hijo Juan Nepomuceno:

Tepecoacuilco, noviembre 13 de 1815

Mi querido hijo Juan:
Tal vez en los momentos que esta escribo, muy distante estarás de mi muerte próxima. El día 5 de este mes de los muertos he sido tomado

prisionero por los gachupines y marcho para ser juzgado por el caribe de Calleja.

Morir es nada cuando por la patria se muere, y yo he cumplido como debo con mi conciencia y como americano. Dios salve a mi patria, cuya esperanza va conmigo a la tumba.

Sálvate tú y espero serás de los que contribuyan con los que quedan aún a terminar la obra que el inmortal Hidalgo comenzó.

No me resta otra cosa que encargarte que no olvides que soy sacrificado por tan santa causa y que vengarás a los muertos.

El mismo Carrasco te entregará, pues así me lo ofrece, lo que contiene el pequeño inventario, encargándote entregues la navaja y des un abrazo a mi buen amigo Don Rafael Valdovinos.

Tú recibe mi bendición y perdona la infamia de Carrasco.

Tu padre, José María Morelos.

Te encargo que la Virgen del Rosario la devuelvas a la parroquia de Carácuaro, cuya imagen ha sido mi compañera.

A Dios.

Durante la semana siguiente no se hablará de otra cosa. Los capitalinos leerán el proceso inquisitorial como una novela de aventuras.

Bernardo ha acogido con gusto la presencia en sus tertulias de un amigo de Landero, don José Joaquín Fernández de Lizardi. Lee con placer su *Pensador mexicano*. El escritor está al día de todos los sucesos. Les informa:

—Doce jueces habrán de degradarlo y excomulgarlo para luego poder hacerle juicio civil y ejecutarlo. El virrey Calleja quiere que toda la ciudad presencie el espectáculo, el escarnio cuando al fin se le encuentre culpable y se le excomulgue en público en la Catedral.

De hecho, los inquisidores habrían de dictar en menos de veinticinco horas que José María faltó a sus deberes de hombre de Dios, de cristiano. Que era un hereje. Por otra parte, el encargado de perseguir herejías como si fuesen enfermedades del cuerpo, y no del alma, Manuel de Flores, considera el tempestuoso levantamiento popular que dio origen a la guerra como una blasfemia. Por ello solicita se vuelva a juzgar por herejía al maestro en teología Miguel

Hidalgo y Costilla, proceso archivado hacía diez años, casi cuando el entonces cura ignoró sus deberes para proseguir con su lucha, como el propio de Flores, que repitió frente a los doce jueces, como doce apóstoles malditos:

—¡La herejía se persigue aun después de la muerte terrenal!

Al fin se dirigen a Morelos:

—¿Por qué la traición al rey? —le cuestionan.

—No desconozco al rey por la sencilla razón de que no existe. El rey no tiene posible la venida.

—En el ridículo Congreso de Chilpancingo, ¿no se declaró solemnemente la independencia de este reino? ¿No se despreció el dictamen de Rayón ante esa declaración que él mismo juzgaba impolítica y se estableció la independencia absoluta?

—Así sucedió —contesta Morelos, ante la mirada atónita de los inquisidores que no lo escuchaban arrepentido.

—¿Y los crímenes? ¿Los asesinatos de «gachupines» (como les llaman), la destrucción?

—Si la Independencia es una causa justa, la guerra también, y ello exculpa sus defectos.

—Las calamidades se cuentan con más de una mano: afrentas contra su población, a la agricultura, a su industria y su comercio, reduciendo al reino más opulento de la América al estado de desolación en que se ve, sin más objeto, señor Morelos, que el de su ambición y el de su propensión natural a hacer el mal solo por hacerlo. ¡Valiente servidor de Dios que en lugar de predicar la palabra divina, encauza su humanidad en irritar al prójimo!

Monteagudo le grita:

—Si sabía, padre Morelos, que la independencia era imposible, ¿por qué obstinarse en consumar la ruina de la patria?

—Disculpo a los males que sucedieron hasta ahora —responde José María, sin inmutarse en apariencia—, pues la paz que se perturbó es consecuencia a toda revolución popular.

Ocho días dura el interrogatorio. Veintiún cargos.

El veredicto de los inquisidores: «Se recomienda se proceda a la real y solemne degradación, practicándola cuando tuviese oportuno el dicho Ilustrísimo Señor Arzobispo de Oaxaca en la forma y con la asistencia acordada».

Uno de los frailes le espeta:

—¡Terrible abandonar su oficio de pastor de almas en Carácuaro para convertirse en lobo carnicero de la insurrección! Señor padre Morelos, imperdonable torcer el camino de esa manera.

Otro más:

—Ateo, materialista, lascivo por haber preferido la vida del cuerpo a la del alma, pese a su carácter sacerdotal. Corruptor de su propio hijo al enviarlo al extranjero a estudiar libros prohibidos.

En *El Noticioso General* la ciudad lee y se entera. La ciudad se alegra de que se termine la guerra, apresado el instigador máximo.

La Ciudad de México, que como bromeaba Lizardi, podría seguir siendo muy noble, pero ya no muy leal, se congregó esa mañana en Catedral, como deseaba Calleja. Luisa y Bernardo se negaron a asistir al vulgar espectáculo. Lizardi y Landero, en cambio, tenían el deber de mirarlo todo para reportarlo por escrito después.

Congregados los inquisidores, el fiscal, los ministros subalternos, los consultores togados y los padres calificadores, dio principio la ceremonia. Colocados todos en sus respectivos lugares, los alcaides de las cárceles secretas condujeron a Morelos, como a las ocho y media de la mañana, al salón de ceremonias, vestido de sotana corta hasta la rodilla, sin cuello, descubierta la cabeza en señal de penitente y con una vela verde de hereje en la mano. Al verlo, la concurrencia prorrumpió en una serie de exclamaciones. Se ordenó el silencio para continuar con el denigrante acto y se puso al reo frente al dosel en un banquillo negro sin respaldo. Se dio principio al Santo Sacrificio de la Misa —según la crónica periodística— hasta concluir en el evangelio. Encima del altar, sobre el tablado, resaltaba el emblema de la Inquisición: una cruz verde sobre fondo negro, adornada con una rama de olivo a la derecha, símbolo del perdón, y la espada de la justicia desenvainada a la izquierda.

Vuelto Morelos hacia el tribunal, empezó uno de sus secretarios a hacer relación del proceso. Por él resultó hereje formal, iniciado ateísta, deísta y materialista, hipócrita, lascivo por haber tenido pasiones carnales, y fruto de ellas, tres hijos; además fue acusado de conspicuo en otros tantos delitos. Leídos sus descargos, el acusado no emitió disculpas sinceras o firmes. En cuyo estado pronunció el Santo Oficio sentencia contra él, reservando sus efectos (excepto la abjuración de sus errores).

Terminada de leer la sentencia, y después de constatar la naturaleza religiosa, no política, de dicho documento, Morelos, con las manos contraídas, lo firmó.

En lo alto del tribunal, el sentenciado recibió la absolución. Se escuchaba el salmo *Miserere Dei*, cantado por el coro catedralicio. Dos sacerdotes tocaban las espaldas del reo a cada versículo con manojos de varas y hacían el ademán de azotarlo. Después, cuando Morelos hubo puesto ambas manos sobre los sagrados evangelios y una santa cruz, fue instruido para la protestación de fe en alta voz. *El Noticioso* narraba entonces que el obispo de Antequera le quitó el cáliz de las manos y se las comenzó a raspar, como mandaba el canon. Lo hizo con tal fuerza que brotó sangre del cura degradado. Hubo murmullos de asombro entre los más de mil invitados a la ceremonia. Era lo único que se escuchaba en la solemnidad. Luego dos monaguillos, teatralmente, le quitaron la casulla y la estola.

Después los capellanes lo visten con cada una de las órdenes que lo hicieron sacerdote, y Antonio de Antequera se las arrebata en medio de latines que el vulgo desconoce. Al final le despoja de su sotana clerical y le corta el pelo inmediato a la coronilla; esta última acción la finaliza un barbero.

El arzobispo entrega el reo degradado al ejército. Alguien grita. Todos voltean a ver, pero no se sabe de dónde salió el ruido o el gemido de dolor. El coronel Concha lo escolta y salen de Catedral, rumbo a la cárcel de la Ciudadela.

Mientras tanto el obispo repite las palabras de la sentencia. Los ahí presentes escuchan, atónitos: «Lobo carnicero, sacrílego, hipócrita astuto».

Morelos acepta los azotes y las miradas de odio mientras escucha el *Miserere* que el coro canta con más fuerza a cada compás. Le recalca una culpa que él sabe no lo condenará.

Le ponen en las manos la vela verde de los herejes y lo llevan al cadalso.

El Noticioso mismo narrará el fusilamiento, días después. Al virrey Calleja no le ha parecido ajusticiarlo en la ciudad, teme un levantamiento. México volverá a su calma chicha, sin saber que aún no termina la tormenta.

* * *

Gil Cuautle había dejado encargado su pequeño negocio de zapatos a su hermano menor, Lucio, para incorporarse al ejército de Vicente Guerrero, pero le hizo jurar que no se lo diría a nadie, ni siquiera a su mujer. Temía que la delación le costara la cárcel o la vida a toda su familia. Los tiempos no estaban para armar más alboroto. Su hermano no era tan ducho en el oficio, pero se las arreglaría. Lucio era en realidad aguador, y conseguir la licencia le había costado no solo meses de aprendizaje, sino de dolorosa admisión en el gremio. No le importaba dejarlo. Todavía recuerda cuando el gordo Balbuena lo sometió a la prueba con la que fue aceptado como aguador. Lo hicieron subir a la torre de la iglesia de San Juan Bautista en Culhuacán, su barrio, llevando llenos de agua sus dos cántaros. Debía aparecer en la punta y asomarse para indicar que había llegado al final del periplo sano y con los cántaros llenos. Balbuena y otro de los «jueces» del oficio colocaron al pie de la torre un chochocol vacío. El dicho chochocol no era otra cosa que un cántaro pequeño de barro que se usaba para medida. Desde lo alto de la torre, Lucio Cuautle tuvo que llenar el pequeño cantarito sin voltearlo o vaciar el agua sobre las cabezas de sus compañeros futuros de gremio. Fue aceptado y se le hizo la fiesta de rigor con pulque y mole de guajolote. Pero el oficio era pesado y trajinero. Mucho mejor estar dentro del establecimiento de su hermano y remendar zapatos de los nobles. Los diseños eran cada vez más elaborados y la piel debía ser más fina, así que Lucio se aplicó al arte de zapatero, sabedor de que su hermano podría tener un mal destino en la guerra y no volver nunca.

Quizá por esa misma razón aceptó la invitación del gordo Balbuena y asistió a la Catedral a contemplar la excomunión pública del cura Morelos. Le impactó verlo así, medio rapado, con la vela horrible y verde de los herejes, flagelado, con las palmas de las manos llenas de gotas de sangre. Lucio sabía pocas cosas, pero entendía que los tiempos de secas son una calamidad y que las sequías recientes habían dejado a casi todos con más hambre, que la gente del campo se venía a la ciudad buscando trabajo o qué comer, y que las calles estaban llenas de mendigos. Sabía que el maíz era cada día más caro, había subido más de siete reales. Que el ganado se seguía muriendo y que no había carne en el Rastro.

Sabía que había una nueva Constitución, y que en 1812 había habido elecciones en las municipalidades. Que él y sus compañeros de gremio se habían puesto de acuerdo en a quién nombrar como elector parroquial de Culhuacán, y que esos electores habían seleccionado a sus diputados para las Cortes. Supo también que el odiado virrey Venegas, a pesar de que las elecciones parroquiales se habían hecho en tiempo y forma, no los había convocado para elegir a los diputados a las Cortes en Cádiz. Había dado largas y largas durante todo 1813. Sabía también que Fernando VII había regresado del exilio y que había disuelto las famosas Cortes. Así que todo seguía igual, con un nuevo virrey, con el mismo rey varias veces depuesto y con esta nación desmoronándose como un montón de piedras.

16

1822

Llovía. Era el solsticio de verano de 1822 y caminaba en procesión, junto a su esposa Ana María, hacia la Catedral. Él no quería ser emperador, pero lo habían forzado. «Si te resistes, el pueblo se rebelará en protesta», le había dicho José Joaquín Fernández de Lizardi. Más de trescientas almas habían ido hasta su casa a pedirle que aceptara el cargo aquella noche del 18 de mayo. Si lo hizo, fue solo por miedo al populacho ciego, que clamaba por tener un rey a la altura de los grandes imperios. Por eso estaba aquí, caminando entre adornos y banderolas, como un juglar escoltado por una valla de soldados. Así era la política, gobernar era también un acto lúdico.

Mientras desfilaba bajo un toldo por las calles de San Francisco, Plateros, la Profesa y el Portal de Mercaderes, a nadie le importó que lloviera. Parecía una procesión de Corpus Christi. Tal era el regocijo. Un oficial frente a él portaba el escudo de armas del imperio, flanqueado por otros dos oficiales con banderas de cruz roja en campo blanco. Delante de ellos, la guardia montada y la escolta de infantería. Atrás, una peregrinación de indios de las parcialidades de San Juan y Santiago. Eran el símbolo de la integración de clases bajo una misma idea de nación. Hicieron una pausa ante la puerta de palacio, y Agustín de Iturbide sintió vergüenza: otro, y no él, debería estar en su lugar. Un rey indígena quizá, solo así sería estable el país y las élites podrían seguir gobernando a su antojo bajo la fachada del nacionalismo. «Dios nos salve si algún día esos indios se sublevan». ¡Pero no! Sugerirlo habría sido una blasfemia. El Congreso se habría burlado de él. Ahora solo quedaba confiar en el destino. Dios sería piadoso, ¿por qué dudarlo?

Volteó hacia atrás y logró pescar la mirada penetrante de Vicente Guerrero. ¿Qué estaría tramando ese diablo? Seguramente creería que se lo debía todo a él. Sin duda querría una mordida de todo esto. ¿Cómo apaciguarlo? Ahí estaba también el padre Mier, contemplando todo desde lejos. «A los clérigos nos está prohibido ver comedias», le había dicho. ¡Qué poca vergüenza! Pero en el fondo tenía razón, él mismo no quería estar ahí.

En la puerta de Catedral, Iturbide y su esposa fueron recibidos por dos obispos y se sentaron en un trono. Luego se arrodillaron en el altar principal y comenzó el *Te Deum*. Qué bueno que un capellán les había dicho paso a paso qué hacer, siguiendo el modelo de la coronación de Bonaparte, o estarían perdidos. Ahí estaban presentes todas las órdenes religiosas, los curas, los diputados, la Audiencia, el Consejo de Estado, el Protomedicato, la Universidad y hasta el cuerpo diplomático. Cuatro generales portaban en cojines la corona, el anillo, el manto y el cetro imperial, tomados en préstamo de las cajas de seguridad de palacio. Por la linternilla de la cúpula, de figura octogonal, y por las ciento sesenta y cuatro ventanas, penetraba la luz, sin opacar el brillo de las velas que daban realce a los cuadros presididos por estatuas de patriarcas y mujeres célebres.

«¡*Vivat Imperator in aeternum!*», pronunció el obispo de Guadalajara bendiciendo las insignias imperiales. El presidente del Congreso colocó la corona e Iturbide puso, a su vez, otra sobre su esposa: ella se veía feliz, sonriente entre princesas y damas de honor. Cómo habría querido sentirse igual, pero una mala corazonada le opacaba el alma.

* * *

Desde gayola, Gil Cuautle y su hermano Lucio se paraban sobre piedras para alcanzar a ver al ungido, entre monedas en el aire y gritos de «¡Viva Agustín Primero!». Sonaban por doquier más de trescientas campanas y salvas de artillería. El pueblo aplaudía. Las casas estaban decoradas con guirnaldas, tapices y mantones, pero ¿quién se había independizado de quién? Gil no entendía. ¿Los españoles de los mismos españoles?, ¿o los indios de los criollos?

—Esto no pinta bien —le dijo a Lucio—, yo mejor me guardo en mi parcela. Quién sabe estos qué se traigan. ¿Nos vamos?

En Tacubaya los hermanos Cuautle eran dueños de un bosque de encinos heredado de sus antepasados nobles. En esas tierras fértiles, donde su familia extendida cultivaba trigo y eran dueños de molinos, se decía que en 1604, durante la gran inundación de la Ciudad de México, las autoridades habían querido trasladar entera la capital del país hacia allá, pues era una ciudad muy conveniente al encontrarse tan cerca y estar a una altura superior al nivel del lago. No obstante, el proyecto era costoso y nunca se llevó a cabo. Cuantas veces caía una calamidad sobre la Ciudad de México, Tacubaya era el refugio y la fuente de aprovisionamiento por excelencia para los capitalinos. En 1629, otra vez, una terrible inundación asoló la ciudad, y en esa ocasión una parte de la población española sí se trasladó a esa villa ribereña, expulsando de sus casas a nobles y caciques de las diferentes tribus. No fue así con los antepasados tepanecas de Gil y Lucio, quienes conservaron sus bosques y sus manantiales para sus tataranietos.

—No, espera. Ya van a salir las currutacas y les quiero ver el calzado.

—¡Qué calzado ni qué nada! Yo me regreso ahora, si te quieres venir conmigo.

—Que no, aquí está una de mis mejores clientas, la señora María Amparo Landero Güemes; quiero que me vea.

* * *

En los dos años que Lucio Cuautle se quedó a cargo del negocio muchas cosas pasaron. Sus días antes transcurrían entre aguadores en torno a las fuentes públicas, llevando y trayendo cántaros de barro vidriado, vestido en su aparejo de cuero. Ahora disfrutaba el ir y venir de las jóvenes muchachas, bonitas y alegres, que venían por agua a las desbordantes piletas, y que hacían de cada esquina un carnaval. En una de estas ocasiones, el presbítero del templo de San Francisco se acercó a Lucio y le pidió que fuera a casa de doña Amparo, pues buscaban a alguien de confianza para hacer unos trabajos. Ahí se percató de que la señora necesitaba una reparación de calzado y se lo ofreció de buena gana:

—Si gusta yo se los reparo, madame. Tengo un taller de zapatos en Tacubaya y no le cobro nada. —El hermano menor de los Cuautle había ganado a su primera clienta.

Así había empezado todo, pero en la medida en que doña Amparito le tomó confianza, Lucio se fue enterando de cosas cada vez más asombrosas. En la tercera ocasión que la visitó, se dirigía a la salida cuando miró por una puerta hacia un enorme salón con pinturas y una enorme biblioteca. Al interior había un joven como de veinte años reclinado sobre un clavicordio y, debajo de él, un técnico reparando algo. Tosco, despeinado y bribón —pues golpeaba las teclas gritando órdenes—, miró a Lucio con desdén y luego bajó la mirada.

—Es mi hermano —dijo Amparo—. Mi madre lo retó a poner en orden la colección de clavicordios de mi abuelo y no supo en lo que se metía.

—¿El virrey Juan Vicente de Güemes, que en paz descanse, era, por decirlo así, coleccionista de una gran cantidad de instrumentos musicales? —Al hablar, Lucio intentaba dar la apariencia de ser un hombre culto, lo cual María Amparo no podía realmente distinguir.

—Sí, muy grande. Clavicordios, violas, violines, flautas ¡y hasta marimbas!

—Ya veo. ¿Y su hermano, el señor, es un profesional del oficio de la música instrumental?

—¡No, qué va! Mi hermano es un vago, pero después de que esa prostituta le rompió el corazón, por fin ha empezado a sentar cabeza. —A veces la señora era demasiado indiscreta en sus confesiones y, para no comprometerse, Lucio prefirió no averiguar más. Pero luego lo supo por la servidumbre.

El señor Celestino Landero Güemes, hijo menor de don Roberto, dueño de las panaderías La Piedad, efectivamente era un vividor. Las amigas de Amparito lo apodaban Don Catrín de la Fachenda. Un joven de moral relajada y aficionado al juego, al parecer, víctima de un complejo de inferioridad por ser el hijo inútil de un poderoso magnate, y hermano soltero de dos encumbradas figuras de la alta sociedad. Cayetano, el favorito de su padre, se perfilaba como el heredero del negocio —que, lo supo después, el padre había arrebatado a sus hermanos Félix y María Eugenia; ya no se hablaban—. María Amparo, por su parte, era esposa de Gabriel José de Yermo y Yermo, hijo del latifundista don Gabriel de Yermo, poseedor de grandes haciendas en el marquesado del Valle de Oaxaca, y partícipe, junto con Baltazar Santoveña, en el golpe de Estado de 1808 contra Iturrigaray, en el que su hermano Gil había colaborado.

El esposo de Amparito era dueño de la Hacienda de San José Vistahermosa, un vergel atravesado por el río Jojutla, al sur de México, y uno de los ingenios azucareros más importantes del país. Por lo mismo no era raro ver llegar a su casa enormes cajas con sellos de Chocolatería Royale o Confitería Ducaud, las mejores de la ciudad. Lucio no entendía muy bien el gusto de las mujeres españolas por lo dulce, pues en su casa jamás se había usado el azúcar. Los abuelos la consideraban mala para la salud, pero las señoras como Amparito la consumían sin recato, desdeñando la advertencia de que «un pastel dura un minuto en la boca, una hora en el estómago y veinte años en los glúteos». Mejor para él. Sus obesas amigas tenían el «diente dulce» —y generalmente picado—, ya que a todos los lindos bizcochos heredados de la Colonia se habían sumado ahora los bombones y la *pâtisserie française* que las mujeres devoraban sin cesar, haciendo crujir sus *corsets*. Para ellas, una mujer esbelta era una mujer enferma.

En una ocasión, Lucio se quedó en la cocina, por la confianza que ya le tenía Amparo, y se fascinó de ver cómo preparaban los alfajores: una azumbre de miel blanca, tres medias de avellanas y una libra de almendra, todo ello tostado y tronzado; luego una onza y media de canela, dos onzas de anís, cuatro adarmes de clavo y otros cuatro de cilantro. Tostaban, luego molían. Las cocineras, indias como él, se veían muy elegantes en sus delantales blancos almidonados, y todo el lugar despedía un aire de armonía que a Lucio le pareció muy atractivo. Pesaban y agregaban una libra de ajonjolí, ocho libras de polvo de moler, hecho de rosquillas de pan, media libra de azúcar, otro poco de miel. Lo ponían todo al fuego; luego tomaban la masa caliente con las manos, como se hacen las tortillas, pero la cocían en unas hornillas de talavera azul, y al final colocaban esas lindas confituras envueltas en obleas, las espolvoreaban con azúcar y canela, y las ponían en un elegante centro de mesa.

Lucio notaba el interés que esta y otras golosinas árabes despertaban en las señoras de la pomada y tuvo una genial idea: crearía un nuevo zapato en forma de alfeñique, esas coronitas de azúcar cocida y estirada en barras muy delgadas y retorcidas que los dulceros paseaban triunfantes en sus carros a plena luz del día. Las había visto blancas o teñidas de un leve rosa o de verde limón. Quebradizas y finas, las mágicas varitas se desbarataban en la boca y eran la aristocracia de sus plebeyas semejantes, las charamuscas, melcochas y trompadas. Sabiéndose limitado de tiempo, pues Gil regresaría de la guerra en cualquier momento y su experimento al frente del taller habría terminado, Lucio se imaginó imitando aquellos caramelos con rocambolescos cortes de cuero y listones de colores. Reclutó a su hijo Ignacio y durante semanas trabajó día y noche sobre su mesa. Si bien no logró colocar más que unos cuantos pares, sus atrevidas creaciones llamaron la atención de las amigas de Amparito, quienes comenzaron a confiar en él para sus reparaciones.

—¿No gusta probarse el modelo *Ménage à trois?* —preguntaría el competitivo Lucio—. Combina azúcar, canela y chocolate, y es el que aparece en la revista *Le Bon Genre* de este mes. ¡Oh, pero qué casualidad, aquí traigo su talla!

* * *

Para cuando Gil Cuautle volvió al taller, en el otoño de 1821, Lucio se había hecho ya de una importante cartera de clientas nuevas.

—¡Pero cómo crees, hermano, si nosotros no fabricamos calzado, solo lo reparamos!

—No, Gil, esto nos deja más de lo que te imaginas.

—¿Cómo así? —En dos años de lucha, Gil había adquirido la voz carrasposa de los caudillos sureños. Después de vivir a salto de mata, comiendo carne cruda y durmiendo a cielo raso, no tenía paciencia para estas frivolidades. Confeccionar moños y aplicar brillantina no era precisamente su idea de una patria independiente.

»Pero entrégale sus huaraches a doña Pachita, carajo, si no ¿qué va a decir la gente?

—Doña Pachita puede esperar, hermano, estoy hasta el cogote con el encargo de una petimetra.

—No me descuides a mi gente, Lucio. Ella siempre cuidó de nuestra madre.

—Cuando termine mi modelo turrón de almendra, te aseguro que le llevo sus huaraches a doña Pachita —dijo engastando ágatas en la orilla de un tacón.

—Hazle como quieras, chingá, yo ya me voy de aquí. ¡Ahora resulta que hacemos churumbelas!

—Es calzado de moda, hermano. Que te lo explique Nacho si no. Este muchacho ha salido un genio para la peletería, ¿verdad, m'hijo?

—El joven de dieciocho años solo se encogió de hombros.

Gil no quería saber nada de mariconerías ni de damas de sociedad. Para él el dinero era un peligro que terminaba jalando a la gente hacia la vida disoluta.

—Pues gracias a esa gente y su vida disoluta es que los Cuautle al fin comemos bien y no tenemos deudas, así que ya deja de andar quejándote, que bastante trabajo me costó pasar de aguador a zapatero para que tú te fueras a pelear tu guerrita absurda que ya vimos en qué terminó.

Fue entonces cuando Lucio le contó a Gil que, gracias a sus contactos entre los porteros, cocineras y ayudantes de las casas donde repartía agua, había podido colocarse como zapatero y lograr que lo notaran las señoras, pues llegaba con su mandil de cuero hasta las piernas y el mismo sombrero que antes usaba para cargar las ollas repletas de agua, solo que ahora con dos canastas de zapatos. La anécdota hizo reír a su hermano, quien por sus valores religiosos apreciaba más el sacrificio que el dinero; pero apenas comenzaba a consolarse con la idea de que podría educar a su sobrino para convertirlo en un hombre, Lucio tuvo el mal tino de contarle una historia que lo sumió en la depresión.

* * *

Resulta que el joven Celestino solía frecuentar las peleas de gallos y los salones de juego de San Agustín de las Cuevas. Al pronunciar ese nombre, Gil dio un brinco, pues para él esto era sinónimo de vicio y perdición. Ahí el Catrín, como lo llamaba Amparito, apostaba dinero prestado y soñaba con tener la misma suerte que los vagos que, con tres modestas onzas de postura, llegaban a ganar grandes fortunas y casas, sin trabajar un solo día. Ahí, contaba Lucio, había visto el

Catrín al «gran ungido» en un cajón del palenque con nada menos que María Ignacia, la Güera Rodríguez.

—¡Qué desvergüenza!, pero no es noticia. Dicen que el muy ufano se desvió de su camino a la plaza Mayor, con los dieciséis mil hombres del Ejército Trigarante, solo para pasar por La Profesa y poder halagar a esa ramera que, según dicen, fue la que tramó el Plan de Iguala por atrás. Pero sigue…

—Desde otro palco del palenque —continuó Lucio—, Celestino le gritó a Iturbide: «Ándele, mi generalísimo, anímese con una apuesta», y entre el clamor de la multitud y el apagado cacareo de los gallos heridos, el futuro emperador le respondió, retándolo: «¡Órale pues! Pero si yo gano me quedo con tu parte de la finca de Atlixco; y si tú ganas, te hago subdelegado». Su oferta era un insulto. Ser subdelegado no significaba nada en comparación con la finca de su padre, y menos aún en un gobierno tambaleante como el suyo. Celestino lo ignoraba, pero desde el primer día, Iturbide se había peleado con el Congreso Constituyente por una silla. Llegó con el *Contrato social* de Jean-Jacques Rousseau en la mano y, queriendo sentarse a la derecha del presidente del Congreso, lo habían sentado a la izquierda: «No, señor», le dijeron los diputados. «La soberanía reside en el Congreso». Ahí comenzó el problema. Pero el Catrín, con ingenuidad triunfante, aceptó la apuesta y la perdió.

—¡Perdió lo que no tenía! —exclamó Gil.

—Así es —continuó Lucio—, pero eso no es todo. Se fue a sofocar su ira a un burdel y terminó enamorado de la prostituta.

* * *

Para Gil escuchar todo esto ya era demasiado y se sumió en un profundo silencio. ¡Cómo era posible que su hermano hubiera caído tan bajo! ¿Qué estaba pasando en el país? ¡Si tan solo la junta de Iturbide hubiera escuchado las propuestas de los ciudadanos! Si tan solo él hubiera enviado sus propuestas, como la de impedir la entrada de zapatos del extranjero. Aquel 21 de enero, la prensa había convocado a todos los ciudadanos a escribir sus propuestas para la Constitución del Imperio, y Gil había escuchado ideas estupendas. Voces de su propia raza que trazaban planes mucho más inteligentes que los de esa bola de afiligranados pendolistas que eran los diputados. Todos creían que una buena Constitución aseguraba el bienestar del pueblo, pero no era cierto. No se daban cuenta de que, por más perfectas que fueran sus leyes, si tiraban las instituciones coloniales que le daban estructura al país nadie las podría ejercer. Cómo no escuchaban mejor aquellas discretas pero sabias voces del pueblo, como las que pedían evitar la embriaguez; fomentar el aseo y la salud pública; garantizar la libertad de imprenta; castigar a los jueces que aceptaban sobornos; proteger la agricultura o el cultivo del tabaco, que era fuente de trabajo de muchas mujeres; o evitar el libre comercio, que era fuente de desigualdad entre naciones.

Gil había escuchado estas y otras ideas más geniales, como la construcción de un gran canal de cincuenta varas de ancho y seis de profundidad alrededor de toda la ciudad, conectado con otros canales, también navegables, adornados de árboles y calzadas; la edificación de un hospicio o taller público para los pobres impedidos y vagos, a modo de no permitir la limosna en las calles ni el deambular de los vendedores de billetes, de frutas y de mercancías; el desterrar a los jugadores profesionales. ¡Cómo no desterraban al Catrín, por piedad! Pero dejó que Lucio continuara su relato, que ahora versaba sobre una visita realizada a San Agustín en busca de nuevos clientes.

* * *

Una gran faja de lava yerma y desolada que llamaban el Pedregal se extendía por los alrededores de aquel pueblo hasta las faldas del monte Ajusco. Por delante, la roca era limitada por graciosos árboles del Perú y plateados álamos que enmarcaban una pequeña iglesia. Pero San Agustín provocaba un extraño efecto. Diríase que al lugar le habían echado una maldición por haber sido escena de algún crimen.

En torno a la plaza estaban las casas de juego, donde por tres días y tres noches, durante los días de Pascua, se llenaba todo a reventar. La pasión del juego era común a todos, sin distinción de raza o clase social. La practicaban lo mismo léperos y pordioseros bajo sucios entoldados sobre montones de cobre que la gente de polendas en los montes y con monedas de oro.

El último día de la fiesta era considerado el mejor de todos y el más concurrido, tanto por las familias que vivían en México como por los extranjeros que acudían solo en busca de placeres. Los palcos, ocupados por las damas, parecían un jardín lleno de flores de todos colores. Mientras que las señoras daban el tono al espectáculo, los caballeros se paseaban alrededor del palenque, vistiendo la chaqueta, cualquiera que fuese su condición, y esta ausencia de faldones era, sin duda, el modo más apropiado para la fiesta. Se veían incluso ministros extranjeros. Mientras los gallos cantaban con bravura, se cruzaban las apuestas y hasta las mujeres se entregaban a la influencia de la escena, apostando *sottovoce* desde los palcos, con los caballeros, a favor de sus gallos favoritos. Era muy curioso presenciar el efecto que producía a los ojos de un europeo el ver a las jóvenes de buena familia, tan femeninas y graciosas, sancionar con su presencia esta salvaje diversión. Era, sin duda, el resultado de la costumbre que, al fin y al cabo, no era peor que una corrida de toros. La concurrencia de esta plaza se componía no solo de la juventud dorada de México, sino también de una vejez no menos dorada. No se notaban escándalos, ni siquiera se hablaba recio, y mucho menos se oían juramentos entre las gentes del pueblo; y esta manera de ser, tranquila y circunspecta, es la que tendía un manto de decencia y de decoro sobre una conducta incongruente, que ocultaba por entero sus discrepancias.

* * *

Triste de escuchar el deshonor en que para él había caído su hermano, Gil se sintió culpable y lamentó haber participado en aquella estúpida guerra. Cabizbajo y malhumorado, decidió retirarse a su habitación, anunciando que al día siguiente se ausentaría del taller para dar un paseo en el canal de la Viga.

Las chinampas eran verdaderos jardines flotantes que ostentaban variedad de flores: amapolas de encendido color, azulada espuela de caballero, clavel, retama amarilla, chícharos y alhelíes de muchos colores, así como cempasúchil.

En el silencio de su trajinera, cortando el agua por la mañana con la entrada ocasional del remo en el fangoso fondo del canal, sintió como si montara en la espalda de una serpiente emplumada que lo llevaba hacia otra realidad. La arboleda se extendía a uno y otro lado del canal, que llegaba hasta el valle de Chalco, y a medida que pasaban las horas, crecía el número de trajineras que iban y venían, algunas con marchantes llevando flores, otras con parejas bailando al son de las guitarras, llenando de alegría el ambiente, coronado también con una vista espectacular a las montañas. Por el camino de tierra, en paralelo, iban algunas carretas, jinetes luciendo hermosos corceles con ricas sillas plateadas y muchos peatones. De trecho en trecho había apuestos dragones que cuidaban el orden.

Su espíritu, antes apesadumbrado, comenzó a elevarse con la paz de los volcanes y se entretuvo viendo el chapoteo de los ajolotes que salían a tomar aire y volvían a hundirse en las profundidades del agua. Así él también quería tocar fondo con su alma y sentir el cielo penetrar en sus ojos, libre de nubes y de obstáculos, y sentir solo el sol que nace en el oriente acariciando su alma, con el brote seguro de una esperanza. Juntó las manos y oró:

—Santo Padre, que es guardián del mundo, el que a nuestras gentes protege, el que a todos tiene a su cargo. Nosotros somos su rebaño, nos vigila, nos hace conocer la paz… Él es el que gobierna, es el emperador del mundo, así manifestamos que ponemos todo a sus pies, para que nunca se haga la guerra en nuestra tierra. Quiera el Señor, nuestro Dios, que todo bien y rectamente suceda, que permanentemente en ello se haga verdad lo bueno, lo recto, la acción divina, la Gracia. Así como Él lo quiere, como lo dispone en su corazón, que así mi hermano Lucio pueda andar entre los buenos y que así delante de Él podamos ser, vivir, existir, siempre y por siempre. Amén.

Pasó un embarcadero, donde salían las trajineras fletadas «A Santa Anita dos por medio real». Hombres, mujeres y niños en canoas gozaban del contento; personas de clase ocupaban canoas con cierto desahogo de asientos, bajo un toldo curvo formado por petates y sostenido por arcos de madera. Canto juvenil de alguna dama, acordes de la guitarra que la acompañaba. Músicos con arpa, bandolón y guitarra, sentados en los bordes de una canoa. La china de zagalejo y rebozo terciado; el charro de calzonera de paño con botones de plata y sombrero canelo galoneado; la nodriza; el aguador que iba a la fiesta sin desprenderse de sus arreos y casquete de cuero; el leperito de calzón blanco y frazada al hombro; la figonera cuya ropa estaba impregnada de olor a frituras; el barbero de pantalón largo y chaqueta corta; la recamarera de tenazas sueltas, enaguas de percal muy aderezadas y pañuelo de seda prendido al cuello; el indio petatero de Xochimilco, de calzón blanco arremangado y sombrero de palma; la india juilera de Santa Anita, con una manta de lana azul rayada, enredada en la cintura; el inválido con su pata de palo, el brazo en cabestrillo, un ojo cubierto con parche de seda verde, quien a pesar de sus achaques daba libre curso a su voluntad y participaba en el fandango…

Las canoas que regresaban de los pueblos de Santa Anita e Iztacalco ofrecían un nuevo aspecto: en su interior, mujeres coronadas de lozanas y frescas amapolas, rojas y blancas; hombres con idénticas coronas puestas en los sombreros. Las canoas hendiendo las aguas a impulso del remo, manejado por una indita que desaparecía entre la inmensa cantidad de flores y verduras que en ella conducía. En las chozas de ramas y zacate, en las huertas, se instalaban los paseantes para merendar el tradicional atole de leche y los tamales; otros, pato cocido y tortillas enchiladas. Otros más continuaban la excursión por los canales de las chinampas o camellones en medio del agua, en los que compraban lechugas frescas y oloroso apio.

De pronto, Gil vio acercarse en sentido contrario una canoa con una india. ¡Pero qué india! En su vida había visto a alguien igual. Su sonrisa era radiante, su cabello lacio y bien peinado, sus ojos grandes y morena su tez. Sin pensarlo, se aventó al agua y nadó hasta alcanzarla. Ella no podía creer lo que veía y se quedó impávida. Cualquier movimiento y correría el riesgo de voltear su vehículo, pero Gil se las arregló para subir por sí mismo apoyando las manos en la proa. Sin pronunciar palabra se sentó, y así, empapado, dejó que ella continuara remando sin saber qué hacer. Poco a poco se fueron acostumbrando a su mutua presencia y ella le aventó un trapo para que se secara la cara. Después intercambiaron algunas palabras —no muchas, los indios eran silenciosos— y Gil le aseguró que le quería comprar todas sus flores. Antes de regresar a Tacubaya, Gil alquiló una carreta y pasó a las casas de sus clientes a repartirles manojos de flores en señal de gratitud. Cuando Lucio y Nacho lo vieron entrar de regreso a casa, era otra persona. Cleofas había aceptado que volvieran a verse el próximo domingo en la parroquia de Santiago Apóstol, y lo que sucediera con doña Amparo o con la zapatería le tenía enteramente sin cuidado.

17

1828

Todo empezó con un cañonazo. El capitán Lucas Balderas, apenas oscureció ese 30 de noviembre, disparó su cañón contra el edificio de lo que había sido la Inquisición. Esa antigua casona que hacía tantos años la familia Santoveña Marmolejo, al irse de la ciudad debido a la gran inundación, había regalado a los dominicos. Balderas anunció que la victoria de Gómez Pedraza representaba una flagrante violación del pacto federal, a lo que había que oponerse a toda costa. Curiosa iniciativa de un militar de bajo rango que habría tenido que defender, y no atacar, el pacto federal; pero era muestra del excesivo optimismo de los liberales radicales de poder echar abajo el viejo régimen. En esa primera prueba de templanza que requería el juego electoral, la historia de México viró hacia el apocalipsis y dejó entrever que la mano de Balderas no era sino el detonante de una larga cadena de revueltas que implicaba una inmanente falta de consenso político al interior del Estado.

* * *

Atrincherados en la Acordada, el día en que Gómez Pedraza debía tomar posesión, los coroneles Santiago García y José María de la Cadena iniciaron el levantamiento. Hubo intercambio de disparos, luego se sumó el brigadier José María Lobato, después Lorenzo de Zavala. La reacción del gobierno fue lenta y torpe. Hacia el 2 de diciembre, los edificios alrededor de palacio Nacional estaban tomados. Dos días después, Zavala y Lobato daban órdenes de azuzar a la tropa y alentar a la chusma a apoyar la rebelión con la recompensa de dejarlos saquear el Parián, el gran templo de la moda, el símbolo de la riqueza española y de la clase alta, donde se vendían las más finas piezas de porcelana, enconchados, biombos, lacas, sedas y especias traídas de Asia. Se componía de dos edificios, uno dentro del otro, con callejuelas internas que comunicaban los establecimientos de afuera con los de adentro. La violencia se extendió. Había apuñalados y ahorcados por todas las calles y acequias. Después de robar, le prendieron fuego. Guillermo Prieto lo describe así:

> Se rompían puertas, se regaban joyas y encajes por los suelos, se desbarataban cajas con tesoros, se herían, se asfixiaban por arrebatarse lo que cogían, y ni el delirio ni el incendio ni el terremoto puede dar idea de aquella invasión, vergüenza y oprobio eterno de sus autores [...] que se paseaban triunfantes entre los vítores del populacho, ebrio y desenfrenado... las calles de la Palma, del Refugio frente al Empedradillo y Plateros, se tapizaban con el cambray, los riquísimos paños, los vistosos listones...

* * *

Doña Andrea tenía un puesto de frutas en ese exclusivo centro comercial desde 1790. Ella, que había impulsado a su esposo, Dionisio Cano Moctezuma, a levantarse en armas con los indios de Santa María, San Pablo, La Palma y San Juan Tenochtitlán, para coronarse él mismo emperador, abandonaba de esta triste manera sus sueños de grandeza. Dionisio, a sus 76 años, penetró entre las llamas y encontró el cuerpo de su mujer aplastado sobre una montaña de fruta. Dionisio recordó cuando, veinte años atrás, ella lo había incitado a sumarse a la rebelión de Morelos, reuniendo una tropa de quinientos hombres. Entre paños de lana, sedas y mantas consumidas por el fuego, Dionisio sabía que el motín del 4 de diciembre significaba también su propia muerte.

Pero doña Andrea murió sin saber que el saqueo no había sido solo la consecuencia de un levantamiento militar. Bajo los gritos desaforados del pueblo ahorcándose por baratijas, ignoraba que los dueños del predio vecino de la plaza del Volador estaban de plácemes. Reducido el abasto de productos de Asia con la interrupción de la Nao de China en 1815, la competencia buscaba trasladar este mercado a la plaza contigua. Pocos supieron que el mismo Santa Anna fue quien se arreglaría con los dueños de la nueva plaza y, una vez en la presidencia, le otorgaría la licencia de obra al constructor José Rafael Oropeza, instigándolo a dejarlo entrar al negocio a cambio de echar abajo ese «corral de pésimo gusto».

Estéticamente, no estaba del todo errado. El espectáculo de un bello atardecer en la plaza Mayor no tendría rival a no ser por tener una pila de tiendas llamadas el Parián que rompía la uniformidad. Pero la imaginación de Santa Anna para corromper la ley le había dado nuevos bríos a la clase política nacida en las batallas. Para cubrir las formas, dijo que se disponía a edificar un bello monumento a la Independencia, del cual solo se construyó el zócalo —de ahí el nombre de la explanada—, y ni corto ni perezoso inauguró con bombo y platillo el mercado del Volador, colocando su propia estatua al interior. Años más tarde, Oropeza se beneficiaría también con la construcción del Teatro Principal de la Ciudad de México. Pero eso ya no lo vio doña Andrea, quien murió esa misma noche asfixiada por el humo de los cañones y los gritos de «¡Vivan Guerrero y Lobato! ¡Viva lo que arrebato!».

* * *

Gildardo Landero figuraba entre los radicales que se resistían a soltar el poder con el triunfo electoral de Gómez Pedraza. ¡Qué podían significar los votos de unas cuantas legislaturas estatales! ¡El voto del pueblo estaba con Vicente Guerrero! Ensoberbecido, no ignoraba la cizaña sembrada por Joel Roberts Poinsett entre liberales y conservadores, pero prefería regalarle el país a Estados Unidos que caer en manos de la vieja oligarquía. En su absoluta arrogancia se sentía capaz, incluso, de utilizar al embajador estadounidense para sus propios fines. Reafirmado en su habilidad de panadero, Gildardo buscó el acercamiento con el diplomático, pero este fue mucho más hábil y le envenenó la cabeza con supuestas inquinas que sus detractores pregonaban contra él al interior de su grupo.

Proclives al chisme y el vapuleo, yorkinos y escoceses fueron presa no solo de Poinsett, sino de la oligarquía misma, interesada en proteger sus intereses a corto plazo e incapaz de involucrarse en las artes del buen gobierno. Para los Santoveña, gobernar era una tarea odiosa, arriesgada y costosa. Les parecía impensable obedecer a personas de menor categoría. Una cosa era acatar las leyes de un virrey, que derivaba su poder de la nobleza de España, y otra tener que pagar impuestos a un presidente a modo que tan solo unos años antes había sido su empleado. Pero los Santoveña tenían un olfato excepcional para los negocios y pronto supieron lo de Santa Anna gracias a Evaristo, que les abrió los ojos a las nuevas oportunidades que les prometía la joven nación, más lucrativas que ninguna antes practicada en tiempos de virreyes: la política.

* * *

Sentado en la sala de su casa en la calle de Plateros, admirando desde el balcón su colección de aves del paraíso, Baltazar Santoveña llamó a su hijo Evaristo. Era jueves y estaban ahí sus dos hijos y nietos, así como su hermano Tirso con sus dos hijos mayores, de veinte y diecinueve años. Baltazar y Tirso tenían dos hermanos gemelos más jóvenes, Luisa y Bernardo, pero eran de un carácter excéntrico y desde hacía mucho se habían distanciado. Evaristo se acercó a su padre, con cautela.

—¿Me buscabas, padre?

—Siéntate. Tengo que conversar contigo algo urgente. —Fingiendo ligereza, Evaristo se acomodó en el sofá Regency. Sus pantalones entallados lo hacían ver como una gallina en medio de las dos gruesas patas de león.

—Me dijeron que te volvieron a ver ayer con Agustín Paz. ¿Qué tiene que hacer un Santoveña con ese bribón?

—Lo invité a comer para avisarle del contrato que va dar la Comisión de Infraestructura para la estatua de O'Donojú.

—Sí sabes lo que se dice de él, ¿verdad?

—Sí, que es un pillo. Por eso lo busqué.

—El hombre, desde que la junta de Iturbide le encargó las obras de desagüe, ha demostrado ser un incompetente y un ladrón. Manuel Payno se lo trae entre ceja y ceja.

—Guarda cuidado, padre. Todo está previsto. Necesitamos de alguien como él para cuidar el negocio. Pronto se va a concesionar un nuevo lote de moneda y no se vería bien que te lo adjudicaran a ti directamente o a mi tío. —Se refería a Tirso Santoveña, diputado y benefactor también de Guadalupe Victoria, hasta que el motín de la Acordada vino a deshacer sus planes. Baltazar se quedó pensativo. Tirso compartía la fortuna de las minas de Taxco y Zacatecas, pero además era amigo personal de Iturbide. Lo había acompañado en su intento de captura de Morelos en Valladolid, que tanto prestigio le dio al fallecido emperador.

—Está bien, pero consúltalo primero con el general Cuevitas. —Así le llamaban a Vicente Guerrero, quien durante la insurgencia se había tenido que refugiar en una cueva—. No vaya a creer que nos queremos ir por la libre. Dile que estamos apoyándolo.

—Descuida, ya lo había pensado. Y si no es a él, será a sus enemigos, pero no nos quedaremos desamparados. Para eso tenemos a Gildardo.

Como principal impulsor del cuartelazo contra Iturrigaray, Baltazar Santoveña había sabido acomodar a sus alfiles durante más de una década en el tablero político. Lo que no imaginaba era que su hijo estuviera aprendiendo el arte del ajedrez más rápido que él, pues alineaba las piezas con el negocio de la plata sin el menor remordimiento, cosa que le pareció sensata, pero no quiso reconocerlo.

—Al final nos ha resultado más útil ese malparido de lo que imaginábamos —dijo sin mirarlo a los ojos—. ¡Quién diría que un panadero iba a ser nuestro mejor contacto con esta administración!

—Y lo será con la siguiente, padre; pero no dejes que se te suba a las barbas. Ya lo has dicho tú: no podemos confiar en nadie. Es mejor doblar a todos a cañonazos de dinero y que arda Troya. Después de lo que hicieron con el Parián, quién sabe de qué más sean capaces.

* * *

Evaristo había entrado a la logia escocesa de la mano de Gildardo Landero, panadero burgués aliado político de su padre, pero claramente no de su misma clase social y, aunque bastante mayor que él, le merecía el menor respeto. Su padre primero lo había hecho diputado del Congreso Constituyente del 22; luego, sin consultar a nadie, se hizo radical y, para congraciarse con Guadalupe Victoria, se unió al grupo de veintiocho masones convocados para separarse y formar su propia logia, la yorkina. Un absoluto advenedizo. No obstante, les había sido útil a los Santoveña en estos primeros ocho años del México independiente y, hasta este nuevo giro de acontecimientos, leal.

Baltazar mandó llamar a su hermano Tirso, quien jugaba en el patio con los nietos de su hermano. Les enseñaba a lavarse bien las manos para no contagiarse de la epidemia de viruela que azotaba la ciudad, como una maldición en venganza del robo de la elección presidencial, y que había causado la muerte a uno de cada diez habitantes de la capital. María Imelda, sentada junto a su hermano, José Francisco, observaba cómo su padre se reía con los niños, sabiendo que añoraba el día en que ella misma le diera un nieto. Pero detestaba la tradición del matrimonio arreglado y había rechazado ya varias ofertas.

De pronto, María Imelda vio la figura de un apuesto caballero entrar por el zaguán, escoltado por un mayordomo de la casa de su tío. Su porte era recto, estaba perfectamente ataviado, con el bigote corto y la patilla rasurada. Le pareció muy hermoso. El cadete se deslizó discretamente por el patio atrayendo su mirada hasta desaparecer detrás de una puerta. Luego volvió el mayordomo y convocó a Tirso.

—A ver, cierren de una vez la puerta —dijo Baltazar—, quiero presentarles al teniente Flavio Mendieta, guardia personal del general Bravo y gente de confianza del conde Rul. Él nos va a hacer favor de ir a buscar a ese canalla a Guadalajara y traerlo de regreso. ¡No podemos permitir que el general Cuevitas se robe la elección!

—Mucho gusto, teniente —lo saludó Tirso—, y comparto la preocupación de mi hermano por las amenazas que se ciernen sobre el general Bravo. Debemos actuar rápido, pero más que capturar a Gómez Pedraza, que ya se debe de estar preparando para salir del país, quizás debiéramos expulsar primero al embajador Poinsett. Es él quien está detrás de todo esto.

—Ya estamos trabajando en ello, Tirso —dijo Baltazar—. Ahora lo que nos ocupa es Gómez Pedraza. Lo vieron salir del palacio Nacional a las ocho de la mañana con dos carros de equipaje.

—Ese bandido debe estarse llevando nuestros impuestos.

—No solo eso —intervino el teniente—. Me han comentado que el presidente Victoria alertó a Pedraza un día antes sobre el levantamiento, ya que era evidente el movimiento en el cuartel de la Acordada.

»Tendría que ser ciego para no darse cuenta, siendo ministro de Guerra, de que se estaba fraguando algo en el cuartel donde se guarda el parque de guerra.

»También se dice que Pedraza intercambió mensajes con el yucateco unos días antes de la rebelión.

—¡Ese canalla! —acotó Tirso. Había invertido una fortuna en ese candidato como para dejarlo ir—. Seguramente se dejó sobornar por Zavala, quien ahora busca manejar Hacienda.

—A ese gobernadorcillo improvisado deberíamos arrestarlo. ¿Qué se creen estos idiotas? Porque se memorizan unas cuantas leyes y aprenden a hablar como merolicos sienten que ya saben gobernar —reviró Baltazar.

—He escuchado que el senador Pablo Franco Coronel ya prepara un procedimiento contra él por corrupción en el Estado de México —dijo Tirso.

—Lo que deberíamos prohibir son las sociedades secretas, hermano. Este experimento político nos salió demasiado caro. Funcionarán en Inglaterra, pero en México no.

—Aquí el problema no son solo las logias, sino Antonio López de Santa Anna y José María Lobato. Dos locos que están dispuestos a traficar con el diablo con tal de no cederle el poder a la gente decente.

—Se nos está desmoronando el país —sentenció Baltazar—. Si acaso es que tenemos apenas país. Hay que atacar formando una nueva facción. ¿Por qué no hablas con Mora?

—Hombres de bien —sugirió Evaristo.

—No suena mal.

—¿Procedemos entonces a la captura, señor? —preguntó el teniente.

—No perdemos nada —contestó Baltazar—, pero primero vigílenlo. Queremos saber qué lo motivó a renunciar de esa manera. Teniendo ese dato podemos exponer a los liberales ante la opinión pública.

—Hablaré con Martín Rivera para que comience a preparar un reportaje en *El Sol*—dijo Evaristo.

Una vez que se hubo retirado el teniente, Baltazar preguntó a su hijo y a su hermano:

—¿Qué saben de Gildardo? —Se hizo un silencio en la sala.

—Mira, padre, yo no quería decírtelo, pero ahora que está mi tío creo que ya es hora de ponerlo en su lugar.

—¿Qué nueva trastada te hizo?

—Me citó en su nuevo despacho.

—Le dieron oficina en el palacio —puntualizó Baltazar.

—Así es. Decorada con marfiles importados, pero de muy mal gusto.

—Ay, no, de veras. Estos falsos profetas. Se suben a una tortilla y se marean.

—Ahora ya no se digna venir a verme y exige que yo me presente a sus pies. ¡Acabemos con él como se lo merece, padre!

—Necesitamos su apoyo para obtener salvoconductos y poder mandar los cargamentos por Veracruz.

—¿Y qué te pidió a cambio? —preguntó Tirso.

—A tu hija.

—¿A Imelda?

—Así como lo oyes.

—¡Lo voy a matar! —Tirso desenfundó su pistola.

—Yo lo mato por ti, tío, concédeme ese placer —intervino Evaristo.

—Tranquilos. Aprovechémonos de su debilidad —dijo Baltazar.

—Pero, padre, el tipo tiene tu edad. ¿Cómo se va a casar con mi prima?

—¡Sobre mi cadáver que vas a casar a mi hija con ese panadero! —se quejó Tirso.

—Si me lo permites, hermano, no la vamos a casar. Pero sí nos va a servir para tenderle una trampa al sinvergüenza.

—Mientras no toque a mi hija, haz lo que quieras. Pero si me lo encuentro le meto un tiro. Nunca debiste confiar en él, Baltazar, yo te lo dije. Desde Casa Mata vimos qué clase de sujeto era. Pensamos que sería nuestro títere, pero no hay nada peor que un tonto con iniciativa.

Tirso había convivido de cerca con ese tonto desde hacía ocho años, cuando no tuvo más opción que compartir un curul en el Constituyente de Iturbide con un tipo inculto a quien su hermano Baltazar le recomendó cooptar como posible aliado. Nada tonto, antes de asumir la diputación con el patrocinio de los Santoveña, Gildardo Landero dejó el negocio de las panaderías encargado a su hijo Venancio y, convertido de la noche a la mañana en un distinguido miembro de la logia escocesa, colgó los hábitos cuando la oportunidad tocó a su puerta y dio la espalda a sus benefactores, uniéndose a los yorkinos. Lo que Gildardo no sabía era que Tirso y Baltazar tenían en la nómina a varios diputados como él, que no cobraban otro sueldo. Pero cuando el emperador mexicano disolvió el Congreso y comenzó su caída, los Santoveña se quedaron sin delfín. Gildardo, en cambio, presumiendo de un pragmatismo inconcebible para una familia de plateros como ellos, se volcó al bando republicano y les sirvió como uno de sus principales contactos en la presidencia de Victoria.

* * *

Su ángel guardián parecía acompañarlo. Cuando Iturbide mandó arrestar a diecisiete diputados y tantos otros militares, en septiembre de 1822, Gildardo tuvo la suerte de conocer al profesor del Colegio de San Ildefonso, José María Luis Mora. En los fríos claustros de Santo Domingo, estos dos hombres se hicieron compañía y Gildardo pudo aprender algunas cosas sobre los territorios del norte de México, que Mora conocía, y entender mejor las motivaciones de los centralistas.

Gildardo fue excluido, por razones obvias, de la Junta Nacional Instituyente que sesionaba en el antiguo templo del Colegio Máximo de San Pedro y San Pablo. Tirso Santoveña, en cambio, participaba en la estrambótica junta y, consciente de que era un absurdo total, se animó a filtrar al incómodo confidente de su hermano, sin saber que, entre risa y risa, en aquella sala húmeda y oscura llena de acatarrados, los improvisados funcionarios derogarían, sin autoridad alguna, la Constitución de Cádiz y proclamarían, sin miramientos, un nuevo Reglamento Político Provisional, lo cual enfureció a los

Santoveña y llevó a que Baltazar reuniera en su casa a republicanos y absolutistas para, al calor de las copas, convencerlos de echar por la borda el gobierno de Iturbide. «Ladrón que roba a ladrón…», pensó Gildardo, y prestó mucha atención al plan fraguado en esa casa de techos altos y manteles largos, sobre la calle de Plateros, para convocar el cuartelazo de Casa Mata de 1823.

* * *

Cinco años más tarde, habiendo ganado la elección Manuel Gómez Pedraza de forma limpia, los yorkinos pusieron en práctica lo aprendido en casa de nobles: el ataque al palacio Nacional y el saqueo del Parián para imponer a su candidato, Vicente Guerrero. Sin embargo, Tirso y Baltazar sabían que estos vaivenes políticos eran realmente operados en un mundo subterráneo: las logias masónicas, verdaderos laboratorios de experimentación política tras bambalinas. Traídas de Cádiz en 1813 eran derivadas de la Gran Logia de Inglaterra, y defendían conceptos muy ambiguos como la libertad, la justicia, el progreso y la fraternidad. Originalmente, tenían prohibido en la Constitución de Andersen, su carta original, la participación de sus miembros en política. Debían todos ellos ser «personas tranquilas, sometidas a las leyes del país en que se encuentren». Pero en la Ciudad de México, estas sociedades habían atraído sobre todo a los criollos y peninsulares nobles, interesados en conservar sus privilegios. Gildardo, a pesar de su ignorancia, entendió muy pronto que se trataba de círculos de maquinación política, donde lo que estaba en juego eran los puestos públicos. Estas sociedades de ideas estructuraban nuevas formas de organización social ya no centrada sobre los antiguos cuerpos, sino en el propio individuo como actor político y social, por lo cual eran excelentes canales de ascenso social. Una vez adentro, Gildardo fue uno de los treinta y seis miembros radicales que se separaron del rito escocés, junto con Guadalupe Victoria, para formar la Gran Legión del Águila Negra, antiespañola y anticlerical, convertida poco después, con el apoyo del embajador Poinsett, en la logia yorkina, cuyo fundador había sido nada menos que el presidente Guadalupe Victoria.

Después de ser expulsado del Congreso Constituyente, Gildardo continuó su amistad con José María Luis Mora, editor de *El Indica-*

dor, mientras su hermano Julio imprimía *El Federalista*, su periódico rival. Mora conoció de esta manera a los Santoveña y comenzó a asistir a las fiestas que ellos convocaban, donde conoció también a Justo Landero, pionero de la rebelión que había puesto en la cárcel al virrey Iturrigaray. Evaristo escuchaba atento, intentando comprender por qué a Mora le parecía tan peligrosa la política seguida por los primeros gobernantes de México con respecto a Texas. La llegada de Victoria a la presidencia había mermado el poder de los escoceses como él.

* * *

Inclinado sobre una gran mesa de madera, Julio Landero acomodaba tipos de metal Garamond y Didot en un grabado xilográfico para la portada del nuevo volumen de *La libertad, o sea, el Aniversario de su glorioso Grito*, de José María Villaseñor Cervantes. Las prensas de su taller tipográfico eran de cuadros móviles y planchas intercambiables, las más modernas de México. Lamentablemente, las circunstancias lo habían ido alejando de su hermano Gildardo, a pesar de que Ramiro Aguirre Santoveña era ahora el heredero de su imprenta y el editor de *El Federalista*, diario afín a los liberales. A Ramiro no le venía mal tampoco tomar distancia de su primo —a quien todos veían como un conservador—, no obstante haber tenido siempre una excelente relación con él, y de la cercanía de su hermana Isaura con Imelda, la hija de Tirso.

Hacia 1828 la agitación al interior de la familia había llegado a su clímax cuando Ramiro supo, por medio de Luisa y de Julio, que Gildardo había tenido la osadía de pedir la mano de su prima. A fin de cuentas, si el cónsul británico O'Gorman se había podido casar a los cuarenta y seis años con una sobrina de Leona Vicario de catorce años de edad, ¿por qué él no podría casarse con Imelda, que tenía veinte?, a pesar de que ya se había casado una vez, con una india, y tenía dos hijos. Esto llevó a Ramiro a publicar una sátira en forma de cuento de tres entregas, titulado «Maledicencias de un benefactor», donde exponía, emulando al *Cándido* de Voltaire, las quejas de Baltazar contra un ignorante panadero a quien había intentado convertir en político para su propio beneficio, y que había terminado siendo utilizado por él. A Gildardo lo apodaban *la Coyota* en alusión a uno de los muchos tipos de pan que producía. Luisa estaba furiosa. Si de por sí no se hablaba con su hermano Baltazar, después de lo de Imelda, menos. La pobre niña había intercambiado unas palabras con el teniente Flavio Mendieta, mientras salía de la residencia de su tío aquel día, y le había dejado entrever su interés, lo que el teniente no olvidó. Cuando este regresó de su misión en Guadalajara —de la que no obtuvo gran cosa, pues Gómez Pedraza se embarcó pronto a España—, la escena se repitió y se volvieron a encontrar en el jardín. Esta vez ella le pidió que la buscara a la salida de la misa y, rompiendo todo protocolo, logró escabullirse de su padre y de su hermano para encontrarse a solas con el teniente. Después de enterarse del tema de Gildardo, quien le daba asco, y como no sabía lo que su padre querría obligarla a hacer, prefirió no esperar y sedujo a Flavio a la locura de amarla clandestinamente hasta que le hizo un hijo. Imelda ya había perdido la razón. Sintiéndose objeto de un desgarriate ajeno a su voluntad, decidió tomar cartas en el asunto y, en actitud desafiante, se plantó frente a su padre y le mostró la barriga.

—A ver, si te crees tan listo, ahora cásame.

Tirso, que tenía un corazón blando hacia sus hijos, sufrió ese día un infarto. Imelda fue posteriormente internada en el convento de San Lorenzo, donde le practicaron un aborto, del cual quedó gravemente dañada en su estado de ánimo y no quiso volver a saber nada ni de Gildardo ni del teniente. Su padre decidió dejarla recluida en ese mismo templo, del que no volvería a salir.

Evaristo, al ver lo sucedido con su prima, a quien estimaba mucho, se fue alejando de la política y comenzó a encerrarse en la desilusión. Sin ser precisamente un intelectual, comenzó a enviar colaboraciones a *El Sol*, donde se le recibía como una voz extrañamente congruente para su tiempo. En un artículo publicado a fines de 1829, cuando el brevísimo periodo liberal concluía y los diarios conservadores celebraban la llegada de los «Hombres de Bien» y de Anastasio Bustamante como un «genio de la Providencia», Evaristo vaticinó:

> Lo que nos falta en México es paciencia. Andamos demasiado a prisa tratando de construir una nación que no sabe quién es. México nació

demasiado inquieto. Yo nunca estuve de acuerdo con la bandera del antihispanismo. Ese sentimiento instigado por la víbora Poinsett solo ha tenido el afán de dividirnos. Los españoles eran dueños de grandes industrias. Mis propios antepasados no habrían desarrollado sus minas en Taxco y Zacatecas de no ser por sus otras minas en Jerez de la Frontera. ¿Qué beneficio tuvo para una nación saqueada como la nuestra el deshacernos de nuestros mejores comerciantes y empresarios? La miopía política se ha apoderado de nosotros. De acuerdo, algunas falanges de Fernando VII sobrevivían, como demostró la vergonzosa conspiración de Arenas; pero francamente no representaron un peligro real. No tenían los medios para llevar a cabo su propósito. En realidad, todo lo manejó por detrás el traidor de Gómez Pedraza. Sin armas, sin cargos públicos, ¿qué daño nos podían hacer los españoles? ¿Desterrarlos de esa manera tan inhumana, como en Jalisco, donde les dieron treinta días para evacuar, sin ni siquiera dejarlos llevar sus pertenencias? Eso se llama exterminio y no es propio de nuestra nación. Más de siete mil almas han tenido que salir de nuestro país en el curso de dos años. ¿Quién se beneficia de ello? Los norteamericanos, desde luego, pues allá edificarán nuevamente sus industrias. Y a México que se lo lleve la tiznada, como siempre.

18

1832

Evaristo Santoveña se había hecho construir una finca al sur de la ciudad, cerca de la garita de Belén, para salir a caminar por el paseo de Bucareli, esa hermosa calzada rodeada de árboles de la que madame Calderón de la Barca luego diría que era «el paseo del Prado Mexicano» o nuestro Hyde Park. Era la víspera de Navidad, y frente a la fuente de Manuel Tolsá, Evaristo se sentó a ver desfilar los carruajes llenos de mujeres ricamente ataviadas y hombres que pasaban en sus caballos intentando cortejarlas. En ninguna otra parte del mundo había visto a las jóvenes de sociedad tan atraídas hacia el ocio y la ostentación. Las veía arregladas bajo las más perfectas reglas de la moda de París y, como siempre, fumando. Ese espantoso vicio que curiosamente América había dado al mundo había regresado de Europa para quedarse. ¡La gente lo practicaba en todas partes, incluso las señoritas! Como si dejarse envolver por esa nube hiciera interesantes a las personas. A él nunca le gustó.

¡Oh, qué hermosas las colinas quebradas del Ajusco y los volcanes nevados del Popocatépetl y el Iztaccíhuatl! Aquí, entre álamos y fresnos, viendo caer el agua cristalina de la fuente, el hijo astuto de Baltazar Santoveña pensaba en cómo sortearía los retos que se avecinaban contra su familia una vez que entrara a la capital ese vulgar militar veracruzano. A Evaristo no le gustaba su perfil: se había adherido en forma temprana al Plan de Iguala, sabiendo que las élites virreinales apoyaban una monarquía independiente, no para rechazar, sino para perpetuar el absolutismo opacado por la Constitución de Cádiz. Pero más que nada le molestaba que Santa Anna se hubiera proclamado, *motu proprio*, redentor de la nación. Era claro que desde el Plan de Veracruz él se sentía un igual con Iturbide. Ambos habían combatido a los insurgentes desde el lado español; ambos habían marchado con el Ejército Trigarante en aquella entrada triunfal a la Ciudad de México; ambos eran criollos con un futuro asegurado —Santa Anna hijo de un delegado virreinal en Veracruz, Iturbide de un hacendado— y, aunque diez años menor, Santa Anna se sentía también fundador de la nueva nación. Si la situación ya era grave, la expedición de Isidro Barradas le había dado ánimos. Repelido con éxito aquel intento de reconquista, su prestigio había crecido. Ahora lo llamaban «héroe de la patria».

Evaristo sacó su reloj de oro grabado tipo Lepine y volvió a meterlo en su saco. Cómo habría querido asistir esa misma tarde al Teatro de la Ciudad para ver *Indulgencia para todos* de Manuel Eduardo de Gorostiza, pero hacía dos meses que el gobernador Fagoaga había ordenado cerrar los lugares públicos. Se preparaban, supuestamente, para enfrentar al rebelde Santa Anna. ¡Sí, cómo no! La verdad es que el teatro lo habían simplemente llevado al campo de batalla. En octubre, la tropa de Luis Quintanar había salido por la mañana, había disparado unos tiros al aire y había regresado a su cuartel de Tacubaya sin un solo rasguño. Los generales habían negociado ya todo a puerta cerrada y mañana sería, sin duda, la Navidad más triste de su vida.

Bustamante ahora era aliado de los sublevados, junto con Ramos Arizpe, González Angulo y quién sabe cuántos más. En pocos días ese cuáquero veracruzano estaría en la capital y los balcones se llenarían de adornos. ¡Qué desvergüenza la de Santa Anna, la de imponer a Gómez Pedraza, el mismo al que había desaforado, para allanarle el camino a la elección! ¿Qué caso tendría ya la elección, si el pueblo lo aclamaba? Ese pueblo ruin que se dejaba influir por la prensa. ¡Tamaño ladrón en la Silla del Águila! Además, Pedraza seguramente ya sabría de los despachos del teniente Mendieta a su padre. ¡Se lo había dicho mil veces! No podía ser tan descuidado con estos traficantes que tenían secuestrado al país. Su apellido en tierra de piratas valía cada vez menos y pronto la decencia se compraría con dinero.

¡Qué poco le había durado el gusto de ver caer a Vicente Guerrero! «Pero eso nos pasa por desechar cualquier sistema a la primera de fallas, como si se tratara de encontrar la fórmula mágica de la estabilidad. A lo mejor el problema no es elegir entre una y otra forma de gobierno, sino entender que hay que sacrificar unos intereses por otros. Como se vio con Gómez Pedraza, los yorkinos deberían entender que resulta más costoso al final romper las reglas que esperar su turno. Pero aquí las convulsiones son la única forma de aprender, si es que en México se aprende algo…».

En escasos tres años habían caído también los «hombres de bien» que tanto trabajaron su padre y su tío en llevar al poder, en su intento por restaurar el orden y la civilidad. Pero Anastasio Bustamante había resultado incompetente para manejar la prensa y le había dado demasiado poder al clero y al ejército, con signos claros de autoritarismo, como el incidente en Jalisco, donde el comandante Ignacio de Inclán estuvo a punto de llevar a la horca a un impresor. No se podía confiar en ningún político. Por eso a veces hay que meter las manos al fuego uno mismo para aplicar la justicia, como bien había hecho Bustamante con Guerrero, digan lo que digan. O como él mismo había hecho, siguiendo los pasos de Picaluga, al invitar a Gildardo Landero a su finca en Taxco y tentarlo con el cebo de una posible sociedad… solo para terminar entregándolo a sus guardaespaldas. ¡Bien hecho! Nadie se enteró, ni siquiera su padre, y así pudo vengar la deuda con su prima Imelda. Eso se gana por arrogante, por andar creyendo que podía imponerle condiciones a su familia. ¡Sanguijuela! ¡Ellos le habían dado todo! Ahora solo debía lidiar con ese indio, su hijo Venancio, que andaba tras la herencia. Pobre Imelda, lo que le habría tocado sufrir si ese hijo de perra le hubiera puesto las manos encima.

Evaristo se consoló pensando que quizá pronto las corridas de toros en la plaza de San Pablo se abrirían y que, siendo un pasatiempo agradable a la clase alta, también el teatro y la ópera, que tanto había hecho Lucas Alamán por encumbrar en su breve interregno. Al fin este sentimiento logró alegrarlo, pero sabía que no debía hacerse demasiadas ilusiones. Nada bueno se podía esperar de esta bola de buitres.

* * *

Mientras Evaristo sorteaba su incierto porvenir en la fuente de Tolsá, su hermana Carolina revisaba con el doctor Manuel Codorniú las instalaciones de lo que sería su nueva escuela de la Compañía Lancasteriana de México. Ella aportaría el capital, y él, un nuevo método educativo en donde el profesor elegía a los alumnos más destacados y los hacía que dieran ellos mismos la clase en círculos de diez a veinte.

—No se puede pedir algo mejor.

—¿Le gusta?

—Es perfecto, justo lo que necesitamos para el desarrollo de los niños —dijo el catalán, admirando los cielos pintados del recibimiento principal.

Luego pasaron a ver las estancias que funcionarían como salones de clase. Carolina, admiradora de esta organización filantrópica fundada en 1822, había convencido a su esposo, Isidro Fagoaga, de dar en comodato a una buena causa el inmueble de su familia, ubicado en contraesquina de la Academia de San Carlos. Manuel estaba gratamente sorprendido. De regreso al vestíbulo, reparó en la imagen del santo crucificado hecha al óleo con incrustaciones de hoja de oro.

—¿De quién se trata esta pintura? —se esforzó en leer la firma—: Jesús de Villalpando. Tiene toda la pinta de tratarse de un pintor indígena.

—Así es, en el siglo XVII muchos artistas indios recibieron influencia de pintores asiáticos por medio de los objetos de arte y personas que llegaban en la Nao. Este es san Felipe de Jesús, santo patrono de nuestra Ciudad de México.

—Ah, ¿el santo criollo mexicano? —preguntó el doctor.

—Así es, crucificado en Japón en 1597. Es por él que celebramos el cinco de febrero. —Se persignó.

—Pues, san Felipe, con gran fe en el futuro de la educación te encargamos a nuestros alumnos —dijo con un aire de irreverencia, que después corrigió diciendo que había visto esa noble imagen en un lienzo de la Catedral.

Codorniú no era afecto a la influencia de la Iglesia. Había llegado a México en 1821 como médico militar del virrey O'Donojú, y su reformismo iba más lejos que el de sus pares en la logia escocesa. No por nada una de sus misiones era extender en México el método educativo de un protestante inglés, Joseph Lancaster, quien ya contaba con numerosos adeptos en Filadelfia, Baltimore y Nueva York.

Al salir del edificio, Carolina se detuvo:

—Pero, doctor, sí podemos hacer algunas adecuaciones al sistema, ¿verdad?

—¿Adecuaciones? ¿A qué se refiere, señora?

—Para evitar ser tan estrictos con los niños, quiero decir.

—No, señora Fagoaga, si solo son incentivos para fomentar en ellos la obediencia.

—Pero quisiera que evitáramos los castigos físicos, las orejas de burro, los cuadros negros y otras cosas que los lastiman.

—No se preocupe, señora, eso lo podemos discutir luego, son minucias que no empañan nuestro método —dijo sin sonar del todo convencido.

Carolina llevaba un pastel de queso y miel, que le había comprado por la mañana a una india afuera de su casa. Desde temprano todos los días llegaban hasta su ventana los gritos de los marchantes: «Pasteles de miel… requesón y melado bueno…», «Quién quiere petates de la Puebla, petates de cinco varas…», «Mantequilla de a real y de a medio…», «¿Hay seboooo?»… El pastelillo era para Imelda, quien llevaba dos años en el convento jerónimo de San Lorenzo. Habría preferido llevarle un *paind'épices* de la pastelería Ducaud en la calle Plateros, pero conocía los gustos de su prima. Y como era inquieta, franca y de una inteligencia feroz —se había leído completa la biblioteca de su padre—, temía que un exceso de energía la orillara a la locura. A sus veintitrés años intentaba infundirle el gusto por la cocina, sin demasiado éxito. Pero esta vez le llevaba el nuevo libro impreso por Mariano Galván Rivera, *El cocinero mexicano*, que tanto revuelo estaba causando por sus recetas. En un solo volumen se integraba todo lo que se podía decir de la cocina mexicana, pero también era atractivo por sus litografías a color, que detallaban cada platillo en esa nueva técnica de Claudio Linati que daba a las imágenes una sorprendente nitidez. Ella había tenido en sus manos la primicia gracias a la imprenta de su primo Ramiro.

Su carruaje la llevó hacia San Lorenzo, al sur de la plaza Mayor. En el trayecto pudo ver las tiendas de alrededor, que en época navideña se cubrían con candiles y cornucopias colgados al aire repletos de innumerables frutas, almendras, turrones de Alicante, nueces, avellanas, pasta de dulce, cocos rellenos, alegrías, muéganos, mazapanes, cacahuates, tortas de higo pasado, plátano azucarado, limas, naranjas de China… Al centro de la plaza, cada puesto era un delicioso vergel. Un monte de frutas cubría a sus vendedores. Pero lo que más resaltaba eran las tiendas de confiterías, que apenas había calle donde no hubiera una haciéndose competencia con otra, entapizadas de riquísimos damascos, adornadas de láminas con marcos de plata, pantallas, candiles iluminados e infinidad de frutas cubiertas colgadas del techo y globos de más de cuatro arrobas de azúcar cande. También había nichos de cristales con curiosos nacimientos de marfil, y algunos de cera hechos de la mano de José de Borja, artesano originario de Puebla de los Ángeles, cuyas obras habían merecido elogios en toda la Italia y Roma.

Su carro de dos corceles se detuvo a las puertas del convento. El chofer la ayudó a bajar y la recibieron dos monjas. La hija consentida de Baltazar Santoveña, uno de sus benefactores, era una mujer respetada en la Ciudad de México. Imelda, tan pronto supo de su llegada, bajó con su túnica blanca cubriéndole el cabello y un rosario de quince misterios sujeto al cinto. Se abrazaron con efusividad. Como era diez años menor que ella, la quería como a una tía.

—Mira nada más qué hermosa te has puesto —dijo Carolina—, será por todas las oraciones que ofreces —comentó sin sorna. Sus facciones eran una mezcla de Riaño y Borda, con los pómulos alzados y los párpados elongados con un toque asiático. Pero no era ella una muchacha que se interesara en la coquetería; prefería el debate de ideas. Su hermano Juan Francisco, dos años menor, cursaba el tercer año de Medicina; pero ella habría podido destacar tanto o más en alguna profesión, si hubiera tenido la oportunidad. Caminaron hacia el huerto, donde Imelda sacó sigilosamente un bonche de papeles amarrados con un listón y se lo entregó a su prima.

—Toma, son para Ramiro. No dejes que te lo vean. —Era una novela de veintiséis capítulos, formada a partir de las entregas suspendidas de su columna «La Desconsolada», que publicaba dos años atrás en *El Federalista*, antes de que el gobierno de Anastasio Bustamante obligara a su primo Ramiro a cerrar.

—¡Una novela! Pero si yo pensé que te habías resignado a dedicarte por entero a las tareas eclesiásticas. —Imelda firmaba con el seudónimo de Marina Malinztin.

—Pues sí, me resigné. Esto es parte de mi tarea eclesiástica. Alguien tiene que salvar a la Iglesia de sí misma.

—Ten cuidado —le dijo Carolina—, con Santa Anna no sabemos qué pueda pasar con los conventos. El Colegio de Santa María de Todos los Santos ya está empacando sus objetos de valor.

—Sería una pena. Tienen la mejor biblioteca de México. —Ella no se daba cuenta, pero al hablar, un ojo se le iba chueco—. Descuida, por fortuna aquí nadie lee más que el evangelio.

—Por lo visto no han logrado apagar tu espíritu rebelde, prima. Lo cual me da gusto.

—Ni modo de quedarme con los brazos cruzados. Aquí se dedican a hacer sufrir a las niñas. La madre superiora me quiere, no lo niego; pero eso no me impide ver lo que les hace a otras. Cualquier mujer que tenga el menor concepto de amor propio es rebajada y humillada. ¡Como si a base de sufrir nos fuéramos a encontrar con Dios!

—Le daré tu novela a Ramiro, pero no la saques a la luz hasta que se asiente el nuevo gobierno. Escuché que Ramos Arizpe va a quedar en Justicia.

—¿Otra vez?

—Sí, están que tiemblan. Se rumora que les van a pedir a los conventos y las iglesias la relación de sus bienes.

—Descuida, aquí no hay muchos bienes. Si vieras los escasos mendrugos que nos dan.

—Pues darán mendrugos, pero en todo México se cobra el diezmo; y no veo de dónde más van a sacar estos pedigüeños sino de aquí, y más ahora que han expulsado a los españoles.

Imelda no se notaba preocupada; lo mismo había escuchado toda su vida. Carolina, después de darle sus regalos y de escuchar las quejas hacia su padre, se despidió con los ojos llorosos. Imelda sabía que entre ellas había un gran afecto, pero su estoicismo no le permitía llorar. Quizás ya había llorado demasiado; Carolina, en cambio, sabía que la cordura de su prima en ese lugar no duraría mucho tiempo. Pero ¿cómo ayudarla?

* * *

Tal como lo anticipaba Evaristo, celebraron la Navidad de 1832 en casa de su padre en un ambiente de nula expectación. La inestabilidad que se avecinaba los tenía a todos con el alma en vilo. Solo un grupúsculo de militares facciosos celebraría con júbilo esa noche, que para los Santoveña significaba más bien desilusión.

No obstante, al mal tiempo había que dar buena cara, y por ahora, lo más astuto era sacar a relucir la buena educación y su todavía rescatable armonía familiar pues, por primera vez en mucho tiempo, los gemelos Luisa y Bernardo habían aceptado asistir al jolgorio, animados quizá por la incertidumbre general; o quizá porque ambos se encontraban ya instalados en sendas relaciones afectivas que los hacían desestimar aún más lo que sus hermanos pudieran pensar sobre sus vidas personales. El amor a sus sobrinos los había hecho poner todo en perspectiva y decidieron dejar atrás el pasado.

Así pues, esa noche se encontraron las cuatro familias en la Catedral. Sumaban, entre hermanos, hijos y nietos, un total de cuarenta y nueve personas. Las mujeres parecían catrinas emperifolladas en corsés de seda y tafetas que realzaban la belleza de sus vestidos de terciopelo. Las mayores iban maquilladas con polvo de arroz y carmín. Los hombres llevaban pantalón apretado, botines negros bien lustrados, camisa de cuello con puño almidonado y corbata de lazo. Los mayores se aplicaban harina de trigo en el cabello para ocultar las canas y ungüento de pachuli en las arrugas. Aun dentro de la familia se notaba un interés activo por la moda y el buen gusto que contrastaba de forma irónica con la fragilidad política del país.

Terminada la misa de gallo oficiada por el obispo Manuel Posada y Garduño, y habiendo recibido cada uno la comunión, se trasladaron en sus respectivas carrozas a la casa del hermano mayor, Baltazar, sobre la calle de Plateros.

Los primos tenían muchos años de no verse todos, y algunos ni siquiera se reconocían. Tal fue el caso de Juan Francisco, quien desde el primer momento quedó cautivado por la mirada de su sobrina de doce años, Josefina, quien le dirigió una sonrisa desde las bancas de la iglesia. Se sintió ridículo, pues él era ya un joven de veintiún años que estudiaba medicina; pero el rostro de esa pequeña, a quien no recordaba sino como una bebé, le generó un cosquilleo que subió por su columna vertebral y le explotó en la coronilla. Al verla pasar bajó la mirada, pero algo se conmovió en su interior. Su cuerpo frágil y sus ojos tristes le recordaban la vitalidad interrumpida de su hermana Imelda, hacia quien sentía la impotencia de no poder ayudar.

Mientras los sirvientes trabajaban a toda prisa preparando la cena, los tíos jugaban una partida de tresillo, para el cual era necesario conocer una serie de reglas y estrategias que solo el tío Tirso sabía, gracias a un libro titulado *Tino para jugar al tresillo*, publicado por la viuda de don Agustín Roca, en Barcelona, en 1830, del cual presumía tener el único ejemplar en todo México.

El chocolate con canela ya estaba servido y los niños se entretenían tomándolo y haciendo sonar ocarinas de barro y jugando con las tiras de papel picado que se extendían de un lado a otro del patio interior. Su tío abuelo les había preparado tres piñatas con tejocotes, cañas, colación y las porquerías de siempre, pero también con curiosidades insospechadas, como plumas, lápices, lentes de aumento, borradores, monedas antiguas y hasta un pequeño astrolabio. Querían meter la mano antes de tiempo a esas maravillosas figuras de cartón decorado, pero estaban colgadas de unas cuerdas muy altas y protegidas por un mayordomo.

El nacimiento bajo techo, iluminado con lámparas de aceite, se veía desde el interior de la sala. Las figuras de barro eran casi de tamaño real y los niños se divertían acostándose en el heno entre los regalos de coloridas envolturas que yacían a los lados del Niño Dios.

Las niñas comenzaban a picotear las chilindrinas, los cuernitos, las conchas y todo tipo de panecitos comprados en La Piedad, sobre una cama de dalias en la mesita lateral.

—Esta era la flor favorita de Nezahualcóyotl, ¿sabes? —le dijo Juan Francisco a Josefina, ruborizando a la pobre niña con su repentina conversación.

—¿Ah, sí? ¿Cómo sabes?

—La llamaban *acocotli*. Los aztecas sacaban tintes de sus pétalos para teñir las telas de algodón y las comían por ser medicinales. —Ella lo escuchaba maravillada.

—¿Y qué enfermedades cura?

—El dolor de estómago, la artritis reumatoide, la mala digestión.

—Josefina soltó una risa nerviosa y acercó la nariz a una de ellas.

—¡Mmm, qué rico! —arrancó un pétalo con los dedos y se lo metió a la boca.

—¡No! —la detuvo Juan—. Lo que se come es la raíz. —La niña se dejó arrancar el pétalo de las manos, ocultando la sonrisa que le provocaba saberse digna de conversación con un adulto.

—Pues mejor vamos llevándole unas de estas florecitas a mi papá, porque estoy segura de que las va a necesitar con toda la comida que piensan servir.

* * *

Al siguiente año Josefina contraería una enfermedad extraña que la haría desarrollar una extremidad más larga que la otra. Lo que al principio parecía un asunto sin importancia, corregible con zapatos especiales, se complicó cuando la niña comenzó a sufrir pérdida de reflejos y dolores de espalda.

Tendrían que pasar ocho años para que su patología fuera identificada por Jacob von Heine y Oskar Medin como mielitis o inflamación de la médula espinal; y otros ochenta para que Karl Landsteiner y Erwin Popper identificaran el origen viral de la epidemia que se contagiaba a través de las heces humanas en el agua.

En una ciudad como México, donde el sistema de drenajes era totalmente insalubre, con acequias abiertas que arrojaban los desechos al lago de Texcoco, las infecciones eran cosa de todos los días; pero no así esta que afectaba el sistema nervioso y ocasionaba a sus víctimas, en los peores casos, una parálisis irreversible. Afortunadamente, este no era el caso de Josefina, pero su enfermedad la convirtió en el centro de atención de los Santoveña, y llevó a Juan Francisco a dedicar muchos años a la búsqueda de algún remedio, pero sin lograr otro resultado que el de ser para ella un apoyo incondicional.

* * *

Fueron justamente durante esos años cuando la profesión médica comenzó a mostrar mayores avances en dirección a convertirse en una ciencia. Se le llamó *la revolución médica*. Juan Francisco había ingresado a la Universidad Real y Pontificia pero, en 1831, durante la vicepresidencia de Valentín Gómez Farías, médico de profesión, esta desapareció y también el Protomedicato, la institución virreinal que se había encargado de supervisar las funciones del gremio y proteger sus privilegios. Con esto Juan Francisco pasó a formar parte de la nueva Facultad de Medicina del Distrito Federal, que por un tiempo tuvo sus aulas en el convento de los Betlemitas, y que seguiría los pasos de la Escuela de Medicina de París. No solo sería médico, sino un científico.

Hasta entonces lo que prevalecía era el modelo hipocrático, que dividía la medicina en interna y externa, con la farmacia como un campo separado. Ahora comenzaría la formación de médicos que se enfocaban en la anatomía como eje del diagnóstico. El surgimiento de este campo en Europa removió en sus cimientos al gremio médico de México, centrado en la doctrina de los «humores». A partir de ahora, la pregunta sería otra: «¿Dónde le duele?», a lo que Josefina respondería: «En todas partes», tornando inútiles los esfuerzos de la investigación.

Otro avance que Juan Francisco veía directamente relacionado con la llegada de los liberales al poder en 1824, le explicaba a sus papás, era la unión de la medicina con la cirugía para dar lugar a una nueva profesión: el médico cirujano. Estas dos áreas, separadas por el poder y la avaricia, al fin se habían unido en beneficio de la ciencia. El médico, cuyos privilegios incluían el poder usar toga, gorro, mula con gualdrapa, bastón y cintillo, y acaparar a la clientela de clase alta, había tenido que ceder ante la disolución del órgano que lo protegía y, roto su monopolio, se había creado la Escuela de Cirugía de San Andrés, y surgirían nuevas escuelas de medicina en los estados.

Juan Francisco se enorgullecía de que, gracias a un médico liberal, Valentín Gómez Farías, el país se comenzaba a librar de esos tipos arrogantes con los que él había lidiado muchas veces, que cubrían bajo un manto de pedantería su doctrinarismo y, a menudo, su ignorancia. Le divertía ver dichos vicios reflejados en *El Periquillo Sarniento* de Fernández de Lizardi, cuando el protagonista se hace pasar por un médico y dice «lo mejor que yo aprendí del doctor Purgante fue su pedantismo y su modo de curar, *methodus medendi*». «Si tan solo pudiéramos moderar el refinado orgullo de estos sujetos», pensaba, «sus tareas acaso nos serían útiles; pero ellos creen que solo merece el título de experto aquel que los adula».

Lo que no dejaba de sorprenderle al joven médico era que la sociedad misma era propensa a dejarse impresionar por esta falsa sabiduría, e incluso perdía confianza en la curación si no venía acompañada de pedantescos formulismos y de un lenguaje misterioso. Recientemente había leído un artículo en la prensa donde se criticaba la costumbre de los médicos de escribir sus recetas en latín. Una tradición canonizada por antigua, pero sin apoyo racional y sin otros posibles defensores que los médicos y boticarios interesados en hacer grande su papel, vendiendo por arcanas las más triviales porquerías. Lo que Lizardi olvidaba mencionar era la función que todo ese aparato misterioso jugaba en predisponer a los pacientes, que en su inmensa mayoría concebían la enfermedad en el marco de la magia y de la religión, no desde la perspectiva de la ciencia.

En 1830 ejercían en la capital y sus alrededores 38 médicos, 86 cirujanos, 26 farmacéuticos, 19 barberos y dos parteras. Por su parte, Puebla, la segunda ciudad más poblada del país, contaba en 1820 con 10 médicos, 4 cirujanos latinos y 20 cirujanos romancistas.

Hasta antes de la reforma, el médico trataba las enfermedades «internas», recetando los medicamentos necesarios y ordenando en ocasiones pequeñas operaciones para los «casos mixtos». El cirujano, por su parte, atendía partos y trataba enfermedades «externas», que requerían de intervención quirúrgica, incluyendo operaciones menores prescritas por los médicos, mas no recetaban medicamentos. Los cirujanos se dividían en dos categorías: *latinos*, los que manejaban el latín, y *romances*, los que no. Los primeros utilizaban el arte obstétrico para tratar los «casos mixtos»; los segundos, mucho más numerosos, solo para los «casos externos»: curar heridas y hernias, componer huesos, batir cataratas, extraer dientes y aplicar sangrías, ventosas y vejigatorios. Ambos, por supuesto, requerían presentar certificado de pureza de sangre.

Pero abajo de ellos existía toda una caterva de «profesionales», como los flebotomianos, que sin estudios formales podían obtener el grado a fuerza de imitar a otro practicante autorizado; y los barberos, que, en el rango más abajo, podían lo mismo afeitar y peluquear con navaja y tijera que aplicar sangrías, echar sanguijuelas, sacar muelas o realizar operaciones quirúrgicas al igual que un flebotomiano, pero sin mediar examen o licencia alguna.

Por último estaba la profesión del farmacéutico, quien tenía a su cargo la preparación y venta de medicamentos. Pero, como bien decía Lizardi, el rezago de las disciplinas médicas se hallaba ahí, pues su auge se debía a la vigilancia del Protomedicato, que apoyado en la estricta legislación en la materia, cuidaba que los medicamentos fueran preparados y vendidos solo en las boticas autorizadas, protegiendo los intereses de una pequeña oligarquía.

Joel Roberts Poinsett, el embajador norteamericano, médico también por la Universidad de Edimburgo, no pudo haber descrito la situación que imperaba en la Ciudad de México de mejor manera:

> Frente a los templos y en sus cercanías, vimos un número extraordinario de méndigos, que abiertamente enseñaban sus asquerosas llagas y deformidades, para despertar nuestra compasión. Observé a uno de ellos, envuelto en una gran sábana blanca, el cual tan luego como se dio cuenta de que me había llamado la atención, vino hacia mí y desplegando su abrigo enseñó su persona enteramente desnuda y cubierta de úlceras de la cabeza hasta los talones… No hay ciudad italiana que contenga igual número de mendigos miserables, ni ciudad en el mundo en donde haya tantos ciegos. Esto, a mi juicio, se debe atribuir a la exposición constante a la intemperie, a la penuria y al uso excesivo de aguardiente.

En otra memoria, el mismo Poinsett nos da su impresión al salir de Veracruz rumbo a México: «Todos estuvieron de acuerdo en calificar de inseguros los caminos, de modo que vamos a viajar con la dignidad que confiere el peligro. Debo confesar que le tengo mucho más miedo al clima; no solamente son peligrosos y poco decorosos el vómito negro y las fiebres biliosas, sino que prefiero caer en manos de los bandidos que en las de un médico mexicano».

* * *

Aquella Nochebuena, Isaura deleitó a la multitud con un magnífico vals de Strauss ejecutado en un estupendo piano Erard 1826 con sistema de doble escape, importado de Alemania, el favorito de Franz Liszt. Su maestro, José Mariano Elízaga, había sido también el tutor de Ana María Huarte, esposa de Iturbide, con quien sus tíos aún intercambiaban cartas. La multitud le aplaudía haciéndola sentir el centro de la fiesta, mientras su madre, Luisa, suspiraba a su lado recordando, ella sabía, a su amado Julio, a quien no había querido invitar, a pesar de su insistencia, para no despertar sospechas entre sus hermanos. Bernardo, en cambio, no podía disimular su deseo de estar con Simon, su novio inglés, profesor en el departamento de botánica de la Universidad. A él le aburría la monotonía de sus hermanos, que no hablaban de otra cosa que de política, aranceles, el precio del oro y todo aquello que se relacionara con sus bienes materiales. ¿Qué podía significar para ellos el amor? ¿Lo conocerían realmente? Justo en ese momento, como una respuesta a su pregunta, entró por la puerta su sobrina Imelda acompañada del padre Guillén. Carolina se levantó de inmediato a abrazarla.

—Bienvenido, padre —dijo Carolina estirando la mano al padre Guillén. La tarde anterior, al salir del convento, había pasado a ver a su tío Tirso para pedirle una carta firmada solicitando el permiso para su hija de salir a celebrar la Navidad con la familia.

—Disculpen la tardanza, tuvimos que ponernos a trabajar en la cocina y con tamaño guajolote que nos mandaron, no podíamos terminar; pero al fin, aquí estamos. Por cierto, las monjas les mandaron esto. Es un *fruit cake*.

—¡Ay, padre, no se hubieran molestado! —respondió la tía Claudia— ¡Imelda querida!

El tío Baltazar y su mujer los hicieron pasar al comedor, donde el confesor de la parroquia, un gordito simpático y afeminado, los entretuvo con sus historias y su enorme apetito, mientras los sobrinos y primos platicaban alrededor de Imelda.

Nadie imaginaba que esa sería la última Navidad que pasarían con ella, pues seis meses después el *cholera morbus* terminaría con su vida. La epidemia se propagó desde Hidalgo, Tampico, Tamaulipas y Veracruz, y llegó a la Ciudad de México en el mes de junio. La inconsolable monja Santoveña no tuvo tiempo de despedirse de su familia. Murió en el mismo convento sin poder recibir siquiera los santos óleos.

Para un país como México, con siete mil kilómetros de costas y litorales, puente desde el siglo XVI entre Oriente y Occidente, las epidemias eran algo común. La ciudad, por su parte, estaba hecha a base de canales y cuerpos de agua, focos naturales de infección. Pero el cólera que llegó en 1833 no tenía precedentes. Distintos bandos proscribieron la vagancia y las reuniones en lugares públicos; pero la gente no haría caso y comenzarían a caer como moscas. Las avenidas se revistieron de banderolas amarillas, negras y blancas colocadas en las fachadas de las casas para indicar el avance de la enfermedad; las boticas se atestaron de gente; los templos eran cúmulos de arrodillados llorando y rezando, sin saber que, al hacerlo, transmitían la enfermedad, que se propagaría hasta el mes de octubre.

No hubo números precisos, pues apenas ese *annus horribilis* se fundaría la Sociedad Mexicana de Geografía y Estadística, pero se dijo que fallecieron 5 822 personas, y que 37 863 habían sido contagiadas tan solo en la Ciudad de México, cuya población era de 120 000 habitantes, es decir, la cuarta parte. Desde la gran inundación de 1629 no se había vivido una calamidad igual. En cada familia habría al menos un muerto y muchos contagiados. No así en casa de Carolina, pues ella mandaría encalar hasta la última pared y prohibiría estrictamente comer chirimoyas y chiles rellenos, que se creían portadores de la enfermedad. También colocaría calabazas de vinagre detrás de todas las puertas y regaría vinagre con cloruro en todos los patios. Quizás eran supersticiones, pero ella prefería seguirlas al pie de la letra antes de averiguar si eran ciertas o no.

Un producto que se volvería muy popular en esos días sería la planta de huaco, tomada en infusión para curar los síntomas del resfriado común, la tos y, en algunos casos, el cólera, aunque carecía de propiedades antibióticas. Los extranjeros la extraerían en grandes cantidades, sin permiso, de Tabasco, Oaxaca y Chiapas, pues la epidemia era de escala global.

Este tipo de pandemias no eran extrañas en un país que había pasado de una población en 1518 de entre 4.5 y 5 millones de personas a solo un millón en 1605. Las causas principales habían sido las enfermedades traídas de Europa y la propia violencia derivada de la conquista. Pero ¿cómo había sido posible exterminar a una civilización de tales dimensiones? De la grandeza de las antiguas ciudades mesoamericanas no quedaba rastro. Aquella civilización había muerto y sobre sus cenizas se alzaba otra cosa enteramente distinta, de la cual no se tenía conciencia todavía. Se le llamaba México por darle algún nombre, pero esa expresión no encerraba su verdadero rostro, aún cambiante.

* * *

Como ave de mal agüero, en mayo de aquel año tuvo lugar un espectáculo público al que asistiría en grupo toda la familia Santoveña, incluyendo a Imelda y al padre Guillén, y que dejaría marcada su huella en el destino del país, como un presagio de la maldición que se acercaba. Se trataba del esperado ascenso del globo aerostático de Adolfo Theodore, difundido en los periódicos y en boca de todos los capitalinos. Eran comunes ya en todo el mundo las ascensiones de globos, pero en México todavía no se popularizaban. En ellas, además del espectáculo de ver el aparato inflarse, se sumaban conciertos de música y otras diversiones. Pero el repudio que despertó el aeronauta en el público mexicano habría sido motivo de una obra teatral. Según un poético anuncio que él mismo redactó y que circuló en El Telégrafo el 24 de abril de 1833, el evento prometía:

A las tres de la tarde del referido día —miércoles 1 de mayo de 1833— empezará la función con las mejores sinfonías ejecutadas por los músicos de la Brigada de Artillería, alternando con una banda completa de cornetas: ínterin se llenará EL GRAN GLOBO MEXICANO de veinte y siete varas de alto, formando treinta y dos mil pies cúbicos de capacidad, construido todo en esta ciudad por hijos del país; la operación sorprendente de disolver con los ácidos ciento sesenta arrobas de fierro de hojas para elaborar el gas hidrógeno, introducir este mixto invisible en el interior del Globo para henchir este esferoide de magnitud colosal, arreglar los diversos preparativos del primer viaje de un hombre en los aires que dominan los volcanes inmediatos a esta Capital, todo se hará en el interior de la plaza a la vista

226

de los espectadores, en menos de dos horas por medio de numerosos aparatos neumáticos nuevos adornados con elegante simetría.

Pero la supuesta sexta ascensión aerostática del físico don Adolfo Theodore, con el globo nombrado *El Mexicano*, y la totalidad de los boletos de la plaza de toros de San Pablo vendidos, no se concretó. «¡Qué ciudadano no se envanecerá —decía el anuncio— de un noble orgullo viendo al Sol los hermosos colores del Pabellón Trigarante y la audaz Águila surcar los páramos celestes! ¡Viva el augusto Congreso! ¡Viva libre y dichoso el noble y heroico pueblo Mexicano!».

A tantos elogios, el globo no despegó, y el empresario Manuel Barrera, dueño de la plaza, tuvo que pagar los platos rotos por poner la ciencia y la tecnología en manos de un charlatán bajo la capa de lo misterioso y lo espectacular. A poco menos de dos años, Barrera publicó un suplemento de diez páginas en la prensa para justificarse ante su público ofendido y timado. Excusó que lo había presentado con Theodore un tal Bernardo Avecilla, asegurándole sus éxitos previos en La Habana y Matanzas, e instándolo a ofrecer a su patria un espectáculo nuevo y brillante. Las autoridades encarcelaron al aeronauta; pero es Guillermo Prieto quien refirió el mejor testimonio de lo acontecido aquel día:

> Por aquellos tiempos absorbió la atención y enloqueció a México el anuncio de la ascensión aerostática de Adolfo Theodore. Hiciéronse lenguas los periódicos, explicando el prodigio; en bandadas corría la gente a procurarse boletos. Madama Adela, modista única de cierta nombradía, reformó su taller, y sargas y encajes raros y puntos riquísimos engalanaban los mostradores, ofreciendo con las joyas todas las magnificencias del lujo.
>
> En los alrededores de la plaza de San Pablo, lugar en que debía verificarse la ascensión, se improvisaban barracas y jacalones para fondas, pulquerías y vendimias.
>
> En los edificios vecinos a la gran plaza se veían amplísimos toldos de brin y de lona, bajo los cuales se distinguían hileras de sillas, bancas y gradas, que ocupó gentío inmenso, convirtiendo en salones las azoteas…

El día señalado ofrecía un conjunto encantador. Gradas y lumbreras, cuartones y tendidos hormigueaban de gente que parecía precipitarse en cataratas verdaderas desde las alturas.

La función estaba citada para las once de la mañana; en el centro de la plaza, y en un cuadrado de vigas, estaba el aeronauta rubio, delgado y de mejillas encendidas; había en el suelo un hornillo y se levantaba más alto que la plaza un monstruoso globo encarnado que se tambaleaba perezoso, recibiendo el gas, y se bamboleaba preso en su red inmensa a impulso del viento […] La inflazón del globo no llegó a verificarse por más que se hicieron prodigios. Los empresarios dieron orden de que nadie saliese, lo que puso en familia a la concurrencia; pero después asomó su cara el fastidio, se hizo sentir el hambre, y el sitio fue atroz. El contrabando aprovechó la ocasión: valía una naranja un peso, y un peso un cucurucho de almendras. Los pollos insolventes como yo, pasaron increíbles agonías.

Por fin el globo no subió, la gente se retiró mohina y Adolfo Theodore, después de bien silbado y de arrojar sobre su globo cáscaras y basuras, tuvo que esconderse para no ser víctima de la ira del pueblo contra el volador.

No mejoraron las cosas después de un segundo intento fracasado el 22 de mayo. La *Gaceta de Tampico* sacó una crítica anónima que daba cuenta de los dudosos orígenes del aeronauta, como criado de un tal Robinson de Nueva Orleans, y de sus fracasos en Cuba. El artículo se titulaba «Sepa el general trapero quién es su amigo el globero».

Para los mexicanos podría haber sido la señal que los despertara a la triste realidad de otro farsante y embaucador que había tomado en sus manos las riendas del país, pero desafortunadamente esto no sucedió.

19

1843

———

Ha pasado por el local de Jean Prelier, en el número 9 de Plateros. Viene a recoger un daguerrotipo de su familia que ha encargado y que les ha tomado la semana pasada, y el francés le tiene listo su pedido, enmarcado de forma que puede dársele vuelta al marco sobre su eje y verlo por ambos lados. El invento lo tiene a él, como a toda la ciudad, maravillado. Dos años antes había contemplado, en este mismo local, siete daguerrotipos de Prelier. Uno de la plaza Mayor, que ahora las malas lenguas llamaban Zócalo. Tantas cosas quedaban a medias, se ponía la primera piedra de la magna construcción que nunca se terminaba. Prelier también tomó la estatua ecuestre de Carlos IV, a la que el vulgo solo llamaba el Caballito. La habían hecho mover adentro de la universidad, porque Vicente Guerrero quería convertirla en monedas. Alguien se acordó de que su escultor, Manuel Tolsá, era un nombre de peso y que valía conservar el monumento, aunque hubiese sido hecho para honrar al Borbón huido.

Gil Cuautle había leído sobre los daguerrotipos de Prelier en *El Cosmopolita*, y había ido a la exhibición en su local de Plateros. Ahora podía inmortalizar a su propia familia como el francés había hecho con la puerta del Sagrario, la Catedral y la Piedra de Sol, adosada a la torre. Había dos daguerrotipos más, de la casa del exmarqués del Apartado y del Convento de la Enseñanza. Sus hijos ya habían crecido y se encargaban de la zapatería, así que tenía tiempo de sobra para ir a los cafés de la ciudad, y merodear viendo inventos y sus hermosos resultados. Había leído en uno de los libros de la biblioteca de su padre los detalles sobre el rescate de la llamada Piedra de Sol, que no era sino el calendario de los aztecas, y le fascinó la imagen de Prelier, pero no estaba en venta. Sin embargo, el francés le ofreció hacerle una placa con su misteriosa caja negra y vendérsela junto con el daguerrotipo de sus tres hijos: Domitila, Juan y Lucio, como su hermano, que había muerto de la enfermedad del cólera, como tantos otros en la ciudad. Él iba a las calles del centro y a los cafés gracias al ómnibus de Tacubaya, una carreta jalada por seis mulas en las que apenas cabían ocho personas mal apretujadas, como sardinas en barril, y que lo dejaba en el mal llamado Zócalo. De allí él caminaba a algunos de sus cafés favoritos, a leer el periódico, o incluso, para divertirse con las guías de forasteros. Él, que conocía cada palmo de una ciudad que a ratos amaba y a ratos aborrecía. Se habían ido ya los años idealistas, los de la revolución. Había contemplado cómo se disolvía un imperio de ilusos, con el terrible Agustín I a la cabeza —el famoso abrazo de Acatempan, en el que su mentor Vicente Guerrero había claudicado, seguía siendo uno de los episodios más odiados de su pequeña historia de vida—; había visto también presidentes ir y venir, ora centralistas ora federalistas, ora yorkinos ora escoceses. Había visto cómo los diputados del infausto Congreso que Iturbide disolvió cambiaban el nombre de la ciudad a Distrito Federal.

¡Qué redomados idiotas, haber creído en la política! Él creyó en la lucha, pero en la política nunca. Ahora estaba viejo, solo encontraba solaz en los libros, en esa biblioteca que él mismo había hecho crecer con hallazgos entre los libreros. Y en sus salidas a los cafés, donde en ocasiones conversaba con los escritores del momento. La ciudad es acogedora para los solitarios, los hace sentir que están en compañía con el bullicio y el ajetreo. Se olvidaba así de que había algo roto dentro de él, algo que nadie nunca podría restaurar.

El lugar favorito de Gil es el café Astrea, en la esquina de la segunda de Plateros y San José del Real, a unos pasos del negocio de Prelier. Lleva sus daguerrotipos envueltos con esmero y ha pasado por la alacena de Antonio de la Torre, en la esquina de los portales de Agustinos y Mercaderes, a comprar su diario favorito, *El Siglo Diez y Nueve*, en el que siempre busca las contribuciones escritas por Yo, el seudónimo que muchos sabían apenas ocultaba al escritor Manuel Payno. Son cuatro páginas escasas cada día, pero lo alegran.

Hoy lee la crónica que, curiosamente, trata sobre su socorrido medio de transporte, el ómnibus a Tacubaya, un medio que Yo, o Payno, nunca había usado hasta escribir el peculiar cuentito que lo pone contento, pues el propio ómnibus es personaje y habla con el escritor, contándole sus penas cuando ya viaja de regreso a la ciudad después de haber pasado el día en Tacubaya, bastante aburrido, por cierto. Lo que más lo atrae, sin embargo, es el menú de un restaurante cercano, el café Paoli, que el escritor promueve al inicio de su crónica. Tiene tiempo de comer allí, y parece que por tres reales y medio se dará un festín de órdago.

Conoce de afuera el café, pues desde allí sale el ómnibus a Tacubaya que lo lleva de regreso a casa cuando se da sus escapadas a la ciudad que tanto extraña. Entra y un mesero de nombre Pedro, como el de la crónica de Payno, lo lleva a su mesa, que da a un hermoso ventanal desde el que puede ver a los transeúntes pasar. El mozo le pregunta si sabe qué va a ordenar. Claro que lo sabe, lo ha leído. *Beefsteak*, y una tortilla de huevo. Incluso atina a imitar a Yo:

—Que la carne esté blanda, Pedro.

El mesero le sirve agua en una enorme copa de cristal. Escucha a los comensales en las mesas aledañas hablar de los conflictos políticos de los últimos tiempos. Uno de ellos, el más jóven, afirma, tajante:

—A río revuelto, don Landero, a río revuelto… Hemos incluso inventado palabras para referirnos al caos en el que vivimos. *Asonada, pronunciamiento, cuartelazo*. Todos los días alguien se alza, se pronuncia, toma un cuartel. Lo curioso es que se está a favor de Santa Anna o en su contra. Y meses después, quienes lo denostaban lo promueven, y quienes lo ensalzaban lo defenestran. El mismo gallo, pero medio desplumado después de fallidos gobiernos y exilios interiores a su hacienda de Manga de Clavo.

—Si es cuartelazo nace en la Ciudadela o en la Acordada, joven amigo. Si es levantamiento o motín puede provenir de tus amigos los plateros o de los comerciantes azuzados. Todos son iguales. Lo peor es que vamos con el mejor postor.

—Estaba mejor la Ciudadela como fábrica de tabacos, al menos nos proveían de cigarros de calidad y no de asonadas fallidas. ¡Ni a cuál irle!

—La peor, a mi juicio, la de hace tres años. ¿Recuerdas? Parece que fue hace un siglo. Valentín Gómez Farías y el general Urrea se alzaron por la bandera del federalismo, contra Bustamante, a quien llamaban traidor y asesino.

—Fueron hábiles, al menos. Sorprendieron al presidente en la cama y se lo llevaron preso en piyama.

—De no ser por las tropas de Gabriel Valencia. Los indios regresaron a sus pueblos, los léperos a sus transas de siempre, escondidos. Bustamante apenas logró escapar por los pelos cuando los cañones dispararon contra el propio palacio.

—Tenemos los periódicos para recordarlo. Se refugió para variar en la Ciudadela, con el infausto Juan Nepomuceno Almonte, el hijo bastardo de Morelos.

—Y desde allí cañonearon la ciudad y el palacio de nuevo. Demasiada destrucción para unos días de trifulca entre sediciosos sedientos de poder.

—Y Santa Anna salvó a su terrible enemigo Bustamante para luego sacarlo del poder en doce meses. ¿Recuerdas la proclama del general Valencia?: «¡Soldados de la libertad! La anarquía sacó la cabeza y vuestros brazos la han ahogado al momento. ¡Yo les presento a los sublevados ante las naciones del mundo como un modelo inimitable de ferocidad y barbarie!».

—Temo que ante las naciones del mundo seamos los mexicanos todos bárbaros terribles.

Ambos hombres rieron y chocaron sus copas de vino. Pedro le trajo su carne con papas a Cuautle, que la saboreaba con el olfato mismo, pues nunca había probado manjar igual.

Piensa Gil que el pueblo, a tanto supuesto levantamiento, solo le llama *bola*; finalmente el pueblo es solo carne de cañón y se suma a ese relajo, a ese despelote. Irse con la bola. Porque le parece curioso a Cuautle que las cosas en realidad no hayan cambiado. Se ha conseguido la independencia, se han sucedido gobiernos de todo tipo solo para que los ricos sean más ricos y los pobres tengan menos. Para que los nobles criollos sigan teniendo todas las canonjías y se llamen a sí mismos «hombres de bien». ¿Y él quién es? ¿Hombre de mal, acaso, por no tener nada?

El hombre le respondió al joven rico de la mesa de junto:

—Mira, Ramiro, así están las cosas. Y el desmoche sigue.

—Si quieres seguir de chismes y cotilleos, lo mejor es que me ha llegado de Boston, editado por William Prescott, el libro de nuestra querida amiga Fanny, se llama *La vida en México,* y son las cartas que le escribió a su familia en los dos años que vivió entre nosotros.

—Se burlará de todo, la muy pícara.

—Por supuesto, no deja títere con cabeza. Por ahí hasta mi madre Luisa y la casa de los Santoveña aparecen retratados. Es una delicia.

—No leo inglés, como bien sabes, Ramiro, así que te necesito para glosarme el retrato de mis compatriotas. ¡Ay, madame Calderón de la Barca!, ¿no fuiste tú quien la invitó a una de sus primeras recepciones?

—Mi madre y mi hermana, quienes estaban fascinadas con el hecho de que una escocesa estuviese casada con el ministro plenipotenciario, don Ángel.

»Y a ella, a juzgar por el libro, le sorprende el color de la piel de los mexicanos, esos que ella llama «pintorescos». Dice en algún momento que «van por la calle léperos holgazanes, patéticos montones de harapos que se acercan a la ventana y piden con la voz más lastimera, pero que solo es un falso lloriqueo». Nos tilda de perezosos, tumbados al rayo del sol, tomando el fresco. Pero alaba la ciudad y el valle, los volcanes.

—Como muchos, tal vez llora que la gran joya de la corona española se ha emancipado. ¿Vas a ir al Teatro de los Gallos esta noche, Ramiro?

—Sabes que mi mujer no se pierde ninguna obra, y la *Lucrecia Borgia* de Victor Hugo, menos. Ama los dramas llenos de sangre.

—E incesto —bromeó su amigo Landero— y traición.

—Dejémoslo en sangrientos. Baste decir que le fascina el teatro. ¿Y tú irás con mi madre?

—Se ha indispuesto. Alguna indigestión. Se perderán los boletos.

Desde su mesa, con fingida timidez, el zapatero Cuautle intervino:

—Perdonen que haya oído por encima su conversación. Yo podría comprarle al menos una de las entradas del teatro, si las tiene disponibles.

—No las traigo conmigo, pero puede pasar por ellas a esta dirección —Landero apuntó las coordenadas en una pequeña tarjeta—, y descuide, no necesita reembolsarme un céntimo. De todas formas se iban a perder, qué mejor que las aproveche un amante del teatro.

—Lo agradezco mucho, no me pierdo ninguna función del Teatro Principal. Así que será un honor ir en su lugar, don…

—Julio Landero. ¿Y usted?, ¿con quién he tenido el gusto?

—Gil Cuautle, servidor.

Ramiro Aguirre Santoveña lo invitó a sentarse en la mesa con ellos a tomar un cordial. Le dijo que además no tenía sentido que se apersonara en la casa de Landero más tarde, él mismo mandaría un mozo ahora por las entradas sobrantes. La conversación volvió a la política.

—A ver, amigo Cuautle, si me permite llamarlo así. Don Ramiro y yo hablábamos del caos que impera en este país e igual no le vemos remedio. Damos tumbos, vamos como las olas del mar. Los que alguna vez sofocan rebeliones son los rebeldes del siguiente alzamiento. Ya ve el año pasado que el general Gabriel Valencia se levantó en armas.

—Para volver a llevar a palacio a Quince Uñas —se atrevió Gil Cuautle, quien no sabía la filiación política de sus recientes compañeros.

—Va de nuevo. Exacto —dijo Ramiro—. Pero no a palacio, ya ve que no le gusta vivir allí. Lo ha hecho con sus amigos en la Casa de la Bola en Tacubaya o en el palacio de Buenavista en San Cosme o en el Arzobispado o en la casa de los marqueses de Sierra Nevada.

—A decir de las malas lenguas, más bien se la pasa en San Agustín de las Cuevas, le fascinan las peleas de gallos. Y apostar. Así a lo mejor perdió Tejas, apostando, y no dormido después del Álamo, como dicen —terció Landero.

—Hasta Washington fue a dar preso por Sam Houston, masticando chicle —dijo Ramiro Aguirre—. Y hasta cuentan que el oficial que lo apresó se apellidaba Adams, y como le encantó la resina ha venido a México por grandes cantidades, para comercializarla allende la frontera. Así que su Alteza Serenísima, como le ha dado ahora por llamarse, no contento con perder Tejas, anda hipotecando nuestro chicle.

—Hemos vivido todo con Quince Uñas, hasta que perdiera la pierna en la guerra de los Pasteles. ¡Lo único que nos faltaba, entrar en guerra con Francia por deudas con reposteros!

—No se sulfure, Cuautle. El héroe de 1829 tiene más vidas que un gato. Cuando la escuadra francesa se presentó en la rada veracruzana nuestro amado pueblo volvió a pedirle a su magnánimo general que lo defendiera. ¿Y el repostero no era en realidad de Tacubaya, Cuautle?

—Así fue. Una guerra de pacotilla, aunque el manifiesto a la nación de Santa Anna nos haya hecho llorar y lo hayamos perdonado de nuevo por sus pillerías.

—No es mi caso, Landero —respondió indignado Ramiro—, sabes bien que con ese tipo no tengo tratos desde hace años. Es una rata. Un día se va a traicionar a sí mismo.

—Los alacranes nunca se pican a sí mismos. Es mala hierba, nunca va a morir —dijo Cuautle—. Nos queda Alteza Serenísima para rato, señores.

—Yo la verdad creo que tiene sus días contados —opinó Landero—, pero siempre he pecado de optimista.

—Y usted, Cuautle, si no es indiscreción, ¿en qué bando milita, con los federalistas o los centralistas? —quiso saber Ramiro.

—Decidí no tener bando alguno, queridos señores. Al principio de la lucha por nuestra independencia, lo acepto sin pena, participé en el ejército de Vicente Guerrero, a quien consideraba mi mentor.

—Hasta que se hizo de la presidencia por malas mañas…

—No, mucho antes. Abandoné esa y todas las causas cuando empecé a mirar las tretas con las que se hacía de dinero con su transporte de mulas, dedicado en realidad al contrabando entre Acapulco y Taxco. Al principio pensé que se trataba de una forma poco ortodoxa de financiar la lucha, pero luego vi que era para su personal fortuna. Ustedes que son enterados saben que incluso antes de haberse hecho con la presidencia ya arrendaba varias haciendas, y luego una antigua finca de los jesuitas en Chalco.

—Triste final el de Guerrero, querido Cuautle. Sé más bien que le dejó una enorme deuda a su viuda, según leí hace tiempo. Más de sesenta mil pesos —intervino Aguirre Santoveña.

—Yo conozco a su yerno, quien finalmente ha cedido el arriendo, pues no logró sacarle un peso a la finca de Chalco. Es diputado y muy amigo de Escandón —dijo Landero, quien sí andaba metido en política, Gil pudo darse cuenta. Estaba al tanto de todos los teje y manejes.

—¿El veracruzano? —preguntó Ramiro.

—Exactamente. Un hombre visionario, como se dice. Gran amigo de Santa Anna. Casi su socio. Además, su hermano casó con Lina Fagoaga, tu prima. Es bueno emparentar con mineros.

—Ni me lo recuerdes. Utilizó la mitad de la dote de mi prima para su línea de diligencias. Le sacó el dinero a su propio hermano con quién sabe qué astucias.

—Los mismos con los que convenció a Santa Anna de que le otorgara el contrato para repartir la correspondencia en todo el país con sus diligencias. Veinte mil pesos anuales. Y Quince Uñas, que en esa época aún tenía veinte, lo hizo también el único contratista para las reparaciones de los caminos y control de las garitas y aduanas. Creo que su familia política protestó en vano.

—Todos protestaron contra su monopolio. Los Fagoaga, los Bassoco y, por supuesto, mis primos ricos, los Santoveña. De nada sirve cuando se rumora que Escandón servía también entonces de prestanombre para ciertos negocios del general. ¡A saber quién es dueño de qué!

—Pues ahora el gobierno le ha cedido por quince años toda la producción tabacalera. Y no se te olvide que unió a sus amigos pudientes y le prestó al gobierno un millón de pesos entonces, con réditos muy lucrativos. Ahora es también minero, como ustedes, los Santoveña y los Fagoaga.

—Un hombre visionario, lo has dicho. Controla ahora todos los puertos de este país joven pero ya maltrecho por los malos negocios. Escandón construye a cambio de derechos aduaneros. Es como los gatos, amigo Landero, siempre cae parado.

Los tres hombres brindaron por México. Solo entonces le preguntaron a Cuautle por su profesión, y el hombre, sabiendo que estaba con criollos nobles, o con hidalgos, sin empacho y sin pena les habló con orgullo del oficio de zapatero.

—Quizá sea yo quien los ha calzado todo este tiempo, amigos míos.

Ninguno de los hombres sabía si eso era cierto, ya que enviaban a sus criados a remendar su calzado o por nuevos botines cuando ya no tenían remedio. Nunca habían pisado la tienda de un zapatero. A Ramiro Aguirre Santoveña, sin embargo, le hizo gracia el hecho de estar sentado, en el mismo café, con un hombre de oficio tan humilde y tan sabio y enterado de las cosas de gobierno. Lo había visto leer con atención sus diarios, que llevaba doblados bajo el brazo. Solo entonces reparó en el hatillo perfectamente envuelto y se atrevió a preguntarle qué era lo que allí llevaba. Cuautle les contó acerca del francés y su tienda de daguerrotipos. Ambos conocían el lugar, habían ido a la exhibición primera, pero se asombraron de que Prelier también hiciera placas con seres humanos, con familias. Se dijeron que ellos mismos mandarían hacer un daguerrotipo que inmortalizase a sus familias y agradecieron la buena nueva de haber conversado con Cuautle. El mozo de Aguirre ya había traído los boletos del teatro que Landero le había cedido con gusto. Volvieron a brindar. Alzaron sus copas y Ramiro preguntó:

—¿Por qué brindaremos esta vez, señores?

—Por la patria, amigos. Por la novedad de la patria —respondió sin titubeos Gil Cuautle. Y los tres chocaron sus copas.

* * *

Dos horas después, Gil Cuautle seguía en el café Paoli, ya solo. Eso era lo maravilloso de la viudez, se dijo, que nadie te espera, que no tienes que avisar que llegas tarde o que no llegas para nada. Le placía enormemente asistir al teatro esa noche, sin compañía, a pesar de las dos entradas gratis. Conocía la historia de los Borgia y en particular de la hija del papa, Lucrecia. Pensó que algo así nunca se hubiese podido representar en la Nueva España, y agradeció a la Independencia los nuevos aires. Con todo, en este país de catrines y de nobles, algo había cambiado por completo. Algo que pocos se atrevían a nombrar, pero cuya huella sería indeleble: la Iglesia dejaría de dictar la moral y las costumbres, de decidir quién era *español* o esclavo. Se habían acabado las castas, los libros de españoles y de indios y toda esa basura. Este era el lugar de los americanos, como había repetido su antiguo mentor, el malogrado Vicente Guerrero. A Gil Cuautle le tenía sin cuidado quién estuviese en el gobierno con tal de no volver nunca a ese tiempo en que la Iglesia y España decidían quién demonios era digno de ser o de existir.

Pagó su magra consumición, pues sus amigos insistieron en invitar la comida y las bebidas anteriores. Así que, en lugar de tres reales, apenas desembolsó medio. Entonces se dijo que en algunas ocasiones había tenido que pernoctar en la ciudad, en lugar de tomar algún carruaje a casa. Siempre lo había hecho en posadas. Ahora, en cambio, había decidido alquilar una habitación en el primer hotel de la ciudad, del que tanto se hablaba en los diarios, el hotel de la Bella Unión. Se había inaugurado en 1840 y él había pasado por enfrente muchas veces, asombrado de que el edificio de tres pisos, en lugar de ser de piedra de tezontle, como casi todos los de la ciudad, estuviera construido con ladrillo. Nunca había penetrado en su interior, pero los diarios hablaban de sus cafés y restaurantes, así que decidió ir a alquilar una pieza y tomar una siesta allí antes de la función teatral.

El ahorro de esa suculenta comida, por supuesto, no pagaba los gastos de esa noche, pero no importaba. Iría al teatro y dormiría como los reyes. Leyó hacía años en *El Sol* que la obra arquitectónica se le había encargado a un ingeniero italiano, José Besozzi, quien utilizó una estructura de acero para su construcción. El periodista llamaba afrancesado el estilo del hotel. A Cuautle se le hacía como un enorme pastel, aunque le parecía de mal gusto que en la fachada estuviesen los bustos de los primeros presidentes de México.

De cualquier manera, antes de dormir la siesta pasaría por un helado al café de Veroli, en la calle del Coliseo Viejo. Luego caminaría hacia Palma y Refugio, y descansaría hasta la hora de la función. Moriría plácidamente en 1846, poco antes de la invasión estadounidense, que no le habría gustado presenciar.

20

1847

Únicamente se escuchaban las balas de cañón y las compuestas y múltiples lluvias de disparos. En su cabeza sonaba la melodía que días antes le escuchara canturrear a un compañero del Batallón de San Patricio. La cantaba constantemente mientras tallaba algo en un pedazo de madera. Aquello estaba en una lengua ininteligible. Cuando el cadete preguntó al extranjero qué era eso que coreaba, el foráneo contestó que era una canción sobre un chico que había marchado a la guerra tiempo atrás y sobre quien se escribirían canciones de arpa por haber mostrado valor cuando había que luchar para no ser esclavos.

—¡Un arpa fiel me alabará!, ¿no es cierto, Felipe? A ambos. A ambos nos espera un tiempo de libertad.

Felipe Cuautle sentía miedo, así que mantuvo la melodía en su cabeza para distraer su mente de lo que ocurría a su alrededor. Anhelaba salir vivo de aquel festín de metrallas.

Días antes, Felipe y otros cadetes habían escuchado en voz de los mayores acerca de la toma y pérdida de los sitios en Padierna, Churubusco y el Molino del Rey, en las afueras de la Ciudad de México. Todos sonaban preocupados. Los invasores habían llegado al norte vía Texas-Coahuila; lograron avanzar hasta Monterrey, pero enfermaron de diarrea y volvieron a Saltillo. Entonces fue que decidieron no seguir por tierra, sino por mar. Entraron finalmente por el puerto de Veracruz. Y aunque el norte ya no estaba ocupado para ese momento, las tropas del sur estaban por entrar a la ciudad. El último bastión en pie era su querido Colegio Militar.

* * *

En poco más de dos semanas el puerto de Veracruz había capitulado. Puebla no había opuesto resistencia alguna, pese a la batalla que se les había dado hasta entonces de parte del ejército, de las guerrillas y de varios civiles y eclesiásticos molestos. Solo dos días habían bastado para que cayeran Padierna y Churubusco, y poco más de dos semanas después, las fuerzas mexicanas habían perdido de nuevo frente al ejército de Estados Unidos en el Molino del Rey. ¿Estrategia mal planeada? ¿Falta de dirección? ¿Miedo?

El amanecer del 19 de agosto sorprendió a los soldados mexicanos muy cerca de la derrota. Ya desde la noche del día anterior el ejército enemigo había hecho grandes avances. Las fuerzas del general Antonio López de Santa Anna habían llegado cerca de donde se desarrollaba el combate, pero luego de haber sostenido la resistencia durante todo el día, el ejército mexicano, a cargo del general Valencia, fue dejado solo. El general Santa Anna ordenó la retirada y abandonó a los hombres que, confiados en su apoyo, siguieron peleando. Muchas vidas se perdieron allí.

El ejército enemigo venía orgulloso luego de la victoria lograda en Cerro Gordo meses atrás. Eso era definitivo.

* * *

La guerra entre México y Estados Unidos había sido declarada inicialmente por el Congreso de los Estados Unidos el 13 de mayo de 1846, debido a la negativa del gobierno mexicano a permitir que el vocero del presidente James Polk presentara una oferta de compra por los territorios de California y Nuevo México. Por otro lado, antes de esa propuesta, el presidente norteamericano ya había aceptado, el 29 de diciembre de 1845, la adhesión del estado de Texas a la nación estadounidense. Anexión que para nada reconoció México, puesto que tampoco había admitido su emancipación. Esos dos hechos solo tensaron la relación entre ambos países. Incluso antes de la declaración de guerra, el presidente Polk había enviado tropas cerca del río Bravo (aun cuando el límite oficial de Texas siempre se había considerado el río Nueces) para atacar a los mexicanos en su territorio. Finalmente, y luego de esos excesos de parte del gobierno del presidente Polk, el 23 de mayo de 1846 México declaró la guerra al país vecino.

Derrocado ya Mariano Paredes, y temiendo Valentín Gómez Farías que su destreza militar y su liderazgo al frente del gobierno no fueran suficientes, llamó de su exilio en Cuba al general Santa Anna para pedirle que dirigiera al país y a las tropas nacionales. Poco importó que dos años atrás, ante la disolución del Congreso declarada por el dictador, el ánimo popular se hubiera tornado masivamente en su contra. El entonces presidente provisional, Valentín Canalizo Bocadillo, se lo había hecho notar al veracruzano en una carta fechada el 7 de diciembre de 1844:

La reacción del enemigo por la Disolución del Congreso rebasó todas nuestras expectativas, al punto que me encuentro preso y una sentencia de muerte pende sobre mi cabeza. […] no pude impedir que el día 4 su estatua del mercado amaneciera con una soga al cuello y una caperuza de ajusticiado […] La ruptura del orden desencadenó el motín popular más pavoroso de cuantos tengo memoria […] De haber estado en México, no se salva usted del linchamiento. Al grito de «muera el cojo ladrón» y «abajo el Quince Uñas», la multitud derribó su estatua en la plaza del Volador y la arrastró por las calles, lo mismo que el busto de yeso erigido en la puerta del teatro que lleva su nombre, del cual tomó su parte cada lépero, teniendo a dicha poseer un fragmento […] Tras haber allanado el cementerio de Santa Paula, los más osados profanaron el monumento de mármol en donde yacía su pie amputado, sacaron el zancarrón de la urna cineraria y lo pasearon en triunfo por las calles de la ciudad, al son de un vocerío salvaje […]

Pese a todo, en tiempos de crisis el pueblo mexicano siempre es capaz de olvidar y, convocado a elecciones, eligió nuevamente al veracruzano como presidente para el periodo 1846-1850. Santa Anna regresaría al país en diciembre y marcharía al norte para dar batalla al ejército del general Zachary Taylor. En su lugar dejaría a Gómez Farías como el vicepresidente que ya era. Su encomienda principal consistía en reunir capital para sufragar la guerra. Fue entonces cuando un grupo de personas integrado por el clero y jóvenes de la clase media alta, que se resistía a financiar la defensa de la invasión extranjera, se levantó en armas. La Iglesia había convocado a esos jóvenes, llamados los polkos, para desconocer a Gómez Farías y a sus leyes, que consideraban un abuso. Al grupo rebelde se unió el joven Servando Landero.

* * *

La familia de Servando era de tradiciones fuertes y conservadoras. Seguían haciendo lo mismo —y de igual manera— desde hacía más de cien años. Antes del canto del gallo para avisar que pronto saldría el sol, la familia ya andaba de pie con las actividades propias de la mañana. Todos los domingos asistían a misa de mediodía, y la comida siempre se servía justo a la 1:30, después de que el señor Landero se sentara a la mesa. Las damas eran iniciadas en el arte de la cocina desde muy pequeñas, donde ponían especial atención a la elaboración de las golosinas para deleite de los hermanos, del padre y de las visitas. El arte de la dulcería las hacía sentir parte de una herencia especial y les daba orgullo. Las mujeres de la familia Landero eran conocidas por sus turrones de yema, sus frutas de temporada cristalizadas, el crujir de sus esferas de coco y el dulzón justo de la leche costrada que preparaban religiosamente cada lunes. Por su parte, los varones conservaban el oficio panadero de sus antepasados, aun cuando, ya mayores, se dedicaran más a la gerencia de las tres panaderías, que para entonces poseían: La Piedad —la primera— y La Estrella, ambas en Tacuba; y Los Ángeles, en Paseo Nuevo. Todos en casa habían aprendido cuando muy jóvenes a hacer pan, de dulce y de sal: almendras, engranilladas, glorias, caracoles, moños, espejos, nubes, almohadas, burritas, bolillos, teleras, resobados. Y la colección seguía.

A cambio de las golosinas hechas por las mujeres de la casa y paladeadas durante el reposo vespertino, el señor Landero ofrecía algunas historias de sus antepasados, actividad de recreo que también los hombres más jóvenes aprendían.

Tanto el joven Servando como su familia, católicos conservadores, consideraban no solo un atropello la ocurrencia de aquellas leyes impuestas por el doctor Gómez Farías, sino una afrenta directa a Dios. Así que él y otros jóvenes de buenas familias se reunieron en el hotel de la Bella Unión, en el centro de la ciudad, bajo las órdenes del general Matías de la Peña Barragán, para juntar sus armas, su ánimo y su fe para fraguar la rebelión y defender aquello en lo que creían. El general Barragán se hizo nombrar entonces Jefe del Ejército Salvador de la Independencia y la Libertad.

* * *

Los jóvenes se hicieron llamar los polkos, y cada vez que alguien les preguntaba el motivo de su nombre, alegaban que era debido a su afición a la danza polka, aunque en lo profundo sabían que el nombre, en realidad, era producto de su admiración por el presidente James Knox Polk y sus ambiciones expansionistas. Estos jóvenes de clase media alta no solo querían que los estadounidenses se apoderaran de Texas, sino del país entero. Así que, cuando Gómez Farías intentó enviar refuerzos a Veracruz, tanto económicos como militares, para ayudar contra la invasión de los norteamericanos, los batallones Independencia, Bravos, Victoria, Mina e Hidalgo, integrados principalmente por esos jóvenes y sus familias —como Pedro María Anaya, Servando Landero, Vicente García Torres, José María Lafragua, Mariano Otero y Lucas Balderas—, se negaron a participar, alegando que lo que el vicepresidente solicitaba eran ocurrencias.

La rebelión de los polkos dejó la ciudad convertida en un campo de guerra, como vaticinando lo que vendría después.

La fuerte rebelión del clero y los polkos obligó a Santa Anna a volver a la Ciudad de México. Ya allí anuló las leyes que exigían el despojo de los bienes de la Iglesia y los convirtió en una donación voluntaria del clero. Luego de eso, la rebelión de los polkos —bastante disminuida para entonces— se disolvió, y Servando volvió a sus tradiciones familiares y de oficio.

Pocos años más tarde, su hermana, Jesusa Landero, se casó con un excombatiente del Batallón de San Patricio, Ronan Walsh o Román, como lo llamaría la familia. Finalmente, las dotes culinarias de una de las hijas Landero habían alcanzado a este hombre bonachón que decidió dejar Estados Unidos convencido de que el ánimo de los mexicanos era más parecido al de la familia que había dejado atrás, cerca del valle de Glendalough, en el condado de Wicklow, Irlanda.

* * *

Abril de 1847. A poco más de un mes de haber desembarcado en el puerto de Veracruz, el ejército del general Winfield Scott está en su camino hacia la capital. Delante de él ya marchan el general de brigada David Twiggs y el general Robert Patterson, quienes descubren a unos jinetes del ejército mexicano y deciden enviar a un grupo de soldados a perseguirlos solo para darse cuenta de que estaban apostados en unas colinas cercanas. Al día siguiente, el 12 de abril, Patterson envía a los oficiales William Brooks y Pierre Beauregard a explorar el terreno. Allí ellos deciden sobornar a los lugareños y amenazarlos para que les señalen el mejor camino para apoderarse de la Atalaya, uno de los dos cerros más altos del lugar, desde donde podrían dominar toda la posición. El 14 de abril, cuando finalmente el general Scott los alcanza en Plan del Río, se inicia la operación de ataque. El objetivo es ocupar la Atalaya para desde allí atacar al ejército mexicano. Sin embargo, en su avance hacia el cerro, las tropas mexicanas arremeten. Parte del ejército estadounidense da persecución a los nacionales que los atacan, y logran que se repliequen. Esa noche los norteamericanos redoblan esfuerzos y se arman con cañones en la cima de la colina. Finalmente, la mañana del 18 de abril asaltan la posición mexicana en el cerro del Telégrafo, obligando a los nacionales a huir a las alturas. Cañones, proyectiles, humo, gritos. El ejército de Estados Unidos ataca por el oeste del Telégrafo y luego también sorprende a los mexicanos por la retaguardia, lo que, aun a pesar del bajo número de soldados, causa gran sorpresa a los hombres de Santa Anna, produciendo en ellos pánico, pues se consideran rodeados, lo que hace que salgan en retirada rumbo a Xalapa. El Telégrafo se ha perdido y, con ello, el paso hacia Puebla y la Ciudad de México queda al descubierto.

Xalapa parecía el mismo purgatorio. Lamentos por los compatriotas caídos, gritos de dolor de los amputados, muñones solitarios y hombres moribundos en las banquetas; la muerte y el odio por los invasores, el olor a choquilla y putrefacción llenaba las narices, haciendo difícil la respiración. Pronto se decidió que debía detenerse el avance de los extranjeros hacia México y se autorizó la formación de guerrillas. Una de las más fuertes y valientes fue la del padre Celedonio Domeco de Jarauta.

Allí donde el 30 de julio de 1821 desembarcara el virrey Juan O'Donojú, nombrado para restaurar el orden de la Colonia, en 1844 descendió de un buque venido de España el padre Jarauta. A poco de su llegada al nuevo continente, el asedio avasallador del invasor al puerto de Veracruz lo había enardecido. Estaba decidido a formar una guerrilla para hostilizar a las tropas de Estados Unidos. Fue así como el padre Jarauta fue nombrado segundo capellán de Infantería e inmediatamente, con la ayuda de civiles y eclesiásticos, decidió atacar al ejército del general Scott en los límites de Puebla y Veracruz: en Perote, Puente Nacional y Sotavento.

El inicio del paso hacia la capital del ejército estadounidense no fue sencillo, pues durante el trayecto los soldados invasores enfrentaron la resistencia de una hueste que, aunque poco preparada, era aguerrida, valiente y dispuesta a morir por México. El padre Jarauta solicitó incluso la liberación de los presos, quienes fueron obligados a participar en la guerrilla o serían fusilados. Ninguno de los encarcelados sentía empatía alguna por la suerte de la nación mexicana que los había encerrado, aun cuando buscaban la igualdad y libertad de su patria y de los suyos.

El factor sorpresa y la desestimación por parte del enemigo lograron que la guerrilla avanzara con éxito. Muchos norteamericanos sucumbieron en manos de los hombres del padre Jarauta.

* * *

Ese 20 de agosto de 1847 la derrota sorprendía a ambos bandos.

El ejército enemigo venía ufano, luego de la victoria lograda meses antes. Para ellos, atrás habían quedado Cerro Gordo, las guerrillas y Puebla; atrás habían quedado también las resistencias.

Pero muchas vidas se habían perdido ya.

Luego de haber combatido en Padierna y Churubusco, los representantes de ambos gobiernos acordaron el cese de la invasión. Hasta entonces, los mexicanos creían que la batalla buscaba el reconocimiento por parte de México de la adhesión de Texas a Estados Unidos, pero pronto los connacionales descubrieron que el motivo de la invasión no era solo ese. Además, estaban buscando la anexión de California y de Nuevo México. Aquella parte que años atrás los mexicanos se habían resistido a vender. Es decir, todo el territorio norte hasta antes del río Bravo. Ese descubrimiento rompió la tregua y la guerra se reanudó.

Desde el 7 de septiembre, el ejército estadounidense se había acercado a la zona donde se ubicaba el Molino del Rey, la Casa Mata, Los Morales y Anzures. Para entonces, la defensa mexicana estaba lista para recibir el embate. Al amanecer del 8 de septiembre de 1847, los cañones estadounidenses atacaron el campamento en el Molino del Rey, cerca del Bosque de Chapultepec, y resultaron vencedores una vez más. Sin embargo, esta victoria ocasionó tales pérdidas humanas y gasto de arsenal que la consideraron casi una derrota. Definitivamente había sido una batalla innecesaria. No había arsenal ni botín que tomar de los mexicanos luego de la batalla, y sí muchos soldados muertos y cuantioso parque malgastado.

Las pérdidas de los combatientes mexicanos también eran grandes. Además, no solo el número de soldados había sido mermado; el orgullo y la confianza también habían sido reducidos significativamente. Las tropas nacionales habían sido vencidas en fuerza, en estrategia y en su amor propio.

La guerra avanzó hasta Chapultepec.

Luego de ese fatídico 8 de septiembre, el general Nicolás Bravo se había replegado en el Castillo de Chapultepec. En el camino, había recordado al general Antonio de León y al coronel Lucas Balderas, ambos caídos en el Molino del Rey. No se explicaba cómo el ejército enemigo conocía tan bien la zona. Se rumoraba que existía un grupo de espías al servicio de Scott y, también, que el general invasor tenía en su poder unos mapas que le había facilitado el comodoro Matthew Perry cuando había atacado San Juan Bautista, en Tabasco. Esos mapas, junto con algunas crónicas de su paso por el continente americano, habrían sido entregados al presidente Thomas Jefferson por el explorador y barón prusiano Alexander von Humboldt, en una escala de su viaje de regreso al Viejo Continente, por el mero gusto de compartir sus hallazgos. Desde 1799 y hasta 1804 el barón había visitado en las Américas la Capitanía General de Venezuela, Nueva Granada, Quito y Perú, además de Cuba y México. Durante esos viajes el explorador había tomado notas de uno de los reinos más ricos del continente: la Nueva España. El barón Von Humboldt había andado por Taxco, Ciudad de México, Guanajuato, Cholula, Xalapa y Veracruz, y había descrito con gran detalle los lugares que había visitado en cada una de las ciudades que pisó y los caminos que las conectaban. Esos mapas y las crónicas que los acompañaban daban cuenta de lo que había visto, medido, caminado y escalado. Sus mapas detallaban la ubicación de las ciudades más importantes y sus edificios, así como las distintas geografías. Sus crónicas daban cuenta también de las fortunas materiales, así como de cuadros detallados de la flora y fauna de cada región, con descripciones minuciosas de las costumbres de los oriundos. ¿Y qué si las crónicas del barón Von Humboldt abrieron el apetito de los estadounidenses por México? Seguramente Jefferson, quien pensaba que su destino manifiesto era llevar el territorio norteamericano tan lejos como pudiese, vio en ese «obsequio» la ratificación de un mandato divino.

* * *

El Castillo de Chapultepec era la sede del Colegio Militar, donde cerca de cien jóvenes de entre doce y diecinueve años estaban internados mientras se preparaban para formar parte del ejército mexicano. Además, había otros individuos, con o sin cargo militar, que a veces fungían como asesores de los jóvenes aspirantes, y unos ochocientos soldados de diferentes batallones que habían llegado allí en la retirada de las cruzadas anteriores: guerrilleros del Batallón de San Patricio, chinacos, soldados del Ejército del Norte, sobrevivientes de las tropas de los generales Valencia, Salas y Blanco, entre otros. Ante el inminente avance por parte de los invasores, el general Mariano Monterde, director del Colegio, ordenó a los jóvenes cadetes marcharse para ponerse a salvo; pero varios de ellos decidieron quedarse y apoyar en la defensa. A pocos días de festejar un año más de la independencia respecto de la Corona española, los ánimos estaban sensibles. ¿Qué podría celebrarse ante la invasión y el avance de los estadounidenses? La atmósfera del país no estaba para galas ni festejos.

El cerco estaba cerrado y el último bastión mexicano era el Castillo de Chapultepec. Había que tomarlo para ingresar triunfantes, y sin más contratiempos, a la Ciudad de México.

El 11 de septiembre, lo que quedaba del ejército enemigo tomó por asalto el Colegio Militar. Ese recinto que algunos años después sería el hogar de los gobernantes ilegítimos Maximiliano de Habsburgo y su esposa, Carlota. Aquellos monarcas que habrían de ser convocados por un grupo de traidores mexicanos, entre ellos Juan Nepomuceno Almonte, quien participara en las batallas de El Álamo y de San Jacinto, el mismo que en 1845 había sido vocero del gobierno mexicano para notificar a los Estados Unidos que la oferta de compra de California y Nuevo México se rechazaba definitivamente.

México siempre había vivido entre dos flancos: el grupo de los traidores, por un lado, y el de los fieles, creyentes de la legítima soberanía de México, por el otro.

No solo las municiones del ejército mexicano se acababan, no solo estaba mermado su honor; además, las condiciones sanitarias y los alimentos escaseaban. Lo que quedaba del ejército estaba pertrecho. Ese 11 de septiembre comenzó el feroz bombardeo al castillo. En la defensa estaban, al mando, el general Nicolás Bravo. Además, los hombres del Batallón de San Blas a las órdenes del teniente coronel Felipe Santiago Xicoténcatl y los soldados sobrevivientes de las anteriores batallas. Para el día 12 de septiembre la guerra ya no pintaba bien para México: el norte del país estaba en manos de los extranjeros y los puertos de Veracruz y Tuxpan estaban tomados. El bombardeo continuó en Chapultepec y, finalmente, el 13 de septiembre, los enemigos penetraron la línea de defensa. Aquella mañana del lunes, a las ocho en punto se detuvo el bombardeo, lo que daba la señal para iniciar el ascenso al castillo. A pesar de que el general Santa Anna había enviado al Batallón de San Blas para apoyar en la defensa del lugar, nada detuvo el ascenso y asalto del ejército invasor.

Santa Anna se había quedado repeliendo otro ataque en la entrada del Bosque de Chapultepec, al oriente del cerro, sin darse cuenta de que el flanco de occidente estaba siendo fuertemente asediado. El Batallón de San Blas defendió al pie del cerro el avance de los estadounidenses, pero los enemigos los superaban en número, en armamento y en fuerza. Aun herido, el coronel Felipe Santiago Xicoténcatl instó a sus hombres a seguir defendiendo el lugar hasta que cayó muerto, envuelto en la bandera de su batallón. Pronto los generales Gideon Pillow, John Quitman y William Worth subieron las faldas del cerro hasta la cumbre, donde se ubicaba el Colegio Militar.

Felipe Cuautle seguía oyendo en su cabeza la melodía que días antes le escuchara canturrear a un compañero del Batallón de San Patricio, y sintió miedo de los extranjeros, de su lengua y de sus armas. Solo pensaba en su madre y en sus hermanos. Repasó la tonadilla y caviló sobre el personaje de la canción, que había ido a la guerra. Ahora sabía que ese muchacho no había regresado nunca, y que el arpa que había tocado para aquel joven ahora tocaría para él y para sus compañeros. Pensó en todo aquello que ya no haría. Ese destino inminente al mismo tiempo lo llenó de valor y fuerza. Volvió a pensar en su madre y en sus hermanos, y tuvo claro que lo único posible en ese momento era defender a su colegio, a su familia, a su nuevo amigo —el Irlandés— y a sus compañeros cadetes, pues lo único que les quedaba era pelear para no ser esclavos y para ofrecer a quienes estaban lejos la oportunidad de tener un tiempo venidero de libertad.

Así que mantuvo aquella melodía en su cabeza, abrazó con fuerza su rifle y siguió a sus compañeros. La voluntad de todos por defender su colegio y su nación era más grande. Agustín Melgar, de 18 años, y Juan de la Barrera, de 19, habían marchado delante; eran los cadetes mayores e iban al frente, abriendo paso al grupo. Inmediatamente detrás iban Fernando Montes de Oca, de 18, y Vicente Suárez, de 14. En la retaguardia corrían Francisco Márquez, de 14; Felipe Cuautle, de 15, y Juan Escutia, de 20, que no era cadete. Adelante solo había humo, cuerpos caídos, gritos y carreras. Todos los que habían elegido quedarse empuñaban un arma y se aferraban a su decidido valor.

«¡La muerte o la gloria!», se escuchó gritar al fondo.

Uno a uno, los soldados y los cadetes fueron cayendo.

Los estudiantes Felipe Cuautle y Fernando Montes de Oca habían logrado distanciarse de las metrallas cuando, en su carrera hacia el Jardín Botánico, una bala alcanzó a Fernando por la espalda y lo mató instantáneamente. Felipe, quien había adelantado en la carrera a Fernando, había resbalado hacia la maleza. Herido de muerte, quedó varado junto a un montón de arbustos, que cubrieron su cuerpo. Juan de la Barrera, teniente del Cuerpo de Ingenieros, murió a tiros en la defensa del hornabeque ubicado al sur del cerro. El cadete Vicente Suárez fue alcanzado por el enemigo mientras fungía como centinela. Francisco Márquez cayó al enfrentar a un grupo de soldados, mientras guardaba la retirada de unos colegas cadetes. Y Agustín Melgar disparó hasta quedarse sin municiones y murió a manos de un invasor que lo atravesó con su bayoneta.

Para entrar triunfante a la Ciudad de México, el ejército estadounidense debió pelear el resto del día. El propósito era no dejar lugar a dudas acerca de la fuerza y el poderío de su milicia, pues querían ser vistos como un ejército imperial, brutal y fiero, sin ninguna posibilidad de ser contenido por quienes les fueran adversos. Eso definitivamente marcaría el futuro de la invasión.

Al final de la batalla, la bandera mexicana que ondeaba en el asta del castillo fue capturada por el ejército invasor, y en su lugar fue izada la bandera de los norteamericanos.

México había perdido.

Más de novecientos soldados mexicanos perecieron en esa batalla. Los cuerpos de los cadetes y soldados muertos yacían en el cerro como colgajos o bulbos arrancados. La espada del general Bravo, tachonada de piedras preciosas, fue entregada. Previendo el futuro de la ciudad, el gobierno federal se había movido a Querétaro, y desde allí había iniciado las negociaciones de paz.

* * *

Ahora el general Scott debía poner el ejemplo al sancionar a los desertores del ejército de Estados Unidos descubiertos en combate. Una unidad militar compuesta de cientos de inmigrantes, entre ellos alemanes e irlandeses, había luchado en el lado mexicano. Durante el asalto a Monterrey dos veces habían repelido el ataque y, tanto en Churubusco y Padierna como en el Molino del Rey y Chapultepec, los integrantes del Batallón de San Patricio, como se hacían llamar, habían defendido el honor de un país al que desconocían.

Terminada la contienda, los traidores fueron azotados, marcados con hierro caliente en la cara con la letra «D», por desertores, sentenciados a trabajos forzados y a morir en la horca. Los miembros de este batallón, parte del ejército mexicano, fueron colgados en distintas fechas: el 9, el 10 y el 13 de septiembre, por órdenes del general Scott.

Mi nombre es John Riley.
Tendré tu oído solo un rato.
Dejé mi querido hogar en Irlanda.
Era la muerte, el hambre o el exilio.

Y cuando llegué a América
estaba en mi deber ir,
entrar en el ejército y caminar penosamente a través de Texas,
para unirme en la guerra contra México.

Fue allí, en los pueblos y laderas,
que vi el error que había hecho.
Parte de un ejército conquistador
con la moral de una cuchilla de bayoneta.

Así que, en medio de estos pobres, moribundos católicos,
niños gritando, el hedor de la quema de todo,
yo y doscientos irlandeses
decidimos alzarnos a la llamada.

(Coro)

Desde la Ciudad de Dublín a San Diego,
atestiguamos la libertad negada.
Así sé que formamos el Batallón de San Patricio
y luchamos en el lado mexicano.

Marchamos con la bandera verde de San Patricio
blasonada con el «Erin Go Bragh»,
brillante con el arpa y el trébol
y «Libertad para la República».

Solo cincuenta años después de Wolftone,
cinco mil millas de distancia.
Los yanquis nos llamaron una Legión de Extranjeros
y pueden hablar como quieran.

(Coro)

Luchamos contra ellos en Matamoros,
mientras que sus voluntarios estaban violando a las monjas.
En Monterrey y Cerro Gordo
nosotros luchamos como hijos de Irlanda.

Fuimos los combatientes pelirrojos por la libertad
en medio de estos hombres y mujeres de piel morena.
Lado a lado luchamos contra la tiranía.
Y me atrevería a decir que lo haríamos de nuevo.

(Coro)

Los combatimos en cinco principales batallas.
Churubusco fue la última.
Abrumados por los cañones de Boston,
caímos después de cada explosión de mortero.

La mayoría de nosotros murieron en esa ladera,
en el servicio del Estado Mexicano.
Tan lejos de nuestra patria ocupada,
fuimos héroes y víctimas del destino.

Los rumores que habían traído de vuelta a Iturbide, un par de décadas antes, se hacían nuevamente realidad. Una nación extranjera se empeñaba en hacer de la recién independizada patria mexicana una tierra conquistada, sojuzgada y maltrecha. ¡Pobre tierra mestiza que había luchado diez años por su independencia y ahora se veía en la necesidad de refrendar su soberanía!

La pesadilla de muchos connacionales sobre la llegada de un virrey español se revivió más de veinte años después. El hambre de poder de la vieja y sanguinaria Madre Patria española era ahora sustituido por el voraz apetito del vecino del Norte. Aprovechando la inmensa extensión de la antigua colonia española, el centralismo de un poder cada vez más disminuido y caótico, y la creciente desintegración de la joven nación independiente, Estados Unidos, «siempre pueblo de oportunidades», vio en la fragmentación del pueblo mestizo el escenario perfecto para adueñarse del territorio que anhelaba.

* * *

El ejército invasor no era precisamente uno formado por gente elegante, así que los meses siguientes la ciudad se convirtió en un muladar gigantesco. Además, eran hombres dados al trago y a las orgías. Les gustaba el juego, la bebida, las mujeres. Se acostumbraron a dormir en los confesionarios de las iglesias; entraban en ellas fumando o con sombrero; hicieron del hotel de la Bella Unión, el de La Gran Sociedad y el Progreso sus salones de baile favoritos, sus cantinas y prostíbulos más concurridos. Las *margaritas* fueron quizá las mujeres más afortunadas de estos meses.

> Ya las Margaritas
> hablan el inglés.
> Les dicen: me quieres
> y responden: *yes.*

Cuando el general Winfield Scott mandó izar la bandera de Estados Unidos también en la plaza Mayor, los ánimos del pueblo se incendiaron. El descontento por la invasión era general. Los norteamericanos iban adaptando la ciudad a sus deseos y necesidades; pero no todos los mexicanos se adaptaban de igual modo a los visitantes y sus despreciables costumbres.

Lucas Cuautle, hermano mayor de Felipe, vivía en Tacubaya cuando los estadounidenses ingresaron a México. Era el menos dócil de sus hermanos y había dejado muy chico su casa para trabajar de cargador, mandadero o peón aquí y allá para sentirse libre. Como todos los otros, era un hombre aguerrido de origen

253

campesino y de poca instrucción, que había aprendido a disparar con rifle y a pelear montado a caballo. Pero para él, ver de pronto a su ciudad derrotada fue como si la rabia lo carcomiera por dentro. Inmediatamente se unió a los chinacos y comenzó a pelear en la guerrilla urbana en contra del ejército invasor.

Una noche, Lucas bebió de más y, borracho y envalentonado, concluyó que debía acabar con todos los extranjeros apostados en la ciudad. Eran como animales sucios, salvajes y descuidados. Así que al dejar la cantina, como de costumbre, vio a un par de ellos que estaban saliendo del hotel de la Bella Unión. Iban cantando, borrachos también, y del brazo llevaba cada uno a una mujer. Decidió seguirlos hasta que, dos calles después, las parejas se separaron. Lucas fue tras una de ellas; luego la mujer dejó al soldado a medio camino tras discutir sobre algo que no alcanzó a escuchar. El estadounidense avanzó. Lucas iba detrás. Sintió que seguía el rastro de un animal grande, cansado y maloliente. Su posición de cazador le infundió fuerzas. Lucas estaba excitado, miraba delante de él al soldado tambaleante, estaba listo para dar el zarpazo. Por un momento olvidó dónde estaba y se abalanzó sobre su caza. Apuñaló al «animal» hasta que este dejó de moverse. Luego, ya más lúcido y lleno de sangre en las manos, la cara y hasta los dientes, se levantó rápido, miró hacia los lados y se dio a la fuga. Llegó a su casa en Tacubaya, pero no entró. Tenía la certeza de que, si lo encontraban, lo condenarían a la horca por haber dado muerte a un estadounidense. Tenía que huir ahora, pero ¿a dónde?

Finalmente, el 2 de febrero de 1848 se firmó el Tratado de Guadalupe-Hidalgo que oficialmente se llamaba *Tratado de Paz, Amistad, Límites y Arreglo Definitivo entre los Estados Unidos Mexicanos y los Estados Unidos de América*. Pero el padre Jarauta, quien iniciara la guerrilla en contra del general Scott, desconoció el tratado y se negó a licenciar a sus tropas exigiendo la continuación de la guerra contra los extranjeros. El levantamiento liderado por el padre esta vez fue acallado.

El tratado fue ratificado el 30 de mayo de 1848. Santa Anna no lo firmó, pero sí el presidente Manuel de la Peña y Peña. El documento establecía que México cedía California y Nuevo México, que renunciaba a todo reclamo sobre Texas y que reconocía la frontera norte en el río Bravo. A cambio, el gobierno norteamericano pagó 15 millones de dólares y otros 3.5 millones para cubrir daños que debía el gobierno mexicano a ciudadanos gringos.

El ejército, sin embargo, no dejó la ciudad sino hasta el 12 de junio de 1848. Antonio García Cubas habría de contarlo así: «A las seis de la mañana, al arriar la bandera americana que flameaba en el palacio Nacional, ambas fuerzas presentaron las armas y fue saludada aquella con una salva de treinta cañonazos. Inmediatamente, con igual ceremonia se izó el pabellón nacional disparándose para saludarlo veintiún tiros de artillería». Pero el izamiento no estaría exento de ironía. El grabador y litógrafo Abraham López lo describiría de la siguiente manera en su Décimo Calendario del año 1848.

> El cielo estaba muy oscuro por lo cargado de las nubes; y la lluvia aunque corta hacía aquellos momentos los más tristes […] el majestuoso pabellón americano empezó a bajar con mucho orgullo, tal parecía que se regocijaba en los honores que le hacían los de su nación, por los triunfos que había adquirido […] El general americano mandó a toda su tropa armas al hombro; después de esto empezó la salva de artillería y al sexto cañonazo comenzaron a subir con la mayor torpeza nuestro pabellón, bajándose dos veces, pareciendo que se atora el cordel. Después de la inutilidad que empleaban, por fin subió a su antiguo lugar, y entonces eran precisamente las seis y quince minutos […] Nuestro pabellón quedó embarrado en el asta, tal parecía que tenía mucha vergüenza de que lo vieran los americanos, y no faltó quien dijera: ¿cómo ha de volar el águila si a la infeliz le faltaba más de una ala y una pierna?

A las nueve quedó completamente evacuada la capital por el ejército de Estados Unidos.

¡De mil héroes la patria aquí fue!

21

1850

Parece una ciudad maldita sobre la que pesa el azote del Señor, ciudad réproba, que a la manera de las que nos habla la Escritura, lleva el sello del anatema y exterminio.

Francisco Zarco, «El cólera»,
El Demócrata, 30 de abril de 1850

Tres cosas no se le resistían a Cecil Aguirre Fernández de Lizardi: los catarros, que lo tomaban siempre por sorpresa y lo postraban por una larga semana en cama; las mujeres, que lo consideraban hermoso cual estatua de mármol, pero peligroso como un fuego al que no puede contenérsele; y la música, en la que, a pesar de ser solo un diletante, siempre podía al piano reproducir de oído la melodía recién escuchada. Tales virtudes lo habían hecho un poco holgazán para el serio estudio y para hacerse cargo de los negocios familiares que, en una tradición propia de los Aguirre, recaía en su hermana, poseedora de iguales talentos pero también de una visión práctica para la vida, como su abuela. Afirmaban que en hermosura igualaba también a Luisa, con quien guardaba, es cierto, un asombroso parecido.

Unas seis veces al año, casi inevitablemente él era presa de estornudos, mocos y fiebres, pero siempre salía aún más delgado y apuesto y volvía a la vida social y a las funciones del Teatro Principal. Incluso a la lucha grecorromana el año anterior, cuando el gigante yanqui Charles se enfrentó al hércules francés, Turín, un tipo tan fuerte que detenía caballos a galope con una sola mano. Incluso también a la nueva ópera cómica en el estilo del español Rafael Hernando y Palomar, que llamaban zarzuela, aunque a él le parecía menor que la ópera.

Su familia era dueña de un palco allí y no se perdía ningún estreno. En ocasiones, si el espectáculo lo había embelesado volvía tres o cuatro veces, hasta que su cabeza podía repetir casi de memoria la partitura de sus arias y duetos favoritos. Así con Donizetti, uno de sus compositores de cabecera. Quizá por esa memoria de elefante, que no era solo oído musical, había desarrollado un talento especial para los recuentos numéricos. Le fascinaba anotar en pequeñas libretas sus hallazgos. Todo lo contaba y enumeraba maniáticamente con datos extraídos de las lecturas compulsivas de los diarios, algo que quizá le venía de uno de los negocios familiares, la Imprenta de la Viuda de Aguirre, que su tío Ramiro había adquirido de un preciado amigo de su madre de la juventud, según se contaba en las reuniones familiares. «Los mexicanos, en promedio, mueren jóvenes», había escrito unos meses antes, «… a los veinticuatro años en promedio se muere en este país grande de ocho millones de almas. Solo en esta ciudad moran 250 000 de ellas, cada vez más hacinadas. En la Muy Noble y Muy Leal y Muy Divertida Ciudad de México hay 538 cantinas, 364 pulquerías, 63 billares, 4 palenques, 2 plazas de toros, 132 fondas y cafés, 40 panaderías, 4 escuelas a cargo del Estado y 25 particulares donde se forman quienes pueden pagar las cada vez más altas colegiaturas».

Su obsesión por esos recuentos abarcaba todo, los garitos de mala muerte y las iglesias por igual. Había contado, por ejemplo, que la ciudad poseía 482 calles, todas ellas en lo general muy rectas, de 14 varas de ancho, empedradas y con andenes enlosados. Había también enumerado 60 plazas y plazuelas, 14 parroquias, 15 conventos de religiosos, 26 de monjas, 78 iglesias, 6 panteones, 3 paseos principales, 3 enormes teatros, 10 hospitales y 3 bibliotecas públicas.

Asombrado por las nuevas luminarias había escrito: «El conde de Revilla Gigedo instaló 1 128 faroles de vidrio con lámparas de hoja de lata. La mecha era alimentada por aceite de nabo sostenida por pies de gallo. El año pasado la iluminación pública mejoró sustancialmente, 1 430 lámparas de trementina han dado luz limpia, blanca e intensa, que permite ver de noche, cerca de los faroles, como si fuese de día».

La ciudad se había vuelto más segura y hermosa de noche. Y las largas madrugadas de francachela eran su especialidad.

Para lo que no estaba preparado era para el súbito enamoramiento. Ocurrió exactamente como afirman los poetas: un flechazo certero. O como en la música, quizá en esa divertida guaracha de Juan García de Céspedes que su hermana cantaba tan bien: «Ay, que me abraso». Es que sí, sentía que todo él ardía en fuego. Había ido a ver el estreno de *La sonámbula*, de Bellini. María de Jesús Zepeda y Cosío hacía el papel de Amina. Cecil no pudo apartar un instante la vista de la diva. Una diva mexicana, una mujer hermosa, con una voz finísima. Llenó su camerino con flores al día siguiente y asistió conmovido a todas las funciones, sin saber qué era en realidad lo que sentía. Al principio creyó que sería igual a otro de sus coqueteos, pero no fue así. No podía dejar de pensar en María Zepeda cada segundo y cada minuto y cada hora del día. La tercera noche pidió visitarla para extenderle sus felicitaciones. La cantante lo recibió, mientras una asistente la ayudaba a desmaquillarse y a quitarse el tocado y la peluca. Sin los afeites excesivos del teatro era aún más hermosa. Cecil, acostumbrado a los galanteos, intentó, como siempre, ganarse su beneplácito. María fue amable, pero helada. No mostró el más mínimo interés por Cecil. Nunca le había ocurrido algo así. El rechazo aumentó su persistencia.

Siguió cortejándola, llenándola de flores y regalos. Asistió a todas las nuevas óperas que su amada protagonizaba. Buscó sus valses, ya que también componía. Se ofreció a promoverla en una gira por provincia, lo cual ella también rechazó. Tenía cubierto su tiempo con la compañía de Eufrasia Borghese. Agradecía siempre, amablemente, los esfuerzos de Cecil, pero rechazaba invitaciones a cenar, paseos por la ciudad en medio de los estrenos. La vio cantar, aún más embelesado, en *Il pirata*, y en *Beatrice di Tenda*, todas de Bellini, y en *La gazza ladra* de Rossini. Allí fue donde más le gustó. Era aclamada en todas las funciones, y tenía que regresar al escenario tres, seis veces, para cantar algún *encore*. El público se había rendido ante ella. Cecil entonces se dijo que no importaba cuánto lo rechazase, María Zepeda terminaría en sus brazos. Sería su *prima donna* personal algún día.

El escándalo llegó cuando tuvo el papel protagónico en *Norma*. Era la primera representación de la Compañía Nacional de Ópera, recién creada —con apoyos muy generosos del propio Cecil—, y la ciudad entera esperaba ese estreno. La coloratura, el timbre lírico y la soberbia técnica eran siempre ensalzados por los críticos en los periódicos al día siguiente. Pero esta vez no fue así. Después del primer acto, María no volvió a salir al escenario. Había enfermado, dijo un empresario ante el público que protestó airado. El enorme teatro se cimbró con los abucheos e incluso con los objetos arrojados al escenario.

* * *

Hacía dos años que María Zepeda no salía a escena. Dos años en los que Cecil Aguirre Fernández de Lizardi estuvo a su lado, procurándola con los mejores médicos, intentando encontrar la causa de su enfermedad, la debilidad aciaga que la tenía postrada. En su afán numérico sabía que 1864 pasos separaban la casa de su *prima donna* y la suya.

Había flores frescas todas las semanas en casa de la diva, y Cecil era recibido con dulzura por ella. Pero se trataba de un amor desgraciado. María no lo quería de vuelta. Era generosa y afable, pero su corazón estaba roto y Cecil no sabía cómo repararlo. Con el tiempo disminuyó el ímpetu, aunque no el cariño, y por vez primera en su vida se dio cuenta de que el amor no es un fuego que nos consume, sino la infinita paciencia de quien no espera nada.

La ciudad, por su parte, apenas se recuperaba de la noticia de la muerte del diputado Juan de Dios Cañedo en la noche del Jueves Santo en el hotel de La Gran Sociedad. Cecil leyó la noticia con azoro. Aunque no lo conocía personalmente, estaba seguro de que era amigo de uno de sus tíos. Cañedo había sido todo: diputado en las cortes de Cádiz, partidario de Iturbide, federalista, ministro de Relaciones Exteriores con Guadalupe Victoria, ministro de Gobernación con Anastasio Bustamante, embajador en Brasil, Perú, Chile… No le cabían más sombreros a la cabeza del diputado muerto.

Le decían el Casado Sin Novia, pues había desposado por poder a Dolores Tosta, representando a Santa Anna. El Amante Prestado, le decían otros. Vivía en un cuarto del hotel, en la calle del Espíritu Santo y el Refugio. De hecho, el hotel de La Gran Sociedad fue el primero que llevó tal nombre en México. Su habitación era amplia y aireada, en el primer piso, cuyos ventanales daban a la calle del Coliseo Viejo.

Hacía tal frío y viento esa noche de Jueves Santo que decidió no acudir a las ceremonias religiosas y se contentó con mirar el fervor de sus compatriotas desde su elegante habitación. Todas las tiendas se hallaban cerradas por la fecha sagrada, pero las iglesias estaban abarrotadas de feligreses.

Esa misma noche el fuego, azuzado por el aire, acabó con una fábrica de coches.

Era el 28 de marzo.

El criminal, a decir de los periódicos que dieron la funesta noticia, entró por sorpresa en los aposentos del diputado, quien le arrojó una escupidera como única arma. El asesino le ordenó que callase, pero el diputado no solo no le hizo caso sino que lanzó alaridos, pidiendo auxilio en medio de la silenciosa noche.

José María Avilés lo abofeteó sin conseguir que callase.

Entonces apareció el puñal.

Sobrevino una lucha que parecía danza, con Cañedo escondiéndose o parapetándose detrás de una mesa redonda que se hallaba en el centro de la habitación, de allí las múltiples heridas que finalmente lo dejaron exangüe.

Avilés alcanzó a llevarse un reloj, una capa, un paletó, una corbata y algunas camisas, ocultándose entre los peregrinos que realizaban la Visita de las Siete Casas.

El criado de Cañedo regresó a las 10:15 de la noche. Un cómplice de Avilés lo había invitado con artimañas para que dejase solo al diputado.

Trasladaron el cuerpo débil y desangrado del diputado al Hospital de San Hipólito. Los mirones se congregaron por cientos.

El Siglo Diez y Nueve, como siempre, daba no solo la noticia, sino que glosaba las causas: «No puede caber duda en que su intención fue quitarle completamente la vida, pues no contentándose con las primeras puñaladas, a pesar de que estas hubiesen bastado al efecto, le continuó dando otras nuevas, aun ya caído en el suelo, según el carácter de algunas de ellas. Esto a su vez parece indicar que ese malvado, aunque de corazón duro y cruelísimo, no es asesino de profesión. Hay grandes probabilidades de que el crimen fue cometido para robar, o bien alhajas y otros efectos de valor, o bien papeles interesantes, o bien todo a la vez».

Cecil Aguirre seguía los pormenores del crimen con desgano. En *El Universal*, Lucas Alamán afirmaba que el general Mariano Arista, ministro de Guerra en el gobierno del presidente José Joaquín de Herrera, fue quien dispuso matar a Cañedo, un enemigo político.

Desde hacía tiempo él no se fiaba ni de *El Universal* ni de Alamán. Su conservadurismo los cegaba y eran capaces de cualquier hipótesis, por loca que pareciese. Le gustaba mejor la explicación de *El Monitor Republicano*, para el que no podría tratarse de un tema político, ni de robar unos papeles que implicaban a Mariano Arista cuando estuvo en Texas, como afirmaban algunos. Tan principiante les parecía el criminal que no podía tratarse sino de un vulgar atraco.

La ciudad, por varias semanas, quedó en ascuas, sin saber del asesino o del móvil del crimen.

El declive de su amada había corrido parejo con el del país, que se desmoronaba en las manos de tanto inepto. Para Cecil Aguirre Fernández de Lizardi, como para su generación, se había perdido no solo más de la mitad del territorio nacional con el término de la guerra en 1848 y la firma del Tratado de Guadalupe-Hidalgo; se había diluido el escaso orgullo patrio y la confianza en las endebles instituciones de una república maltrecha. Cecil solía decir que su vida, como la del país, estaba marcada para siempre por el desastre.

Un día, mientras ella pintaba un enorme paisaje, pues había entrado a tomar clases en San Carlos con un catalán, Pelegrín Clavé, Cecil le dijo a su hermana, con la misma contundencia con la que tomaba todas sus decisiones:

—Tenemos la posibilidad de cruzar los brazos, dejar que este barco siga a la deriva y que termine por naufragar, o levantarnos en pie de lucha y destruir todo vestigio del pasado que nos chantajea con sus falsos oropeles virreinales. La única cura es la liquidación de todo lo que sobrevive de ese pasado rapaz. He sido invitado a la Academia de Letrán, lo que me llena de júbilo, hermanita. Hay que debatir el futuro de la nación. Basta de solo leer proclamas en *El Monitor Republicano* y *El Siglo Diez y Nueve*. Basta incluso de solo imprimirlas nosotros. Hay que pasar a la acción. Nos va a sepultar la tinta si no tomamos las riendas de México. Nos corresponde a nosotros.

Tal resolución vital solo podía ser posible, en su fuero interno, porque algo había cambiado del todo en sus sentimientos por la cantante.

María mejoraba poco a poco, gracias a los infinitos cuidados de su enamorado, pero él en cambio iba mudando la pasión por un cariño suave, casi de hermanos. Un día, lo recuerda bien, antes de llamar a la puerta de la casa de su querida cantante, mientras la oía hacer ejercicios de voz dentro de su sala de música, pues estaba casi del todo recuperada, se sintió extraño, como si la corriente sosegada de un riachuelo lo hubiese lavado por dentro. Fue entonces cuando se percató de que el amor que había sentido por ella se había terminado. Lo que quedaba dentro de su corazón era hermoso, pero sereno; antiguo, mas insignificante. Agradeció entonces al tiempo que lo hubiese liberado del agudo dolor del amor no correspondido.

Continuó procurándola y se mantuvo pendiente de su recuperación mientras ella regresaba a los ensayos para volver a cantar, al año siguiente, en la celebración de la Independencia. Ese cataclismo devenido en sabia cautela provocó muchos otros cambios en Cecil Aguirre. Decidió, por ejemplo, que era tiempo de hacer algo de provecho con su vida. Cortó de tajo con los amigos pendencieros y sus fiestas infinitas y se hizo cargo de los negocios familiares.

Uno de sus habituales catarros lo mantuvo en cama por seis días. Al salir de la enfermedad decidió que era hora de comprar nuevas ropas y volver al teatro. Le habían hablado tanto en los meses pasados —en los que no tenía otro pensamiento que la recuperación de María— de un joven músico compositor de Durango, hijo del gobernador local, quien había desertado del estudio de la medicina en París y sin avisar en casa había utilizado esos años para inscribirse en la escuela de música y desarrollar su verdadero talento. Le emocionaban esas historias, porque necesitaba a menudo que la pasión de los otros inflamara su propio talante, preso de agudos ataques de melancolía, esa bilis negra que lo postraba y lo hacía albergar toda suerte de dolorosos y mortecinos pensamientos. Pues bien, le habían hablado tanto de Luis Baca Elorreaga que para salir de su sopor iría a escuchar a una soprano cantar las piezas del joven compositor, en el más alto estilo del *bel canto*, en el teatro Santa Anna. Noticias del estreno de su *Ave María* en la iglesia de Nuestra Señora en París habían llegado a México tiempo atrás, pues Jenni Rossignon había dado todo de sí en el emocional final. Lo mismo haría en México.

Esa noche, presa del más intenso éxtasis, Cecil fue de quienes levantaron en hombros a Baca y lo sacaron a la calle entre vítores. Se propuso financiar él mismo una orquesta de cámara y le pidió al compositor ser su director. La propuesta quedó en el aire, no por haber sido producto de las copas y la noche, sino porque esos nuevos empeños serían llamados a la pausa, ya que la enfermedad volvió a asolar al país, primero, y luego a la Ciudad de México, con su aroma a almendras amargas y a cruel impotencia.

El funesto viajero había finalmente llegado con su estela de dolor y muerte a la ciudad. Durante meses las noticias de Tamaulipas y luego de los estados del centro fueron llamadas de alarma que anunciaban para unos el apocalipsis, y para otros solo eran simples exageraciones. El cólera arribó después de haber avisado su presencia. Llegó con la terrible memoria de 1833 que, para muchos, fue una llamada a los brazos de la muerte. Esta vez se decía que venía de Nueva Orleans, que, como todos los puertos, era presa de las epidemias por la congestión de viajeros de todo el orbe. Al principio se pensó que no vendría solo, que la enfermedad traería atrás a la viruela. Los primeros casos fueron en San Fernando y Soto la Marina, en Tamaulipas. Cecil y su familia se enteraron, como todos los capitalinos, por los diarios.

Siguieron Coahuila, Durango, Nuevo León, Oaxaca. También cayeron Campeche y Santa Cruz, Quintana Roo, con los que Nueva Orleans tenía comercio continuo. El doctor Pedro Vander Linden, director del Cuerpo Médico Militar, ideó un plan para prevenir que la enfermedad invadiese la Ciudad de México. Nadie creyó que se propagaría tan rápido. Mofas enteras sobre su propuesta se publicaron en *El Monitor*, e incluso en *El Tío Nonilla*. El propio Cecil imprimió más de una sátira contra el médico.

Con las noticias del cólera en otros lugares del país vino a resolverse el crimen de Cañedo. Ocurrió en el Estado de México. Como en ese lugar había habido, en apariencia, un brote de cólera, se revisaron casas y se interrogó a los moradores. Un individuo fue arrestado al portar una de las camisas robadas al diputado. Confesó su crimen y dio también los nombres de sus cómplices. Era un simple sirviente sin trabajo, natural de Temascaltepec.

Unos días antes de ocurrido el fallido atraco conversó con otros sirvientes, Clemente Villalpando y Rafael Negrete, sobre sus intenciones de robar una casa de empeño. De allí surgió la información de que en el cuarto 38 del hotel de La Gran Sociedad habían llegado varias talegas de pesos y que era relativamente fácil sacarlas de allí. Negrete trabajaba en el hotel y fue quien planeó el robo. Se trataba de amarrar al diputado y sacar la plata. A cada uno le corresponderían mil pesos. De allí la fecha escogida.

El reloj, para colmo, no era de oro, y le dieron pocos pesos al empeñarlo en una velería. Lo mismo ocurrió con la capa y el paletó, que empeñó en otro lugar para no levantar sospechas. Solo se llevó a Temascaltepec las camisas y el fistol.

Cecil le reveló a su hermana, con compasión no solo por el diputado, sino por el desgraciado asaltante, la cifra ganada por el robo:

—El infeliz obtuvo seis pesos nada más. Matar a un hombre con tanta saña y puñaladas por esa mísera cantidad.

Ninguno de los dos hermanos sabía entonces que el juicio se dilataría varias veces porque primero el juez y luego el fiscal enfermaron de cólera. Fue hasta el siguiente marzo cuando finalmente sería sentenciado a la pena del último suplicio, en forma ordinaria, levantándose un patíbulo debajo del balcón del aposento número 38 del hotel de La Gran Sociedad. Los cómplices alcanzaron, cada uno, diez años, pero debían presenciar la ejecución en la horca antes de ser trasladados a San Juan de Ulúa, en Veracruz.

Pero no solo la noticia del arresto de Avilés llegó con los diarios. Era el cólera tan temido y que tanto daño hizo en 1833 el que volvía con su manto oscuro a enlutar la ciudad.

El Siglo Diez y Nueve publicó un artículo de A. M. D. Guilbert, o de quien se ocultase tras ese nombre, sobre las diversas maneras de prevenir los estragos del cólera. Las medidas fueron tardías, pues en el mismo número se anunciaba la muerte de un hombre en Tamaulipas con síntomas parecidos a los del viajero funesto. Luego se dijo de treinta hombres enfermos en San Luis Potosí. Los números crecían a la par del pánico: doscientos enfermos en San Juan de los Lagos, en Jalisco. Uruapan, Guanajuato. «El cloro ha salvado a la gente de Zapotlanejo», se leía en una nueva entrega del diario.

Se vendieron cruces y recetas y talismanes, elíxires y jarabes, folletos de médicos sin mucha reputación y hasta oraciones. Cecil gustaba de aderezar las conversaciones con su hermana con la lectura de las más diversas opiniones:

—Mira lo que tenemos que soportar. Este redactor de *El Demócrata* nos condena de antemano: «Esta plaga formidable cuyo solo nombre deja en el alma la impresión más vehemente de terror, parece que se adelanta hacia esta capital, a quien solo falta su presencia para que rebose la medida de sus infortunios. Presa disputada con encarnizamiento por los bandos políticos, carece de representación en el congreso general; la falta de vigor y acción de los encargados de la justicia, la hacen foco de los bandidos y el teatro de los crímenes más atroces. Sin policía, la exponen a que perezca entre las llamas o desaparezca en el fondo de las lagunas; y por fin, sin ayuntamiento la privan de los que expresamente tienen el deber de su conservación. Parece una ciudad maldita sobre la que pesa el azote del Señor; ciudad réproba, que a la manera de las que nos habla la Escritura, lleva el sello del anatema y el extermino».

—La enfermedad me asusta. Las palabras de este clerical me dan risa, hermano.

—Además se queja de que el gobierno del Distrito Federal no disponga de unas mantas o siquiera unas esteras para cubrir los cadáveres que llenan los carros.

Pero la muerte, cuando es anónima, solo aumenta los números, no la conciencia. Solo cuando quien muere es figura pública puede su deceso llamar a la prudencia o a la acción. Gente infeliz de los más diversos barrios moría sin que su nombre apareciese en ningún obituario. Una tarde, Mariano Otero volvía de una comisión del Senado sobre deuda pública, pues el gobierno solo aumentaba su deuda, y fue recibido en casa con el beneplácito de los hijos y la mujer. No bien franqueó el umbral sintió un dolor agudo, una molestia grande, y se retiró a sus aposentos. No pasaron dos minutos cuando comenzó a gritar a voz en cuello:

—¡Tengo el cólera y me muero! Que llamen al padre León.

Nadie en su familia podía comprender la súbita revelación de su enfermedad. Otero había leído los síntomas y sabía la gravedad de lo que empezaba a padecer. El rumor de la enfermedad del gran orador corrió con mayor rapidez que la misma epidemia. Al tiempo en que Otero agonizaba con velocidad, la sala en la que se encontraba postrado comenzó a llenarse, invadida por personas de toda ralea que, sin precaución alguna, se acercaban a contemplar su muerte inminente. Había quienes rezaban y se santiguaban, y había otros que cuchicheaban. Pocas horas después moría, aunque ya era de noche. Siete horas duró desde que descubrió repentinamente su enfermedad hasta que su mujer le cerró los ojos y despidió a los amigos y los curiosos.

Era la madrugada del 1^0 de julio de 1850.

Esta vez fue la hermana quien le leyó el obituario a Cecil, publicado en *El Siglo Diez y Nueve*. «Con la mano temblorosa y el corazón desgarrado por la pena, damos la funesta noticia de que a la una y media de la mañana de hoy ha fallecido el señor senador y consejero, Lic. D. Mariano Otero. Cuando haya calmado el profundo dolor que nos agobia en este momento, dedicaremos un extenso artículo a la biografía del eminente ciudadano que ha perdido la república, y de cuya falta jamás nos consolaremos los amigos».

—El problema es que esta república pierde ya cientos, quizá miles, de ciudadanos eminentes cada día.

En su libreta, con maniática precisión, Cecil Aguirre Fernández de Lizardi irá anotando los decesos, tal y como los iba leyendo: 16 506 atacados por el cólera, 7 801 muertos a finales del mes de agosto.

El día 2 de septiembre, el gobernador Miguel María de Azcárate publicó un bando basado en los informes del Consejo Superior de Salubridad, derogando los anteriores y considerando a la capital libre del mal. El director del Hospital de San Pablo le presentó al gobernador, días después, un informe: 427 enfermos, 363 de cólera; 251 muertos, todos de cólera; 176 sanaron, 112 del cólera. El informe detallaba las edades y los oficios de algunos de los occisos: 9 jornaleros y zapateros, 12 tejedores, 20 cargadores, 22 albañiles, 5 vendedores o comerciantes, 4 carpinteros, 4 criados, 4 soldados, 3 carretoneros, 3 obrajeros, 2 escribientes, 2 hojalateros, 2 aguadores, 2 pintores, 2 panaderos, 1 carbonero, 1 cohetero, 1 velero, 1 platero, 1 pescador, 1 carnicero, 1 sastre, 1 cochero, 1 mendigo, 1 limpiador de tripas...

A todos los anotó Cecil, sin dejar de glosar que todos esos fueron quienes murieron en el hospital, porque la pobreza impedía atenderlos en sus casas.

Azcárate publicó un nuevo bando que ordenaba a las vinaterías y pulquerías cerrar al toque de oración.

La ciudad no volverá nunca a ser la misma, pensaba Cecil mientras veía nuevos carretones con cadáveres, por fin cubiertos, pues un bando había recién prohibido llevarlos a la intemperie y con el rostro descubierto. Se había prohibido la venta de carne, de legumbres, de pulque, de todo tipo de licores, posibles portadores del *cholera morbus*, que algunos llamaban «asiático». Ya se habían agotado los nichos en las iglesias y sus atrios, y había sido necesario abrir nuevos cementerios en las afueras. La basura tenía que ser arrojada en lugares especialmente marcados. Al menos cuarenta acequias y arroyos se habían desecado por insalubres. Los indios *paleros* que removían el lodo para no morirse de hambre se habían hecho contratar por los oradores como público aplaudidor y receptivo. Solo esos políticos de poca monta podían pagarlos para atraer incautos a sus improvisados mítines.

El hambre y la miseria se habían apoderado de sus calles, y aunque la enfermedad iba perdiendo al fin la batalla, el aire de la ciudad era el de la resignación a la derrota.

En su informe a la nación, el 14 de diciembre, el presidente Herrera clamó ante los congresistas: «Cuando fuisteis llamados, en mayo, a este lugar, la epidemia reinaba en la ciudad, y víctimas distinguidas de nuestro seno sucumbieron a ella, en el mismo día tal vez en que la capital de la República les vio llegar a cumplir con su deber: los que padecieron esta triste pero noble suerte, vivirán en la memoria de sus conciudadanos, en tanto dure la de los que se sacrifican por su obligación y por su patria».

Para Cecil Aguirre había sido, por muchos motivos, un año aciago. Las palabras del presidente le parecían vacías. ¿Qué decir de las víctimas no distinguidas, de los miles de muertos sin nombre, apenas con un oficio que los separara del olvido total, de la muerte inútil? Ellos también se sacrificaron, por la patria, por lo que fuese, por unos pesos: llevando agua, trayendo comida, incluso transportando cadáveres.

Esta ciudad, se dijo, debería recordar siempre a sus muertos indistinguibles, a los de a pie, a los ciudadanos de verdad, esos que son gente de bien solo por levantarse cada mañana a trabajar, y que no pueden regresar a casa hasta que se meta el sol, y que apenas traerán de comer a sus hijos. Son ellos los verdaderos héroes.

22

1857

La iglesia y el ejército eran estorbos para la creación del nuevo Estado, por naturaleza conservadores, autoritarios e hispanistas, islas de fierro en medio de la embrionaria unidad nacional, cuyo desenvolvimiento impedían.

Justo Sierra

—¿Qué es preferible? —preguntó Eusebio—, ¿una reforma gradual que vaya paulatinamente corrigiendo los abusos, las influencias y el desequilibrio en la sociedad, o una reforma absoluta que aniquile lo malo como también lo bueno, para sembrar después en un campo fértil, pero desierto?

—El viejo edificio no se puede componer —dijo el Nigromante—, se tiene que derribar.

—¿A riesgo de no poder construir otro mejor?

—A riesgo de todo —respondió mirando por la ventana quien, en su discurso de ingreso a la Academia de Letrán, veinte años atrás, emitiera la frase lapidaria: «No hay dios. Los seres de la naturaleza se sostienen por sí mismos», que había causado escándalo.

Eusebio no era propiamente un liberal. Para los Santoveña no había ideología válida cuando se trataba de defender un negocio familiar de más de doscientos años. Lo sabía perfectamente: el dinero de sus minas le había abierto todas las puertas, fueran pintas o coloradas; pero no debía fiarse de ningún grupo antes de tiempo y, en este caso, los liberales parecían cercados.

Cecil Aguirre amenizaba la velada con su melancólico *rubato* en el piano, caldeando los ánimos de sus contertulianos con la *Berceuse*, de Chopin. Para todos los presentes, la intervención estadounidense había sido una humillación que no solo habían combatido con la pluma, sino muchos de ellos con el fusil, defendiendo al ejército federal.

—Yo también combatí a los gringos —reviró Guillermo Prieto, mesándose la barba—, con la pluma y también en la chinaca; pero esto es diferente, señores. Si nos cruzamos de brazos, como quieren los retrógradas, seremos otra vez la golosina de algún imperio.

El joven Ignacio Manuel Altamirano los veía desde una esquina del salón, mientras ellos fumaban sus puros en aquella mansión de altos techos catalanes, que Eusebio se había construido como finca de descanso en las afueras de Tacubaya. Altamirano había participado en la revolución de Ayutla, la que había llevado a Juan Álvarez —y después a Comonfort— al poder, y era también egresado del Colegio de San Juan, donde formó parte de la Academia de Letrán, fundada por su amigo Guillermo Prieto y otros.

Algo del carácter lúgubre de aquel edificio tosco y chaparro que era el Colegio de San Juan de Letrán se había filtrado en la visión del mundo de esos pensadores liberales que le cambiarían el rostro a México. En palabras de Prieto, tenía por fachada la puerta de una cochera; un connato de templo sin techo, que más bien parecía corral, yacía a un costado. Al interior, dos patios desguarnecidos, ruinosos y sombríos; la entrada oscura y sucia; la espalda del edificio daba a un escandaloso callejón, el callejón de López. En vez de retretes con techos de seda y cortinajes, tenía paredes descascaradas; un santo con su lamparilla ardiendo; estampas de colores chillantes representando escenas de *Atala* y de *Guillermo Tell*; soldados recortados con tijera pegados a la pared con engrudo, alternando con avisos de toros. Sillería de tule y mesillas de palo blanco con manchas de grasa, tinta y cicatrices de cortapluma. Vigas podridas, húmedas, sin luz… En el pasillo para el segundo patio, la biblioteca, materialmente enterrada en el polvo, con los estantes desbaratados y cortinas de telarañas sobre los sucios vidrios de las ventanas…

La falta de aura de aquel edificio colonial era como un retrato hablado del interior de las mentes de sus ilustres egresados, intelectuales que desdeñaban el pasado y amaban las ideas por encima de todas las cosas. Seres adustos de proposiciones enlazadas que, cuando llegaron al poder, pretendieron implantar sus imposibles geometrías sobre los azares de la realidad mexicana. Eusebio sabía muy bien que «el sueño de la razón produce monstruos», y que estos amantes de la abstracción podían caer fácilmente en el terror de Robespierre. Podía escucharlo en la voz de los presentes, estaban dispuestos a sacrificar cualquier cosa a sus ideas. Y aunque Eusebio no se sentía un intelectual, sabía muy bien que la sed de poder tiende trampas al hombre. ¡Pero qué convicción tenían en sus ideas! Esa noche escuchó a Guillermo Prieto contar la anécdota del ingreso de Ignacio Ramírez a la Academia. Ante su apostasía, un compañero de nombre Iturralde lo había confrontado:

—¡Pero la belleza de Dios se ve en sus obras!

Insolente y cínico, Ramírez, que se sabía de memoria a los griegos y latinos, a Voltaire y los enciclopedistas, le contestó:

—De suerte que usted no puede figurarse un buen relojero jorobado y feo.

Otro compañero, Guevara, le exaltaba su amor a la patria.

—Sí, señor —contestaba Ramírez—, de ese amor nos han dado ejemplo los gatos.

—¿Qué le gusta a usted más de México? —le preguntó otro compañero, Tornel.

—Veracruz —respondió—, porque por Veracruz se sale de él.

Tal era la marca soez de la sátira que caracterizaba a estos autores de la Constitución de 1857. Sus chistes agudos, sus anécdotas picarescas y sus letrillas retozonas y punzantes eran el sello de un pensamiento que no dudaba en derribar lo viejo, aunque, como decía Eusebio, no pudieran construir nada mejor sobre sus ruinas.

Era el 16 de diciembre de 1857 y los cinco amigos reunidos ignoraban que, a unas cuantas casas de ahí, se afinaban los últimos detalles del Plan de Tacubaya que el general Félix Zuloaga, respaldado por Comonfort y el propio Manuel Payno, publicaría al día siguiente, desconociendo la Constitución. Eusebio se llevó a Cecil a un salón contiguo, a la mitad de la velada.

—Esto no es un chiste, Cecil. Si continuamos apoyando a los liberales, mañana tú y yo podríamos estar muertos.

—No exageres, primo, todos saben que en México lo que gobierna es el dinero.

—En condiciones normales, sí, pero no ahora. Debemos dar marcha atrás a esta locura antes de que sea demasiado tarde.

—Seremos neutros en apariencia, pero apoyaremos a los puros.

—Apoyaremos a los moderados.

—¿A Comonfort? Ese no sabe ni lo que quiere. Es timorato y advenedizo como todos los poblanos. Además, sus propios militares ya lo están abandonando. Se rumora que Labastida ya gestiona en Roma un monarca europeo para que venga a gobernarnos. —Se refería al antiguo obispo de Puebla, Pelagio Antonio Labastida y Dávalos, desterrado por Comonfort tras descubrir que la insurrección de Antonio de Haro y Tamariz en esa ciudad la había financiado la mitra. Pero su venganza no se había hecho esperar. Teniéndolo a su lado en Roma, el papa Pío IX había declarado la Constitución una herejía y ordenó la excomunión contra todo aquel que la jurara.

Después de despedir a los arrebatados pensadores, Cecil le propuso que se retiraran a descansar. Eusebio, inquieto, decidió dar un paseo por la ciudad nocturna antes de regresar a casa. Necesitaba pensar por qué bando inclinarse. Se detuvo frente al convento de Belén de los Mercedarios y escuchó el agua corriendo por los arcos del acueducto de Chapultepec. Avanzó luego hacia la fuente de Salto del Agua. La luna bañaba la fachada de la capilla de la Purísima Concepción, ubicada justo enfrente, y deseó que la piqueta de los de Ayutla nunca alcanzara este bello templo barroco. Luego dobló a la izquierda en San Juan de Letrán y pasó por el Colegio de las Vizcaínas, y llegó hasta los arcos del acueducto de la Tlaxpana, a espaldas de la iglesia de Santa Isabel. Dio vuelta a la derecha en la calle San Francisco y, a la luz de mil quinientos faroles de gas instalados por Comonfort en esa calle, vio aparecer los campanarios de la Catedral, robustos e inmóviles. La inmensa plaza reverberaba con las multiplicadas y rojizas luces del alumbrado público que los serenos cuidaban hasta rayar el alba. En el paseo de las Cadenas, como llamaban a esa gran banqueta alrededor del atrio de la Catedral, dormía una gran cantidad de mendicantes desplazados del hospicio agustino de San Nicolás, agobiado por las reformas liberales.

Un año atrás había sido también mutilado el convento de San Francisco, el más grande de América, cuando el asustadizo Comonfort descubrió una conspiración en su contra por algunos monjes franciscanos y decretó, el 16 de septiembre de 1856, que los 2 500 metros cuadrados de terreno ganado se usarían para prolongar el callejón de Dolores, que pasaría a llamarse calle Independencia. Para llevar a cabo esta obra, que despertaba fuertes resistencias en los vecinos, fue necesario reunir a cuatrocientos barreteros, que al son de *Los cangrejos* demolieron las paredes. La copla, que hacía sátira de los reaccionarios, se había convertido en una especie de himno de los liberales:

> Cangrejos al combate,
> cangrejos al compás,
> un paso pa'delante
> doscientos para atrás.

Eusebio se quedó viendo la lisa fachada de palacio Nacional con sus balcones y ventanas, sus torreones en las esquinas y su azotea almenada. En lo alto, el pendón tricolor brillaba victorioso. Algo le decía que aquellos jóvenes concienzudos acabarían por vencer. «¿Qué tiene más fuerza?», se preguntaba nuevamente, angustiado. «¿El poder material o el poder de las ideas?». Y se decidió por lo segundo. Jamás se había sentido tan contagiado por el entusiasmo de una causa como después de escuchar a Ponciano Arriaga hablar de la desamortización de los bienes del clero; a Melchor Ocampo, del matrimonio civil; a Juárez, de la reconstrucción de la hacienda pública y los ferrocarriles; y a Altamirano, de los efectos de la educación laica entre los indígenas. Todos se oían tan convencidos, tan enamorados de su proyecto, que no se podía esperar de ellos sino grandes cosas. Al escucharlos, uno se sentía como impulsado por una vanguardia que conducía al mundo hacia un nuevo nivel de desarrollo.

Bien lo decían Auguste Comte y John Stuart Mill —Eusebio los había leído en francés y en inglés—, la humanidad había pasado por tres estadios sociales, correlativos a un creciente grado de desarrollo intelectual. El primero era el teleológico o ficticio, que buscaba las causas últimas de las cosas en fuerzas sobrenaturales o divinas. El segundo, teológico o sobrenatural, las buscaba en entidades abstractas radicadas en las cosas mismas: formas, esencias que explicaban su porqué. El tercer estadio era el conocimiento positivo y científico, que los liberales estaban impulsando, donde el hombre, con base en su experiencia y observación, deducía las leyes generales del universo para prever, controlar y dominar las fuerzas de la naturaleza y la sociedad en provecho de sí mismo.

Era cierto, los nobles, la Iglesia y el ejército tenían el poder, pero no por mucho tiempo. Los vientos mundiales soplaban a favor de las ideas liberales, y los Santoveña debían apostarle al futuro, que era el de una sociedad capitaneada por científicos y expertos, los únicos capaces de asegurar el orden social. Con esta resolución, Eusebio dio órdenes a su chofer de apresurar a los caballos para continuar el rumbo hacia su casa en el paseo de Bucareli, donde seguramente Julia ya dormía un sueño profundo, pero él llegaría y la abrazaría por la espalda, y sentiría su cálido cuerpo y se quedaría dormido con el rostro sobre su cuello, con el agradecimiento en la boca por una vida decorosa y ordenada.

* * *

El doctor Juan Francisco Santoveña había casado con su sobrina Josefina más de veinte años atrás. Ahora disfrutaba la sobremesa en casa de su prima Carolina, viuda de don Isidro Fagoaga Villaurrutia. Su hermosa casa en San Juan de Letrán, junto a la iglesia de Santa Brígida, tenía fuentes de piedra y óleos de José Madrazo, que denotaban la exquisitez de una vieja familia de mineros, cuyo abuelo había ostentado el título de Primer Marqués del Apartado. Era la suya una de esas familias de alto rango que se mezclaban muy poco con la sociedad, y en la cual casi todos estaban emparentados por nacimiento o por matrimonio. Don Isidro apoyaba la idea, muy difundida en la Colonia, de que el privilegio conlleva responsabilidad, y por ello había no solamente contribuido gustoso con el diezmo, sino que había apoyado otros proyectos como la Compañía Lancasteriana —su esposa Carolina se hacía cargo de un colegio— y el rescate arquitectónico de algunos inmuebles de la Iglesia, como la nave de los conventos de Capuchinas y Corpus Christi, destruidos por el temblor del 7 de abril de 1845.

No obstante, desde la humillante guerra del 47 y la última presidencia de Santa Anna, algo había cambiado en el ánimo de los mexicanos, que hacía lucir como obsoletas aquellas viejas aspiraciones de los Fagoaga. A la luz de las credenciales liberales de la viuda y del propio yerno, dedicados a la educación laica, una, y otro a la medicina, Josefina no tenía otra opción que intentar compensar de buen modo la predilección de su madre y de su esposo por la ciencia, aprovechando toda ocasión para alabar las buenas obras de su padre. Fogueada por una terrible enfermedad de juventud, de la que nunca supo la causa, le atribuía el milagro de su curación no a la medicina, sino a la fe.

En esa gran sala de ventanas cerradas por postigos e iluminada solamente por la luz que entraba por la puerta, habían terminado una deliciosa *olla podrida*, hecha de res, gallina y puerco hervidos con cebolla, jitomate, chile, calabaza y col. Además, unas alcachofas fritas en manteca de cerdo. Josefina prefería la mantequilla, pero no era fácil de conseguir en un país cuyas granjas lecheras no conocían todavía el forraje y su producción era de temporada. Además, cuando la había no siempre era buena, pues se le preparaba sin cuidado ni aseo, lo que escandalizaba a su esposo.

Un criado entró, y utilizando unos cucharones de plata sirvió el postre favorito de los jóvenes Ricardo y Teresa: capirotada de membrillos y plátanos secos. Para los adultos sirvieron también una crema de anís. A pesar de ser una familia noble, todo se servía con la mayor simplicidad. La vajilla de plata, tosca y pesada, registraba el recuerdo de los bisabuelos en sus abolladuras.

—No abras la boca cuando comas, Ricardo —dijo Josefina a su hijo adolescente. Teresa, a su lado, hacía gala de su gran urbanidad en la mesa.

—¿Recuerdan lo que siempre decimos en el colegio para enseñarnos a comer? Hay que corregirnos unos a otros.

—¡Uy, abuela! Si eso hiciera con mi hermano nunca terminaría —dijo la joven—. Le gusta comer con las manos.

—Pues sí, pero al menos yo no estoy pensando en comida todo el día, como tú.

—No le hables así a tu hermana —dijo su madre—, ella tiene razón. Espérate a que quieras conquistar a una damita de sociedad.

Juan Francisco permanecía callado. Sabía que sus hijos lo adoraban y ellos sabían que las preocupaciones de su padre estaban en otra parte. La ventaja de haberse casado con su sobrina, nueve años menor, era que podía ser una especie de padre y esposo al mismo tiempo. Dada la inestabilidad política en la capital, decidió anunciar el traslado de la familia a la Hacienda de Caltengo, cerca de Tepeji del Río, donde a pesar de haber vendido una parte a los Iturbe, todavía conservaban su casa. En esta, tres años después, sería aprehendido y fusilado Melchor Ocampo, y luego colgado de un árbol.

—Para como están las cosas, lo mejor sería partir este sábado.

—Pero, Juan, el capellán de la iglesia me pidió verlo el domingo —dijo Josefina.

—Probablemente es para pedirte algún favor, querida, no te preocupes. Él entenderá muy bien nuestra urgencia de partir.

Las paredes, pintadas de varios colores, estaban blanqueadas con cal en la parte superior, y una gran imagen de la Virgen de Aranzazú extendía su mirada piadosa sobre los comensales, bajo pesados candelabros de plata y vigas de madera ennegrecidas por el tiempo. Un cuadro al óleo presumía el escudo de armas de la familia Fagoaga: en oro una banda de gules acompañada de dos cruces de azur con ocho flores de lis de plata. En otra pared, una cédula de la Real y Pontificia Universidad de México los acreditaba como mecenas. Los vasos que la familia utilizaba eran todos de formas y dimensiones diferentes. Nadie usaba cuchillo, solo el mozo, para cortar las viandas, que se repartían en pequeños trozos y se comían con tenedor y un pedazo de pan o de tortilla, que una criada aportaba sin cesar. Plato y tenedor se cambiaban para cada guiso, pero estos se servían en las mismas vasijas que se usaban para su preparación. No faltaba el vino tinto, al que le agregaban agua, aunque apenas lo probaron. Era de buen sabor, similar al catalán, producido en California por un renano llamado Carlos de Geroldt. Terminando el postre, bebieron un vaso de agua.

—¿Quieres más, Teresita? —preguntó Carolina.

—No, abuela, ya tomé agua, gracias —dando a entender con esto que había terminado de comer. Se tenía la costumbre en México de no comer después de beber agua, pues ello impedía la digestión. El criado recitó de nuevo una plegaria en voz alta, que cada uno repitió en silencio, y se dio por terminada la comida en punto de las dos de la tarde.

* * *

Era ya el 19 de diciembre cuando Carmen Santoveña esperaba en su casa de la calle de Moneda a Miguel, su esposo, quien asistía a una reunión privada con diputados del partido conservador en el hotel de La Gran Sociedad. De ahí partirían juntos a casa de su hermano Eusebio para conversar sobre la situación política y tomar las debidas previsiones. La hija del patriarca Baltazar Santoveña era sagaz por naturaleza y sabía muy bien que las cosas en la capital estaban muy frágiles. Dio instrucciones a la institutriz para que sus hijos, Loretta y José Miguel, se bañaran en el aguamanil tan pronto acabara su clase de gramática, y cenaran. Tenían que estar en la cama a más tardar a las ocho y media. Pero Miguel Escandón nunca llegó. Se había ido directo a casa de su cuñado para informarle que su resolución era apoyar a los conservadores. Los embajadores de Francia, España y el Reino Unido ya lo habían hecho, y el norteamericano no tardaría en hacerlo. Le contó del discurso pronunciado a media voz por Comonfort, tal como se lo había referido el padre Francisco Javier Miranda, el cual alteraría para siempre la suerte del país: «Acabo en este momento de cambiar mis títulos legales de presidente por los de un miserable revolucionario; en fin, ya está hecho y no tiene remedio. Acepto todo y Dios dirá por qué camino debemos marchar».

La suerte estaba echada. Excedido en tragos, Miguel regresó a su casa cuando los niños ya se habían dormido y se resignó a escuchar las quejas de su mujer:

—Nunca vas a cambiar, Miguel. Desdeñas mi inteligencia, pero ya verás. Este gobierno de cangrejos no tardará en caer.

—Te equivocas, amor. El compadre Zuloaga tiene tomada la plaza y mañana el aduanero de Acapulco pondrá a Juárez en la cárcel, donde tenía que estar desde hace mucho.

—Están empezando una guerra, Miguel, no puedes dejar que te utilicen de esta manera. ¡Pones en riesgo a tu familia!

—¿Y qué quieres que haga, que salga a defender la Constitución?

—No, pero que ayudes a Comonfort a limar sus asperezas con el clero.

—Ya hice demasiado por él.

—Tú te llevas bien con Munguía y con el arzobispo De la Garza. ¡No le hagas el caldo gordo a los reaccionarios!

—No entiendes, preciosa. Mejor tráeme un té de cúrcuma para las agruras.

—No soy tu sirvienta, Miguel. Te estoy haciendo una pregunta. —Lo miró, dejando a un lado el tejido.

—Mira, yo hice buenos negocios con el presidente. —Él y sus hermanos, Manuel y Antonio Escandón, eran los dueños del segundo ferrocarril de la nación, una vía de cinco kilómetros que iba del barrio de Peralvillo a la Villa de Guadalupe, el cual había inaugurado Comonfort el 4 de julio de 1857—. Pero ya todos los militares de carrera están con Zuloaga. Y para tu información, el ministro de Hacienda, a quien tanto apoyas, fue el que convenció al presidente de traicionar a su partido. Mejor no hablemos de política, ¿sí?

—¿Pero y qué con el ferrocarril de Veracruz? ¿No acaba de ir Antonio a Londres a vender las acciones?

—No te preocupes, Carmencita. Ese proyecto ya se coció. Ya hasta contratamos al ingeniero Andrew Talcott, que nos va a proyectar el tramo hasta Puebla. —De hecho, los Escandón completarían en 1863 el *camino de fierro* de San Juan, Veracruz, a Apizaco, pasando por su natal Orizaba, con un ramal a Puebla.

Tal como lo predijo Carmen, el 1 de enero de 1858 Zuloaga se autonombró presidente, desconociendo a Comonfort y a las Leyes de Reforma. Estados Unidos reconoció a Juárez y comenzó una guerra cruenta y un periodo de diez años con dos gobiernos paralelos. Pero ese día fue de júbilo en la capital, pues no solo se echó abajo la odiosa Constitución que amenazaba con expulsar a los religiosos de sus templos y rematar sus propiedades, sino que se inauguró el segundo ferrocarril de vapor, del empresario Jorge Luis

Hammeken, que conectaba la plaza de Armas con la alameda de Tacubaya.

Fue ese día cuando Juan Cuautle, heredero de un taller de zapatos y de una importante biblioteca de historia y arqueología de su bisabuelo, decidió dar un paseo en el nuevo tren con su hijo Lucas y sus nietos Diana y Fernandito. Al poner el pie en el pedestal de la exótica máquina de fabricación belga sintió que viajaba al futuro. Todo brillaba en un color metálico intenso: la timonería, el apartapiedras, la marquesina con letras estilizadas; nada tenía el menor rasguño. Al frente, un soberbio farol. Los asientos en primera clase eran de piel, y de madera en segunda; pero los primeros costaban veinticinco centavos y el sueldo de un campesino era de diez centavos al día, por lo que prefirió pagar cuatro boletos de doce centavos cada uno y se embarcó a la ciudad en un vagón de segunda. Le parecía increíble que tan moderno aparato fuera accesible a todos sin distinción. El único requisito era cumplir el reglamento: no podían subir perros y no se podía fumar. Cargando a su nieto de cinco años, Juan volteó hacia atrás y vio de reojo el portal de Peregrinos del templo de Nuestra Señora de la Purificación, con su nuevo campanario. Cuatro barrios indígenas habían ayudado a construirlo sobre un antiguo adoratorio prehispánico. Sus nombres grabados en piedra todavía eran visibles bajo la sombra de un sauce que acariciaba el atrio: Tlacateco, Tescacoac, Nonohualco y Zihuatecpan. Era la paz efímera de una ciudad restaurada, sobre cuyas ruinas aparecía algo nuevo, imposible de describir. Al tiempo que se abrían nuevas calles, la ciudad se hacía más grande. Sin embargo, la situación personal de los Cuautle iba en declive.

Juan se hallaba desesperado. No entendía cómo una Constitución que decía proteger sus garantías como «individuos» había hecho que desde hace un año el templo de San José no le quisiera fiar a su familia para la siembra. En efecto, las leyes prohibían el «préstamo eclesiástico», lo que obligaba a los Cuautle a emplearse como peones en la hacienda La Piedad, de José Francisco Landero Rul, ahora dueño de quinientas hectáreas adicionales de tierra fértil, que antes pertenecían a sus antepasados, y de tres molinos que le aseguraban el suministro de harina para sus panaderías. Con las Leyes de Reforma, la autoridad de la Iglesia en Tacubaya se había diezmado, ocasionando el abandono gradual del campo, el cual requería de una institución como la Iglesia, capaz de mediar entre las familias de campesinos para coordinar obras intensivas en mano de obra, como la construcción de canales de riego, albardones, o el préstamo de animales de tiro. El dueño de la hacienda no estaba dispuesto a dar, y ni siquiera comprendía, ninguna de aquellas concesiones. Destruido el vínculo de confianza con la autoridad local, el campesino pasó de una vida pobre, pero digna, a una de miseria y segregación.

Los nuevos señores del poder, en cuyas manos recayeron las propiedades incautadas, reconcentraron en su seno un poder similar al que antes había ostentado la Iglesia, pero sin honrar los compromisos de esta con la comunidad. Y si bien habían perdido tierras, embargadas como garantía por el préstamo eclesiástico, los títulos de propiedad de los Cuautle les eran bien reconocidos y en algunas ocasiones las habían podido recuperar. No así con los nuevos dueños, que ni siquiera reconocían las ordenanzas reales como objeto legal, a pesar de que en ellas figuraba, en náhuatl, el nombre de sus antepasados, miembros de la nobleza indígena.

Condenados a tratar con capataces y tiendas de raya, abandonados a su suerte en la crueldad del mercantilismo salvaje, Juan Cuautle y su familia tuvieron que agacharse ante los hacendados y agiotistas que los comenzaron a ver como simples animales de carga. No había lugar para ellos en el nuevo proyecto social, más cruel y depredador que los anteriores. Ante la llegada creciente de las grandes familias a Tacubaya, a veces se les acusaba de robo y eran enviados a la cárcel en su propia tierra. Tal era el resultado de la utopía en la que ingenuamente había creído su padre cuando decidió luchar por la Independencia.

Atrás había quedado la descripción elogiosa que hizo la marquesa Calderón de la Barca de las bellas y esbeltas indias, cuando dijo, en 1840:

En cuanto a las indias, las que vemos todos los días traer al mercado sus frutas y sus legumbres, son, hablando en términos generales, sencillas, de humilde y dulce apariencia, muy afables y corteses en grado superlativo cuando se tratan entre sí; pero algunas veces se queda uno sorprendido de encontrar entre el vulgo caras y cuerpos tan bellos que bien puede suponerse que así sería la india que cautivó a Cortés; con ojos y cabello de extraordinaria hermosura, de piel morena pero luminosa, con el nativo esplendor de sus dientes blancos como la nieve inmaculada, que se acompaña de unos pies diminutos y de unas manos y brazos bellamente formados y que ni los rayos del sol ni los trabajos alcanzan a ofender...

Armado de valor, Juan aprovechó la visita a la plaza de Armas para ir a platicar con el sacristán del convento de San Francisco, a quien conocía por medio de su tío Lucio. A los liberales les resultaba fácil invocar la obediencia a la ley porque ellos la habían escrito. Con ella quitaban tierra de «manos muertas» y la ponían a trabajar, pero ¿en manos de quién? De unos cuantos allegados: familias como las de Cayetano Landero o Miguel Escandón, que prestaban servicios al régimen. ¡Los Cuautle no podían seguir permitiendo esa rapiña!

—Lo siento, Juan, pero no se ha podido restablecer el préstamo.

—¡Pero, padre, se nos pasará la temporada de siembra!

—El gobierno anterior nos lo quitó todo: tierras, huertos, conventos; todo. —Aunque la capital estaba en manos del conservador Miguel Miramón, y las Leyes de Reforma se habían derogado, las cosas no habían mejorado para el clero.

—Pero usted dijo que el papa dictó la excomunión contra los que obedecieran la ley.

—Así es, pero seguimos en medio de la guerra, Juan. Espere hasta el invierno a ver si las cosas cambian. Todo cae por su propio peso.

* * *

El 19 de junio de ese año del Señor de 1858, la Providencia envió una señal muy clara a los autores de la Constitución. Poco antes de las cuatro de la tarde se dejó sentir en todo México un terremoto de magnitud 9.0 con duración de casi seis minutos, que fue conocido como el sismo del Señor de Santa Teresa. Derribó la cúpula del templo del mismo nombre en la Ciudad de México, causó daños al palacio Nacional y al Hospital de San Lázaro, diezmando también a la población de Xochimilco, Tlalpan y Texcoco. Pero ni siquiera eso había servido de escarmiento al Ejército Constitucionalista, que siguió dando batallas por todo el país, con su presidente itinerante, Juárez, ahora en Veracruz, después de una temporada en Nueva Orleans. ¡Si tan solo lo hubieran ejecutado en Guadalajara!

En febrero de 1859, Juan Cuautle no subió otra vez al ferrocarril, sino al ómnibus en dirección a San Ángel. Necesitaba hablar con el padre fray Juan de San Elías para declararle su intención de apoyar al ejército conservador con un grupo de fieles de Tacubaya. Ya les habían clausurado el convento de San Diego hacía treinta años y no querían que también el de Nuestra Señora de la Purificación terminara convertido en un cantón militar.

En el interior del carro jalado por dos caballos no cabían más de dieciocho personas; pero los cocheros no se detenían en reflexiones, y tratándose de su mayor lucro enjaulaban dos docenas de prójimos en cada vehículo, mientras que sentaban en el techo otra docena. Al llegar al convento, Juan le refirió al padre carmelita su desesperación. La gente de Tacubaya no tenía nada que perder y estaba dispuesta a dar la vida. Ante una muestra tan grande de voluntad, el cura envió a su homólogo del convento de Santo Domingo un mensaje en el que le recomendaba apoyar a Juan en organizar la rebelión.

En abril llegaron las tropas del general conservador Leonardo Márquez, procedentes de Guadalajara para liberar la capital, en ese momento sitiada por sus rivales. En su paso por Popotla, Tacuba, la Hacienda de los Morales, las Lomas y Santa Fe, Márquez no imaginaba el apoyo que recibiría de los voluntarios indígenas. Se posicionó en Loma del Rey para dirigir el ataque, pero los rumores del enfrentamiento llegaron a los liberales. Fue entonces cuando se enteró de que en los cerros de Tacubaya lo esperaban cuatrocientos hombres armados con machetes y lanzas para unirse a la batalla. Más de cuarenta miembros se apellidaban Cuautle. Cuando los liberales se adelantaron al ataque, Márquez ya había dirigido su ejército a esta zona boscosa y elevada, donde con el apoyo de los locales dieron muerte a las tropas del general Santos Degollado. Una vez que este ordenó la retirada, hicieron prisioneros a los jefes y oficiales que quedaron atrás. Estos militares eran atendidos por un grupo de médicos voluntarios de la Ciudad de México, que se les habían unido para apoyarlos. Viéndolos derrotados, los Cuautle no sintieron ninguna lástima. Habían perdido a varios de sus propios familiares, e invocando creencias paganas se lanzaron a masacrarlos, pero el general Márquez reaccionó a tiempo para detenerlos. El 11 de abril, el general Miramón se hizo presente en Tacubaya para reunirse con Leonardo Márquez, Tomás Mejía y el coronel Joaquín Orihuela en el convento de San Diego. Tras recibir el parte de guerra, donde pesó el ánimo de venganza de la población local, ordenó ejecutar a todos los prisioneros: «En la misma tarde de hoy, y bajo la más estrecha responsabilidad de V. E., mandará sean pasados por las armas todos los prisioneros de la clase de oficiales y jefes, dándome parte del número de los que les haya cabido esta suerte. —Dios y ley. México, abril 11 de 1859. Miguel Miramón».

Fue así como Márquez dio la orden de fusilar a todos los generales, coroneles, capitanes y tenientes del Ejército Constitucionalista en el jardín del Arzobispado, y queriendo corresponder al apoyo recibido de los campesinos, les dio el gusto de desquitarse contra los doctores y estudiantes de medicina, casi todos civiles, a quienes cercaron en una loma y dejaron que la población local exterminara a machetazos. Entre ellos iba el joven de 22 años, Juan Díaz Covarrubias, autor de importantes novelas costumbristas, como *El Diablo en México*. Los Cuautle no se detuvieron ahí y acusaron también al licenciado Agustín Jáuregui, un residente de Mixcoac que por su aspecto liberal les causaba desconfianza. Movidos por el resentimiento, tramaron una mentira para convencer al ejército de Márquez de arrestarlo en su domicilio y, sin mediar ningún juicio, lo llevaron al paredón. La venganza es un plato que se sirve caliente.

23

1861

Eran los primeros días de enero cuando el novelista y exministro de Hacienda, Manuel Payno, salió de la Ciudad de México con dirección al convento del Carmen. Las cosas habían dado un giro inesperado en los últimos días y no estaba seguro de que Juárez le perdonaría el haber inspirado la traición de Zuloaga y Comonfort a la Constitución. Las tropas de González Ortega habían vencido a Miramón y en pocos días el presidente estaría de vuelta en la capital para reinstalar los poderes federales. Payno necesitaba un refugio.

El panorama que presentaba por todos lados ese delicioso camino de tres leguas hacia San Ángel era un álbum pintoresco que excedía toda ponderación. Quien viera esas alfombras de verde esmeralda que circundaban a México, esas calzadas de álamos y sauces que atravesaban por en medio los campos de trigo y de maíz, no podía menos que bendecir la mano de Dios que prodigó tanta hermosura, tanta fertilidad de suelo. Con el ánimo tranquilo y el corazón quieto, vagó por la calzada, respirando la brisa suave y aromática de las flores, mirando ya el insecto que corre en la tersa superficie de los arroyuelos, ya el pájaro que meciéndose en la rama atisba al gusanillo o a la mariposa. En esos momentos ni un solo pensamiento siniestro perturbaba su mente para venir a derramar su veneno al corazón.

Pronto se encontró frente a la quinta de Panzacola, situada al otro extremo de un río, cuyas aguas barrosas se derrumbaban y chocaban por las grietas y los peñascos que había en el lecho. Imposible describir la belleza de aquel sitio. El grupo de casas blancas y encarnadas, la airosa y galana balconería, el lujo que se observaba en las vidrieras y cortinajes, y la oportuna situación de este edificio rodeado de árboles y de verdor, lo hacía uno de los más hermosos de México. Desde Panzacola se descubría todo el caserío de San Ángel, al parecer plantado en las lomas y las haciendas de Guadalupe y Goicochea, y dominando todo esto, flotante y aérea entre la pompa de una naturaleza exuberante y magnífica, se hallaba la cúpula de azulejos del convento del Carmen. El padre fray Juan de San Elías lo recibió con grandes elogios al pie de unas columnas adosadas. Era un hombre de más de ochenta años, que le debía algunos favores. Lleno de arrugas, pero con la lozanía de una vida sobria y arreglada, lo invitó a pasar al refectorio, pues llegaba justo a tiempo para una sopa de habas, un picadillo de pescado, una tortilla de huevo y unas exquisitas empanadas de rana. Payno se dejó agasajar y, rodeado de una sinceridad poco común en la capital, agradeció a los carmelitas su hospitalidad.

—No tiene nada que agradecer, don Manuel. Mientras el Señor esté con nosotros y Hugo nos siga bendiciendo con estos manjares, puede usted pasar aquí una eternidad.

Detrás de la humareda que despedía un embriagante olor a frituras se asomó la cabeza del cocinero. Las voces de unos monjes entonando el *Benedictus*, a lo lejos, remataban la escena. Después de un silencio, Manuel dijo en tono más grave:

—Tengo noticias de que González Ortega ordenó publicar otra vez las Leyes de Reforma. De ahora en adelante todo puede suceder con los conventos.

—Lo sabemos, hijo, y estamos en paz con eso. Será lo que Dios mande.

—Créame que hicimos todo lo posible, padre.

—A veces solo es cuestión de esperar.

—Pero Almonte ya negocia el apoyo militar de España para rescatarnos de estos locos.

—¡Bendito sea el Señor!

—Acaba de firmar un tratado con el representante de la reina Isabel. Pronto veremos llegar los buques de la armada española y habrá paz.

—¿Quién iba a decir que un hijo de Morelos iba a ser nuestro salvador? Hagamos una oración por él —dijo tomando a sus compañeros de las manos—. Dios padre, te rogamos que bendigas a tu hijo…

—Amén —dijo el visitante—. Y pensar que hace unos años Almonte renegaba de Gutiérrez Estrada.

—Era natural, don Manuel. Al principio todos creíamos que podíamos tener nuestro propio príncipe, pero pues ya se vio que esa vid no se da en México. Lo supimos desde que Iturbide se robó el caudal con más de un millón de pesos de los comerciantes. Ahí perdimos toda esperanza. —Cinco carmelitas movieron la cabeza en señal de afirmación.

José Gutiérrez Estrada, uno de los primeros diplomáticos del México independiente, había negociado el reconocimiento de las potencias europeas; pero hacia 1840 se hallaba tan decepcionado del país que, como embajador en Gran Bretaña, envió una carta al presidente Bustamante para expresarle su deseo de ser gobernado por un príncipe extranjero. La misiva le dio la vuelta al país, convertida en panfleto, hasta que el gobierno la mandó confiscar. Almonte, ministro de Guerra, la calificó de escandalosa. El autor fue arrestado, junto con el impresor, Ignacio Cumplido, y todo México se inconformó. Pero veinte años después el hijo de Morelos se tragaba sus propias palabras cuando puso su firma en el Tratado Mon-Almonte, que reconocía viejas deudas con España a cambio de apoyo económico para su guerra contra los liberales, y la intención tácita de invitar a un gobernante extranjero.

—Pues sí, pero hoy cualquier cosa es mejor que estar en manos de los puros.

—Si Francia no ha alcanzado aún el sistema republicano, es arrogante pensar que nosotros podemos —dijo Payno.

—Definitivamente no estamos listos. Nuestro pueblo es monárquico hasta la médula.

—No estamos proponiendo la tiranía, padre. Sería una monarquía constitucional, como en todas las naciones respetables del globo, con su debido parlamento.

—Le aseguro que seríamos más libres bajo ese régimen que en esta falsa república.

Pasando a otros temas, fray Juan de San Elías clavó su cuchara en la canela que cubría el arroz con leche y le refirió una historia que circulaba en esos días en boca de todos los vecinos de San Ángel.

—¿Ya supo lo del niño Elorduy? A los nueve años ya es todo un virtuoso del piano. Nos dio un concierto de Navidad que dejó a todos con la boca abierta.

Dieron gracias por sus sagrados alimentos y salieron a caminar por la comarca. La cascada de San Ángel estaba formada por un riachuelo que, apacible y silencioso, corría entre los manzanos y los sauces y se precipitaba formando un arco cristalino por entre las campánulas, maravillas y madreselvas que entapizaban los peñascos. Avanzaron entre matorrales y, dejando atrás el fragor de la cascada, entre la música de la naturaleza escucharon las suaves notas de un piano que tocaba una de esas melodías populares, llenas de sentimiento y de expresión.

—¡Es él, escuche! —dijo el padre, y se dirigieron por un soto de árboles hacia una casita pintada de blanco, sencilla y modesta, como es preciso que sean las habitaciones campestres, edificada junto a una frondosa morera cargada de frutos. Manuel Payno sintió un *déjà vu* cuando por la ventana vio al pequeño Elorduy inclinado sobre su instrumento interpretando ahora el *Canon* de Pachelbel. Su manera de tocar era sencilla e inocente, pero a la vez profunda y melancólica. El niño ignoraba que dentro de poco perdería a sus padres, heredaría una fortuna, viviría en Europa por veinte años, sería discípulo de Clara Schumann y de Anton Rubinstein, y se casaría con la hija de don Manuel, Trinidad Payno.

Siguieron su paseo y llegaron al templo de San Jacinto, construido sobre un pequeño adoratorio tepaneca del señorío de Coyohuacan. Lo que había sido originalmente una capilla dominica para la enseñanza de los indios se había convertido en 1596 en un templo consagrado a san Jacinto de Cracovia. Su atrio ajardinado era uno de los más hermosos de la ciudad, pero el convento había cerrado hacía más de cien años. Por todas partes atravesaban arroyos, cuyas márgenes estaban cubiertas de variedad de flores; por todas partes se oían los trinos de los pájaros y se veían meciéndose en las ramas y picando la fruta a los rojos cardenales y los vistosos azulejos.

Pero Manuel Payno y los frailes carmelitas no disfrutarían por mucho tiempo de esa paz. El 11 de enero Juárez entró a la capital y, acto seguido, el ministro de Relaciones, Melchor Ocampo, solicitó la expatriación del nuncio apostólico, monseñor Luis Clementi, y de los representantes de España, Ecuador y Guatemala por oponerse a las Leyes de Reforma. La misma suerte corrieron el arzobispo Lázaro de la Garza y el obispo de Michoacán, Clemente de Jesús Munguía, junto con otros tres jerarcas de la Iglesia políticamente inquietos. Se decretó también la exclaustración de las órdenes religiosas y, a los pocos días, llegaron a las puertas del convento del Carmen los interventores del gobierno. Payno fue aprehendido a la mitad de la noche, mientras los frailes carmelitas eran obligados a desalojar sin tiempo de recoger sus pertenencias. Los agentes del gobierno presentaban como justificante un folleto impreso por Andrade y Escalante, con fecha julio del 59, en el que se afirmaba que el producto de los conventos se destinaría a la capitalización de montepíos, las pensiones de viudas y huérfanos, y al fomento de la instrucción pública. El huerto de más de trece mil árboles que pertenecía al convento, bañado por las cristalinas aguas del río Magdalena, fue talado y rematado a particulares. El templo se salvó por un milagro, pero su administración se la disputarían por varios años los ayuntamientos de México y de San Ángel.

Así cayeron en manos del gobierno diecinueve conventos de hombres y dieciocho de mujeres en la Ciudad de México, obligando a más de mil religiosos a buscar refugio en otras partes. Las monjas de la Concepción y de Jesús María se fueron al convento de Regina; las de la Encarnación, al de San Lorenzo; las de Santa Clara, al de San José de Gracia; las de Balvanera y San Bernardo, al de San Jerónimo; las del convento de las Betlemitas, al de Enseñanza Antigua; las de Santa Brígida y Santa Isabel, al de San Juan de la Penitencia; las de Santa Inés y de Santa Teresa la Nueva, al de Santa Catalina de Sena; y las de Corpus Christi y Capuchinas de San Felipe, al de Capuchinas de Guadalupe.

* * *

Tres meses después, Miguel Lerdo de Tejada agonizaba. El tifus lo había consumido en menos de dos semanas. Su médico, Juan Francisco Santoveña, le aplicaba una compresa en la frente para bajar la fiebre.

—No teníamos otra opción —le dijo Benito Juárez—. Era la única forma de hacerlos entender.

—Muerto el perro, se acabó la rabia —respondió Miguel con frialdad—, pero estamos destruyendo también la base moral del país. Yo, que redacté esa ley, nunca creí que la llevaríamos tan lejos. —Se refería a la Ley de Desamortización de las Fincas Rústicas y Urbanas de las Corporaciones Civiles y Religiosas, mejor conocida como la ley Lerdo.

—Con su permiso, licenciado, le voy a tomar el pulso —interrumpió Juan Francisco Santoveña.

—Ellos nos orillaron —contestó Juárez.

—¿Qué dice?

—Ellos nos orillaron. —Tenía que repetir sus palabras, pues la fiebre le provocaba al ministro de Hacienda sordera y dificultad para hablar—. Hicimos la revolución de Ayutla para reconstruir al país sobre bases sólidas de igualdad y libertad. Pero había que excluir a nuestros enemigos. No como Comonfort, que quiso agradar a todos.

—En eso tiene usted razón, pero ¿destruir a la Iglesia católica? ¿Qué va a ser de nuestro país de aquí a cien años? Usted mismo asistió al Seminario de Oaxaca.

Juárez sintió un escalofrío.

—Sí, pero lo odiaba. Tan pronto pude me pasé al Instituto de Ciencias y Artes, donde enseñé Física Experimental. —El presidente hablaba lento. Había vivido ya muchas penas y estaba acostumbrado a mostrarse fuerte en medio de la tempestad—. Esa gente fanática llamaba a nuestro instituto «casa de prostitución», y a nosotros, herejes y libertinos.

—Señores, necesito pedirles que se tranquilicen —terció el doctor—. Está usted en la fase exantemática, licenciado, y el brote pápulomaculoso se extiende ya a todo el cuerpo —dijo mostrándole las palmas de las manos y las lesiones en la boca—. Le voy a tener que aplicar un antipirético, o podría usted caer en coma. —Lerdo lo miró con reproche mientras le introducía en la boca una cucharada de jarabe de Berthé.

—Antonio Salanueva... —murmuró Lerdo—. ¿No se llamaba así su mentor?

—Así es —contestó Juárez—, que en paz descanse. ¿Por qué?

—¿El que creyó en usted y le inspiró toda su rectitud moral?

—Sí —dijo mirando al suelo e intentando ocultar un nudo en la garganta.

—¿El sacerdote franciscano? ¿El estudioso de las epístolas de san Pablo y del fraile Benito Jerónimo Feijoo? —Juárez se quedó perplejo. No recordaba haberle contado eso—. Usted me lo dijo en Veracruz, cuando resistíamos el sitio. Con todo respeto, mi presidente, yo veo en usted a un alma fraguada en lo mejor de nuestra educación religiosa.

—No lo creo —dijo Juárez apartándose de la cama y dando pasos por la habitación, sus manos cruzadas por la espalda—. Don Antonio Salanueva fue un hombre culto que me abrió los ojos a las realidades del poder. Yo fui víctima de los abusos de los jueces, de la prepotencia de los clérigos, del desdén de las autoridades, y fui apresado por intentar defender a unos indígenas contra el cura de Loxicha, que cobraba obvenciones excesivas y maltrataba a sus feligreses. ¡La codicia del clero era insaciable!

—Tiene usted razón —contestó Lerdo, los ojos rojos como un conejo—, y no me arrepiento. La Iglesia está podrida; pero ¿qué es mejor: eliminarla o tratar de remediarla? Sin la doctrina del padre Ripalda, sin los jesuitas como Clavijero o Salvatierra, sin el padre Kino, ¿hubiera existido Miguel Hidalgo? Quizás habría sido un buen sericultor. Sin el Colegio de San Juan de Letrán, ¿quiénes habrían sido Guillermo Prieto, Manuel Altamirano e Ignacio Ramírez? ¿Acaso un puñado de novelistas románticos? La orden de San Ignacio de Loyola y los católicos liberales imprimieron un sello inconfundible en nuestra conciencia histórica. La misma Sor Juana tuvo un confesor jesuita.

—Estoy de acuerdo, Lerdo, ¡pero la educación moral de nuestro pueblo no puede basarse en supersticiones! Tiene que venir de conocimientos comprobables, de virtudes cívicas, de patriotismo.

—Por favor, caballeros, necesito pedirles que guarden silencio —intervino el médico con un estetoscopio en los oídos, que colocó en el pecho del paciente.

—¿Y se puede saber de dónde va a surgir ese amor del que hablas, si la patria todavía no existe? —replicó el enfermo, su pecho palpitando con fruición.

—¿Dice que la patria no existe?

—No. Todavía muy pocos se sienten realmente mexicanos.

—¿Y entonces para quién estamos luchando? ¿Para quién estuvimos escondidos año y medio en Nueva Orleans, viviendo a salto de mata y enrollando tabaco para sobrevivir? ¿Para qué pasamos dos años y medio en Veracruz, resistiendo el gobierno conservador de Miramón y Mejía?

—Que Dios perdone nuestras faltas —dijo con serenidad—. No dejemos que nuestras propias obras regresen para vengarse.

—¡Eso mismo digo yo, Lerdo! No dejemos vivo ningún resabio de organización colonial, demos pasos firmes para que el país no vuelva jamás al punto de partida. Que ya las comunidades puedan vender sus tierras comunales a particulares. Solo falta acabar de rematar las propiedades de la Iglesia y encender la chispa del progreso. —En su lecho de muerte, el ministro miró por última vez a su viejo compañero de lucha.

—Al César lo que es del César, pero sin la rectitud moral que enseña la Iglesia, los mexicanos seremos unos monstruos.

—Pues seremos monstruos, pero mejor eso que dejar a los mismos generales seguir gobernando al país a su antojo, a través de comandancias militares. Esa tiranía clerical-militar es lo que ha impedido la libertad de nuestro pueblo. No, señor, el poder civil debe imponerse por la fuerza si es necesario. Solo así podremos frenar la entrega del poder a los más rapaces para salvar los privilegios de la Iglesia. —Al decir estas palabras, Juárez no se había dado cuenta de que Lerdo ya no lo escuchaba. El doctor Santoveña le había tenido que aplicar una inyección.

—¿Salicina? —preguntó Juárez.

—Quinina —respondió el doctor—. La famosa «corteza jesuita» o «chinchona calisaya». —Ante su expresión de duda, Juan Francisco Santoveña procedió a explicarle—. Este líquido era considerado por los protestantes como obra del demonio, un engaño para apoderarse de las almas. Por décadas hubo una resistencia feroz a su uso médico en Inglaterra y otros países.

—¿Ya ve, mi querido ministro? —dijo, a sabiendas de que no lo escuchaba—. ¿Ya ve por qué teníamos que llevar la revolución hasta sus últimas consecuencias? —El Benemérito seguía defendiendo sus razones. Temía pasar a la historia como el anticristo mexicano.

La experiencia le había demostrado que los religiosos, por ignorancia o por malicia, se creían representantes solo de su clase, y en los congresos contrariaban toda medida tendiente a corregir sus abusos y favorecer los derechos del común de los mexicanos.

La siguiente vez que Juárez lo vio, el autor de la ley Lerdo yacía inerte en su ataúd. Aquel hombre que con su pluma había desencadenado la guerra de Reforma, ahora, vencido, entregaba su cuerpo a las bacterias fecales de una insalubre garrapata. Miguel Lerdo de Tejada murió de tifus el 22 de marzo de ese año de 1861.

A pesar de las resistencias de su ministro, Juárez continuó con la venta de las propiedades incautadas al clero. La Ciudad de México se llenó de vecindades y colonias populares, donde se hacinaban los foráneos en lo que antes eran las celdas de los religiosos, vendidas a precios de ganga y sin darles mantenimiento alguno. Por décadas fue imposible desalojarlos, y hermosas construcciones que habían formado parte del paisaje histórico de México fueron convertidas en basureros, focos de infección y lugares de hacinamiento. Una de las secciones del convento de San Francisco, atravesado por la calle Gante, fue por un tiempo sede del circo Chiarini. Mariano Otero lo había dicho muy bien: si no se alteraban las relaciones de propiedad en México, las leyes y constituciones no cambiarían nada. Había que anteponer el interés económico de la mayoría al privilegio de la minoría. Redistribuir tierras y propiedades en manos muertas para generarle alianzas al gobierno y permitir el surgimiento de una nueva clase media. Con una mano se destruye y con otra se construye, decía Otero. Para ello, Juárez contaría con un sólido aliado: el empresario Miguel Escandón.

* * *

Un año después, Catalina Barrón desayunaba en el jardín de su casa de Lomas de Tacubaya con su cuñada, Carmen Santoveña. Las esposas de Miguel y de Antonio Escandón no se habían visto en más de un año. Desde que Juárez había vuelto al poder, Cathy y su familia se habían mudado a París. Consideraban al presidente como un peligro para México. Hoy, de regreso en su ciudad, volvían a platicar como antes a la sombra de un ciprés, al día siguiente de haber asistido al funeral de su cuñado común, Manuel Escandón Garmendia. El empresario había contraído una enfermedad terminal varios meses atrás, y Cathy y su marido Antonio decidieron cruzar el Atlántico, con una escala en Nueva York, para pasar con él sus últimos días de ese mes de julio de 1862. La ceremonia luctuosa había sido digna pero sobria. Nunca se había visto el panteón de San Fernando tan repleto de flores. Al entierro había asistido el propio presidente Juárez; pero no hubo nuncio apostólico ni arzobispo que oficiara la misa de réquiem y se habían tenido que conformar con el obispo en turno y la extraña presencia de un burócrata de lo que ahora llamaban el «Registro Civil». Este acudió a la Catedral a levantar el acta de defunción en un triste acto que rompía con todo el protocolo.

Don Antonio Escandón no tuvo problemas para gestionar en París el salvoconducto diplomático que le permitió burlar las escuadras francesas estacionadas en el golfo e internarse por el puerto de San Juan de Ulúa. Su hermano convaleciente le había heredado su residencia campestre en Tacubaya y venía también a firmar las escrituras. Se trataba de la quinta de descanso más espectacular de la Ciudad de México, edificada en 1848 sobre un lomerío de más de cinco hectáreas de cedros, que antes había albergado la casa del arzobispo, frente al convento de San Diego, y a tiro de piedra de la del conde de la Cortina. La villa de estilo italiano colindaba con el cauce del río Tacubaya, debajo de los molinos de Valdez y Santo Domingo, y parecía escondida de ojos profanos por un inmenso jardín que la rodeaba, como si fuera un palacio de hadas. Al costado, sobresalía un elegante invernáculo con una colección de parásitas y orquídeas dignas de la fascinación de un botanista.

Había al centro un patio con una gran cúpula acristalada que por las noches era alumbrado por un candelabro de bronce. Cuatro pórticos columnados de influencia renacentista rendían tributo a la asombrosa vista del valle, de los volcanes y del espeso bosque que se extendía a los cuatro puntos cardinales. Decían que el arquitecto se había inspirado en el Palazzo Chiericati, en Vicenza, de Andrea Palladio. El jardín interior era rico en prados y flores, salpicado de fuentes de agua clara, cenadores y quioscos, y cubierto de hiedra y madreselva, con asientos cómodos para reposar a la sombra de los piñones, cipreses y fresnos, gozando de la vista alegre de la Ciudad de México, tendida al pie del Iztaccíhuatl.

Esa mañana, entre faisanes y fuentes brotantes, las cuñadas conversaban sobre una mesa de ratán, a cierta distancia del mayordomo que supervisaba la entrega puntual de té negro, jugo de naranja, cuernitos de mantequilla y huevos escalfados con tocino, jitomates y champiñones.

—Pues sí, cuñada, allá es de lo más normal que las mujeres tengamos nuestros propios amantes —dijo Cathy sin titubeos.

—¿Y no se preocupan por guardar las formas? —preguntó Carmen en voz más baja, ocultando una sonrisa.

—La verdad no mucho. Tengo una amiga que se metía con el instructor de sus hijos, ¡en su propia casa!, y su marido, ni en cuenta.

—¿Era tonto o se hacía?

—¿Tú qué crees? Él era más descarado: se metía con las sirvientas a plena luz del día. —Carmen sintió un escalofrío. Tenía mucho que decir sobre ese asunto, pero no era el momento.

—¡Dios nos libre de esas costumbres si los franceses nos ganaran la guerra! —contestó cambiando de tema.

—Obviamente que nos ganarán, querida. Son el ejército más grande del mundo, así que vete acostumbrando.

—Pues no sé qué te hayan dicho a ti en París, pero la derrota que sufrieron en Puebla contra Zaragoza no fue poca cosa. ¡Dicen que les aventaban las balas de cañón hasta con las manos!

—Sí, eso dijeron, pero quédate tranquila, que no tardarán en llegar los refuerzos. Luis Napoleón es un tipo loco, yo lo conocí con mi papá. Tenías que verlo, era un don nadie que acababa de escapar de la fortaleza de Ham, donde lo tenían preso, y vino a nuestra casa en Londres, todo emperifollado, a querer persuadirnos de que él era el próximo rey de Francia. Aunque tenía esta aureola de aventurero romántico y luchador por los derechos civiles, en el fondo se le veía que era un ególatra. A mi papá le decía que cuando fuera rey, iba a defender a México contra Estados Unidos y evitaría que el presidente Polk nos arrebatara Texas.

—Pues no hubiera estado mal.

—Quizás, pero mi papá no tenía un pelo de tonto. Además, no quería apoyar a Santa Anna y prefirió verlo caer.

—Él se lo ganó, por revoltoso —dijo Carmen, un poco distraída.

En 1846, el padre de Cathy, Eustaquio Barrón, había sido el hombre más poderoso de México. Dueño de un emporio de casas comerciales desde Guayaquil hasta San Francisco, y socio mayoritario de la compañía Barrón & Forbes, había dejado sus negocios encargados a un socio en Tepic para irse dos años a viajar por Europa con su esposa, doña Cándida Añorga, y sus tres hijas, Catalina, Antonia y Dolores. Allá compró castillos, mansiones y caballos. Los mismos príncipes europeos envidiaban su fortuna. Cathy le contó cómo uno de ellos, el rey Leopoldo II de Bélgica, después de pasar un fin de semana con su huésped mexicano en el castillo de Amberes, pidió permiso a las potencias europeas para conquistar el Congo. Quería hacer con el marfil de ese país lo que don Eustaquio con la plata mexicana.

—En otras palabras, los mexicanos aportamos algo original al mundo —dijo Carmen sorbiendo de su aromático té Darjeeling.

—Sí, una nueva forma de lucrar con el Estado.

—¿No suena mejor decir «una forma de impulsar el progreso»?

—El progreso de Inglaterra, sí. El de México es imposible.

—Catalina era la primogénita en su familia y trataba a Carmen como una hermana menor.

—¿Por qué lo dices?

—Porque el negocio son los préstamos, mi amor, financiar a don Benito. No tanto los ferrocarriles. Con eso de la desamortización, ahora somos dueños de todo lo que antes era de la Iglesia. ¿Te acuerdas de Comonfort? —le preguntó retirando de su hombrera una semilla de diente de león.

—Sí, Miguel hizo muy buenos negocios con él. ¿Por qué?

—Eso fue después de que mi papá lo dobló a billetazos, pero antes, ¿no te acuerdas de que trataron de arrestarlo? ¿Cómo se llamaba ese gobernadorcillo?

—¿Santos Degollado? —dijo Carmen mirando hacia el balcón.

—Pobre diablo, no sabía con quién se metía. Mi papá era el que quitaba y ponía autoridades municipales, jueces, militares y hasta gobernadores; pero ese nos quiso echar al ejército. La sorpresa que se llevó cuando la guarnición de San Blas se levantó en armas en nuestra defensa. Tuvo que salir huyendo del país.

—¿Entonces Comonfort no era bueno?

—Al principio no, pero luego se dieron cuenta de que nos necesitaban: él, Payno, Gómez Farías, Juárez; todos. Los liberales han sido el negocio más jugoso para todos nosotros. Así que no sobreestimes a los franceses. —Carmen se quedó mirando un punto a la distancia.

En los terrenos exteriores de la casa había un tiro de pistola, un juego de bolos, un tren de caballos y carritos para niños, y una extensa pajarera con faisanes y quetzales. Carmen miró el estanque donde jugaban los patos y los ánsares. Había unos cisnes blancos traídos de Inglaterra y otros negros de pico rojo, traídos especialmente de Australia.

—Carmen, ¿qué te pasa? Te ves intranquila.

La mujer de treinta y ocho años se soltó a llorar.

—¡Es que ya me tiene harta! ¡No puedo más!

—¿De qué hablas? ¿Quién?

—Mi marido… Se mete hasta con las sirvientas y no respeta mi lugar. —Cathy la abrazó.

Dalila Cuautle, que había acompañado a su señora a casa de su cuñada, ayudaba a hacer el aseo en la parte superior, fingiendo retardarse para escuchar la conversación desde un balcón. La hija ilegítima de Lucas Cuautle había llegado a casa de Carmen a los 13 años, llevada por su padre, después de que el convento de Corpus Christi se negó a tenerla más. Era demasiado inquieta. El mayordomo de la residencia Escandón la había rechazado al ver que no tenía recomendaciones. Pero mientras caminaban hacia la salida, por una calzada de chopos y fresnos de aspecto sombrío, que conducía a un extenso terrado circular, Miguel Escandón, que venía llegando en su coche, los hizo regresar. La carroza se detuvo en un enlosado de mármol de Génova y el patrón bajó y se quitó los guantes. A sus espaldas dos pórticos corintios le daban una apariencia imperial. La niña y su padre regresaron, apenados, y respondieron a sus preguntas. Dalila lo miró con desdén. Bonita y con el pelo largo recogido en una trenza, no tuvo más que decir su nombre para ser aceptada.

A espaldas de la mansión se hallaban las habitaciones de los criados, junto a las caballerizas y las cocheras, pero Miguel arregló para que la niña se alojara en una habitación independiente, en el jardín trasero, sin que Carmen lo supiera, y poco a poco se fue ganando su confianza con regalos y elogios para, un año después, abusar de ella. Dalila creció sin entender su verdadero lugar en esa casa. Era obvio que gozaba de privilegios superiores al del resto de las criadas, pero al mismo tiempo Miguel era impredecible con ella. Casi siembre la ignoraba o la trataba como un bulto; pero otras veces, cuando estaba de humor, quería tenerla cerca, le hacía halagos, le pedía que le contara cosas de su vida. Para Dalila todo esto resultaba muy confuso. Era la primera vez que alguien se interesaba en ella como persona y se ilusionó creyendo que, con el tiempo, se acabaría volviendo como una más de sus hijas y que, al fin, tendría al padre que nunca tuvo. Pero una noche, cuando ya todos dormían, Miguel llegó a su puerta y le pidió que abriera. Se le notaba triste. Dalila, preocupada, lo dejó entrar y él se metió en su cama y la abrazó.

Un año después nació su hijo Lucio. Pero Miguel no se iba a dejar arruinar por una cosa así, de modo que tan pronto la vio embarazada, la mandó por un encargo e hizo que un soldado la violara. Luego armó un escándalo entre los empleados para correr la voz de que era una provocadora de hombres. Siendo bonita, las demás criadas lo creyeron y contribuyeron con sus propias historias a mancillar su reputación. Miguel entonces pidió un favor especial a Irineo Rodríguez, el hijo de su jardinero, para que se casara con Dalila y aceptara la paternidad del hijo que vendría. A cambio, él generosamente le ofrecería el apoyo económico para la manutención de ambos. Envuelta en la confusión y la mentira, Dalila se entregó al cuento y siguió llevando su vida normal, como empleada de la residencia Escandón, sin poder olvidar a Miguel, que ya jamás le hizo caso. No tenía más a dónde acudir. Su propio abusador había sido el único hombre que, de alguna manera, la había amado, y ella no dejaría de intentar reconquistar su cariño.

—No te fijes, querida, es una condición que tienen todos los hombres.

—¡Ya lo sé, pero me hierve la sangre de coraje! —dijo Carmen—. Mi madre fue una mujer sumisa y me prometí a mí misma que no sería igual.

—Pues tú síguele el juego y haz lo que te venga en gana.

—¡Lo que me viene en gana es matarlo! Nunca me había sentido tan humillada.

—Te entiendo, pero no le puedes dar tanta importancia, Carmen.

—Tú porque no tuviste hermanos, pero a mí el abuso de los hombres me trastorna. Ya viste cómo a mi sobrina, Fernanda, su papá la casó con un imbécil. Yo por eso tengo a Loretta estudiando con Pelegrín Clavé. Si no va a tener un esposo que la quiera, por lo menos que se entretenga con la pintura.

—Ahora que tocas el tema, te voy a contar lo que escuché decir a mi marido el otro día. —Un extraño eco acarreaba sus palabras hasta el balcón donde Dalila aguardaba inmóvil con una escoba entre las manos. Carmen se acomodó en su silla—. Caminaba yo por el jardín cuando pasé por la cochera y lo oí hablando con su escolta. Me iba a acercar, pero de pronto lo oí decir: «Vas a casa de Miguel, te esperas a que salga y cuando esté en el mercado, la subes y te la llevas a Mixcoac a enseñarle su parcelita. No te vayan a ver las otras criadas».

—¿De quién hablaba? —preguntó Carmen.

—No recuerdo bien. ¿Basilia? ¿Bartola? —En ese instante Carmen se quedó fría y una sombra se le dibujó en el rostro.

—¡Qué bárbaro! Es un descarado. Ese era un terreno de mi familia y ahora este cabrón se lo da a la nueva criada.

—¿Y qué necesidad tiene él de darle terrenos a una criada?

—No lo sé, tal vez esta sí le puso condiciones, no como la otra escuincla.

Dalila sintió que le clavaban una lanza en el pecho. Esa misma noche esperó a Miguel, cuando este subía las escaleras, cansado, en dirección a su recámara, y se presentó ante él en camisón de manta, algo que violaba las reglas de esa casa, tratando de ofrecérsele. El patrón ni siquiera la volteó a ver y pidió que se retirara; pero Dalila se acercó e intentó tomarlo del brazo. Miguel se zafó y ella, herida, le soltó el as bajo la manga:

—¿Así que a Betina sí le da su parcelita, pero a mí ni las buenas noches? —Miguel se detuvo a la mitad de la escalera preguntándose qué hacer con esta mosca—. ¡Cuando fui yo quien le dio un hijo! —Miguel sintió un calambre—. ¡Míreme a los ojos, señor —dijo alzando la voz—, y dígame que no le importo! ¡Dígamelo!

Comenzaron a forcejear un poco y ella intentó abrazarlo, pero Miguel continuó su camino sin mirar atrás. Entonces Dalila quiso detenerlo, cortándole el paso, y elevó la voz.

—No me ignore, señor. ¿Qué tiene ella que no tenga yo? —Miguel, no queriendo despertar a su familia, le dio un empujón que sin querer hizo a Dalila rodar por la escalera. Cuando Carmen, Betina y los demás empleados salieron a ver qué pasaba, la joven de 17 años yacía sobre el piso de mármol con un charco de sangre a su lado. «Ataque de epilepsia», pusieron en su acta de defunción. Aunque era obvio lo que había pasado, ni siquiera el supuesto padre del niño, Irineo Rodríguez, se atrevió a señalar a su patrón.

* * *

Un año después, tal como lo había anticipado Catalina, la ciudad fue tomada por los franceses. El gobierno de Juárez había pedido auxilio a la ciudadanía, pero ni una sola bala fue disparada. Acaso el recuerdo amargo de la invasión estadounidense estaba demasiado fresco. Ahí la población civil había luchado con denuedo, sin ningún resultado palpable. No volverían a hacerlo. Esta vez, además, había una larga lista de familias nobles que, si no habían ayudado a darles la victoria, estaban listas para cooperar con los invasores. El mismo esposo de Catalina había visitado el castillo de Miramar, en Italia, para pedirle a Maximiliano de Habsburgo que se ocupara de México. Para asegurar a su familia, había puesto diez millones de pesos en plata acuñada en un buque de la Armada británica y los depositó en el banco Baring Brothers de Londres para no tener que regresar más.

La resistencia al gobierno de Juárez no había venido solo de la clase alta. La aplicación de la ley Lerdo para forzar a los indígenas a ceder sus propiedades comunales a la privatización había provocado levantamientos armados, como el de Manuel Lozada en el cantón de Tepic, cuyas huestes acosaban a la ciudadanía y asaltaban los caminos, aplicando la justicia a mano propia. Cuando comenzó la guerra, el Tigre de Álica, como se conocía a Manuel, no tuvo reparo en ponerse al servicio de los invasores, forzando de este modo a Juárez a hacer concesiones y obteniendo, en ultimadas cuentas, el reconocimiento de la provincia de San José de Nayarit de parte del emperador Maximiliano I, y para sí mismo, el grado de general.

* * *

El 31 de mayo de 1863, Juárez abandonaba la Ciudad de México. Desde el 19 de mayo anterior, cuando se confirmó la toma de Puebla por el ejército francés, el Gobierno de la República hizo llamados urgentes a la población para aprestarse a la defensa, pero tanto los habitantes como el Ayuntamiento se mostraban indiferentes y fríos ante el acecho de las tropas. Ni las amenazas de altos impuestos ni la de ser reclutados como leva ni la posibilidad de un nuevo sitio los hicieron reaccionar y se mantuvieron más ocupados en los asuntos cotidianos. Los periódicos enmudecieron y *El Monitor Republicano* anunció que dejaría de publicarse, pero el vecindario suspiró al darse el anuncio de la ocupación pacífica y se endomingó para recibir con vítores a Élie-Frédéric Forey, el jefe del ejército francés.

Mientras tanto, el presidente se trasladaba a San Luis Potosí cargando consigo los archivos de la nación en una fila india de carretas negras. Pero Juárez no había sido arrojado por la población, solo cedía la plaza a la fuerza. Estaba doblegado, pero no abdicaba: su investidura legal estaba intacta. Ese fue durante cinco años el secreto de su fortaleza: la inercia, la resistencia del viejo indio que se marcha, sin hallar jamás a su paso un traidor o un asesino.

24

1865

Maximiliano nunca había presenciado cosa igual. A no ser porque estaba en el cerro de Chapultepec, habría tenido que tomar un bote para salir de la Ciudad de México. Ni siquiera en su fortaleza de Miramar, a orillas del mar Adriático, se había sentido tan amenazado por el agua. Las lluvias se habían desatado justamente en el mes de mayo, a un año de su llegada, y ya para septiembre la inundación rebasaba el metro y medio en algunas zonas, alcanzando el recién trazado paseo de los Emperadores, que conectaba su castillo con la alameda Central. Esto no podía ser sino un mal presagio, una mancha burlona e irreverente que enlodaba su primer acto de gobierno.

Antes de su arribo a Veracruz, Maximiliano y Carlota habían pasado a ver al papa. Querían recibir la bendición para su nueva misión en América, a la cual presumían que los invitaba una mayoría entusiasta, cuyas firmas le mostraron. Pío IX no tenía una buena opinión de México. Ya monseñor Pelagio Antonio Labastida y Dávalos lo había puesto al tanto en innumerables ocasiones de los abusos de Juárez contra el clero, y se limitó a recordarles que su misión era restablecer el orden moral antes de que Dios hiciera con México lo que con Jerusalén en tiempos de Sedequías. Aunque el catolicismo de Maximiliano era moderado, a veces pensaba que el papa tenía razón y que este diluvio no era otra cosa más que el castigo anticipado.

Ese año el periódico *La Orquesta* publicó una relación de las desgracias habidas en la isla de La Merced. La del 26 de octubre decía: «Una vendedora de cacahuates, aterrorizada por el ruido de las olas y por los bramidos del susodicho mar, se precipitó a él desmayada con todo y mercancía que, como deja entenderse, fue arrastrada violentamente por la corriente. La mujer se salvó, gracias a que no sabemos cómo pudo asirse con dientes y uñas a una chinela de un zuavo que a la sazón flotaba por allá a guisa de barquichuelo».

Los terrenos del empresario panadero José Francisco Landero Rul en la hacienda de Coapa se hallaban anegados e inservibles para el cultivo de trigo. Algo debía hacerse. Siguiendo el consejo de su primo Irineo, ofreció su apoyo económico al gobierno para encontrar una salida a la inundación y fue invitado a la reunión del 15 de octubre, convocada por el Ayuntamiento, donde estuvieron presentes los ingenieros de la ciudad y, para su sorpresa, el emperador Maximiliano. Tras escuchar el proyecto de desagüe del ingeniero Francisco de Garay, el dueño de las panaderías La Piedad se ofreció a donar cien mil pesos a cambio de exenciones de impuestos para levantar un dique de cuatro mil metros de largo por dos de alto sobre la calzada de Culhuacán, entre el cerro de la Estrella y el puente de Taxqueña. La faena no era menor. Había que vencer el influjo proveniente de los lagos de Zumpango, Xaltocan y San Cristóbal, en el norte, y los de Chalco y Xochimilco, en el sur, que vaciaban sus excedentes sobre el lago de Texcoco.

Al interior de su familia no faltó el apoyo. Irineo vendió un piano de la colección del abuelo Güemes, y su tía María Amparo puso a nombre de José Francisco una propiedad en Xochimilco de su difunto marido, Gabriel Yermo. Pero la generosidad de los Landero fue recompensada. A cambio, el Ministerio de Fomento les otorgó un permiso para utilizar, a partir de entonces, la socorrida imagen de la Virgen de Guadalupe en su publicidad y jugaron con la peregrina idea de que Panaderías La Piedad había operado el milagro de detener la inundación.

* * *

La emperatriz Carlota había nombrado damas de compañía a Catalina Barrón y a Fernanda Santoveña, sobrina de Carmen, quienes se aprestaban a salir con ella en una visita a Chalco, al nuevo taller de costura que la emperatriz había pedido organizar a la parroquia de Santiago Apóstol para fomentar el trabajo de las mujeres, obsequiando para ello la primera máquina de coser marca Singer. La emperatriz estaba entusiasmada. Las damas mexicanas jamás habían hecho el viaje y se sentían tan extranjeras como ella en su propia tierra, pero su ignorancia no parecía preocuparles, a pesar de que Carlota se había leído, antes de llegar a México, la *Historia general de las cosas de la Nueva España* de fray Bernardino de Sahagún, y de que visitaba Chalco por segunda vez, no solo como punto de descanso entre Puebla y la Ciudad de México.

En el camino, al interior de su elegante carroza de seis caballos, las damas conversaban sobre la guerra civil en Estados Unidos. Carlota manejaba bien el español y procuraba usarlo, pero cuando le faltaba alguna palabra recurría al francés, que Catalina y Fernanda hablaban a la perfección. Catalina vio elevarse varias columnas rotatorias de polvo amarillo que le hacían temer por su salud.

—Será mejor que no respire esa tierra seca, su majestad, contiene tequesquite y podría dañar sus pulmones. —La emperatriz apenas se cubrió la nariz por un instante con una mascada y, pasando la tolvanera, reanudaron la conversación.

»Solo espero que los estados del Sur ganen la guerra —continuó Catalina—. El Norte podrá estar en plena expansión industrial, pero sin esclavos, ¿quién va a trabajar la tierra?

—¿Acaso en México los campesinos no la trabajan?

—Bueno sí, su alteza, pero aquí es diferente. —Las mexicanas se voltearon a ver con una sonrisa nerviosa—. Nosotras no tenemos necesidad de esclavos porque aquí todos los indios nos obedecen.

—No son indios. Son ciudadanos —respondió Carlota frunciendo el ceño—, y si los obedecen es porque los oprimen —dijo con un altivo acento español, que dejó a todas confundidas.

—No, desde luego que no, su majestad —respondió Catalina—. Nosotras respetamos a esa gente. Ellos también tienen alma. ¿No es así, monseñor? —En el camino las acompañaba el arzobispo Pedro Espinosa y Dávalos, amigo de la familia Barrón, quien se encontraba en la capital gestionando el restablecimiento de su curia en San Juan de los Lagos, defenestrada por los republicanos pero desdeñada también por Maximiliano.

—Así es, querida. Con los debidos sacramentos, todos pueden alcanzar el reino de los cielos.

—Muy bien. Porque no quiero que nadie piense que los Habsburgo promueven la esclavitud —concluyó Carlota.

Cuando Catalina regresó a casa, conversó este punto con su marido. En 1864 Maximiliano había promulgado una ley de colonización que enfureció a Abraham Lincoln, pues alentaba a los estados confederados a emigrar a México y les permitía conservar a sus esclavos. A raíz de esto, la prensa norteamericana tachó a Maximiliano como defensor de la esclavitud, lo que había dado pie a la confusión. Pero nada era más ajeno a la verdad.

El 10 de abril de 1865 Maximiliano había emitido un Estatuto Provisional del Imperio en el que devolvía sus tierras a los pueblos de indios y concedía otras a quienes no las tenían. Nadie imaginaba que un príncipe europeo traído por la falange conservadora decretaría una jornada laboral máxima de diez horas, anularía las deudas mayores a diez pesos, prohibiría el castigo corporal y limitaría las tiendas de raya.

—Los norteamericanos no sabían de lo que hablaban —dijo Antonio Escandón, el marido de Catalina—. Este emperador ha resultado ser mucho más progresista de lo que imaginábamos. ¡Parecería como la continuación de Juárez!

—Pero es mejor dejarlo así —respondió Catalina—. Con nuestra familia las cosas van bien. El emperador ya te dio la concesión del tramo faltante del ferrocarril de Veracruz, y a mí me nombraron dama de compañía. Lo que quiera hacer con el país me tiene sin cuidado.

En efecto, ese año Antonio y Miguel Escandón habían cedido sus acciones del ferrocarril de Veracruz a la nueva Imperial Mexican Railway incorporada en Londres, un movimiento táctico que les permitiría sobrevivir a la amenaza de nuevos gobiernos liberales, y a Juárez, algún día, hacerse de la vista gorda. Maximiliano apoyó con entusiasmo el proyecto de cuarenta millones de pesos que uniría finalmente al puerto de Veracruz con la hacienda de Buenavista en la capital, pasando por Córdoba, Orizaba, Apizaco y Puebla. Con altibajos, y con don Antonio a la cabeza, sería hito en la historia ferroviaria al lograr el tendido de vías en tramos tan complejos como la cañada de Metlac, que José María Velasco retrataría en sus célebres paisajes al óleo.

* * *

Carlota había aceptado la petición de Catalina Barrón de invitar al arzobispo Dávalos, originario de Tepic, como ella, pues conocía muy bien la historia de las parroquias franciscanas del siglo XVI y los podría orientar en su visita. No obstante, para no quedar expuesta al cuchillito de palo que sería este hombre, Carlota se había hecho acompañar de José Fernando Ramírez, ministro de Estado y presidente de la Academia Imperial de Ciencias y Literatura, autor de una versión transliterada de la *Historia de las Indias de Nueva España e islas de Tierra Firme* de fray Diego Durán.

Sin embargo, las diferencias al interior del carruaje no tardaron en aflorar. El cura, que era cercano al papa Pío IX, se atrevió a decir que la Iglesia católica se había encargado de domesticar durante siglos a esos indios que hoy se inclinaban dóciles ante su ventana; pero que de no recuperar sus privilegios, tendrían que dejar el imperio a su propia suerte, enfrentados con el odio de esa gente que ardía por dentro. Carlota lo miró con ojos de desprecio.

«Los obispos no comprenden ni su época ni el verdadero catolicismo», le había dicho Maximiliano. «Y a muchos les falta incluso un corazón cristiano. No les hagas caso. Si el papa me excomulga, seré el cuarto archiduque de Austria que lo haya sido».

Carlota habría querido escribir en ese momento otra carta a la emperatriz Eugenia para referirle las cosas que eran capaces de decir los clérigos mexicanos; pero ya le había escrito una para quejarse de la llegada del nuncio apostólico, Pedro Francisco Meglia, y hacerlo otra vez sería como echar agua sobre aceite caliente. Además, las relaciones al interior del poder se habían roto desde mucho tiempo atrás, cuando el general Élie-Frédéric, a dos días de su llegada a la Ciudad de México, había proclamado que los propietarios de bienes nacionales adquiridos conforme a la ley no serían inquietados de ninguna manera, y que el emperador vería con agrado que se proclamara la libertad de cultos. Todo esto había puesto a temblar a los que habían traído la monarquía a México. Acompañaban a la emperatriz en su recorrido la Guardia palatina, la servidumbre imperial, diez oficiales de la Gendarmería y la autoridad municipal, quienes abrían paso a la caravana por las calles de Chalco hasta el centro de la ciudad, adornadas con papel picado. La gente se acercaba a ver a la emperatriz por su ventana.

—¿No es curioso? —dijo nuevamente Dávalos, dejando atrás toda prudencia—. Nos ven como si fuéramos su salvación contra los usurpadores liberales.

—Efectivamente —intervino el ministro Ramírez—, por su ubicación geográfica y la riqueza de su tierra, Chalco ha sido siempre cuna de movimientos de reivindicación agrícola, incluso desde tiempos precolombinos. Pero esto no sucede casi en ninguna otra parte del país.

—Difiero respetuosamente, señor Ramírez. ¿Qué me dice del jefe rebelde Manuel Lozada, hoy convertido en un flamante general? —La saña de Dávalos no tenía límites. Después de derrotar al general republicano Ramón Corona en la sierra de Mazatlán, Maximiliano le había otorgado al líder campesino el título de General del Imperio y la Legión de Honor de Napoleón III. Por haberse puesto al servicio de los invasores, San José de Nayarit era hoy una provincia autónoma.

—El Tigre de Álica es una excepción, señor. La realidad mexicana es muy compleja y no es fácil ponerse de acuerdo con coras, huicholes y tepehuanes. —Dávalos no insistió. El dardo estaba lanzado. Contra el historiador, pero también contra el imperio. Le parecía irónico que viejos miembros de la revolución de Ayutla, como Ramírez, fueran hoy más cercanos al poder que los propios sacerdotes. Se hizo un silencio incómodo al interior de la carroza, que Catalina intentó disfrazar llevando la atención de todos hacia el edificio triangular con fachada de tezontle, que ya se alcanzaba a ver a lo lejos. El atrio era muy grande y tenía dos arcos laterales como accesos.

—Mire, su majestad, ahí está la parroquia. Ministro, ¿por qué no nos platica un poco sobre la historia de este lugar?

Carlota le echó una mirada furtiva como rogándole que no le diera cuerda.

Sin disimular su arrogancia, el ministro Ramírez aleccionó por varios minutos a la emperatriz, que era apenas una niña para él, sobre las crónicas de Domingo de Chimalpahin. Hernán Cortés había mandado construir ahí ese gran templo a Santiago Apóstol por haberle concedido el milagro de librarlo de la guerra contra los tlahtoque de Amecameca y Tlalmanalco en su travesía hacia Tenochtitlan. Tras la Conquista, el fraile franciscano Martín de Valencia hizo el favor de dedicarle aquella parroquia al santo patrono que le había cumplido el milagro.

—Pues ha de ser un santo muy generoso —dijo Carlota, sin voltearlo a ver—. No solo salvó a Cortés de los chalcas, sino que le dio sus tierras a la Iglesia. —Al ministro no le pasó desapercibida su ironía, pero guardó silencio. La hija del rey Leopoldo I de Bélgica y nieta de Luis Felipe I, último rey de Francia, no era ya la pequeña sílfide que corría por los jardines del palacio de Laeken. Debía ser precavido.

Por fuera, una larga hilera de personas los recibía con coronas de flores que decían «Eterna Gratitud a Napoleón Tercero». Era el mes de julio y se celebraba en esa villa la fiesta de Santiago Apóstol. Por las calles avanzaba, solemne, una procesión con el santo milagroso montado en un caballo blanco, al cual los vecinos aventaban confeti y formaban a su paso alfombras multicolores de aserrín. Carlota pudo ver cómo la gente, antes de entrar a la parroquia, colocaba un manojo de alfalfa a los pies de una estatua del santo al centro del atrio, y sintió curiosidad.

—Es para que les conceda sus milagros —dijo el clérigo, y Carlota pidió que le entregaran a cada miembro de la comitiva un ramo de alfalfa.

—Creo que todos podríamos hacer uso de un milagro —dijo la emperatriz.

—En mi caso, creo que necesito más de uno —respondió Dávalos.

Fernanda Santoveña no podía entender ese gusto de los sacerdotes mexicanos por centrar siempre la atención en sí mismos y, al parecer, tampoco la emperatriz.

Como parte de la comitiva viajaban también el señor Roberto Boker y Agustín Gutheil, dueños de la casa Boker y distribuidores de las máquinas de coser Singer. Al bajar de su carruaje hicieron una caravana a la emperatriz y depositaron su manojo de alfalfa a los pies del santo.

La visita a la parroquia fue breve. Un mero acto de deferencia requerido por la diócesis que la emperatriz no tenía energía para rechazar. El protocolo pedía una misa de una hora y media y un canto del *Verbum Supernum Prodiens* a cargo de los niños del hospicio, pero Carlota redujo todo a una visita de media hora y se dedicó solo a conocer la biblioteca, el salón de catecismo y las habitaciones de las monjas.

Después se trasladaron a la Hacienda del Moral, donde anexo a la Unión de Tejedores de Miraflores se hallaba el nuevo taller de costureras. A Fernanda se le hizo muy extraño que, después de platicar con cada una de las indias, que se alegraban de verla también en un huipil bordado, y tras revisar a detalle la operación del nuevo centro de capacitación que ella misma había financiado, la emperatriz pidió un momento para recibir en un salón adjunto a un caballero culto, de elegante apariencia y aspecto extranjero que, al parecer, le había solicitado audiencia.

Fernanda fue la única que acompañó a Carlota a esa reunión. La expresión efusiva en el rostro de la emperatriz le decía que todo esto no era obra de la casualidad. Mientras la banda de metales seguía tocando *La paloma* de Sebastián Yradier, las dos mujeres entraron discretamente al salón acompañadas de su guardia personal, y dos gendarmes se colocaron en la puerta. En tanto, las visitas veían a las costureras operar la máquina de pedal para zurcir prendas y disfrutaban de un refrigerio de aguas frescas y tamales de mole verde.

* * *

Días más tarde, en una terraza del Castillo de Chapultepec, Fernanda le relató a su amado, Antonio García Cubas, lo que había escuchado al interior de ese salón.

—Vino de Europa solo para descubrir que ya existen aquí, entre los campesinos de Chalco, las mismas formas de organización gremial, mutualista y artesanal, de las que tanto han escrito los socialistas europeos.

Antonio se mostró sorprendido.

—¿Cómo dices que se llamaba?

—No lo recuerdo, era un nombre griego —dijo Fernanda—, pero se quejaba amargamente con Carlota de la tiranía de los hacendados y la indiferencia del gobierno.

Plotino Rhodakanaty había llegado a México en 1861 y acababa de fundar en Chalco, municipio de apenas dos mil habitantes, un grupo de estudio llamado Escuela Libre de la Razón y del Socialismo, que se dedicaba a alfabetizar a los campesinos y difundir entre ellos las ideas más vanguardistas de Europa, como las de Pierre-Joseph Proudhon y Charles Fourier. Había sido la condesa Paula Koloniz quien le advirtiera a Carlota de la presencia de este hombre en México, hijo de una ilustre familia de origen griego y cercano a la nobleza austro-húngara, como ella. Invadida por la curiosidad, Carlota había querido convocarlo a una entrevista, sabiendo que se expondría no solo al desdén del propio Plotino, sino a la resistencia de su corte. Finalmente, con la anuencia del emperador, encargó todo a su guardia personal, y tratando el asunto con la mayor secrecía se reunió con ese hombre cuyas ideas habían inspirado ya dos huelgas en las fábricas textiles más importantes del país, San Ildefonso y La Colmena.

* * *

Carlota había quedado asombrada con la inteligencia de aquel hombre, y a su regreso le refirió a Maximiliano la impresión que le había causado. Desde entonces, el emperador decidió no interferir con el noble proyecto del socialista griego, que buscaba crear por primera vez en México las famosas comunas agrarias, o «falansterios». Estas, impulsadas por el cooperativismo natural de los campesinos y artesanos mexicanos, emulaban las doctrinas socialistas y la forma de vida de los primeros cristianos.

Plotino le había regalado a Carlota un panfleto de su propia autoría, la *Cartilla Socialista o catecismo elemental de la escuela socialista de Carlos Fourier*, que era una exposición didáctica de las ideas de la libre cooperación social.

Pregunta: Sírvase usted decirme cuál es el estado social más perfecto.
Respuesta: Será aquel cuya hipótesis pueda concebirse como un orden en el cual individuos, familias y pueblos asociarán libremente su

actividad para producir el bien de todos y cada uno, por oposición al Estado actual, en el que individuos, familias, pueblos y clases, atrincherados en la estrecha ciudadela de sus intereses egoístas, se oprimen y luchan miserablemente unos contra otros, con grave detrimento de todos y cada uno, de la sociedad y del individuo.

Terminado el encuentro, y avivado por el interés de la emperatriz en sus ideas, Plotino se había acercado a las mujeres tejedoras y las había encomiado con estas palabras:

—Queridas niñas, hermanas de los ángeles, vosotras estáis llamadas por el estudio a ser las que revindiquéis a vuestro sexo, ultrajado por la injusta sociedad en que vivimos. Bienaventuradas seáis por saborear los goces de la emancipación ejerciendo las profesiones, practicando las artes y —volteó a ver a Carlota con admiración— desempeñando con cuidado y con esmero los cargos públicos.

* * *

Fernanda había convocado a Antonio a esa terraza del castillo de Chapultepec cuando faltaban pocos días para dejar su puesto en la corte de la emperatriz, pues necesitaba hablar con él sobre su relación. Sabía que, por su carácter, no era un hombre que se enfrentaría a la negativa de su padre, pero tampoco quería perderlo.

Los padres de Fernanda no cesaban de presionarla para encontrar a un buen marido y, un día, cansada de aquella zarzuela, los confrontó.

—¿Por qué no puedo estudiar Arte, como mi prima Loretta?

—Te quedarás en la corte de Carlota hasta que encuentres marido.

—Pues ya tengo a Antonio y con él me basta.

—No permitiré nunca que te cases con él —dijo su padre.

—Lo sé, pero no necesito casarme. Me es suficiente con estar cerca de él.

—Pero, hija, nos rompes la mesa —intervino su madre—. Cada vez que hacemos comidas no tenemos dónde sentarte.

—Si te resistes, te entregaré a las Hermanas de la Caridad —amenazó su padre.

—Está bien. Si esa es mi única opción, la prefiero.

—Muy bien. Haré que Julia Fagoaga te abra un lugar. Lo último que quiero es que un aventurero contamine nuestra sangre.

—Es un hombre brillante, papá, tú lo sabes. Tiene cuatro libros publicados.

—Me alegra que escriba libros, pero no casaré a mi hija con un García.

* * *

Fernanda conocía el carácter abnegado de Antonio y ya no albergaba esperanzas, pero deseaba que él también se mantuviera soltero y, de esta manera, conservar una amistad clandestina toda la vida. Con esto en mente, se consagró a su nueva vida entre las Hermanas de la Caridad, sabiendo la ironía que significaba mudarse al edificio del Colegio de las Bonitas, sitio pensado originalmente para alojar a las hijas naturales que estuviesen expuestas, por su belleza, a la deshonra. La primogénita de Eusebio Santoveña cumplía con todos los requisitos. Era hija legítima, soltera, de entre 16 y 28 años, sin manchas de honor en la ascendencia y sin defecto corporal o de la vista. Además, gozaba de buena fama y sabía leer y escribir. En el colegio había un total de mil alumnas, muchas de ellas hijas de familias nobles que renunciaban al boato para unirse a esta orden en la que concurrían Fagoagas, Vivancos, Molinos del Campo, Moncadas y Sanromán.

Su dedicación sería total. Asistiría a los enfermos en hospitales y cárceles; le verían entrar en las casas de beneficencia, repartir alimentos y medicinas, y andar por las calles, siempre de dos en dos, con su hábito azul, su gran rosario al cinto y su gorro de lienzo blanco. Atendería los hospitales de San Andrés, San Juan de Dios, San Pablo, el del Divino Salvador, la Casa de Cuna y el Hospicio de Pobres. Nadie mejor que las religiosas sabía brindar servicios de caridad. Sin su ayuda, la beneficencia volvería al mismo estado de desastre que con Juárez.

* * *

Antonio conocía la ciudad como la palma de su mano. En sus innumerables excursiones a Huauchinango, Texcotzingo, Tepotzotlán y las afueras de la Ciudad de México con sus compañeros de la Academia de San Carlos, como José María Velasco o Luis Coto, había aprendido que caminar era un acto de reivindicación contra la barbarie de la modernidad. En su libro *Nature Walking*, Ralph Waldo Emerson le había enseñado la idea de que los nuevos caballeros andantes recorrían los laberintos de infinitos códigos —que eran las ciudades modernas— para combatir la enajenación del hombre por las máquinas. Así, el joven Antonio se lanzaba en cruzadas de purificación peripatética sin un destino concreto.

Dolido por su frustrado amor a Fernanda, y con esa joya de la litografía que era el libro *México y sus alrededores* de Casimiro Castro en la mano, Antonio recorría calles, subía y bajaba escalones, reconocía templos y monumentos, y abordaba el tren o el ómnibus hacia Tacubaya, La Villa, o cualquier parte y, de pronto, se descubría curado: la ciudad era su hospital, y el movimiento, su antídoto.

Pero no era fácil caminar en esas calles. Faltaban losas en las acequias, había barrancas; la multitud de carruajes y el caos de las lluvias hacían del piso un lodazal, y abundaban además los bandidos; pero nada de esto detenía a Antonio. Y así llegó aquella tarde a verse con la joven de veintidós años en una de las terrazas del Castillo de Chapultepec.

—El futuro está en el pasado, Fernanda, ¿puedes verlo?

—¿Qué estás diciendo, Antonio?

—Que la humanidad no siempre avanza en sentido lineal. Hay que saber esperar.

—Yo puedo esperar todo el tiempo que tú quieras —contestó mirándolo a los ojos.

—He vuelto a leer a Robert Owen.

—¿El loquito aquel del que me contaste?

—Sí, el que quería fundar una nueva sociedad en Coahuila y Texas. —Fernanda estaba más interesada en observar los labios de su enamorado, autor de la *Carta general de la República Mexicana*, que en la teosofía del pensador galés.

—¿No es un poco como Plotino, el maestro griego que conocí en Chalco?

—Eso mismo pensé yo. Estos hombres no vinieron a México por casualidad. Owen era el hombre más ilustrado de su época en el Reino Unido, padre del socialismo cristiano, y vino a México en 1828 a tratar de establecer un innovador sistema político y moral basado en las leyes de la naturaleza. ¡Por favor! Algo debe tener este país que atrae a personas tan adelantadas a su tiempo.

—Pues sí, pero también por algo fracasan, ¿no crees? Algo tiene México que no permite que se desarrollen esas ideas.

—Sí, y se llama conflicto. Owen había fundado una colonia colaborativa en Indiana, Estados Unidos, llamada New Harmony, y luego fundó otra en Inglaterra. Pero en esa ocasión la guerra con Estados Unidos no lo dejó incursionar en México.

—¡Ay, ese país! Si tan solo nos lo pudiéramos quitar de encima.

—Ellos no son el problema. Somos nosotros. Si piensas en la pérdida de Texas, fue una autoderrota. Los países, como las personas, a veces no estamos listos para ciertas cosas.

—¿Y tú estás listo para mí?

—Yo sí, Fernanda, pero bien sabes que tu padre se opone a nuestra unión.

—¿Y eso qué importa? Podemos fugarnos y vivir juntos en otro país.

—No. Mi profesor en la academia, Manuel Carpio, decía que siempre hay otra esperanza.

—¿Y cuál es esa? —preguntó la muchacha elevando la cabeza para quedar frente a frente. Sus ojos le rozaban el mentón recién afeitado y podía inhalar el delicioso aliento de juventud que emanaba de su boca.

—Los agujeros blancos de la historia —respondió él.

—¿Agujeros blancos? —Fernanda había leído esta expresión en una novela de Juan Díaz Covarrubias, pero no entendía en qué contexto Antonio la estaba utilizando.

—Un lugar de donde puedes salir, pero al que no puedes volver. —La joven se quedó pensativa—. Ahí se alojan nuestros futuros posibles —continuó Antonio—, y también nuestros imposibles.

Fernanda sintió que le faltaba el aire y se apartó por un instante para mirar hacia otro lado, pero luego volvió el rostro.

—¿Y cuáles son nuestros imposibles?

—Los que nadie ha imaginado todavía.

—¿Y si los imaginamos ahora?

—Entonces comenzarán a crecer, como pequeñas burbujas sobre el lienzo frágil de la imposibilidad… Pero les tomará tiempo.

—¿Cuánto tiempo? —preguntó impaciente.

—Nunca se sabe. Dependerá de la intensidad con la que hayamos soñado… y de cuánta gente comparta ese sueño.

—Hablas de la imaginación como si fuera el pico y la pala de la historia.

—Precisamente, lo es. ¿Cómo crees, si no, que se ha formado todo esto? Mira, ¿ves aquellas cúpulas? —Se colocó a sus espaldas apuntando a la Villa de Guadalupe.

—¿Cuáles…? —Una mano de Antonio señalaba al noreste y la otra se posaba en la curvatura de su espalda. Esa tarde llevaba una blusa de satén muy delgada y pudo sentir el calor de su mano—. ¿Te refieres a la basílica de Guadalupe? —Quería tardarse una eternidad buscando aquellos campanarios que conocía perfectamente, pero que, abrumada por los fulgores del atardecer, le provocaban ganas de besarlo. Quería seguir escuchando a ese único hombre que la hacía sentir.

—Sí, en el cerro del Tepeyac.

—¿Pues me crees tonta o qué? —dijo volteándose repentinamente—. ¡Cualquiera sabe dónde está la basílica de Guadalupe! —Fernanda había conocido a la emperatriz Carlota en ese templo un año antes, cuando se había ofrecido a los emperadores una primera recepción oficial previa a su llegada a la Ciudad de México. La recordó bajándose de su carruaje en los llanos de Aragón y caminando juntas por la calzada de Guadalupe hasta el interior del santuario. Siempre muy amable, se había tomado el tiempo de escucharla hablar de su vida personal.

Sin embargo, aquellos recuerdos le traían sentimientos encontrados, sobre todo por la incómoda mirada que el mariscal Bazaine le dirigió desde el primer momento. Había viajado en el mismo ferrocarril con él de La Villa a la Ciudad de México, y el militar de más de cincuenta años, pelón, barbudo y de aspecto asiático, se había acercado a su vagón para presentarse. Tuvo que hacer hasta lo imposible para evitar que sus padres la casaran, pues aquel hombre, viudo de esposa española, estaba decidido a conquistarla. Pero un milagro y la ayuda generosa de la emperatriz la habían salvado. En los dos meses que duró el cortejo, Fernanda no había sentido otra cosa que lástima por ese jocoso oficial que, con sus años, desfilaba frente al balcón de su casa caracoleando su caballo árabe ante los ojos complacidos de su madre.

Afortunadamente, una niña de dieciséis años, Pepita Peña, se apareció con un vestido azul deslumbrante en el baile que el mariscal ofreció a los emperadores en su residencia, el palacio de Buenavista, y Fernanda logró que la presentaran con el antipático mariscal, quien no pudiendo resistirse a sus halagos, se casó con ella un año después. La familia de la niña era juarista, pero poco importó. Tratándose de ajuarar, la política pasaba a segundo plano.

Después de escuchar su anécdota, Antonio le dio a Fernanda lo que ella interpretó como una señal de esperanza:

—Somos dueños no solo de nuestro tiempo, sino de los reinos del ayer y del mañana. Nuestro deseo es lo único que puede conquistar los imposibles.

—Yo te he deseado ya por una eternidad, Antonio.

—Y yo a ti, Fernanda, pero el futuro no lo escriben nuestras manos.

—¿Entonces quién, Antonio?, ¿quién? —y de memoria recitó un fragmento de *La vida es sueño*.

> Pues si es así, y ha de verse
> desvanecida entre sombras
> la grandeza y el poder,
> la majestad y la pompa,
> sepamos aprovechar
> este rato que nos toca,
> pues solo se goza en ella
> lo que entre sueños se goza.

—Calderón de la Barca —atinó Antonio.

—Hay que desengañarse de las vanidades e ilusiones de este mundo, ¿no crees? —dijo, llevando agua a su molino.

—La vida es sueño, sí, pero sueños compartidos. No se puede renovar el pasado sin un esfuerzo colectivo. El futuro está en los muchos pasados que han quedado truncos. No se puede volver a ellos, pero se pueden renovar y embellecer, como hacemos con nuestras ruinas, para redescubrir los agujeros blancos que hemos dejado en el pasado, cuando hemos estado a punto de avanzar por otros rumbos.

—¿Hay nuevos rumbos en el pasado?

—Sí los hay. Como tú y yo aquí. Mira este castillo, estos ahuehuetes que llevan el espíritu de Moctezuma; este cerro del Chapulín, bañado por los manantiales y por la vista sagrada de los volcanes. Aquí laten también los sueños de nuestros antepasados. ¿Lo puedes sentir? —Antonio tomó su mano—. ¿Qué es todo esto si no el pasado hecho presente?

—Pudimos haber sido la nación más avanzada del planeta.

—Sí, pero los futuros ya imaginados siempre estarán más cerca de lo que parecen. —En ese momento, Fernanda quiso besarlo, pero Antonio tapó sus labios con un dedo—. Debemos honrar también nuestros imposibles, Fernanda. No intentar forzar nuestros deseos. Hasta que la historia cambie, porque de una cosa sí podemos estar seguros, cambiará.

25

1867

La maldición de Juan Cuautle había sido su hijo Lucas. Sintiéndose excluida por su nueva familia, su madre Dionisia, de origen tarasco, desarrolló un carácter amargo y un sentido de superioridad racial que se reflejaba no solo en su aislamiento, sino en una extraña repulsión hacia sus hijos. Para ella, haberse casado con un nonoalca significaba una traición a su estirpe, una mancha cultural que ofendía su orgullo.

Hija de una etnia nunca conquistada por los mexicas, y a la que las autoridades virreinales habían dejado vivir en relativa autonomía, heredó el desprecio de sus antepasados hacia cualquier cultura que no fuera la purépecha. Obligada por necesidad a emigrar a los quince años a la Ciudad de México, Juan le había prometido que mantendría sus antiguas creencias, como una forma de adaptarse al nuevo entorno que la acogía. Pero le había salido el tiro por la culata. Había en Dionisia algo de inquieto, angustioso y meditabundo. Instintivamente, se recogía en sí misma como si quisiera huir del contacto con los demás. En su andar triste y en los melancólicos trazos de su fisonomía se podía adivinar el carácter infeliz de una nación que había sido eliminada del mapa.

La religión de Dionisia era matriarcal. En su casa abundaban ídolos a las tres deidades femeninas: Cuerauáperi, Madre Naturaleza; Xaratanga, diosa del placer sexual; y Peuame, la que da a luz, las cuales Juan no comprendía, pero no se atrevía a preguntar para no despertar la ira de su mujer.

Lucas resultó un niño sorprendentemente estudioso, obediente y educado, que desde los tres años hacía todo por agradar a sus padres. Cada año en febrero, en la fiesta de la Candelaria, era obligado a desempeñar el papel de angelito en el altar de la parroquia. Se le veía al pobre niño cubierto de flores artificiales de pies a cabeza, luchando contra el sueño hasta la medianoche, sin poder pestañear. De la misma forma, su mamá lo obligaba a cargar bultos y caminar largas distancias para hacer mandados. Dos hermanos suyos habían muerto de esa manera, pero Dionisia no parecía entender. A los nueve años, mandó al pequeño Lucas a trabajar con su tío Lucio en la zapatería. Era un niño sin estrépito ni alboroto, que parecía haber madurado precozmente; pero ya no tenía esa franqueza y ese abandono ingenuo, desbordado, que es propio de los niños. A causa de la disciplina de su madre, a los doce años la inteligencia de Lucas se había estancado, quedando en un estado de letargo.

Un día, su papá y su abuela, preocupados por la apatía del niño, irrumpieron en su habitación con un libro en la mano, y abriendo sus páginas llenas de pinturas sobre corteza de amate, profirieron los cantos de los antiguos *temachtiani* al niño que todavía dormía, con la esperanza de sacarlo de su estupor:

Nopiltze, nocozque, noquetzale, otiyol, otitlacat,
otimotlalticpacquixtico in itlalticpactzinco in Totecuiyo…
[Que en español significa]
Hijo mío, mi collar, mi pluma preciosa,
has venido a la vida, has nacido, has venido a salir a la tierra,
en la tierra del Señor Nuestro.
Te forjó, te dio forma, te hizo nacer
Aquel por quien se vive, Dios.
Hemos visto por ti tus madres, tus padres,
y tus tías, tus tíos, tus parientes,
han visto por ti, han llorado, han sufrido por ti
en tanto venías, en tanto nacías sobre la tierra.
Y ahora, por breve tiempo, has venido a mirar,
has venido a crecer, has venido a echar tallos,
has venido a embarnecer,
como si fueras un pajarito apenas puedes picotear;
así te has presentado, has embarnecido,
te has hecho grande, has crecido

como si acabaras de salir de tu cascaroncito,
como si te hubieran arropado con algo precioso,
como si te hubieran brotado tu colita, tus alitas,
como si apenas movieras tu manita, tu piececito, tu cabecita,
como si ya hicieras el intento de andar volando.

Lucas se despertó ante los rezos de su padre y de su abuela, pero apenas pudo esbozar una sonrisa. El daño era irreversible. El niño seguiría durante muchos años sumido en el sopor y la anemia.

Más de treinta años después, Lucas se encontraba con su esposa, Hortensia, reflexionando sobre la vida en su nueva habitación en la calle de Gante.

—Qué tiempos aquellos —dijo Lucas, acariciando a un gato callejero que los había adoptado como familia, mientras Hortensia cocinaba unos frijoles—, no pensé que la libraríamos. —Por las noches no prendían velas, pero esta vez Hortensia hizo una excepción y, para alegrar a su marido, prendió una veladora a la Virgen de Guadalupe.

—¿Y por qué nunca fuiste a visitarlo? —preguntó Hortensia.

—¿A mi padre? —contestó Lucas—. No lo sé, porque tenía miedo. No quería volver a Tacubaya. —Tendido en su catre de paja, contaba los días para acudir a la municipalidad a cobrar su primer sueldo como barrendero de La Merced. Hortensia tenía razón. Ese anuncio clasificado que había encontrado en un periódico de la basura, con una oferta de trabajo, lo había salvado.

—Mi padre era un hombre raro, siempre taciturno y sumiso ante mi madre. Cuando murieron mi abuelo y mi hermano, se le fueron las ganas de vivir. No me gustaba verlo ahí parado, flaco y enjuto todo el día, como nopal. Ni siquiera se sentaba. Sufría por gusto, se puede decir, y sin pronunciar palabra. —Hortensia lo dejó hablar. Había demasiadas cosas enterradas en su pasado que nunca le compartía. Quizás era la esperanza de un sueldo próximo lo que comenzaba a abrirlo—. La verdad nunca me hubiera animado a regresar, a no ser por lo que sucedió.

Lucas evitaba hablar del tema, pero ambos sabían a lo que se refería. Cuando su hermano Felipe murió como cadete del Colegio Militar, peleando contra los estadounidenses, Lucas había despertado de su letargo. Entonces había sentido una rabia que lo carcomía por dentro y, sumándose a la chinaca, había cazado y descuartizado gringos con la furia de un león, como si un volcán le estallara por dentro. Perseguido por la policía, se había fugado al único lugar que le era conocido: Michoacán, tierra de sus antepasados. Pero en el fondo de su alma sabía que había dejado a una mujer embarazada y trataba de no pensar en ello, confiando en que el destino lo libraría de cualquier calamidad. En aquel entonces tenía solamente 22 años y pronto conoció a una mujer tarasca, como su madre, con la que se casó. De ahí nacieron Diana y Fernando.

Pero un buen día, el destino lo había alcanzado cuando un hombre tocó a su puerta con una niña de diez años sucia y deslucida. Había estado buscándolo por todas partes. Era el hermano de Ameyali, la mujer a la que había abandonado con aquella niña que veía por primera vez.

—¿Cómo te llamas? —le preguntó a la pequeña con ternura.

—Dalila —contestó ella. Ya su tío le había explicado que este era su verdadero padre y que se quedaría a vivir con él, pues no podían mantenerla.

En ese momento regresaban Hortensia y los niños del mandado, acompañados de su suegra y cuñada. La noticia fue recibida como un proyectil. Las tres mujeres vociferaban contra Lucas. A Hortensia, de la pura impresión, se le cortó la leche y, dirigiéndose a la diosa Cuerauáperi, preguntó qué era esa presencia femenina que se internaba repentinamente en su hogar. El cerrado clan de los Zuanga, al que pertenecía Hortensia, no pudo aceptar la traición de su esposo nonoalca. La señora Cuamatzin quería que su hija echara de la casa a ese mentiroso y a su hija bastarda; su hermana Acalli quería que Hortensia y sus sobrinos se fueran en ese momento con ella. Pese al disgusto, Hortensia decidió quedarse junto a su marido; pero ante el barrunto de futuras traiciones, ambos fueron expulsados de la comunidad. Para Lucas, pertenecer a la familia Cuautle, con todas sus reglas y rituales, no había sido nada fácil; pero la aristocracia Zuanga representaba un compromiso aún mayor. De modo que Hortensia renunció a sus fértiles tierras bañadas por el río Cupatitzio y, dejando atrás su orgullo purépecha, acompañó a Lucas en la aventura de reemprender una vida en la capital.

***

Pasaron varios años antes de que Hortensia se enterara de la verdad de la primera mujer de Lucas. Ameyali no había muerto ahogada por una inundación de las que a menudo ocurrían en Candelaria de los Patos, donde había malvivido con su hija. La verdad llegaría hasta sus oídos por boca de una vecina cuando, haciendo la fila de las tortillas, en aquella zona insalubre junto al lago de Texcoco, la amargada mujer se lo soltara de pura mala leche:

—¡Era prostituta! —le dijo sin tapujos para asustarla—. ¡La mataron y la fueron a aventar al pantano, estrangulada!

Hortensia no pudo dormir esa noche. No tenía siquiera la fuerza para enfrentarse a su marido y reclamarle el no haberle contado la historia completa. De haber sabido, no habría renunciado a su paraíso de cascadas y mariposas en Michoacán para mudarse a ese infierno. Pero afortunadamente, ya todo había pasado. Incluso hoy Dalila también estaba muerta. El dios del fuego se la había llevado, como a su madre, para que no sufriera más. Y también como su madre, había dejado a un hijo huérfano, pero esta vez en casa de una familia rica, donde seguramente crecería bajo los mejores cuidados.

—Ya no pienses en eso, vieja —le dijo Lucas, señalando la olla de café. Hortensia recobró la compostura y le sirvió otra taza. No quería dejar que los malos pensamientos la inundaran. Parecía solo una puerta la que dividía su realidad presente de aquella etapa oscura ya superada—. Con este gobierno vamos a ir mejorando, ya verás. Ahora van a dar más empleo. —Hortensia, heredera de la aristocracia tarasca, veía como algo irrisorio que la gente de la ciudad celebrara los empleos como un privilegio, cuando su familia solía tener sirvientes, pero se quedó muda.

—¿Qué? ¿No estás contenta de que al fin voy a ser un recolector de basura del Ayuntamiento?

—Sí, estoy muy contenta —respondió con ironía, colocando epazote en la olla de barro. Lucas sabía que no le estaba diciendo la verdad.

—Dime qué tienes, vieja, ¿te parece poca cosa?

—No, me parece muy bien. Es un trabajo honrado.

—¿Entonces?

—Es solo curioso que ambos venimos de familias propietarias, tú en Tacubaya, y yo en Uruapan, y hoy tenemos que sobrevivir del sudor de nuestra frente.

—No te me pongas así, mujer, porque se me contagia la tristeza.

—Yo no dije nada. Mejor vamos a preparar los catres. —El cuarto que habían rentado en el mutilado exconvento de San Francisco era pequeño y necesitaban levantar la cocina para colocar las camas. Pero al menos los techos eran altos y el aire circulaba, no como en aquel pantano de Candelaria de los Patos, donde habían tenido que vivir por algunos años, debido a los pleitos de Lucas con su familia en Tacubaya. Ahí la atmósfera era asfixiante y tenían que respirar los infectos miasmas de la laguna y pisar con sus pies descalzos el fango que brotaba entre las aperturas del suelo.

El olor fétido de aquel lugar solía recordarle a Lucas la noche en que mató a un *animal*, asunto que aún lo perseguía y lo torturaba como si el muerto estuviera consciente y buscara venganza. En más de una ocasión creyó verlo allí donde llegaban los patos en su viaje de migración. Alguna vez intentó acercarse para corroborar si lo que había visto era en realidad ese gringo.

—Mejor deberías pensar que tenemos suerte de vivir aquí —murmuró Lucas mientras sacaba un cobertor de lana.

—Te recuerdo que la idea fue mía —dijo Hortensia.

—Lo sé, ¿pero quién paga la renta?

—Ambos. Si yo no cuidara la casa, ¿tú y Fernando podrían trabajar? No, ¿verdad?

La miseria ya no era su único tema de conversación. Aquí el panorama diario era más esperanzador. Ante la falta de recursos y el hambre, Hortensia había tenido que vender patos silvestres junto con otras mujeres del barrio. Llegaban en otoño e invierno al casi extinto lago de Texcoco y ellas o sus esposos cazaban los patos y los vendían por las noches como si fueran pollos, cocinados y con tortillas. Ya no más. Ahora, con el sueldo de Lucas, podría dedicarse nuevamente a cuidar un hogar.

Su habitación era parte de un viejo convento destruido. Muchos antiguos edificios del Virreinato se habían convertido, de la noche a la mañana, en vecindarios: el convento del Tercer Orden, en la plaza Guardiola; el de la Segunda Estación y el del Señor de Burgos, en San Juan de Letrán; el de Aránzazu, y el de los Servitas, en Plateros. Donde vivían Lucas y Hortensia solo tres de las iglesias habían sobrevivido a la devastación liberal: la principal, del mismo nombre, San Francisco, en cuya fachada ya no figuraba ningún santo, y las de San Antonio y el Calvario. No escapó a la atención de Hortensia que en la iglesia principal se daban unas misas muy extrañas a las que nadie asistía, y los vecinos le contaron que, por órdenes del presidente Juárez, se había mandado traer al sacerdote anglicano Henry Riley a abrir la primera iglesia episcopal en México. Juárez quería darle a los mexicanos una religión que les enseñara a leer y escribir. Solo así dejarían atrás la superstición. Y buscando un templo importante para esta nueva corriente, eligió la parte aún no vendida del convento de San Francisco. Por escasos cuatro mil pesos, una buena parte del inmenso monasterio del siglo XVI pasó a manos del religioso estadounidense, quien desmontó las figuras de santos y, sin lograr atraer feligreses, terminó por arrendar el claustro al Circo Chiarini, recién llegado de Italia. Incluso para Hortensia era simbólico de los tiempos el hecho de que, ahí donde antes meditaban los monjes franciscanos, ahora desfilaran payasos y equilibristas.

Lucas se quedó callado. Nuevamente, Hortensia tenía razón. Con su apoyo había superado la tristeza y se había animado a pagar los tres pesos al mes que costaba este cuartito mucho más limpio y a unas cuadras del Zócalo, contra los cuatro reales que pagaban antes por la mazmorra de los Baños de Coconepa, más lejos del puente de la Soledad. No era grande, pero representaba una enorme mejoría.

—Aquello no era vida —dijo Lucas—. De ahora en adelante me dedicaré a hacer dinero, Hortensia. ¡Te lo prometo!

Lucas había vuelto en sí. Su experiencia como recogedor de basura en la zona más miserable de la ciudad, empujando un carretón lleno de heces humanas y pepenando basura de las calles, lo hacía sentir como si pagara una condena. Quizás el fantasma del soldado gringo asesinado en su juventud todavía lo perseguía. Pero tan pronto obtuvo su primer pago como empleado municipal, el ánimo le mejoró. Era refrescante vivir en esta bulliciosa zona de la ciudad. Por las mañanas, cuando el correr y la agitación eran mayores, las damas se dirigían a la iglesia siempre vestidas de negro y llenas de velos, y entre esas almas devotas corrían medio desnudos los indios: este llevando sobre la espalda una grandísima jaula con siete papagayos; aquel corriendo por aquí y por allá ofreciendo frutas o dulce de membrillo; otros vendiendo figuras de cera, peines de carey, ollas y utensilios de madera, que ofrecían gritando estrepitosamente, mientras la voz de los aguadores se oía por todos lados.

Lucas le sonreía a la gente al pasar, orgulloso de su trabajo, y pronto la vida le sonrió también a él de regreso cuando su hijo Fernando llegó un día con la noticia de que su patrón en el Rastro buscaba a alguien que supiera trabajar el cuero. Animado por Hortensia, Lucas aceptó el reto y decidió desempolvar su viejo oficio de talabartero, que el tío Lucio le había enseñado, gracias a la insistencia de su madre.

* * *

Benito Juárez no podía creer que estuviera, al fin, de vuelta en la silla presidencial. Se asomó por la ventana y miró la plaza como quien contempla un paisaje por primera vez. Al centro de la explanada arbolada, en el zócalo del inconcluso monumento a la Independencia, habían colocado una curiosa estatua de la Victoria, sentada sobre un pedestal. Había sido donada por el estado de Querétaro en ocasión de su llegada. Qué bonito era ver tres años de lucha proyectados en el rostro sereno de una diosa griega. Pero su peregrinación al norte había sido todo menos serena. Entre otras cosas, le había costado la vida de su hijo, Pepito. Cuando el ministro Matías Romero se había desplazado de Washington a Nueva York para ver al hijo del presidente que tenía pulmonía, se encontró con una casa helada y vacía. A falta de leña, para combatir el frío de menos doce grados centígrados, su yerno Pedro Santacilia había quemado los muebles. Pero cuando llegó Romero ya ni siquiera muebles había. Margarita Maza, opuesta a realizar el funeral de su hijo en aquella ciudad extraña, se había tenido que contentar con una miserable ceremonia privada a la que Juárez no había podido ir. Desde entonces, su esposa se había hundido en la más profunda tristeza y un velo de silencio le cubrió el rostro.

Pero nadie le había dicho a Juárez que defender a la nación sería cosa fácil. Se sentó en su escritorio de palacio Nacional y recordó nuevamente aquella vez en que, en Chihuahua, había tenido que escapar del general Brincourt. Juárez, que había instalado ahí los poderes federales, se tuvo que fugar con los ministros y una pequeñísima tropa, hasta llegar a Paso del Norte. Una vez ahí, qué fácil habría sido cruzar la frontera y olvidarse del país. Sin duda Santa Anna lo habría hecho. Sebastián Lerdo de Tejada también. Incluso se lo propuso.

—Pero nunca —dijo Juárez—. Cruzar sería perder. —Y sondeó el horizonte en busca de una alternativa. Vio entonces una serranía y preguntó si aquello era aún territorio nacional.

—Sí lo es, mi presidente —contestó un militar oriundo de esa región—, pero nunca he visto a nadie entrar ahí. Ni siquiera a los tarahumaras.

—Hacia allá iremos —confirmó Juárez, y confiando en su buena fortuna se internó en una zona de matorrales, víboras y alimañas, lo cual salvaría a la República. Los franceses, informados de que Juárez había cruzado a Estados Unidos, dieron por terminada la persecución.

En otra ocasión, estando una vez más en Chihuahua, se preparaban para celebrar la Navidad cuando un telegrafista interceptó un mensaje del enemigo que señalaba un ataque inminente. Exponiendo su vida, Juárez anduvo trescientos cincuenta kilómetros hasta la frontera, pasando por el desierto de Samalayuca, enfrentado no solo al ejército francés, sino a algunos grupos indígenas que también peleaban del lado imperialista.

—Gracias, tierra bendita —había dicho al despedirse de Chihuahua—, nunca te olvidaré. —En ese lugar había estado a punto de sucumbir más de una vez, pero habría preferido morir en los cerros con la bandera en el pecho que abandonar el suelo mexicano. Hoy el destino le recompensaba su bravura.

Parecía haber pasado una eternidad desde que Juárez estuvo aquí por última vez, en esta oficina de caoba. Había tenido que dejar todo como estaba y declarar al Distrito Federal en estado de sitio. Miles de personas habían venido a despedirse de él a ese zócalo donde hoy posaba tranquila la estatua griega. Y le vino de pronto a la mente la mirada de aquel hombre que conoció durante su huida. Don Tenorio Acosta, el amigo de Miguel Hidalgo y Costilla, que custodiaba su propiedad en la Villa de Dolores. Se había desviado del camino para asistir a una reunión urgente con el jefe municipal, y Juárez había pedido visitar la casa del libertador. Ante el fracaso de su gobierno, necesitaba un momento para recordar el espíritu que lo había animado.

—Su Señoría —pronunció el vigilante, retirándose el sombrero.

—Soy yo quien debe inclinarse —dijo Juárez.

—Por ningún motivo —respondió el cuidador, haciendo una caravana, y pasaron a ver las habitaciones donde el Padre de la Patria había cultivado gusanos de seda. A cincuenta años de su muerte, el anciano aún recordaba todo lúcidamente.

—Dígame, don Tenorio, ¿qué recuerdos tiene del padre Hidalgo?

—Era un hombre extraordinario, señor, de una gran humanidad y buenos modales. Le llamaban Su Excelencia o Su Alteza, pero a él no le gustaba y quería que lo llamaran *padre*. Inspiraba un gran respeto entre la gente.

—¿Y cómo era físicamente? —inquirió Juárez. No existía todavía un retrato fidedigno. La imagen conocida del padre Hidalgo era el producto de una descripción hecha por Juan Nepomuceno Almonte a Maximiliano cuando este buscaba darle al pueblo un héroe del cual enorgullecerse y, de paso, un mayor arraigo y legitimidad a su gobierno. Quería deshacerse de la imagen de Iturbide, de Santa Anna y hasta de Juárez, y centrar la atención del pueblo en alguien mítico y etéreo. Maximiliano escogió a Hidalgo. Le habían sugerido a Morelos, pero le gustó más la idea de un criollo. Almonte había mencionado casualmente, durante un paseo por el Jardín Borda, que el padre Hidalgo se parecía a uno de los empleados de Maximiliano, el botanista belga Louis Berckmans, que en ese momento se encontraba catalogando bromelias tropicales. El emperador dio por sentado que eso era verdad, y mandó traer a su pintor oficial, Joaquín Ramírez, para retratar al botanista. Desde entonces, el óleo de Ramírez se convirtió en la versión oficial del padre Hidalgo. Pero Juárez albergaba sus dudas…

—Era de estatura mediana, bastante cano y calvo, de piel morena y ojos verdes muy vivos. Tenía la cabeza algo caída sobre el pecho, pero era vigoroso, aunque no pronto ni activo en sus movimientos. Poco aliñado en su traje, usaba el que acostumbraban llevar los curas de los pueblos: chupa abotonada, chaqueta negra de rompecoche, capote ceñido al cuerpo y sombrero redondo, además de su bastón.

—¿Y de carácter?

—Complaciente. Obsequioso. De pocas palabras en el trato, pero animado cuando argumentaba, a estilo de colegio. Tenía la voz dulce y la conversación amena. No era un hombre violento, como lo han querido pintar.

—Sí, fue terrible el trato que le dio el clero, pidiendo que lo mandaran al cadalso y que su cabeza colgara de la Alhóndiga de Granaditas.

—¿Hacerle eso a él, que luchaba por la vuelta de Fernando VII? ¿A él, que trajo a nuestra provincia la alfarería, la orfebrería, el curtido de pieles y la cría de los gusanos de seda? No fue justo, señor.

—Gracias, don Tenorio. Eso es lo que necesitaba escuchar. ¡Y pensar que ese mismo clero ahora quiere abrir las puertas de sus templos a las reliquias del que antes excomulgó y llamó hereje!

—Es una vergüenza, señor —concluyó el cuidador al despedirse.

Ese día Juárez decretó la Villa de Dolores como ciudad y mandó hacer una estatua de Hidalgo. Pero aquel tiempo había pasado y hoy debía enfocarse en el presente.

* * *

Mientras tanto, Mariano Landero y su esposa Enriqueta festejaban la salida de los nefastos huéspedes que habían tenido en su casa de la calzada de Tacuba durante tres años.

—¡Espero que ahora sí ya el Señor se apiade de nosotros y nos bendiga con un hijo! —dijo Enriqueta, cansada de reacomodar los muebles en su recámara.

—Yo también eso espero, cariño —contestó Mariano, limpiándose el sudor de la frente—. Ahora que se han ido estos bastardos, al fin tendremos la vida que soñábamos.

—Habrá que comprarnos una sala nueva después de lo que hicieron con la nuestra. Nunca conocí gente tan vulgar.

—No te preocupes, Queta, compraremos la que más te guste.

Cuatro años atrás, el día en que llegaron los franceses, habían aparecido proclamas en cada esquina con la leyenda: «¡Viva el ejército franco-mexicano! Terminada para siempre la odiosa dominación demagógica, se invita a todos los ciudadanos que acepten gustosos la intervención francesa, a que acudan el día de hoy al edificio del Arzobispado para suscribir el acta de adhesión a la intervención y recibir al benemérito ejército franco-mexicano y sus dignos caudillos».

—¿Dignos caudillos? ¡Sí, cómo no! —dijo Enriqueta—. A mi prima María Inés la embarazaron, ¿y tú crees que iban a dar cuenta los tribunales militares? Ni siquiera una indemnización le soltaron.

Enriqueta conservaba, a manera de recuerdo, un recorte del diario *La Independencia* con la crónica de aquel funesto día: «Mientras permaneció en México el ejército del centro, a nada se atrevió la parte sana; pero evacuada la ciudad por las tropas en la madrugada [...] las notabilidades conservadoras se apoderaron de la casa de correos, del Arzobispado y de algunos conventos y, acompañados de algunos individuos que pertenecieron al ejército reaccionario, se declararon a favor de la intervención [...] El clero ha vuelto a usar sus antiguas vestiduras y ha hecho volver a las monjas a algunos de sus conventos».

Los Landero habían, desde luego, colaborado con los invasores. Como dueños de Panaderías La Piedad no podían hacer otra cosa. El padre de Mariano, Irineo Landero, fue uno de los primeros en suscribir el acta a favor de la intervención. Don Bruno Aguilar anotó su nombre con tinta negra, junto con el de toda su familia. Por ahí debían andar esas actas que hoy les causarían vergüenza. Mariano había acompañado a su padre ese día en que, al salir del edificio de Correos, se dirigió a la multitud que se congregaba, indecisa, a la entrada, y les dijo: «La intervención en nada ataca la soberanía de nuestra nación. Muy por el contrario, le da la libertad que necesita para reconstituirse como mejor le convenga». Nada había de cierto en ello, pero su padre sentía la necesidad de justificarse.

El nuevo gobierno había silenciado también a la prensa y prohibido «toda controversia sobre las leyes y las instituciones dadas al país por sus representantes». Ningún valiente podía ocuparse de la religión, «siempre que la discusión pudiese comprometer los intereses sagrados».

Pero lo que robó la calma de todos en la atribulada Ciudad de México fue la orden que dio el comandante de la plaza, el general

Charles Marie Ferdinand Jacques de Potier, a todos los habitantes de poner a disposición de cada teniente y subteniente una recámara; de cada capitán, dos piezas; y para los jefes superiores, tres habitaciones, de las cuales una fuera gabinete. Los coroneles merecían por lo menos cinco; y los jefes de Estado Mayor, un número proporcional. Dichas habitaciones debían estar correctamente acondicionadas y amuebladas con camas, sillas, mesas y enseres menores, bajo pena de sanciones por parte de la municipalidad.

Al joven matrimonio Landero le cayeron dos capitanes y un teniente coronel que ocuparon las tres recámaras destinadas para sus futuros hijos. No les dio tiempo ni de protestar. Todo el patio y la parte trasera de la casa fueron utilizados como caballerizas. Eran inimaginables las molestias causadas por la obligación de recibir en sus habitaciones a extranjeros que no compartían en nada sus costumbres ni hábitos de aseo. Los franceses, para decirlo sin rodeos, apestaban.

Nada tontos, se iban directo a las colonias más bonitas, como la de Arquitectos, que luego se llamaría San Rafael, elegían las casonas modernas de la calzada de Tacuba, y señalaban las mejores o las de aquellos que hubieran pertenecido al partido liberal. Los oficiales eran ásperos e imperiosos, y exigían cocina, cuartos, caballerizas y hasta sábanas limpias, sin que nadie se les pudiera oponer. Ello resultó en situaciones donde los dueños eran expulsados de sus propias casas u orillados a vivir en la parte más estrecha.

Pero todo eso había quedado atrás, y la nueva jaqueca de Juárez era contener al líder agrario Julio López Chávez. Ya le habían dicho mucho de los disturbios causados por sus seguidores en las fábricas de San Ildefonso y La Colmena. Al parecer, un griego o húngaro de ideas estrafalarias había llegado a México atraído por la Ley de Colonización de Comonfort y, abriendo una escuela en Chalco, había estado alborotando a los indígenas hacía cinco o seis años. Era hora de ponerlo en su lugar.

Juárez mandó llamar a Cecil Aguirre Santoveña y a Francisco Zarco, directores de *El Monitor Republicano* y *El Siglo Diez y Nueve*, respectivamente, y les pidió iniciar una campaña editorial para denunciar al líder rebelde. Ni corto ni perezoso, el diputado Manuel María Zamacona había sido el primero en escribir: «Los caminos de hierro prometen resolver las cuestiones agrarias que dos generaciones perdidas en la sangre y la abnegación no han podido atender; pero la tecnología no sacará adelante a un país que se niega a sofocar los últimos estertores de la violencia irracional de rebeldes como Julio López Chávez».

—Ese gallo quiere maíz —le dijo a Cecil un funcionario de la presidencia al salir de la reunión, y le metió un sobre amarillo en la solapa—. Cuatro años de sequía conservadora no los aguanta nadie. Ni siquiera usted.

—No, señor, yo lo hago por convicción —contestó Aguirre, devolviéndole el dinero—. Este y muchos otros indios van a seguir dando lata. Mejor guárdeselo para las próximas elecciones, que lo va a necesitar.

Como dueño de un diario liberal, Cecil comprendía muy bien los límites de su ética profesional. Lo que no entendía era que un indígena zapoteca, como Juárez, no sintiera compasión por los chalcas que, al igual que antes sus hermanos de Oaxaca bajo el poder de la Iglesia, hoy sufrían a manos de los terratenientes. Pero Juárez no se sentía indio, ni tampoco inferior a ningún blanco. Cecil había escuchado que, ante el ataúd de Maximiliano, alguien le había preguntado:

—¿No siente ningún remordimiento por haber dado muerte a un miembro de la dinastía Habsburgo, señor?

Ni las súplicas del emperador Francisco José I ni las de sus propios allegados en México habían hecho a Juárez librar al austriaco de su triste destino.

—¿Remordimiento? —preguntó el presidente—. Ninguno. Él se lo buscó. Nunca más un príncipe extranjero volverá a pisar nuestro suelo.

Como miembro de la Academia de Letrán y amigo de muchos intelectuales, Cecil compartía la ideología de Juárez. Para él su apellido Santoveña no significaba nada, ni había recibido nunca regalías de las minas de sus primos en regiones apartadas del país que ni siquiera conocía. Pero veía un abismo entre lo que pensaba Juárez sobre la cuestión indígena y lo que en tres años de monarquía había podido observar de los Habsburgo.

—Yo fui indio alguna vez —le había dicho Juárez en privado—, pero eso se me quitó estudiando. —Cecil se quedó mudo. Era obvio que para el presidente ser indio era una mancha que se debía borrar.

Para Maximiliano, en cambio, el mundo indígena evocaba un simbolismo especial. En ese momento vivían en México 8.2 millones de habitantes, de los cuales 4.5 millones eran indígenas y 2.5 millones, mestizos. Los blancos apenas sumaban 1.3 millones. A través de frecuentes viajes por el país, los emperadores se habían acercado a los indígenas como ningún otro gobernante después de Moctezuma. El 4 de enero de 1865 Maximiliano y Carlota habían salido a pasear a caballo por las calles de la ciudad vestidos en sus trajes de rancheros, causando risa entre los republicanos y vergüenza entre los monarquistas. Se decían redentores de la causa indígena y promotores de su bienestar, algo no poco común entre los monarcas ilustrados de su tierra, pero sin duda una novedad para México. Su deseo de educar era tal que bajo su imperio se había promulgado la Ley de Instrucción Pública, que ordenaba la educación universal de los niños y prohibía llamar *indios* a los ciudadanos. Todo esto había puesto a pensar mucho a Cecil, quien se preguntaba si la doctrina liberal necesariamente debía ver a esa gente como inferior, pero sin atreverse a cuestionar públicamente el asunto. No por nada grupos de coras, mayos, ópatas y yaquis se habían sumado al Imperio mexicano, y sus líderes, como Manuel Lozada en Nayarit, o Tánori, entre los ópatas, habían peleado a su favor, recibiendo a cambio el rango de oficiales de la Imperial Orden de Guadalupe.

Pero para Juárez no había misticismo alguno involucrado. Por el contrario, el liberalismo significaba ayudar a los indios a desprenderse de su condición. Ser solidarios con ellos para acelerar su conversión en ciudadanos con derechos propios. Lo contrario era abandonar cruelmente al prójimo en su situación de atraso. Dos visiones encontradas de la vida. La modernidad de Juárez era un eterno distanciarse del origen; la de Maximiliano, un descubrimiento de su dimensión sagrada.

Más allá de estas consideraciones, en un nivel práctico, Juárez no iba a dejar que un sátrapa cualquiera como Julio López Chávez le echara a perder su proyecto político. ¿Qué eran esos títulos originales de propiedad que él reclamaba? ¡Ni siquiera se podían leer! Estaban escritos en náhuatl. Por más que se alzaran en su contra, no abandonaría a sus aliados, los hacendados. Gracias a ellos México entraría a las grandes ligas del capitalismo mundial, aunque fuera por la fuerza. Si habíamos escapado de ser feudo de obispos y militares, no era para regresar a ser reino de caciques y tlatoanis. La Revolución liberal había triunfado y México estaba en vías de desarrollo.

Formado en las filas de la Escuela Libre de la Razón y del Socialismo de Plotino Rhodakanaty, Julio López Chávez inició su movimiento armado con los vecinos de Chicoloapan, San Francisco Acuautla, Texcoco, Tlalmanalco, Amecameca y Chalco. Aplicando la justicia en mano propia, invadieron las haciendas de la región y repartieron tierras a peones y campesinos. Su rebelión detonó la alarma del gobierno federal y Juárez no titubeó en mandar tropas a reprimir duramente a los alzados, haciendo arrestos masivos y cometiendo asesinatos de los que Cecil Aguirre no pudo escribir en *El Monitor Republicano*, pero que guardó entre sus memorias. Algún día publicaría un libro con todos sus apuntes sobre Juárez, sobre la cuestión agraria, sobre Rhodakanaty… Solo debía esperar unos años a que los vientos soplaran en otra dirección. Pero el proyecto liberal arraigó con más fuerza que ningún otro en la historia del México independiente y Cecil murió sin poder compartir sus memorias.

La visión romántica de un pueblo indígena arraigado a su tierra por creencias y tradiciones arcanas se fue con Maximiliano, como en la canción *Adiós, mamá Carlota* de Vicente Riva Palacio y Juan de Dios Peza, que transmitía la conmoción de un chinaco que se alejaba para siempre de su patria temporal.

Acábanse en palacio
tertulias, juegos, bailes,
agítanse los frailes
en fuerza de dolor.

La chusma de las cruces
gritando se alborota.
Adiós, mamá Carlota;
adiós, mi tierno amor.

26

1897

Esta ciudad es una bendición y una condena, se dice Nicolás Cuautle. Su padre murió de sarampión; contrajo la enfermedad en un largo viaje a Yucatán. Le habían prometido un negocio lucrativo con unas pieles que llegaban de contrabando y aceptó ir él mismo por ellas. No trajo ni la mercancía ni su propio cuerpo, que fue incinerado y arrojado a una fosa común antes de que la familia pudiera hacer nada. Se enteraron por carta. Él apenas pasaba los 16 cuando tuvo que hacerse cargo de la zapatería, el negocio familiar. No iba a quedarse de brazos cruzados, desde joven estaba convencido de que el futuro es de quienes luchan con denuedo por labrarse un porvenir, no para aquellos que nacen en pesebre de oro y todo lo tienen por linaje. No iba a mantener a su madre y a sus tres hermanas de un viejo taller. Siempre había soñado con crecer, con hacer de ese negocio algo realmente productivo sin tener que ceder al sucio contrabando. Tenía su mente puesta en abrir una gran talabartería en el centro de la ciudad, no en la lejana Tacubaya, pues pese a que hubiese crecido tanto y se hubiese poblado de gente distinguida, no alcanzaba para sacar a flote a la familia. La suerte le sonrió cuando encontró un socio para su empeño. A la oportunidad, dicen, la pintan calva.

Una tarde, al salir del Circo Orrín, en la plaza de Villamil, al que había ido por la fama del gran payaso Ricardo Bell, que además de hacer reír tocaba todos los instrumentos al mismo tiempo y era un gran imitador. Había disfrutado la función, a la que había llevado solo a su hermana más pequeña, pues las más grandes cuidaban el negocio y atendían a los clientes. Incluso Mariana, la mayor, empezaba a aprender el oficio de zapatera. Mientras caminaba hacia la salida escuchó a un hombre hablar con su acompañante —una mujer elegante que llevaba una sombrilla de organza— sobre su intención de abrir una tienda de pieles para caballos, especializada en la charrería. De inmediato se presentó con el hombre, le refirió, engrandándose, que era un zapatero famoso de la ciudad y pronto se enteró de que el hombre era un ganadero de Zacatecas, de apellido Cardona. Estaría en la ciudad un par de semanas y pensaba encontrar un lugar para su tienda. En ese momento no conversaron sobre la posibilidad de hacerse socios, pero Nicolás le ofreció llevarlo a algunos nuevos edificios donde podrían alquilar un buen local para la empresa.

Así empezó La Palestina. Abrieron el local al público en 1884, con enorme éxito. Para entonces los dos jóvenes habían iniciado no solo su sociedad, sino una amistad que duraría el resto de sus vidas. Nicolás convenció a Ramón Cardona de que era importante ampliar las mercancías, más allá de los caballos, a artículos de viaje y marroquinería. El zacatecano mandó hacer unos hermosos caballos de bronce para colocar enfrente de las enormes vitrinas, y en donde los jinetes podían amarrar sus caballos.

La prosperidad no fue instantánea, y aunque había decidido cerrar el negocio familiar de zapatos, su hermana se negó. Ella lo siguió manteniendo, con un ayudante, a pesar de que Nicolás quería convencerla de que se fuese con él a la nueva empresa. La nostalgia se apoderaba de Mariana siempre que pasaba por su mente cerrar la vieja zapatería de su padre Fernando.

Así fue, además, como Nicolás conoció a Agustina Núñez, la hija de un ganadero de San Agustín de las Cuevas, amigo de Cardona, que les vendía pieles de res antes de llevarse los animales al Rastro, para que el antiguo zapatero y sus ayudantes las curtieran y tiñeran. El cortejo fue corto y la boda en el cortijo de los Núñez fue comentada durante semanas. Con su matrimonio no solo vino la felicidad conyugal que anhelaba, sino una dote que permitió hacer más fuerte su sociedad con Cardona.

Y además un hijo a quien bautizaron Leopoldo. Fue el primero en la familia de ambos padres en nacer en un hospital y no en casa, a pesar de que la madre de Agustina seguía reclamando que a los hospitales solo iban los enfermos. Nicolás era partidario de la ciencia, de la llegada de lo moderno, de la higiene y el ejercicio físico. El Hospital Juárez fue el elegido y el 29 de mayo nació su primogénito. No podía pedir menos en una ciudad que abrazaba la electricidad, tenía ya cuatrocientos focos de alumbrado público y empezaba su red de teléfonos.

El pasado debería quedar sepultado: todo era porvenir.

Su socio, Cardona, a quien escogieron como padrino de bautismo, decidió que el regalo ideal para su ahijado sería un alazán. El corcel fue llevado al rancho de los abuelos maternos en San Agustín de las Cuevas y el propio Nicolás lo bautizó como *Progreso*. Así, Leopoldo pasaría sus primeros años entre la ciudad y el rancho, montando y jugando, ajeno a los negocios familiares, algo que nunca había ocurrido entre los Cuautle.

Agustina, su madre, era buena jinete y le enseñó las artes charras a Leopoldo. No por nada de broma la llamaban en la familia la Señorita Dodona, una domadora que podía montar cuatro caballos a pelo en el Circo Orrín.

Cuando Leopoldo acompañaba en algún día de la semana a su padre a La Palestina siempre lo llevaba al pabellón Morisco de la Alameda a que viese bailes infantiles y espectáculos de marioneta. Quería que su hijo fuera un hombre de ciudad, no un ranchero.

Aunque Nicolás Cuautle tuvo otros dos hijos, quería que su primogénito fuese un hombre de bien, que estudiara Leyes o Medicina y tuviese su propio despacho o consultorio en algún edificio elegante del Centro.

Estaba acabando el siglo y Nicolás también llevaba a su hijo al Cinematógrafo Lumière, en el número 9 de la segunda calle de Plateros, donde por solo cincuenta centavos podía ver ocho cintas ambientadas lo mismo en París que en la Ciudad de México. Incluso con don Porfirio mismo en caballo trotando por el Bosque de Chapultepec.

Los caballos, que representaban buena parte del negocio de Nicolás Cuautle, irían desapareciendo de la ciudad.

Fue una rareza y un espectáculo cuando él mismo pudo apreciar el primer automóvil. Fernando de Teresa se mandó traer desde Toulon, Francia, un Delaunay Belleville. Alcanzaba los dieciséis kilómetros por hora.

De Teresa lo probó en la noche de Reyes, el 6 de enero, para no provocar conflicto con los miles de mulas, caballos y asnos que aún transportaban lo mismo personas que carga o basura por toda la ciudad. Nicolás no se enteró, por supuesto, del evento sino hasta dos días después leyéndolo en *El Siglo Diez y Nueve*, pero después lo vio pasar varias veces hacia palacio Nacional.

En febrero compró dos entradas, para él y Agustina. Había llegado a México de gira mundial el espectáculo de Césare Watry, *La cámara amarilla*, y los diarios se deshacían en elogios por el ilusionista y su mujer Delia.

A su mujer le encantaban los prestidigitadores y magos. Habían ido a ver a Pietro D'Amico, especialista en magnetismo y sonambulismo, y a la gran Victoria Berland, la emperatriz. Pero sus ojos no podían creer lo que ahora tenían ante sí. Todas las entradas del teatro habían sido vendidas. Se trataba de excentricidades maravillosas y aparecían y desaparecían encima de una mesa animales exóticos y mujeres con diversos vestidos muy pomposos.

Se decía que era tan poderoso que podía con un tronar de dedos provocar la catalepsia. El teatro entero aplaudía, asombrado, sin poder conocer el truco que permitía que, en un abrir y cerrar de ojos, las personas y los animales se volvieran invisibles.

Nunca cenaban fuera, pero esta vez Nicolás la invitó al Sylvain, donde servían un filete de venado con puré de castañas del que hablaba todo el mundo.

* * *

Hilario Landero había cambiado el oficio familiar de panadero por el de redactor. Trabajaba en diversos periódicos y diarios, intentando juntar de entre las módicas sumas pagadas por sus artículos una paga con la que subsistir. Eran tiempos difíciles para los periódicos, y sus directores, o bien tenían que cerrarlos o acababan en la cárcel, acusados de traición o difamación. Pocos querían pasar sus días en la cárcel de Belén o en San Juan de Ulúa por molestar a don Porfirio. Muchos periódicos habían decidido sobrevivir volviéndose oficialistas. *El Imparcial* era más papista que el papa. Recibía cuatro mil doscientos pesos anuales. Se editaba en inglés *The Mexican He-*

rald, al que el gobierno suministraba mil cien pesos. *El Tiempo* y *La Iberia* apenas recibían cuatrocientos pesos, pero todos se llevaban su mochada. Desde hacía al menos tres años todos los gobernadores eran leales al viejo general. *Regeneración*, el periódico de los anarquistas Flores Magón, circulaba en la clandestinidad.

No eran buenos tiempos para la libertad de expresión. Hilario se había refugiado en la literatura y en la crónica, como su maestro Manuel Gutiérrez Nájera, el añorado Duque Job, a quien había despedido apenas dos años antes.

A Hilario Landero le gustaba andar en bicicleta. El medio de transporte se había vuelto de moda y él mismo había hecho una crónica sobre la velocidad del instrumento, presagiando que sustituiría para siempre al caballo.

Algunos, como Francisco Bulnes, afirmaban que la maldición de México era el clima. Es el trópico, decían, el que ha impedido la civilización. Si el país no poseyera esas altas mesetas, estaría tan atrasado como África.

La ciudad del barullo, de los ruidos, del infinito trajinar. La ciudad que no descansa nunca, que no duerme, que no tiene sosiego ni conoce el silencio. La ciudad de los repiques y los chirridos, de los gritos de los pregoneros y vendedores. La ciudad de la muchedumbre que se amontona en sus calles, que da codazos, que empuja. La ciudad tan crecida y renovada que ya tenía casi medio millón de habitantes. Los ricos en nuevas casas de campo a la francesa en Mixcoac, San Ángel, Coyoacán, Tacubaya y San Agustín de las Cuevas: todos lugares a los que se iba de paseo los sábados o domingos.

La antigua Ciudad de los Palacios, que bautizó el viajero inglés Charles Latrobe, ha dejado su lugar a la ciudad veloz de la multitud.

Son las doce del día y la ciudad es un batiburrillo de ruidos. Lo único que no se puede escuchar es el silencio. Hilario va en tranvía y lee el artículo de Tick-Tack, en *El Universal*. No pudo haberlo dicho mejor:

Silbatos de fábrica, trepidación de máquinas, pulsaciones de locomotoras, zumbido de dínamos, respiración de calderas a domicilio, usadas para mover elevadores o generar electricidad; chirridos de luz eléctrica, aumento de tranvías, carros y otros vehículos; timbrazos de bicicletas, anuncios declamados, cantados, silbados o aullados; campanas de iglesias, talleres, bombas y buques de río, resonancias de sótanos, multiplicación de pianos, furor de estudiantinas, y un marcado acento de la voz humana que necesita esforzarse para ser audible.

Se dice que sí, que esta nueva Babel ensordece a cualquiera. Y ahora él mismo ha redactado una crónica sobre el primer automóvil en cruzar las principales avenidas de la Ciudad de México, para contribuir, por supuesto, a la modernidad, pero también al ruido. El automóvil provocó que más de una beata se santiguase como si hubiera visto al demonio. Los presentes atestiguaban que se deslizaba como una saeta, anunciando además su paso con una bocina muy similiar a la de las bicicletas. Parecía un landó de corte airoso.

Para Hilario Landero no era sino el símbolo de lo que estaba por llegar al dar la vuelta al siglo: un nuevo mañana de prosperidad, de feliz ocio y bienestar. Había recién abrazado con singular denuedo los inventos y no solo andaba en bicicleta, sino que escuchaba música en un hermoso fonógrafo que le permitía escoger entre sus valses favoritos.

Aunque también iba a los conciertos dominicales de la Alameda. Le encantaban no solo los valses, sino las polkas, los sones. Incluso las aguerridas marchas militares, a él que el espíritu castrense no se le daba, a diferencia de su hermano, que era ya capitán en el ejército.

Él buscaba de qué escribir en esos lugares. En el Tívoli de San Cosme o en del paseo de la Reforma, recién remodelado, o el de Petit Versailles y el Château de Fleurs o en el Zócalo. Paseando con la muchedumbre en esos lugares podía oler la ciudad, sentir cómo corría sangre por sus venas. Un escritor, se decía, tiene que *vivir* la ciudad para poder escribirla.

En esos paseos fue que se encontró con su afición favorita: adquirir *inventos* gracias a la fallida Exposición Universal de 1884, ya que algunos comerciantes los habían importado para la ocasión.

Y le gustaba llevar a su prima Catalina, la hija de Juan Jacobo, a patinar. La muchacha se había aficionado a ir a las pistas, aunque las mujeres solo podían hacerlo de diez a cuatro. A él no le interesaba esa afición, pero sentado en las bancas alrededor de la pista había escuchado conversaciones interesantes que luego recreaba en sus jugosas crónicas, que cada vez eran más leídas y solicitadas por los directores de periódico, pues no tenían nada que los comprometiese con el régimen.

Esa mañana había salido temprano, aunque ahora era mediodía, para comer algo nada frugal en Chez Montaudon. Un nuevo amigo, el joven poeta de Nayarit, Amado Nervo, lo había convidado a comer mariscos, la especialidad del lugar. Nunca había ido allí, pero le habían hablado tanto de su célebre sopa de tortuga que ya se le hacía agua la boca mientras pedaleaba su velocípedo, tras bajase del tranvía. La buena cocina de la ciudad se había vuelto francesa. —Plateros, decían de broma, había dejado de ser calle y se había vuelto *rue*, pues allí estaban los grandes establecimientos. Además, decían los que conocían la Ciudad Luz, que no le restaba un ápice en sabor, calidad y sofisticación, como había presagiado el gran Guillermo Prieto:

> Vendrán de París las modas,
> los libros, la ilustración…
> peluqueros a bandadas
> cocineros a montón.

Nervo quería enseñarle unos poemas que apenas se atrevía a publicar. Además, buscaba pedirle consejos en la vida nocturna de la ciudad, pues era de todos conocido que Hilario era un profesional en la materia. Le asombró nuevamente el enorme bigote del poeta. Se encontraba ya dentro del lugar, fumando uno de sus Buen Tono.

—Vamos a ver, querido Landero, supongo que pedirá, como yo, la sopa de tortuga. O mejor, la *soupe aux tortues…*

—Indudablemente, apreciado Nervo. Y *poissson*. Pámpano blanco que me han recomendado, en salsa holandesa.

—Yo ordenaré huachinango *a la meunière* y jaiba. Hacen un postre divino aquí, *crème au caramel*, que le recomiendo. Lo que sí sería bueno es pedirlo todo de una buena vez, porque tardan siglos. Parece que cocinaran todo en París —bromeó el poeta.

A Landero le parecía excesiva la invitación y ofreció compartir la cuenta, pero Nervo se negó.

—Usted es el primero en la capital a quien le leo mis poemas. Le advierto que es poesía adolescente, sincera. Si acaso la sinceridad tiene algún valor literario, amigo mío.

—He leído sus prosas, Nervo, y dudo que en poesía su calidad vaya a la zaga.

—Espere a oír. Por lo pronto ahí viene el mozo. Ordenemos.

Después de encargar su comida y pedir un par de copas de Sauternes que les sirvieron, según Nervo, perfectamente frías, como debe ser, entraron en materia.

—¿Sigue con su idea de conocer los bajos fondos de esta ciudad lasciva, poeta querido?

—Ya verá mi poesía, amigo. No me gusta la estridencia, sino las notas suaves. Así que acepto gustoso la invitación a ese proceloso océano de lujuria, siempre y cuando vaya acompañado de sutil belleza.

—Descuide, Nervo. No habrá nada en este París de las Américas que le parezca más hermoso que sus mujeres.

—O la mujer única que escoja este poeta melancólico.

—O una *cocotte* recién llegada de Francia.

—Insisto en la mujer ideal, querido Landero.

—Así es. Como decía mi querido Duque Job: «Desde las puertas de la Sorpresa / hasta la esquina del Jockey Club, / no hay española, yanqui o francesa, / ni más bonita ni más traviesa / que la duquesa del duque Job».

Nervo recién había conseguido rentar unos cuartos y dejar el hotel Jardín, en la calle Independencia, en el que había vivido algún tiempo. Extrañaba su huerta. Afirmó que en ese patio había corregido los poemas que se disponía a leerle a Landero. Uno de ellos llamó la atención de inmediato. Habían ya degustado su exquisita sopa y aguardaban los pescados.

Los primeros poemas, algunos cursis, destilaban profunda melancolía, un tono provinciano de encierro. Landero solo alcanzó a comentarle la belleza de algún verso cuando él leyó:

> Oye, neurótica enlutada,
> oye: la orquesta desmayada
> preludia un vals en el salón;
> de luz la estancia está inundada,
> de luz también el corazón.
>
> ¡Ronda fantástica iniciemos!
> El vals es vértigo: ¡valsemos!

¡Que viva el vértigo, mujer!
Es un malstrom: encontraremos
en su vorágine el placer.

Hilario ahora estaba seguro: Nervo sería un buen acompañante para la vida nocturna. Esa misma noche comenzó su iniciación en la verdadera vorágine de la ciudad ahora anfitriona.

—Conozco la casa de una *madame*, Nervo, que nos recibirá esta misma noche. Sus mesalinas no lo decepcionarán, poeta. Y alguna, seguramente, será de piel pálida y angelical, como las que pinta en estos hermosos poemas que ha compartido conmigo.

—No se hable más. ¡Llegan nuestros postres! Acompañémoslos de un digestivo, ¿apetece, amigo Landero?

* * *

Le han llegado varios libros de regalo a su esposo. En uno de ellos, Loretta lee una descripción de la Ciudad de México que le encanta:

… al Sur, varios pueblos indígenas unidos por el canal de La Viga, ofreciendo sus típicos paisajes de las chinampas, de esas islas flotantes, simétricamente dispuestas y comunicadas en todas direcciones por canales, y en las cuales se cultivan con profusión flores y legumbres. Mixcoac, notable por sus callejones amenos, abiertos entre los huertos. Tacubaya con sus palacios y hermosas casas de recreo, sus huertas y espléndidos jardines. Chapultepec, la pintoresca colina que, coronada con su hermoso palacio, surge entre un espeso bosque de ahuehuetes seculares que dan sombra con su venerable follaje a un parque delicioso, regado por las cristalinas aguas de abundantes manantiales.

El libro lo han editado amigos de Ricardo y lo publica la Secretaría de Fomento. Por él se entera de que la superficie del valle de México es de 4 214 kilómetros cuadrados, y el de Zumpango de 1 532, por lo que la superficie de ambos valles ocupa 5 746 kilómetros con el célebre lago de Texcoco al centro.

Es una pena, se dice, que del enorme lago de la época de Moctezuma haya quedado solo un pequeño lago de treinta kilómetros cuadrados. Es una lástima, además, que quede solo un canal en la ciudad, que alguna vez llamaron la Venecia de América. Su marido ha participado en el saneamiento del agua y en el desagüe del valle y no estaría de acuerdo con ella. Siempre ha hablado de lo insalubre que era la ciudad antes, de todo lo que ha contribuido a erradicar las enfermedades. Él y su primo, Guillermo de Landa y Escandón, le encargaron la obra a Roberto Gayol. Pronto, decía Ricardo, seremos tan modernos como cualquier ciudad del mundo.

—Recibimos un país en guerra, sin orden alguno, sumido en el caos. Don Porfirio ha construido una paz indeleble y un orden impecable. Solo mira el nuevo paseo de la Reforma, con su enorme glorieta y el monumento a Colón. Es nuestro Campos Elíseos.

Loretta Escandón Santoveña tenía cincuenta y un años, pero se mantenía ágil y esbelta gracias a una dieta frugal y a un régimen de natación en la alberca de su finca en San Ángel, lo cual dejaba a su esposo llevar su vida personal de manera independiente. Nunca tuvo un pleito o un mínimo altercado. Ahora que Ricardo Borda —quien le llevaba veintiuno— ya no tenía fuerzas siquiera para ir con sus amigos al Jockey Club, ella se había hecho aficionada a las carreras de autos en el hipódromo de Indianilla, en la carretera de La Piedad. El mismo Ignacio de la Torre Mier, yerno de Díaz, corría allí. Había hecho historia por haber logrado ir de México a Puebla en poco más de dos horas.

Lo mismo que amaba el automóvil detestaba las corridas de toros, a las que su marido, cuando joven, era tan aficionado. Ahora tampoco debía acompañarlo a ese cruel espectáculo. Aunque ya no tenía edad para practicar otros deportes, pidió de cualquier manera su membresía en el Reforma Athletic Club, porque le encantaba ver jugar al críquet y allí estaban los mejores.

Manejaba a su marido con mano izquierda, pero en su casa la mano derecha era de hierro, y a pesar de no haber tenido hijos —algo malogrado en ella o en Ricardo—, tenía invitados todos los fines de semana. Sus dieciséis sobrinos alegraban esos días en los que sentía que el otoño de la vida había llegado.

Su primo, Guillermo de Landa, era gobernador del Distrito Federal y amigo íntimo de Limantour. Las puertas de su casa estaban también abiertas a políticos, pintores y escritores. De hecho, a la francesa, había corrido la voz de que sus tertulias de los jueves serían llamadas Salón.

Se tocaba al piano, o incluso había orquestas de cámara antes de cenar. Quien era invitado al Salón de Loretta entraba en un círculo de elegidos y podía lo mismo hacer negocios que disfrutar de una distendida bohemia, en la que estaba ausente el peligro de la calle.

Algunos invitados no eran catrines ni lagartijos. Se paseaban por Plateros, al que llamaban *boulevard*, pero le debían la levita al sastre. Loretta Escandón lo sabía, pero en su casa entraban quienes ella hubiese invitado, y no distinguía posición o abolengo. Algunos por ser simplemente amigos de sus amigos, o bien artistas, tenían franqueada toda puerta.

Le había tomado especial afecto a Ernesto Elorduy, quien era discípulo de Clara Schumann y había estudiado en Alemania. Estaba trabajando en una ópera, *Zulema*, que Loretta había financiado, y era un habitual de su Salón. Como la familia materna del músico había hecho su dinero en las minas de Zacatecas, le tenía doble afecto. Los jueves, en casa de su mecenas, siempre tocaba el piano. Dos o tres composiciones suyas, antes de complacer a la audiencia. Estaba casado con Trinidad Payno, la hija del novelista, lo que le daba mayor interés a su presencia. Había regresado además de una encomienda como secretario de la embajada en París y se rumoraba que pronto volvería a Europa con otro puesto solicitado por el propio presidente.

A Loretta le dedicó su canción *Je vous implore*.

Ese año murió Ricardo Borda y se suspendieron las reuniones. El sepelio fue digno de un jefe de Estado. Don Porfirio y Carmelita le rindieron homenaje con su visita. Nadie faltó, y el cortejo al panteón Francés tuvo la pompa que a su esposo le hubiese gustado. Ella llevó unos músicos que tocaron *Sobre las olas*, el vals favorito de su marido.

Loretta Escandón Santoveña decidió, en un gesto temerario que fue la comidilla de sus amigas, no llevar luto.

—La tristeza le era del todo ajena a Ricardo. Gozó hasta el último minuto y detestaría que esta casa se ensombreciera. Solo suspenderé el Salón unos meses, por respeto, más que a su memoria, a los dimes y diretes de esta sociedad mojigata —le dijo a su primo, Guillermo, a quien el pueblo llamaba De Lana y Algodón, en lugar de sus apellidos, De Landa y Escandón.

»Dedicaré mis últimos años a viajar, *William*. Salgo en el vapor a Nueva Orleans, y de allí a Nueva York. El *Queen Elizabeth* me llevará a Londres. He arreglado comprar una casa en esa ciudad que Ricardo amaba tanto. Será, digamos, mi cuartel general. Desde allí me trasladaré al continente. Además, Elorduy ha sido nombrado ministro en Inglaterra. Tendré un buen amigo cerca.

* * *

Abraham Mitrani y Eliza Sulatana salieron de Damasco en 1896. Abraham sabía lo que era la huida, porque ya lo había hecho de Turquía, cuando comenzaron a reclutar judíos para el ejército. O porque la marca indeleble del exilio y la expulsión estaban en su familia desde la salida de Toledo en 1492. Tenía la llave de la casa familiar, que viajaba con él como único recuerdo de esos tiempos. En Damasco conoció a Eliza y se casaron. Cuando nació su segunda hija ambos se dieron cuenta de que la pobreza sería el destino de toda la familia y decidieron emigrar. El México de don Porfirio era visto como una tierra de promesa y de progreso, y otros —muy pocos aún— ya habían hecho el viaje. Abraham escribió unas cartas, y luego de la respuesta supo que podría empezar de nuevo en ese lugar tan lejano. Vendiendo trapos —como hacía un amigo que ya estaba allá—, de todo: calcetines, corbatas, camisas, vestidos; todo a plazos, entre la gente pobre, y luego cobrando de a poquito, pero con constancia. Sus antepasados siempre habían vendido, e incluso prestado dinero. No hablaba ya sefardí, como sus abuelos. Solo árabe. Nunca pensó que el español fuera difícil. A decir verdad, nunca pensó en el idioma, sino en ahorrar el dinero para la travesía.

De Damasco a Beirut en tren, de Beirut a Marsella en barco, y luego del puerto francés a Veracruz.

Un conocido de sus amigos lo estaría esperando en aquel lugar para proporcionarle un poco de dinero y boletos de tren a la Ciudad de México. Las instrucciones, de hecho, eran claras: ese hombre le daría una moneda al primer judío del barco, que este debería mostrar a las autoridades migratorias, pero debía pasar subrepticiamente esa misma moneda a otro judío, y así sucesivamente hasta que el último estuviese en tierra.

El hombre que les había dado el dinero se despidió de ellos en árabe:

—*Ala maak*, ¡que Dios te acompañe!

Los sorprendió la vegetación que miraban en el tren a la ciudad, pero era tal el cansancio que Eliza durmió en los brazos de Abraham. Iban sentados en el suelo, en un vagón de tercera clase. El tren se detenía y en cada estación subían vendedores con canastas de mangos, piñas, dulces, tortillas.

Fueron comiendo y probando todo.

En la ciudad, a Abraham lo esperaban en la estación de Buenavista, y su amigo, al que veía después de tantos años, le dio su primera mercancía: dos maletas de trapos y una lista de posibles clientes a los que debía visitar desde el día siguiente.

Estaba en México, pero en el barrio donde vino a vivir solo se hablaba árabe, en esa calle al menos. Se sentía en casa en esa vecindad llena de cuartos y más cuartos. *Selam, selam.* Bienvenidos.

Le dijeron los números básicos en español, las diez palabras con las que debía comunicarse: *quieres, compras, cuánto das, barato.*

No había más de treinta judíos en La Merced. En su calle, la segunda del Reloj, había un carnicero *kashrut.* En el café jugaban dominó y apostaban, gritando en árabe. Había judíos *halebis*, de Alepo, y *shamis* de Damasco, pero todos se ayudaban. Pensó que no les sería tan difícil vivir en esta nueva tierra. Había mucha gente, lo que quería decir muchos clientes.

Empezaron a nacer sus hijos: Elías en 1889, José en 1901 y Jacobo en 1903. Luego dos hijas: Esther en 1905, y Lilia en 1907.

El ferrocarril los ayudaba, pues Abraham empezó a ir lejos, primero a vender a Orizaba y luego a Tampico. Los viajes se iban haciendo cada vez más cercanos, porque había mucha venta, y Abraham pudo ahorrar suficiente en esos años de brega sin descanso.

Cobrar tan lejos era un problema, por lo que en 1908 fijó su negocio, Casa Eliza, en la misma Merced. Buscó un punto por el que pasara mucha gente, en la calle Loreto. Le iba muy bien. Nunca pensó que en tan poco tiempo habría cambiado tanto su suerte.

Baruj hashem, ¡bendito sea Dios!

No había templo, pero improvisaban una sinagoga en la casa de su amigo, y practicaban el Shabbat aunque no tenían mucho tiempo para la religión. Amanecían muy temprano y hasta cerrar la tienda o ir a cobrar no volvían a casa.

UNA CIUDAD DE ORDEN
Y DE PROGRESO

 1 Villa de Guadalupe

 2 Peralvillo

 3 Nonoalco

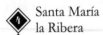 **4** Santa María la Ribera

 **5** Azcapotzalco

 6 Clavería

 7 San Álvaro

 **8** Tacuba

 **9** Rastro General

 10 Estación del ferrocarril Hildalgo

 11 Estación de carga Nonoalco-Tlatelolco

12 Santa Julia

13 Estación de Buenavista

14 Penitenciaría

15 Gran Canal de Desagüe

16 Alameda

17 Teatro Nacional

18 Plaza de la República

19 Zócalo

20 Estación Colonia

21 San Lázaro

22 Bosque de Chapultepec

23 Colonia Cuauhtémoc

24 Condesa

25 Colonia Roma

26 Colonia Obrera

27 Santa Anita

28 La Piedad

29 Tacubaya

La Ciudad de México en 1928. Ilustración libre a partir del plano publicado por la *Guía Roji*

TERCERA
PARTE

Hablo de la ciudad
Novedad de hoy y ruina de pasado mañana,
enterrada y resucitada cada día,
convivida en calles, plazas, autobuses, taxis, cines,
teatros, bares, hoteles, palomares, catacumbas,
la ciudad enorme que cabe en un cuarto de tres metros
cuadrados inacabable como una galaxia,
la ciudad que nos sueña a todos y que todos
hacemos y deshacemos y rehacemos mientras soñamos […]

OCTAVIO PAZ

27

1910

Hilario Landero volvió a tirarse a la piscina, salpicando un poco de agua con su leve clavado. Movía los brazos con fuerza, pero también con buena técnica. Dio así, sin mostrar cansancio alguno, dos vueltas a la alberca. «¡Qué delicia!», se decía, mientras braceaba y pataleaba. Sus dos amigos, José Juan Tablada y Bernardo Couto Castillo, ya habían terminado hacía siglos y se habían secado con fuerza y ahora estaban cubiertos con unas batas de toalla, esperándolo impacientes. «¡Qué delicia!», seguía pensando Hilario cuando llegó a la orilla y se detuvo a tomar aire. Tablada le gritó:

—Ya ha nadado suficiente, Landero. Vamos al baño turco.

Casi sin hacerles caso salió de la pileta, se secó y se enfundó en su propia bata. La alberca Pane había cambiado los hábitos de higiene de los capitalinos. ¡Qué distinto de irse a bañar al Colegio Militar, como hacía Tablada antes! Ahora no le tomaba nada salir de casa en la también casi nueva colonia Roma, subirse al tranvía, bajar en el paseo de la Reforma, frente a la estatua de Colón, y entrar a la Pane, para sentirse en un balneario de Europa. Todo sabía a moderno, a nuevo, pero tenía una pátina de aristocrático, de sólido. O así quería creerlo Hilario Landero, antiguo poeta bohemio, periodista acomodado que había transitado de las publicaciones adversas al régimen a *El Imparcial*, solo para alegrar a su hermano que ya no se veía en la necesidad de defenderlo frente a su padre. El padre, además, había muerto dos años antes dejándole a Hilario unas buenas rentas de vecindades en La Merced, y un porcentaje amplio de las utilidades de La Piedad y las otras panaderías. De poeta maldito a casero acomodado, bromeaba con sus amigos, quienes habían visto su ascenso social con beneplácito. Ellos mismos, favoritos del régimen o hijos de aristócratas. Solo él venía de una clase comerciante, que si bien tenía acceso a las mieles de la época, carecía de la alcurnia y el abolengo que los frecuentes del Jockey Club requerían de sus socios. Hilario despreciaba secretamente el arribismo, el tufo añejo de los nobles y el olor a perfume de los nuevos ricos. Había tenido una hija, María Elvira, y su matrimonio había pasado de la pasión poética a la tranquila convivencia de dos almas.

Los tres amigos estaban ya en el baño turco, apenas cubiertos con una toalla, sudando y conversando los sucesos del momento, como lo habrían hecho también en el café, enfundados en sus jaqués y sus camisas almidonadas.

—La ciudad está empachada de inauguraciones, constipada de festejos, indigesta de tanta nueva obra —dijo Couto—. Nadie recuerda en dónde estuvo don Porfirio cortando listones ayer, pues hoy se siente saturado con los nuevos edificios, hospitales, escuelas. ¡Y apenas llevamos trece días de septiembre!

—Lo que nos falta para el 15, cuando realmente se celebre el centenario y nuestro anciano presidente dé el grito en palacio. ¿O también eso lo han cambiado? —preguntó Tablada.

—Porfiriopochtli, dios de la guerra y dueño de la paz, logrará que nadie lo olvide nunca. Sobre todo después de estas fiestas apoteósicas —dijo Couto, mirando fijamente a otro de los bañistas que salía de la alberca—, pues según parece, el presupuesto para las fiestas del Centenario supera todo lo invertido en educación en el año. Sale a la calle reluciente de condecoraciones, no le cabe una medalla más, pero veo poco regocijo en la gente que lo mira en su carroza imperial.

—Yo creo, querido Bernardo, que se equivoca —intervino Tablada—. La mayoría lo aplaude y ovaciona.

—A mí, además de las fiestas —terció Hilario—, lo que me interesa es que agarren al ratero que me golpeó hace dos días en la cabeza y se llevó mi cartera y mi reloj con todo y leontina. El reloj, como bien saben, era de mi padre. Quiero recuperarlo.

—Antes de bañarse, un periodista debería leer el diario, ¿no crees? —dijo Couto—. Lo atraparon ayer, y para esta hora debe estar en los separos o rumbo a la cárcel de Belén.

—¿Por qué no me lo dijeron antes? Debería ir a la comandancia y ver si también agarraron al Gato. Ese desgraciado es su cómplice, como les he dicho.

Dos días atrás Hilario Landero estaba haciendo sus investigaciones para una crónica de *El Imparcial* sobre las cantinas en la capital. El escrito estaba haciéndose más amplio y daba para un pequeño opúsculo sobre los zánganos y las víboras sociales en la capital. Entusiasmado con el prospecto de un libro, continuaba sus exploraciones de la vida nocturna. Había dedicado una pequeña viñeta al que llamó *limosnero de copas*. Uno de esos mendigos de levita, ebrios de antaño. Uno de esos que con mirada contrita te dice que no tiene ya feria, que si le darás un peso solo para bebérselo. Le había dolido escribir la pieza porque el borracho en cuestión había muerto, como si su moneda hubiese sido, literalmente, la gota que derramó el vaso de una vida de licencias. El inveterado Edgar Poe decía con claridad: «No hay mal ninguno comparable con el alcohol». Esta vez se había aventurado un poco más y el turno tocó, no a La Ópera, donde había estado la semana pasada, sino a El Tío Pepe, un lugar casi reservado a estudiantes universitarios. Lo que le interesaba en esas investigaciones era atrapar el color local. A veces a través de una anécdota; en otras, por la experiencia propia.

Al salir vio al Gato. Nadie que se considerase un amante de la vida nocturna podía ignorar su presencia. El desdichado del alias le había también solicitado dinero para copas en alguna ocasión, pero en otras lo había visto muy atildado y compuesto en La Peninsular, comiendo y bebiendo como un señor. Entraba y salía de la cárcel de Belén como un huésped regular en hotel de paso. El mote le venía de sus enormes ojos redondos, la boca abultada y la chata nariz, así como los siete u ocho pelos erectos y alumbrados de su bigote. Podía parecer un inofensivo felino, pero a más de uno le había mostrado sus mañas de zorro. En la cárcel, según se decía, era capaz de reparar los desastres de su ropa y de su cuerpo. Le gustaba cantar canciones obscenas en medio de sus parrandas. Fenómeno de resistencia, podía estar toda la noche de fiesta y luego aparecer cerca del Correo, con otras ropas: levita raída, sombrero de bola de mendigo de iglesia aristocrática. O en Santa Brígida y la Profesa, donde conseguía suficientes monedas para prolongar la fiesta a la noche siguiente.

Esta vez a Hilario lo sorprendió encontrarlo tirado en la calle, cuando salía de El Tío Pepe. Lo reconoció y se acercó a preguntarle si necesitaba ayuda. Se agachó, incluso, para ver si seguía vivo, pues la culpa lo corroía desde que se enteró de la muerte del otro limosnero de copas. Lo que Landero no podía saber es que estaba coludido con otro hombre que apareció por atrás y lo golpeó con un palo. Allí lo dejaron, medio inconsciente y sin dinero ni reloj. Denunció esa misma noche al Gato en la comisaría, pero no pudo dar descripción alguna de su atacante. Estaba seguro de que el famoso felino cantaría las señas de su cómplice si lograban atraparlo. Y ahora, a decir de Tablada, finalmente lo habían logrado.

—Nadie le va a hacer caso en la comandancia, Landero. No por unos días. Espere a que pase esta otra embriaguez, la del festejo, y quizá recupere todo —le dijo Couto, su cuñado—, tal vez hasta la cordura.

No le hizo gracia la broma, pero su amigo tenía razón. Todo en la capital giraba en torno al Centenario. Esa misma tarde, sin embargo, recibió un telefonema en casa. Se había recuperado el reloj, y el asaltante, Lucio Cuautle, estaba ya en chirona. La policía, de hecho, estaba agradecida. El individuo era uno de los antiguos cómplices del infame Tigre de Santa Julia, cuya ejecución reciente había terminado con tiempos de terror por sus hazañas que el pueblo vitoreaba y, en cambio, la prensa denostaba con igual denuedo. Lucio, «terror de Tacubaya», según aparecería en los diarios en los días siguientes, había también actuado en la banda de Santana Rodríguez, mejor conocido como Santanón o el Tigre de Acayucan.

No se le escapó la ironía a Hilario Landero: después de haber sido cómplice de dos fieros tigres, el desgraciado de Cuautle terminó de comparsa de un minino venido a menos, el Gato. Ojalá se pudriese en la cárcel de Belén.

* * *

Loretta Santoveña tenía ya muchos años fuera de México cuando se enteró de que la delegación inglesa no pensaba asistir a las fiestas del Centenario. Ella abordó casi de inmediato un barco a Nueva York, para luego hacer otra travesía a Nueva Orleans y finalmente a

Veracruz. No pensaba perderse por nada del mundo las fiestas de su querido y añorado México. Pese a que su antigua casa y su preciado salón, donde florecieron la poesía y la música, aún le brindaban gratos recuerdos, estaba consciente de que había sido del todo olvidada, como ocurre siempre a los mecenas. Así que aceptó la invitación a quedarse en la casa de su prima Fernanda, hermana de Gabino Santoveña. Fernanda había sido dama de compañía de la emperatriz Carlota y estaba al tanto de todo lo que ocurría en México. Había dejado ya la orden de San Vicente de Paul y tomado la decisión temeraria de quedarse soltera. No solo se trataba de pasar unos días con ella, sino de ponerse al día de los dimes y diretes de *le tout Mexico*. Un vagón de tren privado de la familia la esperaría en el puerto para trasladarla a la capital.

Fernanda le organizó una *soirée très chic*. Estaba agotada del larguísimo viaje, mas no le molestaba. «¿Cómo te puedes reconectar con un país que has dejado sino encontrándote de nuevo con la gente que te importa?», pensó mientras se maquillaba. Los afeites no podían ocultar que había envejecido, pero los años habían dejado de importarle. Loretta se sintió hermosa: miraba con coquetería sus ojos. O esos ojos la miraban desde el espejo de mano. Esos ojos que hicieron palidecer a más de uno.

La recepción que Fernanda había planeado fue excepcional, más fastuosa de lo que esperaba. Todo México había asistido a darle la bienvenida.

—Te sentirás una marquesa, querida prima —le dijo Fernanda cuando se hubieron ido los invitados. No hay quien no haya confirmado su visita.

—Sería la marquesa de La Viga, cuando mucho. Con mi canal convertido en desagüe —bromeó Loretta—, pero te lo agradezco tanto. Creo que no me había vuelto a divertir así en años. Aunque he de decirte que nuestros amigos no han cambiado nada. Las mismas poses, los mismos guiños, incluso las mismas bromas.

—No nos juzgues tan severamente, prima. Nosotros no nos hemos ido. A ti te han dado otros aires. Estás distinta, más señorial, diría.

—El aire señorial de las ancianas. Como don Porfirio, un indígena que ahora se parece al mismísimo káiser.

—Tú ni la burla perdonas, es cierto. Pero quizá la alcurnia se la contagió con los años Carmelita.

—¿Ves, Fernanda? Tú eres más cruel que yo. Me da tanto gusto poder estar aquí contigo, que no recibas tú a ninguna delegación. Me gusta estar en familia. Gabino, en cambio, recibe a la legación alemana entera. ¡Qué maravilla que por fin llene todos los cuartos de su casa de Tacubaya!

La falta de hoteles de prestigio en la capital —con la honrosa excepción del Geneve— hizo que Yves Limantour y Justo Sierra les pidieran a algunas familias que se hicieran cargo de recibir a las legaciones extranjeras en sus suntuosas mansiones. Se trataba de pintar al país en sus mejores colores y galas, faltaba más. Don Guillermo de Landa y Escandón, quien había estudiado en Stonyhurst College, en Lancashire, hizo su casa estilo gótico francés, pero trajo a decoradores ingleses de la prestigiada Waring & Gillow, a quienes también contrató para amueblar el Ayuntamiento. Muchos de ellos, además, abarrotaron sus casonas con bibelots de *chinoiserie* de la Nao de China.

La casa de su prima Fernanda sí tenía gusto y parecía una vivienda de Viena. La de su primo Gabino, en Tacubaya, era un popurrí de estilos, y Loretta detestaba el eclecticismo de su espantosa decoración: un cuarto arabesco para tomar el té —como en la casa de doña Lorenza Ricard, viuda de Thomas Braniff—, una biblioteca inglesa cuyos muebles mandó traer desde Londres en el mismo barco que los Chippendale de Yves Limantour, su amigo íntimo. Otro cuarto con un órgano de iglesia y candiles de cristal. Los bibelots cubriendo un escritorio en el que nadie ha escrito siquiera una carta, aunque un abrecartas anuncie al menos que se las lee. El objeto en cuestión es un sable en miniatura. Hay piezas de la India, de Japón y de Arabia, como en un museo exótico al que no ha dado tiempo de clasificar. A Loretta siempre se le ha hecho no solo abigarrado, sino imposible. Ella prefiere el sosiego de lo clásico. Por eso la casa de Fernanda la mueve a la calma.

Una modista le ha ajustado el vestido que estrenará mañana en el baile del Centenario. ¡El que usó hoy en el *garden party* que ofreció Carmelita Romero Rubio en el bosque de Chapultepec causó sensación! Trajo unos patrones con la última moda en Londres.

—Me pareció una fantástica idea de Carmelita organizar una fiesta menor donde pudiesen participar todos los grupos sociales. Mañana estará lo más granado de la sociedad, la crema y nata —le dice Fernanda.

—¡Pues no me pareció ver al pulque y la birria hoy, prima!

—Es verdad. Tampoco digo que iban a invitar a cualquier pelado. Además, estaban reservados los lugares para nosotros, los invitados directos de Carmelita. ¡Nos dieron los espacios del Automóvil Club, los mejores! Creo que solo tú ibas vestida a la inglesa, Loretta. Limantour, a pesar de que los Béistegui le enseñaron a vestirse, iba como mozo de funeraria. Ya ves que se rumora que su padre era un pirata, y su madre, una cortesana.

—A mí la *party* de Carmelita me aburrió, si he de serte sincera. Siquiera, como en esa otra ocasión que nos invitó hace, ¿cuántos años, seis?, cuando vino el hipnotista Onoffroff y le provocó dolor de muelas a nuestro primo Bernardo, el escéptico doctor, qué risa. O ese otro que organizó el propio Limantour, ¿recuerdas?, en tiempo de Elihu Root.

—Pues a mí la fiesta no me pareció fea. Sigo pensando que el hecho más relevante es que se logró que incontables personas pudieran asistir. Ni siquiera podíamos entrar al bosque.

—Pero los fuegos artificiales, Fernanda, ¡por favor! Ni que se tratara de una fiesta en honor a Cantolla. Parecía una vulgar batalla naval. En la fiesta de Root que organizó Limantour, ¿recuerdas?, no había solo una diversión que concentrara toda la atención, al contrario: infinidad de diversiones repartidas en el bosque, lo que permitía que la gente se dispersara y circulara por doquier, evitando aglomeraciones y disfrutando de esos espectáculos variopintos. No sé, me pareció pobre.

—Creo que sí, tienes razón. Ahora recuerdo que cuando la fiesta de Root hubo media hora de distintos juegos pirotécnicos. Y las mesas estaban reservadas a nosotros y los diplomáticos. De no ser porque nos guardaron los lugares del Automóvil Club hubiéramos tenido que mendigar por una mesa, como las esposas de los diplomáticos que no pudieron siquiera beber una taza de té. Todas las mesas estaban ya ocupadas y era imposible conseguir un refrigerio.

—Esperemos al baile de mañana. No creo que nos decepcione.

—La modista traerá mañana temprano tu vestido, querida Loretta. Bueno, nuestros vestidos. Ahora a descansar.

Y así fue. El baile del Centenario no deslució. No hubo quien no comentase la calidad del evento. Algunos afirmaban que a Díaz no le gustó nada la idea del *garden party* y que por eso Carmelita no tuvo tantos recursos para celebrarlo. Como tantas otras veces, Carmelita metió la pata. Hizo un apartado para ella y sus amigas con una mesa de bufete separada del público: postes y cadenas aterciopeladas y un mozo de librea cuidando la entrada.

Loretta se mofó del error:

—La pobre Carmelita se siente reina. Ojalá alguien le avise a don Porfirio y mande quitar este absurdo apartado.

Don Porfirio, ya de ochenta, mostraba en el pecho no solo sus habituales medallas, sino las condecoraciones que le fueron entregando los visitantes extranjeros. El collar de la Orden de Carlos III; el gran collar de la Orden de San Olaf, con su collarín de oro y plata y una gran banda roja orlada con una pequeñísima franja azul entre vivos blancos, con su rampante león sobre un campo de gules, cubierta por una corona imperial.

Loretta, que seguía en ánimo de chanza, le dijo a su prima, codeándola:

—Al pobre don Porfirio lo han envuelto como para regalo, con todo y listón y moño.

Pero lo que ellas dos y todos los demás invitados esperaban era el evento más importante de la historia de México, superior a la coronación de Iturbide, a la entronación de Maximiliano y Carlota y los bailes de entonces. Fernanda, que los había vivido como dama de la emperatriz, sabía de qué se hablaba. Amada e Ignacio de la Torre habían también organizado hermosos bailes antaño. Incluso la primera mujer de Díaz, Delfina, que mostraba su enorme colección de zapatos de todos colores, como si se tratase de una biblioteca.

Para el baile del Centenario se repartieron cinco mil invitaciones, que incluían un plano y las instrucciones para la circulación de los automóviles. Mil invitaciones más tenían una pequeña tarjeta rosa, reservada para quienes entrarían por la Puerta de Honor a palacio Nacional. Las invitaciones no se enviaron por correo, se contrató un servicio particular de mensajeros, que recogían un recibo especial signado por el destinatario o un miembro de su familia. Las invitaciones, en blanco, rosa, azul o verde, llevaban impresos los números respectivos, del uno al mil. Los carruajes debían mostrar la tarjeta numerada y pasar frente a Catedral. Agentes de policía verificaban e indicaban el destino. Aquellos con tarjeta blanca entrarían por la Puerta Mariana; las rosas —principalísimas—, por la de honor; las azules, por la puerta de la calle de la Acequia, y las verdes, por la puerta central. Había en cada puerta numeradores luminosos para poder llamar a los carruajes al terminar el baile, apretando simplemente un botón eléctrico. Los ujieres hacían así pasar el carruaje exacto a recoger a sus pasajeros.

La Iberia, desde el 19 de julio, ya anunciaba —tantos meses antes— el mentado baile: «Sería la más distinguida nota social por su significación y magnificencia desde los tiempos cortesanos». En *La Clase Media* los redactores anticipaban que no habría fiesta que se le asemejase. Muchos le habían escrito a Díaz suplicando ser invitados, gente de toda ralea, incluso personas de a pie.

Se sirvió *champagne* como quien riega los campos con agua. Cuarenta mil focos iluminaban el patio de honor desde un *plafond* de seda. Allí estaban elegantemente dispuestas las mesas de los invitados. Magníficos y provisionales cortinajes circundaban el salón enorme.

Un redactor de *El Imparcial*—la nota la leyeron Loretta y su prima en voz alta a la mañana siguiente, mientras saboreaban mimosas y salmón ahumado— así se refería al lugar:

el corredor del lado poniente era especialmente bello. Un «trailli» revestido con focos velados con rosa de seda y festonado con follaje artificial ligero daba a esta parte del salón el aspecto de un muro de jardín, por cuyas tapias se escaparan majestuosas enredaderas […] La luz que en el salón central es blanca, con un blanco deslumbrante de la plata es aquí atenuado y rosa, y apenas han bastado dieciséis mil pantallas para producir el efecto mágico tan buscado y que completa el revestimiento de los hilos conductores cubiertos con ocho mil metros de guías de yedra de festón ligero de geranios y de rosas.

—Este hombre, Hilario Landero, sí que hizo su trabajo antes de escribir la crónica —bromeó Fernanda—. ¿Quién se va a poner a contar los metros y metros y los miles y miles de focos?

En la planta alta de palacio, en los departamentos presidenciales, se situaron los salones del *buffet*. No se dejó de servir hasta las dos de la mañana y cualquier persona podía volver a servirse.

—Ahora sí estarás de acuerdo en que se cuidó hasta el último detalle, prima. Gabino se fue a fumar al Salón Panamericano.

—Todo estuvo a pedir de boca. ¿Cuántos guardarropas se habrán asignado? Eso no lo contó tu periodista, aunque sí habla de catorce tocadores primorosamente amueblados y bien atendidos.

El carruaje que llevó a los Santoveña era el 1177 y, por supuesto, entraron y salieron por la Puerta de Honor.

—Brindemos por México y por la paz y por la Independencia, prima —dijo Fernanda al alzar su copa.

—¡Salud!

Nada parecía perturbar la paz, el regalo de Díaz al país. Loretta, de cualquier manera, volvería a partir rumbo a Inglaterra, aunque esa mañana no supiera aún cuán pronto.

* * *

No le parecía nada mala idea a Moisés Sefamí haber viajado con su familia a la Ciudad de México en 1910. Venía de años de penuria y hambre en Siria, y las cosas, si bien inciertas, parecían llenas de buenos auspicios. Le habían ayudado a instalarse en una vecindad de la calle Peña y Peña, en La Merced; le habían dado buena mercadería para comenzar su negocio, la cual repartió entre sus dos hijos mayores, que habían nacido en Damasco. Eran muy jóvenes, pero tenían que aprender a ganarse la vida, por eso los mandó con sus maletas a Morelos. A vender trapos y hacerse adultos. Una vez al mes iban los dos hijos a Cuautla a cobrar y regresaban en ferrocarril a la ciudad, a la estación Colonia. Él iba a recibirlos, para cerciorarse siempre de que regresaran sanos y enteros, y que nadie les robara el dinero de los plazos. Él, por su lado, prefería hacer negocios en la ciudad, y se había hecho habitual de colonias populares como la Guerrero. Estaba aún muy lejos de poder instalarse del todo, pero se sentía a gusto. Un día, quizá no dentro de muchos años, dejarían de estar yendo y viniendo, vendiendo y cobrando, y podrían abrir su propia tienda, su mercería, como las llamaban aquí.

Moisés Sefamí hablaba apenas lo suficiente de español para cobrar y volver a comprar mercancía, pero en casa —en los dos cuartos de las accesorias de un patio de esa vecindad— se sentía cómodo hablando en árabe con Selma, su mujer, que acaso como otro gran augurio estaba de nuevo embarazada.

Sentía una gran curiosidad por el país que lo había acogido y que con tanta alegría festejaba cien años de haberse independizado de España. Él, en cambio, guardaba aún la llave de la casa de sus antepasados en Toledo. Esa llave que nunca podría usarse, pero que significaba que no solo habían hablado ladino, sino que habían sido expulsados de la Península por los Reyes Católicos, los mismos que habían descubierto este mundo y habían conquistado y vencido a los ancestros de los mexicanos. Esos reyes que la Independencia había de alguna manera expulsado de aquí. Estas fiestas, sentía vicariamente, lo vengaban también a él y su familia.

Por eso llevó a sus hijos a varios de los desfiles, aunque ninguno entendiera mucho de lo que allí ocurría. Ya habría tiempo para acostumbrarse a esta nueva tierra. Sus vástagos apenas hablaban más español que él, aunque jugaban con algunos jóvenes mexicanos en las calles. Esos dos siempre querían estar afuera cuando regresaban de vender en Morelos. Les gustaba la fiesta, y a Moisés eso le preocupaba. Quería un futuro para su familia y eso solo podía conseguirse si todos trabajaban con ahínco, sin descanso. No habían salido de Siria y se habían aventurado a esta tierra incógnita para volver a pasar hambre. El ejemplo, estaba seguro, era la mejor educación que podía ofrecerles. No había sinagoga en la ciudad, pero en la casa del señor Yedid se celebraba una ceremonia simple y se leía la Torá los viernes por la noche, en las vísperas del Shabat. Había sido convidado a asistir y allí fue conociendo poco a poco a la comunidad.

No solo el ejemplo, la hermandad también los salvaría.

Lejos estaban de la tierra prometida, pero no de un buen trabajo, un techo y un sustento dignos. Habían huido del hambre y les había tocado en suerte un país en fiesta.

A pesar de ser extranjeros se sentían invitados al convite.

***

Nicolás Cuautle sabía que el gobierno llevaba más de cinco años planeando la fiesta del Centenario. La prensa lo pregonaba a voz en cuello (al menos la prensa oficialista). Se trataba de festejar la paz. La culminación de cien años de intervenciones, guerras civiles, saqueos: mejor que la del festejo de la toma de la Bastilla. Solo un ángel podría emular lo que la nación había alcanzado en un siglo: el Ángel de la Independencia, puesto en el paseo de la Reforma para que todo el que llegase a la ciudad supiera cuán libres y soberanos eran los mexicanos. Todas las mañanas de camino a La Palestina pasaba por allí, así que fue viendo cómo iban construyendo el pedestal, luego la altísima columna, para al final colocar el hermoso ángel de bronce, obra del arquitecto Rivas Mercado. Una corona de laurel ahora se elevaba encima de nuestros héroes.

Las revueltas de Francisco Madero y su Partido Antirreeleccionista habían sido aplastadas para que no echaran a perder el festejo. Se habían entregado invitaciones al mundo entero y muchos países habían confirmado su presencia. El dinero ya circulaba buscando a los mejores panaderos, orfebres, artistas de la plata y la ornamentación. Bailadores y poetas que estuvieran dispuestos a hacer de las calles una verbena popular. Ya los actores de las pequeñas obras de teatro se sabían sus guiones: «¡Viva México!», gritarían emulando el día que se desató la Independencia. Cientos de personalidades vendrían a comprobar que México estuviera a la altura de las mejores galas europeas y en las mejores condiciones de inversión y progreso. *El Imparcial* era claro: «¿En qué otra fecha podría México contar con veintitrés países en la palma de la mano?».

Los festejos comenzaron el 1º de septiembre. Bailes y desfiles de aztecas. Se trataba de que todos celebraran: los locos, los delincuentes, los niños, los intelectuales, los estudiantes, los profesores, los melómanos, los nacionalistas, los católicos, los liberales; todos tuvieron su regalo del Centenario. Por eso el presidente inauguraba obras en el país, pensaba Nicolás, acostumbrado a poner primeras piedras, nunca las últimas. Así se abrieron el Asilo General, la cárcel de Lecumberri, escuelas primarias y superiores. Corridas de toros. Bustos y estatuas a los héroes olvidados.

El periódico también comentaba cómo don Camilo García de Polavieja y del Castillo-Negrete era hijo de una mexicana, hija de peninsulares. Era un criollo mexicano por parte de madre, con una carrera distinguida en el Caribe y Cuba. Lo enviaron al Centenario por significar los lazos de sangre entre México y España. Había escuchado a más de seis mil niños cantar el himno y jurar a la bandera, así como los saludos prodigados a Isabel la Católica, su obsequio para México. Su presencia solo marcaba la gran madurez de ambas naciones, al devolvernos las prendas de Morelos, que Amado Nervo había reconocido en España tiempo atrás, y había comentado de estos *tesoros* a don Juan Antonio de Béistegui, ese criollo ricachón que era el ministro plenipotenciario en España. También trajeron la bandera de la Virgen de Guadalupe. Don Porfirio portaría la banda de Carlos III, obsequiada por el reino de España. Pero México no debía pensarse solo, por eso también hubo estatuas para extranjeros: Washington, Pasteur, Alexander von Humboldt; todos estos obsequios de los países representados en la fiesta.

Nicolás estaba alegre, como si se tratase de una fiesta personal, no del país. Fue a la reapertura de la Universidad Nacional de México, a escuchar el discurso de Justo Sierra. A todos los eventos llevaba a su hijo Leopoldo, quien tampoco daba muestra alguna de cansancio. Al contrario, parecía adorar los festejos con el mismo júbilo.

Justo Sierra, el secretario de Educación, lo mencionó también con una claridad que siempre recordaría: era pertinente estar orgullosos de los aztecas, de Cuauhtémoc, de Hernán Cortés, de la época virreinal, de la guerra iniciada por Hidalgo para librarnos de trescientos años de colonialismo —fortalecida por Morelos y Guerrero, y finalizada por Iturbide—, del periodo del señor Juárez, de las batallas de Puebla, del derrocamiento de los imperios. Alegres de ser una república. Todos esos episodios nos habían formado y ahora era tiempo de mostrarnos al mundo como ciudadanos renovados y modernos. Los más de quinientos extranjeros invitados estuvieron maravillados con el Museo Mexicano, excelsamente cuidado, dirigido por Francisco del Paso y Troncoso.

El 6 de septiembre de 1910 don Porfirio, el «héroe de la paz», recibía en el palacio Nacional a los embajadores y representantes de Estados Unidos, Japón, Italia, Alemania y China. Mientras, en las calles, la gente de Madero —apoyado por los Flores Magón— hacía todo lo posible para sabotear los festejos.

Pero el día más feliz para Lopoldo y su padre fue en realidad una noche. La del 15 de septiembre. A las once horas desde el Zócalo miraban al presidente y a su esposa salir al balcón principal del palacio. Díaz intentó hacer sonar la campana que el propio Miguel Hidalgo hizo repicar en Dolores.

Al principio no se escuchó sonido alguno. O sí, el suspiro de la muchedumbre compungida al ver al presidente esforzarse por jalar la cuerda tricolor. Lo volvió a intentar y ahora sí. Como cien años antes. Leopoldo apretó la mano de su padre, emocionado cuando Díaz gritó: «¡Vivan los héroes de la nación!», «¡Viva la República!», ¡Viva!». Todos en el Zócalo corearon: «¡Viva!, ¡viva!, ¡viva!».

Don Porfirio celebraba así casi los mismos años, por veinte menos: su octogésimo cumpleaños. En Estados Unidos en un diario se daba cuenta también de esa noche preclara: «Porfirio Díaz, presidente de la República Mexicana, debe de ser un hombre muy feliz, porque cuenta con la ferviente admiración del mundo civilizado, reconocimiento que tiene bien merecido. Ningún servidor público ha tenido mejor recompensa y ningún funcionario público ha tenido más méritos. Sería difícil exagerar sus logros tan grandes y maravillosos que han sido los resultados del trabajo de su vida por su país».

Leopoldo Cuautle, sin embargo, habría siempre de recordar no esa noche en que su padre lo llevó a ver el Grito, ni siquiera los hermosos fuegos artificiales, sino otro de los eventos, días después. El espectáculo, si puede llamársele así, se llamó *Apoteosis de los héroes*, y cerraba con broche de oro las fiestas del Centenario. Se trataba de una viva lección de historia patria.

Su padre había hecho que lo acompañara a todos los festejos públicos: desde el desfile del 14 de septiembre, la Gran Procesión Cívica, en la que Nicolás y su madre cabalgaron con otros trescientos charros por la avenida de la Reforma hacia el Zócalo, y en la que vio cómo se depositaban flores en las tumbas de los héroes y cómo el cortejo se detenía en el llamado Ángel de la Independencia —nadie le dijo nunca *monumento*—, hasta el del 15 de septiembre, el llamado Gran Desfile Histórico. Bailaban y representaban por la calle escenas de historia, la vida en la época de los aztecas, la llegada de Hernán Cortés, la muerte de Cuauhtémoc, escenas coloniales, la Independencia, la guerra de Reforma y la *Pax* posterior al triunfo de Juárez frente a la intervención francesa. De hecho, el desfile pasaba por rotondas y plazas que conmemoraban esos mismos hechos históricos en los que su padre abonaba y de los que hablaba y hablaba sin parar: la plaza de la Reforma, la avenida Juárez y la plaza de la Constitución, llamada así por la Constitución de Cádiz, no por la de 1857, como Nicolás se encargó de explicarle. En casa había una enorme biblioteca que era herencia de sus ancestros, con libros muy antiguos y hermosamente encuadernados en piel.

El 16 de septiembre también salieron temprano de casa para presenciar el desfile militar. Nicolás le explicó, además, por qué eran importantes las obras que se iban inaugurando una tras otra:

—El canal del desagüe, por ejemplo, viene a cerrar un esfuerzo de siglos por limpiar esta ciudad. Es importante porque solo si somos limpios seremos sanos. No solo se va el agua negra, se reducen las enfermedades tan terribles que nos han asolado por siglos. En esta ciudad, según he leído, mueren cuarenta y nueve personas por cada mil, lo que convierte a nuestra urbe en la más malsana del orbe. El agua contaminada es uno de los peores verdugos. En París o en Londres mueren solo seis u ocho habitantes de cada mil. Estamos lejos, pero don Porfirio ha logrado que la brecha entre nuestra ciudad y las más modernas del mundo se acorte notablemente. Por eso en casa tenemos agua y nos bañamos diario. En muchas otras casas, como sabes, no hay dónde darse un buen baño, y la gente solo lo hace una vez a la semana. La higiene es nuestra salvación, Leopoldo.

Pero fue la Apoteosis de los héroes, dedicada a los caudillos y soldados de la guerra de Independencia, la que realmente lo deslumbró. En palacio se construyó un inmenso monumento votivo. Todo el gobierno, con sus ministros y jueces, todas las legaciones extranjeras, con sus enviados y embajadores, toda la alta sociedad y el pueblo mismo honraban así la sangre de sus héroes muertos para darnos patria, le decía Nicolás. Ellos dos, insignificantes frente a ese desfile de honorables, también pasaron frente al altar a rendir pleitesía. Quizá por ello nunca pudo olvidar ese día, a pesar de apenas rebasar la primera decena de vida. La historia se le grabó de manera indeleble en la piel, como a un caballo al que han herrado: con el dolor del martirio de los héroes como un estigma, pero con la promesa de un mejor futuro como íntima esperanza.

Pero ninguno de ellos podía en ese 6 de octubre vislumbrar que la tan cacareada paz de don Porfirio daría lugar a otra guerra, más larga aún, más cruenta: la Revolución.

28

1911

Lee con atención el periódico. Esta mañana la ciudad se apresta para la entrada de Francisco I. Madero. Nadie se imaginaba, apenas unos meses atrás, que algún día don Porfirio fuera vencido por otra cosa que la muerte. Y la mentada Revolución había durado solo unos meses. De noviembre que *estalló*, como le gustaba escribir al propio Hilario Landero en sus crónicas, a la salida de noche del anciano y eterno presidente en mayo. Ahora, 7 de junio, miles de personas recibirán al que hasta hace poco llamaban *cabecilla* de la revuelta armada y hoy entronizan. Ya tienen su nuevo *tlatoani*, piensa mientras lee: «la ciudad engalanada y el pueblo alborozado esperan al ciudadano». El viaje a la Ciudad de México es pintado como una hazaña épica, y dice el diario que las últimas etapas del recorrido fueron ruidosos triunfos; anuncia que a las diez de la mañana la capital recibirá a su nuevo líder en la estación del Ferrocarril Nacional en Colonia. «Se le prepara una brillantísima recepción por el pueblo y por los clubs, sociedades y agrupaciones políticas y mutualistas». La parte que más le divierte de la noticia es cuando *El Diario* afirma que hasta las iglesias se encuentran «engalanadas» porque es incontenible la alegría de las masas. El alborotador es ya el Apóstol de la Democracia.

Hilario presenciará la llegada, pues debe cubrir la noticia para su propia pluma. Tiene invitación de entrada a palacio Nacional, pero quisiera poder recorrer con el Apóstol la ciudad, vestido de negro y con sombrero de bola. De la estación Colonia a la avenida Madrid, la calle de Tamaulipas, Egido, plaza o paseo de la Reforma, Patoni, avenida Juárez, dando vuelta por San Diego, al costado poniente de la

Alameda, después la avenida de los Hombres Ilustres hasta Correo, luego por la calle del Teatro Nacional, para entrar a la avenida 5 de Mayo, pasar frente a Catedral. Finalmente, el diminuto presidente baja de su caballo frente a palacio. Un ordenanza lo ayuda a apearse. Hilario se lo imagina pasando frente al Jockey Club, en su caballo, por la calle de San Francisco, esa parte de la ciudad que el Duque Job bautizó como *el París de las Américas*. El Cinematógrafo Lumière, los cafés, las *boutiques*. El espacio de la sociedad porfiriana que hace apenas unos meses festejaba el Centenario de la Independencia tirando la casa por la ventana. Ahora seguro estaban tras los balcones, angustiados, mirando con gran preocupación la llegada no solo de Madero, sino de los otros generales, y sobre todo de Zapata, ese Atila dispuesto, según ellos, a destruirlo todo.

Fue tan grande la multitud —unos cien mil, según cálculos oficiales que después le propondrían— que tardó dos horas su recorrido. Los padres de Madero y su esposa y su hermano, toda la familia venía con él. Todos lo querían ver de cerca, lo querían tocar, como si su apodo de Apóstol fuera más que simbólico. Y es que se trataba de quien había terminado con treinta años de don Porfirio, ese régimen que nadie parecía poder derrocar. Por donde pasaba la comitiva había aplausos y repiques de campanas. Toda la ciudad era una sola campana repicando por Madero, hasta las de Catedral. Había cohetes y vivas.

Eran las dos de la tarde. El lugar, más que la sede del Ejecutivo, parece un fuerte militar apertrechado. Revolucionarios con las cananas llenas de tiros, soldados maderistas temerosos también de un atentado. Francisco León de la Barra, el presidente interino, con algunos ministros esperaba a Madero. Lo condujeron al Salón Verde. El nuevo presidente, el tantas veces cacareado Apóstol de la Democracia, el único que fue capaz de derrotar la egolatría de Díaz, era recibido con honores. Iba con su hermano y su esposa, y también acompañado nada más y nada menos que de Giuseppe Garibaldi, nieto del revolucionario italiano, que había viajado para ser testigo de la ocasión. Se saludaron con frialdad y se dirigieron al balcón central, para saludar también al gentío que se encontraba en el Zócalo y lo vitoreaba.

Poco permaneció allí. Bajó la Escalera de Honor, y una niña, al pie, vestida de blanco, le entregó un gigantesco ramo de flores.

Se retiró, ahora en un carruaje con cuatro caballos, en su viaje de regreso. Pasó frente a los portales de las Flores, de la Diputación y Mercaderes, entrando a la avenida de San Francisco, nuevamente a la avenida Juárez, de regreso por calzada de la Reforma, hasta las calles de Versalles, Londres y Berlín, donde ofrecería un almuerzo a varios de los generales revolucionarios. Más de cien mil personas miraron el largo recorrido de ida y vuelta, de la estación a palacio y luego a su mansión. «Me recuerda a otra entrada así de triunfal», piensa Hilario Landero. Y claro, le viene a la mente la de Benito Juárez acompañado del propio Héroe del 2 de Abril, Porfirio Díaz, hoy un paria.

A Hilario Landero no lo sorprendió el temblor porque estaba dormido y tiene el sueño pesado. Ni él ni su mujer ni su hija se dieron cuenta de que la tierra se había cimbrado durante la madrugada. Pero los diarios al día siguiente insistirían en su canto triunfal, anunciando en retrospectiva: «El día que Madero entró, hasta la tierra tembló». De hecho, se enteraría de la noticia por el mismo periódico un día después, al desayunar: «El formidable temblor que sacudió ayer a la ciudad no ha tenido precedente». Y él, dormido, como toda la ciudad, o al menos eso cree, a las cuatro veintiséis de la madrugada. «Las víctimas se cuentan por centenares en la República», continuaba la noticia.

No esa mañana. Nadie en el entorno de Hilario Landero le dijo nada porque no percibió nada. Ningún objeto de la casa se había caído o movido de lugar. En otros lugares de la ciudad corrieron con menos suerte. Se había tratado de un fuerte temblor que incluso sepultó entre otros a soldados guarnecidos en San Cosme. Lo que la Revolución no logró con el destacamento, el temblor de tierra sí lo consiguió.

Porque la Revolución no había tocado la ciudad. De allí el miedo a Zapata y a los suyos. Los capitalinos creían que lo ocurrido en el sitio de Cuautla —al menos lo referido por los periódicos— era el preámbulo del azote de los bárbaros, que habían llegado a destruirlo todo.

Y es que el miedo, como dicen, no anda en burro. La ciudad planchada y relamida tenía pánico, no de la entrada de Madero y su comitiva, sino del Atila del Sur. La ciudad no dormía, presa del miedo. Las tropas de Emiliano Zapata acampadas en el Ajusco. Sus lugartenientes listos para bajar de madrugada a la ciudad, aprestándose a ver al señor Madero. Un temblor los espanta, a ellos sí, pues están despiertos, calentándose frente a las fogatas, tomando café bien fuerte. La tierra se sacude.

Bajan con sus tropas hasta San Ángel. Madero pasa revista a los soldados en compañía del ingeniero Manuel Urquidi, subsecretario de Comunicaciones y de algunos comerciantes de la ciudad, que se han vuelto sus allegados. Entre ellos Bernardo Landero, presidente de la Cámara de Comercio de la ciudad. El Ejército del Sur rinde honores ante el nuevo presidente de la República. Luego habrán de conferenciar con él, a la hora de la comida.

El almuerzo es en la casa de Madero, en la calle Berlín. La mansión es suntuosa, sin llegar a los extremos de la casa de don Ignacio de la Torre. Zapata se siente intimidado por los revolucionarios del norte, por Venustiano Carranza, que parece uno de los hacendados de Morelos, ni siquiera sabe apretar bien las manos cuando saluda. Está también allí Emilio Vázquez Gómez y el hijo de Juárez, Benito Juárez Maza.

Madero hoy está exultante. Le han dado la bienvenida más tumultuosa que se haya presenciado en la ciudad desde que entró el Ejército Insurgente noventa años antes. Lo han aclamado y vitoreado por las calles mientras él cabalgaba a medio trote en su caballo acompañado de sus generales.

Bernardo Landero está allí, en la comida. ¡Cómo le hubiese gustado que su hermano Hilario lo acompañase! Las invitaciones eran muy restringidas. A él le correspondía estar en la mesa principal debido a su carácter de presidente de la Cámara de Comercio. No conocía a más de la mitad de la concurrencia, algo que no le había pasado nunca. Tanta gente de todos los estados que por vez primera estaba en la capital.

A media comida, Madero le preguntó a Emiliano Zapata por los problemas de Morelos. Todos los comensales atentos a la respuesta. Es el Atila mismo, con su enorme bigote. No es para menos. Pero Zapata apenas y alcanza a decir que es la falta de tierra, el hecho de que los hacendados se han apropiado de enormes extensiones...

374

No lo deja explayarse, lo interrumpe. Critica la violencia en la toma de Cuautla. Le refiere las quejas que ha recibido sobre el comportamiento de sus hombres. Emiliano Zapata, con seguridad, se pregunta la razón de prestar oídos a esos reclamos. Hicieron una revolución, no podía ser por vía pacífica. Lo dice allí, como apenado. Pero también defiende a su tropa:

—Mucho de eso que se dice y que llega a sus oídos, señor presidente, es pura mentira, chismes de los guacamayos de la prensa. Mi tropa es disciplinada y recta.

—Pero los desmanes, general, ¿cómo los justifica? —pregunta ahora el barbudo Carranza.

La discusión se hace lenta, pesada. Zapata es consciente de las miradas que esperan una respuesta. Sabe que no logrará convencerlos, a pesar de sus explicaciones. Toman café.

Bernardo ha sacado unas tarjetas donde escribe algunas notas de la reunión, para pasárselas a su hermano. Tiene las declaraciones de esa comida de primera mano. Madero entonces es claro y le pide al Atila:

—Debo hacerle una petición concreta, general Zapata. Debe entenderse con los Figueroa, nuestra nueva tarea es con la paz.

—No tengo ningún empacho en así hacerlo. Lo único que nos interesa es que las tierras sean devueltas a los pueblos, que se cumplan las promesas de la Revolución.

Por eso Madero le asegura que irá en unos días a Morelos, le dice que debe ver con sus propios ojos la situación. Le promete:

—No se preocupe, general Zapata, cuando las cosas se estabilicen gestionaremos un rancho como premio a sus afanes a favor de nuestra causa.

A Zapata le hierve la sangre. Es visible su enojo ante la propuesta de Madero. Enrojece, se toca el enorme bigote. Responde malhumorado:

—No me incorporé a la Revolución para hacerme hacendado, señor Madero. El asunto del reparto de las tierras será mi mejor pago.

—El asunto de las tierras es complicado —le responde Madero—, hay que respetar la ley, los procedimientos. Debe hacerse con cuidado. Habrá que empezar a tomar disposiciones para licenciar a sus tropas rebeldes, señor general.

Zapata discrepa, apenas. Bernardo lo escucha poner en duda la disposición de los federales a respetar un gobierno revolucionario desarmado.

—Para no ir más lejos, el gobernador Carreón solo está actuando a favor de los hacendados. ¿Qué pasará con nosotros ya sin armas, entregados a la voraz voluntad de nuestros enemigos?

—Esta es una nueva era, general. Es la época de la política. Podremos llevar grandes transformaciones en este país por medio del orden. No permitiré ninguna forma de violencia. ¡Espero que se entienda claramente!

Zapata se levanta, con la carabina en la mano. El silencio permite que se escuchen las respiraciones de los hombres. Se acerca a Madero y con el rifle señala la cadena de oro del caudillo.

—Mire, señor Madero, si yo, aprovechándome de que estoy armado, le quito su reloj y me lo guardo, y andando el tiempo nos llegamos a encontrar de nuevo, los dos armados con igual fuerza, ¿tendría usted derecho a exigirme su devolución?

—Sin duda. Incluso le pediría una indemnización.

—Pues eso justamente es lo que nos ha pasado en el estado de Morelos, en donde unos cuantos hacendados se han apoderado por la fuerza de las tierras de los pueblos. Mis soldados y los campesinos me exigen que le diga a usted con todo respeto que desean que se proceda desde ya a la restitución de sus tierras.

Zapata ya no se sienta de nuevo a terminar su café. Los dos hombres se despiden sin llegar a nada. A Bernardo algo le dice que este es el inicio de una serie de malentendidos, ¡qué mal sabor de boca! Así se lo contará a Hilario por la tarde, tomando chocolate y conchas en la trastienda de La Piedad, donde lo ha convocado para contarle toda la escena:

—Nos espera lo peor, hermano. Algo me dice que no habrá paz alguna.

Lo mismo sucedía en otros lugares de la ciudad, donde limpiar los escombros del temblor no daba lugar a sosiego ni paz alguna. Muchos muros se vinieron al suelo e hicieron espantoso estruendo, en veintidós calles se levantó el pavimento. En la avenida Chapultepec estallaron las cañerías de agua potable. El cuartel de San Cosme había colapsado, igual que doscientas casas en Santa María la Ribera. Era el primer terremoto desde aquel aciago de 1845, el día de san

Epifanio. La prensa ya empezaba a bautizarlo como el temblor maderista. Hilario estaba en el *Nueva Era* cuando llegó uno de los jóvenes reporteros. Traía noticias de que había mucha gente sepultada en Peralvillo, la colonia Guerrero, San Rafael, Santo Tomás y en el propio centro de la capital. Había pequeños desplomes en la cárcel de Belén, la Normal de Maestros, el palacio Penal, el Instituto Geológico y la Escuela Nacional Preparatoria.

Si las campanas no sonaron cuando el viejo Díaz las quiso hacer repicar el 15 de septiembre, ahora el temblor maderista era también para muchos un presagio, un signo ominoso. Semanas atrás corría el rumor de un atentado, de un levantamiento armado del ejército en contra de Madero. Aunque lo llamaban *presidente* él no deseaba serlo de forma interina, quería elecciones democráticas en serio. A fondo. Se celebrarían en noviembre. Panchito, como lo llamaban para burlarse de su estatura, estaba convencido de la bondad de los demás. Por ejemplo, la del presidente *blanco*, León de la Barra. «Más papista que el papa o más porfirista que don Porfirio», piensa Hilario. Y no se equivocará. De la Barra hará todo lo posible para obstaculizar a Madero, sin éxito. Como sin éxito se sublevará diez días después de su triunfo el general Bernardo Reyes, para ser apresado de inmediato. No, tampoco entre los políticos el miedo anda en burro. El mentado Apóstol que escribió desde la cárcel que la nación estaba cansada del continuismo y demandaba ser gobernada por la Constitución, sin paternalismo, se hallaba no en la ciudad, sino en la encrucijada de la historia, sin saberlo. Ni siquiera Raúl, su hermano muerto, podría susurrárselo en un trance mediúmnico.

Hilario tenía en su mesa de trabajo en el periódico —finalmente los dueños eran los Madero— no solo su opúsculo *La sucesión presidencial de 1910*, sino sus libros *curiosos*, como los llamaba con sus amigos Tablada y Couto, quienes se mofaban del nuevo empleo de su compañero de bohemia. Hojeaba ahora *La cruz astral* y su *Manual espírita*, intentando encontrar entre líneas un verdadero mensaje, algo que no lo llamase a chanza, a mera burla. Madero se sentía elegido, la suya era una *misión*. Eso estaba claro. A principios de año se habían publicado las hojas satíricas *El Sarape de Madero*, en las que se burlaban del nombre de su esposa, Sara.

A Hilario, sin embargo, los enemigos internos no le preocupaban tanto como el embajador Lane Wilson. El enemigo estaba en casa. Cercano a los círculos porfiristas, estaba seguro de que haría todo para descarrilar el tren de la democracia maderista.

Bernardo Landero era más optimista. Aunque compartía el juicio de su hermano sobre la ingenuidad de Panchito, creía que México estaba listo para sacudirse a don Porfirio y a los suyos. Mayo había sido un mes terrible después de anunciarse la renuncia del viejo general. Apedrearon la casa de Díaz, el palacio Nacional, decenas de tranvías. Quemaron la Catedral e intentaron hacer lo mismo con el edificio de *El Imparcial,* el diario donde hasta hacía meses trabajaba Hilario. Había renunciado después de la muerte de Aquiles Serdán en Puebla, y publicó un texto que le valió la crítica de sus amigos, pero que a la postre fue lo que le consiguió trabajo en un diario maderista. También intentaron quemar la mansión de José Yves Limantour y lanzaron piedras al batallón de Zapadores, que estaba resguardando la casa de Díaz. De hecho, a finales de mes consiguieron que la policía liberara a los manifestantes y rijosos.

A las diez de la noche de ese 24 de mayo solo se dispersaron por el terrible aguacero mientras el viejo Díaz se quejaba de una postemilla, convaleciente por la mala extracción de su muela. Tal vez el *temblor maderista* fue anterior al 7 de junio, y el que la ciudad sintió no fue sino una secuela, la repetición de las ondas telúricas que todo lo sacudían con el peso de esa palabra que tanto asustaba en la ciudad: *revolución.*

El mismo Hilario espantó el pensamiento. No era posible que estuviese cayendo en tan banales supersticiones. Panchito lo estaba contagiando. Tablada seguro se mofaría de él cuando les contara sus absurdos pensamientos.

* * *

¿Irse? No, a Guillermo no se le ocurrió ni por un segundo. Sabía que eso significaba quedarse totalmente solo. Su tía Loretta se fue en el mismo barco que Díaz, en el *Ypiranga,* junto con tres de sus primos. Su primo Gabino partió un mes después, no al Havre, sino a Inglaterra. Tenía un palacete en las Highlands, donde pensaba esperar a que la absurda tormenta revolucionaria terminase y el orden volviese al fin a su amado México. Los de Landa y Escandón, los de Teresa, tantos otros salían del país, huían despavoridos, pensaba Guillermo, como ratas antes del naufragio. Esas cavilaciones eran moscas molestas, pero él no las evitaba. Es muy fácil quedarse en un lugar cuando se está en la cúspide del poder y del dinero; requiere mucho más coraje hacerlo cuando se ha dejado de pertenecer al círculo de los favoritos. Su primo Gabino, por supuesto, intentó convencerlo por todos los medios de que los acompañase a Europa.

—No seas necio, Guillermo. Nada hay que hacer por ahora en este país, la plebe se ha apoderado no solo de las calles, sino de palacio Nacional. Si nos quedamos, nos comen vivos.

—Exageras, como siempre, Gabino. Tienes todo el derecho de llevarte a tus hijos a Europa. Además, tienes con qué hacerlo. Yo no tengo familia. Me he dedicado toda mi vida a la medicina y no voy a abandonar mi laboratorio, ni siquiera mi consulta.

—Tus pacientes son unos pobretones que llegan hasta tu consultorio de Santa María la Ribera. Tu casa ni siquiera es digna de un Santoveña. Ni tus ropas. ¿Hace cuánto no te compras un traje? No tienes automóvil. Vas en tranvía. Vives al día. Con nosotros no te faltará nada.

—Aquí tampoco me falta nada. Tengo mis investigaciones y tengo a mis pobretones, como les llamas, a quienes les hago más falta que a mi propia familia. Tantos años y parece que no me conoces, Gabino.

—Estudiaste en Francia, tienes muchos contactos en el Instituto Pasteur. No te faltará nada. Allá podrás seguir estudiando. Aquí no. Van a acabar con todo y entonces sí te vas a quedar sin nada. Como el perro de las dos tortas.

—Zanjemos de una buena vez este asunto. No me convencerás. Me quedo. Nos escribiremos y quizá en mis cartas te pinte una visión más objetiva del país que abandonas. Aunque ya te dije, no te culpo. Ve por los tuyos.

—¡Tú eres de los míos, Guillermo, no puedo dejarte!

Entonces se le ocurrió. Un chispazo de ingenio y encontró la llave para convencer a su primo:

—Me quedo a cuidar tu casa en Tacubaya. Alquilo la mía en Santa María, aunque deje el consultorio. Así no tendrás nada que temer de esos pelados, como les llamas. Puedes dejarlo todo en orden, conmigo. Tus muebles, tus cuadros, tus joyas.

—¿De verdad harías eso por nosotros? Es un gran sacrificio. Se han ido casi todos los criados. Queda Marina. Incluso el mayordomo pidió que le dieran unos pesos por los servicios prestados y huyó despavorido dos días después de los desmanes y el intento de incendiar la casa de mi amigo Limantour. Son unos malagradecidos, Guillermo. Después de todos estos años en que han tenido casa, vestido y sustento gracias a nosotros.

—Yo diría que gracias a ellos es que tu casa y tu sustento han podido seguir su curso. Pero no pienso entrar en discusiones. Me hago cargo de tu casa y de Marina. Con mi sueldo en el hospital y las pocas entradas del consultorio será suficiente. Lo que sí es que tendrás que cerrar muchas de las habitaciones, quizá guardar allí la mayoría de tus cosas. Entre los dos no podremos mantener limpia y arreglada una mansión de ese tamaño.

—Descuida, Guillermo. Hablaré con Josefina y encontraremos un par de mozos que nos ayuden con eso. Marina ha estado empacando la ropa con ella. Los niños piensan que nos vamos de vacaciones solamente. Así que lo de mover muebles y cosas será cuando nos hayamos ido. En una semana.

—¿Una semana? Yo también necesito un poco más de tiempo para arreglar mis cosas, pero estaré para despedirlos. Habla con tu sirvienta, entonces. Que no se preocupe. La necesitaré, así que no podemos darnos el lujo de perderla ahora, menos si sabe que ustedes se van tan pronto.

—Ella también cree que son solo unas vacaciones. Y quizá sea lo mejor. Ya le dirás tú después. Yo solo le comentaré que tú vendrás a vivir a la casa en nuestra ausencia. Le hemos dicho que son solo tres o cuatro meses y que le dejaríamos dinero y su sueldo, por supuesto. El contador Valencia se encargará de los pagos. Así que esa tampoco es preocupación. Josefina estará feliz con tu ofrecimiento, primo. Pero tengo que pedirte algo, por favor. Tienes que prometerme algo.

—No lo sé. No puedo prometer nada.

—Que te vendrás a Europa si las cosas se ponen peor.

Soltó una carcajada.

—Está bien. Te lo prometo. Pero también te aseguro que no tienes nada que perder. Madero es de los nuestros. O mejor, de los tuyos. Es un hombre rico. Su familia es de hacendados. No va a dinamitar su propia mina de oro. Y si a esas vamos tampoco Carranza ni los otros gobernadores que lo han apoyado.

—¿Y el Atila del Sur?

—Madero y el ejército serán capaces de contener cualquier sublevación. Vendrán elecciones en noviembre y todo volverá a la calma. Igual y el próximo año están ustedes de vuelta, haciendo negocios, felices y contentos.

Se abrazaron con cariño. Eran dos hombres tan distintos, como lo son siempre los hermanos.

Ahora, apenas a tres semanas de que se ha ido Gabino con toda su familia y que él vive en esa casa enorme y vacía, solo tiene una persona con la que hablar. Una voz que escuchar: la de Marina Cuautle. Le ha pedido que cenen siempre juntos, lo que causó escándalo en la mujer. Temía que don Guillermo, seguramente, se propasase con ella. Además, ¿de qué podía hablar con el doctor, si ella ni siquiera sabía leer?

Sin embargo, no podía irse de allí. Los Santoveña no la corrieron de la casa cuando la policía apresó a su padre, Lucio. Tenía un tío, Nicanor, pero se había ido de Tacubaya y ahora tenía dinero y además siempre había odiado a su padre. No podía correr con él a pedirle ayuda. Cuando don Gabino supo que Lucio había sido llevado a la cárcel de Belén, la mandó llamar a su despacho. Estaba allí también doña Josefina. Ella temía lo peor. Se había fugado de casa hacía años, cuando su padre empezó a beber y se alió con el llamado Tigre de Santa Julia. La habían recibido en esa casa sin recomendaciones, para fregar pisos y lavar loza. Con los años se había ganado la confianza de la patrona y se había convertido en nana de la niña Elisa. Ahora estaba segura de que la correrían y que iba a perderlo todo, sin tener nada. Pero aun sin tener nada, le quedaba al menos ese techo y la comida, y a veces el cariño de los niños Santoveña, sobre todo cuando jugaban en el jardín. La casa era tan grande que un pequeño tren de vapor a escala llevaba a los niños del jardín al comedor a la hora de la cena. Al principio ella se perdía en esa casa, ahora la iban a poner de patitas en la calle, lo sabía.

—Marina, nos hemos enterado esta mañana de lo de tu padre.

—Ay, señora, sí. Yo también. Me lo contó Rutilio. No sabe usted qué pena tengo.

—Nosotros también. Fue el chofer quien nos lo contó, Marina. Y queremos celebrar contigo, porque al fin te has liberado de ese crápula. Gente de esa calaña merece estar tras las rejas. ¿Estarás más tranquila? —le preguntó don Gabino. ¿Qué responderle? No le tenía especial cariño a un padre que las golpeaba, a ella y a su madre, y que se llevaba a sus hermanos a la cantina. Pero era su padre. Claro que tampoco podría negarles nada a los Santoveña. No respondió sino con la cabeza, asintiendo. Ahora vendría lo peor. Ella era hija de esa calaña.

Doña Josefina habló:

—Pues mi esposo y yo nos alegramos por ti. Eres bienvenida a quedarte aquí, con nosotros. Te consideramos como de la familia, y Elisa te adora. Así que no tengas miedo, criatura. Se han acabado tus tribulaciones.

Marina les debía lealtad, pero le daba una vergüenza enorme comer con don Guillermo, así, solos.

—Prefiero comer sola, doctor. Usted dispense.

—Ya veremos, con el tiempo. Tú tampoco estarás muy feliz de no tener con quién cruzar palabra todo el día, y yo no tengo para pagar más empleados. Así que seremos tú y yo. Ya te he dicho que mi hermano no piensa regresar en un tiempo, le da miedo la gente, la Revolución. Le da miedo su propio país. Y tú y yo tenemos que cuidar su casa y sus cosas, por si se le pasa el espanto. Cuando le escriba a Elisa me dictas algo de tu propia voz, para que sepa que la extrañas.

Marina asintió de nuevo y le sirvió su consomé bien caliente, como le gustaba al doctor. Él dio apenas unos sorbos, se caló las gafas y volvió a la lectura de su libro.

Pensaba en Marina, claro, y en su pena. Pero también en sus piojos. Su hermano siempre se burlaba de sus investigaciones en el hospital, pero él estaba seguro de que investigando a esos insectos encontraría la verdad sobre muchas enfermedades que por ahora se achacaban a los *miasmas*. Llevaba años estudiando piojos, desde París. Él mismo había montado su laboratorio en México. Los antiguos mexicas lo llamaban *matlazáhuatl*. En España *tabardillo*. El tifo azotaba al país de cuando en cuando, como una enfermedad endémica. Mucho de lo que ya había logrado entender de la enfermedad contradecía algunos de los supuestos de Manuel Jiménez en sus *Apuntes para la historia de la fiebre petequial o tabardillo que se observa en México*. En 1876, en el Primer Congreso de Medicina, él mismo había expuesto sus resultados preliminares. El tifo y el cólera iban y venían como las tolvaneras y los hedores fecales. A él le parecía absurdo pensar como José Lobato, a pesar de su fama en México —era discípulo de Max von Pettenkofer—, quien creía que las enfermedades eran consecuencia de desequilibrios de las aguas, entre las superficiales y las subterráneas. Pero Charles Nicolle, después de la terrible epidemia en Túnez, había llegado a las mismas conclusiones que las suyas: un artrópodo, un vulgar piojo, es el causante del contagio.

Guillermo había invitado a Nicolle a México, sin éxito. Miguel Otero, en San Luis Potosí, indentificó supuestamente al organismo causante del tifo. Lo llamó *Amoeba mexicana petequialis*. Guillermo estaba totalmente en desacuerdo. Eran los piojos, y punto. Ni Nicolle ni él, sin embargo, habían logrado aislar la bacteria. Como parte de las fiestas del Centenario, el propio Porfirio Díaz ofreció dos premios en metálico de cincuenta mil y veinte mil pesos, respectivamente, a quienes descubrieran la causa del tifo y la manera de erradicarlo.

Lejos de ayudar, el incentivo provocó que la feroz competencia de los bacteriólogos se volviera lucha entre instituciones. La del Instituto Patológico, la de los médicos del Instituto Bacteriológico Nacional, los de su propio equipo en el Hospital Juárez, con el doctor Gaviño y él. También los del Hospital Americano, con los médicos que habían llegado de la Universidad de Chicago. Habían venido médicos norteamericanos a ayudar en la empresa. Y todos se pusieron de pronto a cazar piojos, con inusual denuedo. Él había logrado traer a Joseph Girard del Instituto Pasteur. Tenían su laboratorio en Popotla, en la calle Gonzalo Sandoval. Al límite norte de la ciudad.

Lo que más le preocupaba a Guillermo Santoveña era que los estadounidenses usaban a México como su propio laboratorio, sin importarles ni su gente ni sus doctores. Estaba seguro de que si descubrían algo se llevarían su hallazgo y sus laboratorios de regreso. Se metían hasta en la cárcel de Belén para obtener piojos. Uno de ellos, Ricketts, había muerto de tifo el 3 de mayo del año anterior. Cuando en los estertores del porfirismo se declaró como desierto el premio anunciado por el viejo presidente, Gaviño y Guillermo Santoveña impugnaron los resultados. Ellos aseguraban haber comprobado ya que se trataba del piojo.

Pero aún debían pasar varias décadas para encontrar la vacuna, e incluso algunos años para demostrar que tenían razón. Por ahora Guillermo se contentaba con las burlas de su hermano, con seguir su empeño y con recordarse entre carcajadas el dicho: «El piojo resucitado es el que más pica, porque coge sangre nueva y se desquita».

Estaba seguro de que el que ríe al último ríe mejor.

* * *

El resto del año, en la capital, las cosas parecieron desmentir la idea de Bernardo Landero. Todo se encontraba tranquilo. Tan tranquilo que el 1º de diciembre el presidente, incluso, voló en un aeroplano. Era, se decía, el primer mandatario del mundo en subirse a una nave y volar. Así, quizá, por temerario. Bernardo no comulgaba con muchos de los credos del Apóstol: ni era masón ni creía en la religión espírita ni hablaba con sus muertos en sesiones nocturnas. Madero, en cambio, hablaba todas las noches con su hermano muerto y se decía, entre corrillos, que era su espíritu el que guiaba sus decisiones. Bernardo, como casi toda su familia, era un católico devoto y reía al escuchar los rumores. En lo único que se parecían Madero y él era en su gusto por la aviación. Él mismo había ya subido a un aeroplano, meses antes, y se estaba entrenando como piloto. Así que estaba con Dyott, quien guiaría en su monoplano Deperdussin a más de ciento cincuenta metros de altura al Apóstol. Otra vez, como en julio, una muchedumbre se había congregado en las calles a presenciar la hazaña y gritaban, señalándolo: «¡Ahí va el presidente de la República! ¡Es el señor Madero el que va en el aeroplano!».

En eso no los había decepcionado el nuevo líder, era tan amante de lo moderno como Porfirio Díaz. Esa mañana visitó los hangares, examinó escrupulosamente cada una de las distintas máquinas voladoras y juzgó gritándolo por los aires que el monoplano caracterizaba el último progreso de la aviación, por apegarse a las leyes que mantienen el equilibrio.

Esta vez Hilario sí estaba presente en Balbuena, junto a su hermano, y pudo escribir su crónica sobre el suceso. El hermano de Madero, Gustavo, había iniciado su periódico, *Nueva Era*, para contrarrestar la crítica de los diarios conservadores, y él integró parte de la nómina inicial. Al francés Dyott no solo le correspondía tripular el avión, sino ser el *garantizador* de una vida estimada para el país. Esa noche escribió: «El entusiasmo del público fue indescriptible; muchas personas se acercaron al señor presidente para felicitarlo. Fueron testigos de esta magnífica hazaña. Distinguidas familias, entre quienes se contaban las del señor Madero y gente acreditada de *sport*, así como militares que siempre figuran en los torneos de renombre».

Al aterrizar sonaron los acordes de la banda de artillería. No fueron pocos los que suspiraron aliviados de que el avión lograra regresar con el presidente intacto.

29

1914

En junio de 1911 la ciudad se despertó democrática, renovada. Luego se durmió traidora y oscura en esos diez días trágicos de 1913. Y otra tarde, una cualquiera, la Cucaracha, Victoriano Huerta, huyó despavorido a Jamaica. La ciudad entonces recibió a Carranza, pero la Convención de Aguascalientes lo cesó y nombró a Eulalio Gutiérrez como presidente provisional en 1914. La Revolución no cesa. En México, igual que pasó en Francia dos siglos antes, los revolucionarios se asesinan entre sí y se traicionan y se apuñalan. La mayoría sabía lo que no querían: a Porfirio Díaz. Ido el perro, siguió la rabia. Quizá porque la mayoría tampoco sabía lo que quería. O si acaso lo sabían era un objetivo distinto para cada bando. Nada que ver el Plan de Ayala agrarista de Zapata con lo que movía a Carranza y a los pocos generales que ya le eran leales en ese año, cuando se apertrechaba cerca de Veracruz esperando que se fueran los gringos.

En los aciagos días de lo que vinieron a llamar Decena Trágica, la Ciudad de México vivió por menos de dos semanas la guerra y sintió al fin la dureza de una revolución. Los cañones salidos de la Ciudadela a la cárcel de Belén, los presos que escapan, el toque de queda. Fue una experiencia mínima, pero asaz traumática. A Hilario Landero, que se resguardó con su familia en su casa de la colonia Roma, quien le informó días después fue José Juan Tablada, su amigo japonista para quien la vida daría un vuelco terrible. Caído Huerta, el poeta abandonó la ciudad, apestado como tantos otros que apoyaron al usurpador. Curioso que los diez días trágicos hayan sorprendido a Tablada en su casa japonesa del lejano Coyoacán, mientras Hilario, temeroso, no salía ni a la puerta. Este había integrado parte de la redacción del *Nueva Era*, el periódico del tuerto Gustavo Madero, quien también había muerto, con los desgraciados soldados jugando con su ojo de vidrio. El 9 de febrero, a las ocho de la mañana, Tablada se entera de que hay gran tumulto en la ciudad alerta porque los zapatistas están cerca de Coyoacán. Un telefonema, apenas media hora después, lo exalta: ¡Vivan Félix Díaz y Bernardo Reyes!, se dice a sí mismo. La guarnición se ha sublevado contra Madero. Hay tiros por todos lados, y el presidente se encuentra en Chapultepec, en calidad de preso, por los alumnos del Colegio Militar. Tablada le habla por teléfono a Hilario y lo conmina a no salir.

—Es usted visto como un maderista consumado, compadre. Quédese dentro.

Hilario escucha los balazos y pertrecha a la familia en casa.

Tablada se asoma al jardín y mira a uno de los dependientes de El Cazador Mexicano, propiedad de los Belmont, que monta en un mal caballo y le dice que se anexa a la nueva revolución:

—Me voy a la bola. Estoy cansado de estar tras del palo en la tienda. Aquí llevo mi despacho de coronel —le explica, enseñándole un rifle Remington viejísimo.

—¿Y de qué lado va a pelear, muchacho?

—Ahí está el albur, pues del lado del primero que me encuentre al entrar por San Antonio Abad.

Se cortan y luego se reestablecen las líneas. A mediodía se vuelve a comunicar con su amigo y le dice que las cosas se han puesto peor. Están tirando con metrallas desde la Ciudadela. El general Bernardo Reyes está en palacio y Victoriano Huerta, también pronunciado, en Catedral. Al presidente lo han obligado a esconderse y lo tienen sitiado en la fotografía Daguerre. Están tirando con Máuser.

A Tablada le habla uno de sus sobrinos, pidiéndole que se vaya a la Ciudad de México.

—Los zapatistas acantonados en Tlalpan pueden dar el zarpazo de un momento a otro.

Pero Tablada piensa que es mejor quedarse a defender su casa, con el mozo Manuel y sus dos criados japoneses. Uno de ellos, Konishi, es veterano de la guerra ruso-japonesa y le propone un plan de «fortificación» con fogatas y alambre de púas. El poeta se apertrecha y su mozo trae comida suficiente del almacén. Además, le comenta que es imposible ir a la ciudad, el tráfico de tranvías está interrumpido. A las dos de la tarde, otro telefonema, esta vez de su vecino, el senador Bracho. Le dicen que por ahora la situación es favorable al gobierno. El general Bernardo Reyes ya ha muerto de un balazo en el pecho, cuando enfrentaba a sus enemigos, diciendo que no daría vuelta «para no morir de espaldas, como los traidores». A Félix Díaz lo han rechazado a tiros al intentar tomar la Ciudadela.

La casa de Tablada parece un cuartel de guerra. Otro telefonema, esta vez de Bernardo Couto, quien habita cerca de la Ciudadela, en la Casa Colorada de Pigeon; le dice que las señoras ricas están repartiendo cigarros y golosinas por las calles a los soldados sublevados. A Hilario, también por teléfono, le llegan las noticias de Tablada, que se reporta con él cada media hora. A las 5:20 de la tarde le informan que Félix Díaz ha logrado ocupar la Ciudadela y ha ultimado la rendición de Madero, quien tiene hasta las seis para hacerlo. *El Imparcial*, el viejo diario porfirista en el que Hilario trabajó tanto tiempo, hasta defender a Madero, informa que su jefe de redacción, Manuel de la Torre, ha sido herido en una pierna. Las redacciones de *El País*, *La Tribuna* y *El Heraldo* han sido incendiadas por el pueblo. Han empezado los cañonazos desde la Ciudadela. Félix Díaz ataca con todo y supuestamente los altos mandos militares están con él.

A las 7:30, cuando ya ha oscurecido, el senador Bracho toca la campanilla y entra a la casa de Tablada para avisarle que un amigo mutuo, el notario Romero, vecino también de Coyoacán, ha conseguido que el cura del Convento de Churubusco permita a los vecinos, en caso de peligro, que se refugien allí. En situación extrema, Bracho y su familia —lo deciden entonces— se refugiarán con Tablada, no en el convento. Se vuelven a cortar las líneas.

Dos horas después, Tablada logra comunicarse con su amigo, el licenciado Genaro Palacios. Le informa que allí todo está tranquilo. No ha habido ataques zapatistas. Casi no duermen. El día 10 las tropas leales a Madero contratacan la Ciudadela. Blanquet ha llegado de Toluca y Felipe Ángeles, del sur. Les llegan los diarios el martes 11.

En ellos hablan de que al gobierno le quedan cuatro mil hombres leales. Pero sigue el miedo: ¡los zapatistas están ya en Coapa! Desde las diez de la mañana incluso en Coyoacán pueden oírse los cañonazos. Tablada se pone a releer el *Diario* de los Goncourt y da con el momento de la Comuna francesa y los desastres. Se lo comenta por teléfono a Hilario:

—Para emociones de esa clase, querido amigo, creo que tengo con las reales. Pero me he enrollado con la lectura. La entrada de los versalleses a París, las escenas de muerte, de heroísmo, de horror. Descripciones de ruinas y destrucción gigantescas: el Châtelet, el palacio de Justicia, el Hôtel de Ville. ¡Ay, amigo!, cuanto suceda en México será pequeño junto a las hecatombes que narran los Goncourt, pero no deja de pesarme. Me avasalla este fatalismo búdico, Hilario, que se apodera de mí en todos los momentos graves. ¿Recuerda usted ese apólogo admirable, pero terrorífico, de Lafcadio Hearn? La historia de ese peregrino que durante toda una noche asciende por una montaña de gruesos guijarros solo para percatarse de que son los miles de cráneos que han habitado su propio cerebro durante millares de sucesivas encarnaciones.

—Pues sí, amigo Tablada, se ha puesto usted melancólico. Pero es un pésimo humor para combatir el peligro, lo preferiría escéptico y flemático. Odioso rugir del cañón, compadre, odioso.

Tablada recuerda sus días en el Colegio Militar. Félix Díaz era sargento cuando él estaba estudiando en Chapultepec. No le parece que tenga las condiciones o los requisitos para ser jefe de Estado. El domingo 16 siguen los cañonazos. En lugar de refugiarse en Francia, Tablada ahora revisa el álbum familiar de su adorado Hiroshigué, y se evade viajando por el Tokaido, sus cincuenta y tres estaciones. Su espíritu divaga, atribulado. Recuerda la expresión japonesa: *Odawara hyoja*, hablar para nada. Como los mexicanos, piensa. El jardinero japonés de Tablada, Wanda, pasa la mañana del domingo destruyendo un nido de orugas procesionarias con una pértiga. No hay ruido alguno, ni de cañones ni de tranvías. Tablada se imagina una tregua, o la rendición. Nadie le habla por teléfono. A la una de la tarde llegan las noticias, desagradables. Parece que el momentáneo armisticio se ha pactado para permitir que los capitalinos abandonen la ciudad. El rumor consiste en que a las tres de la tarde se reanudará la contienda. Los cadáveres están siendo llevados por el rumbo de Balbuena y los rocían con petróleo para evitar epidemias. Los árboles del Zócalo están siendo destruidos por la pólvora. El palacio Municipal es una ruina en partes, y palacio Nacional presenta ya también estragos de la metralla. Un cañonazo ha destruido los mármoles de la fachada del Teatro Nacional.

—Un gendarme ha tocado en el vidrio de mi estudio para informarme que se acuartela, querido Hilario. Parece que los zapatistas han llegado a Tepepan y se preparan ahora sí para el ataque. Y escuché a Wanda hablar con su amigo Inoguchi por teléfono, en su idioma: «Félix Díaz *Bansai*, plaza *ni makotodeska*». Una muchedumbre vitorea a Félix Díaz en el Zócalo. Huerta y Blanquet han hecho preso a Madero. Va a correr sangre ahora sí, Hilario. De verdad no salga para nada. Su casa está demasiado cerca del centro de la ciudad. Yo lo mantengo al tanto.

El miércoles 19, Madero y el vicepresidente Pino Suárez son arrestados en la Ciudadela. Gustavo Madero es linchado como un animal.

El jueves 20, ante el rumor de que Madero ha desaparecido, publicado en las páginas de *El País*, Tablada decide salir a pasear, hacerse ver. Lo acompañan Hilario Landero y Bernardo Couto. Los tres amigos se exhiben. Primero en Plateros, luego en San Francisco. Se sorprenden al ver cómo cuchichean algunos en la calle, asombrados de que allí esté el poeta japonista, con sus amigos. Esa tarde escribe, lleno de ira, un artículo para *Revista de Revistas*, «Después del bombardeo». Pero la calma, incluso la idea de escribir sobre el hecho le parece absurda cuando el domingo siguiente lee en *El Imparcial* que Madero y Pino Suárez han sido asesinados, cuando habían sido consignados al procurador. Claro que ningún juicio hubiese prosperado. Félix Díaz, a quien Madero había perdonado la vida, ahora no ha querido salvar a su bienhechor, sacrificado como un chivo expiatorio en el altar de la Revolución.

Se lo dice a Hilario esa mañana del lunes. Han vuelto a la alberca, como si pudiesen regresar a sus antiguas costumbres. En el baño turco, mientras sudan sus temores, Tablada le dice:

—¡Madero en vida no hubiese causado jamás los cataclismos que causará Madero muerto!

* * *

Ahora, meses después, con su amigo en el exilio, Hilario Landero ha vuelto a trabajar en un periódico, esta vez en *El Heraldo*. Le han pedido que viaje con los revolucionarios que están en Xochimilco, que los acompañe en su entrada triunfal a la Ciudad de México. El gobierno de la Convención de Aguascalientes pone fin a la guerra, y un presidente, aunque temporal, ha jurado convocar a la paz. Hilario espera que la Revolución dé paso a la tranquilidad. Ahora escucha al temido Atila del Sur, Emiliano Zapata, y al aguerrido Centauro del Norte, Villa, conferenciar en esa escuela pública de Xochimilco. Los dos revolucionarios no se han visto jamás, pues Zapata no asistió a la Convención. Diez meses desde la triste decena de terror en la ciudad. Los zapatistas, sin embargo, nunca fueron los bárbaros pintados por los periódicos. Ahora son la nueva policía de la ciudad y hay ya menos robos y asesinatos. El bárbaro Atila parece no serlo tanto. La ciudad sigue en la zozobra, de allí que Hilario y otros periodistas tengan la encomienda de contar esa conversación y estos días de aparente calma. Es 4 de diciembre, y al mediodía, cuando el rubicundo Villa, de más de noventa kilos, vestido con un grueso suéter marrón y salacot, saluda y aprieta la mano de Zapata, mucho más delgado. Emiliano lleva una mascada de seda azul.

Los dos generales no saben realmente cómo romper el hielo y hablar sin tapujos. Llevan más de diez minutos rodeando la conversación, hablando de trenes, de número de tropas. De todo y nada. Hasta que aparece Carranza en la plática.

—Todos los compañeros le habrán dicho lo mismo, general —dice Emiliano—, y es lo que yo he venido repitiendo hasta el cansancio: ese Carranza es un canalla.

—Tiene lógica. Son todos hombres frágiles. Han dormido siempre en almohadas blanditas. ¡De dónde van a salir amigos del pueblo que toda la vida se ha pasado en puritito sufrimiento! Para que el general Carranza y sus tropas llegaran a la Ciudad de México fue para lo que peleamos todos nosotros. Los que por allá nos hicieron resistencia fueron esos huertistas. Algunas batallas fueron muy cruentas. Hasta cinco mil muertos.

—¿Habla usted de Zacatecas? Ya hasta un corrido inmortalizó la batalla.

—Y Torreón también, general Zapata. Allí estuvo todo muy pesado. Pelearon casi veinte mil hombres. En toda La Laguna peleamos casi un mes, como veintisiete días. Pero andábamos de suerte y pudimos con ellos y tomamos Saltillo. Y por poco y tomamos al mismo González. —Una carcajada corta la frase.

Zapata le ofrece *cognac* y Villa no se atreve a decirle que es abstemio, no quiere que lo vea como débil. Toma el vaso y se lo empina. Pero se atraganta. Es peor la tos. Zapata le da un golpe en la espalda. Villa hace una broma sobre la bebida, inventa que le gusta más el sotol, le promete una buena cantidad de botellas cuando regrese al norte.

El general Serratos media después del desaguisado:

—En las manos de ustedes dos residen el porvenir y los destinos de México. Igual si alguno aceptase una encomienda.

—No necesito puestos públicos, porque además no sé lidiar con ellos —tajante responde Villa.

—Vamos a cuidar a estas gentes —dice Zapata, quien también aborrecía la política—, los vamos a vigilar, nomás vamos a encargarles que no nos den quehacer. Pues yo se los advierto a todos los amigos, que tengan cuidado. Si no, les cae el machete. Creo que esta vez no seremos engañados. Nosotros nos hemos limitado a estarlos arriando, cuidándolos por un rato y seguirlos pastoreando.

Villa es claro y directo:

—Yo muy bien comprendo que la guerra la hacemos nosotros, los hombres ignorantes, y la tienen que aprovechar los gabinetes. Pero que ya no nos den quehacer. Mis gentes quieren regresar a labrar sus tierras.

—Los hombres que han trabajado más son los que menos tienen que disfrutar de aquellas banquetas. Nomás puras banquetas. Y yo lo digo por mí. De que ando en una banqueta luego nomás que quiero caer —vuelve Zapata al ruedo.

—Este rancho está muy grande para nosotros. Está mejor por allá afuera. Nada más que se arregle esto para ir a la campaña del norte. Allá tengo mucho quehacer. Por allá van a pelear muy duro todavía.

—Oí que se van a reconcentrar en sus comederos viejos.

—Aquí me van a dar la quemada, pero yo creo que les gano. Y les aseguro que me encargo después de la campaña del norte. Yo creo que a cada plaza que lleguemos también se las tomo. Va a terminar el asunto en que «para los toros de Tepehuanes, pues los caballos de allá mesmo».

—Oiga, general Villa, ¿y qué principios va a a defender? —vuelve a interrumpir Serratos.

—Pues yo creo que a Carranza todavía. De patria no veo nada. Yo me estuve enhuizachado cuando la Convención. Empezaron con que se retire el general Villa. Pos sí, que se retire, les dije. Yo creo que es bueno retirarse. Pero primero déjenme hablar con mi general Zapata. Yo quisiera que se arreglara todo lo nuestro. Y licenciarme entonces, que yo por allá tengo un jacalito que no es de la Revolución. Mis únicas ilusiones son que se repartan los terrenos de los riquitos. —Hace una pausa y señala a los hombres que miran la conversación atónitos—. Dios me perdone, pero ¿no habrá por aquí alguno?

—¡Es pueblo! ¡Es pueblo! —grita la tropa atenta.

—Pues para ese pueblo queremos las tierritas. Ya después que se repartan comenzará el partido que se las quite.

—Le tienen mucho amor a la tierra, general Villa —responde Zapata—, pero todavía como que no creen cuando se les dice que esta tierra es suya. Creen que nomás están soñando. Pero luego que hayan visto que otros están sacando productos de estas tierras, dirán ellos también «voy a pedir mi tierra y voy a sembrar». Ese es el amor que le tiene este pueblo a la tierra. Por lo regular, toda esta gente que está conmigo de esto se mantiene y no quiere más.

—Pero como dice mi general Zapata —tercia Serratos—, les parece imposible que todo esto pase. Dicen que tal vez mañana nos las quiten.

—Ya verán que es el pueblo quien manda y que él verá quiénes son de veras sus amigos —dice Villa, contemplando el sombrero bordado en oro del general Zapata, ahí en el suelo. Emiliano se toma otra copa de *cognac*, pero él no vuelve a probarlo.

—Brindemos por eso —le dice— porque se repartan las tierras.

Villa hace el ademán de beber un trago.

—Nuestro pueblo nunca ha tenido justicia, general Zapata, ni siquiera libertad. Todos los terrenos principales los tienen los ricos.

Y el pueblo pobrecito, encuerado, trabajando de sol a sol. Yo creo que en lo sucesivo va a ser otra vida. Por eso yo digo que no dejemos estos máuseres que tenemos. Yo aquí, juntito a la capital, tengo cuarenta mil mauseritos y setenta y siete cañones y nomás dieciséis millones de cartuchos. Con la voluntad de Dios y de ustedes, los del sur, pues vamos a hacer que el pueblo tenga sus tierras ya.

—Luego que den tantito lugar, luego se quieren abrir paso y se van al sol que nace. Al sol que nace se van mucho al carajo, por eso a todos esos cabrones me los he quebrado. Yo no los consiento. En tantito que cambien y se van ya con Carranza o ya con los de más allá. Todos son una punta de sinvergüenzas. Ya los quisiera ver en otros tiempos.

—Mi general Zapata, usted sabe que yo no soy un hombre de adular a nadie, pero también sabe usted bien cuánto tiempo estuve yo pensando en ustedes.

—Así nosotros, mi general Villa. Así nosotros. A los que se han ido allá, al norte, de los muchos que se han ido, como mis muchachos Magaña y otras personas que se han acercado a usted, le habrán comunicado todas las esperanzas que yo tenía. Les decía yo que Villa es la única persona segura. Y la guerra seguirá porque lo que es aquí, conmigo, no arreglan nada. Y aquí seguiré hasta que muera y mueran todos los que me acompañan.

Hilario ha estado anotando todo lo que escucha. No entiende ni la mitad de lo que hablan estos hombres. En ocasiones los siente simplemente dándole la vuelta a los temas, sin atreverse a darse un abrazo y firmar un pacto definitivo.

—Desde 1910 tantió el cientificismo que yo estorbaba y me quisieron matar. Cuando el levantamiento de Orozco —iba relatando Villa—, comprendí que era en realidad un levantamiento del cientificismo. Y me dolió en el alma.

—El tiempo es el que desengaña a los hombres, mi general —le responde Zapata.

—Sí, señor, el tiempo.

—Lástima que Orozco no haiga sido, general. Así como maté a su padre, pues yo le llamé para hacer lo mismo con él. Mis ganas eran con él.

—¡Qué descarado siempre Orozco!

—Pues yo me dije: «Este por puro cobarde es que hace esto. ¡Me mandas a tu padre, pues tu padre me la paga!» y que lo fusilo. «¡Para que mañana no digas que es por miedo a ti que no lo fusilé!». Yo cumplo con mi deber de matar a los traidores, aunque vengan a cobrársela con su ejército después.

—Hizo bien, mi general. Cuando lo fusilaron, pues me dije yo que ahora sí que es sabroso.

Un taquígrafo del general Roque González Garza tomaba notas también de la conversación. Los generales luego se levantaron y se trasladaron a un cuartito a conferenciar solos, sin que nadie los escuchara. Marciano Silva y su banda comenzaron a cantar un corrido y la música sustituyó a las palabras. Según parece, allá adentro se discutió el trueque de prisioneros y la autonomía de los dos ejércitos. Zapata debía tomar Puebla, y Villa se iría a combatir al norte.

Dos días después, entraron triunfantes a la ciudad. Treinta mil hombres de la División del Norte y de las fuerzas de Zapata desfilaron por sus calles, tomaron chocolate en el Sanborns y se hicieron fotografiar en el palacio Nacional.

Ni Hilario Landero ni ningún otro de los capitalinos vio nunca «hordas» de bárbaros. Ni siquiera un desmán de los indios zapatistas vestidos con sus calzones blancos inmaculados patrullando la ciudad. Zapata se alojó en un hotelucho cerca de la estación de trenes y luego se fue de regreso a Morelos, dejando a su gente. Villa se quedó en su tren militar. Ningún general tomó los palacios ni las casas abandonadas de los ricos.

Si esa era la Revolución, parecía que no había nada que temer.

* * *

No fue igual para la familia Sefamí. La tragedia los había enlutado y los culpables habían sido, curiosamente, los ahora tan tranquilos zapatistas. La casualidad o la mala suerte, váyase a saber, ensombreció sus primeros años en México. Moisés Sefamí había tenido a un tercer hijo, menor, ya en este país, de dos años. Sin él, sin Aarón, Selma se hubiese quedado no únicamente viuda, sino sola en un país extraño. Estaba, además, embarazada, aunque aún no sabía que se trataba de una niña, ni que le pondría Noemí, dulzura. Dicen que las tragedias siempre llegan en tres. Las cosas se desataron para ellos en una sola semana. El sábado 14 de marzo sus dos hijos mayores, Gabriel y José, iban a vender sus mercancías a Cuautla, como todos los meses. Tenían varias cuentas pendientes que cobrar. Salieron de la estación Colonia a las siete de la mañana. Como siempre, su padre los acompañó, les recordó las medidas de seguridad, revisó con ellos las cuentas y los vio subir al vagón.

Los hijos pernoctarían en Morelos y volverían a la ciudad un día después, de acuerdo con lo convenido y con la costumbre. Pero a la mañana siguiente, Moisés se enteró por la prensa y por un vecino alarmado que traía el periódico blandiéndolo con la mano como un arma. Los zapatistas habían volado el tren en el que iban sus hijos. Entre los nombres de los fallecidos estaban, lo comprobó con profunda tristeza, los de Gabriel y José, junto con los de ochenta pasajeros más, aunque ningún nombre pudo él contemplar ya, presa de un llanto contenido que nunca pudo expresar. Tenía que guardar la compostura y contárselo a Selma.

Casi no hubo necesidad. Al verlo entrar de regreso a los dos cuartos que tenían por casa, supo que algo ominoso había ocurrido. Y supo también, con la instantánea tristeza de la intuición, que se trataba de sus hijos. Abrazó a su esposo, ofreciéndole su tácito consuelo, y le dijo:

—Se trata de los niños, ¿verdad? —Así los seguía llamando, aunque eran ya casi mayores.

—Volaron el ferrocarril en el que iban. Prepárame las ropas de luto, tengo que ir por sus cuerpos para realizar las ceremonias necesarias.

Selma, por un instante, no tuvo más remedio que imaginar los cuerpos de sus hijos envueltos en sudarios de inocencia y se quebró, como un junco. No pudo más. Un llanto incontenible la hizo postrarse.

Pero aun así, presa de la más honda tristeza, preparó las ropas de su marido y lo ayudó a vestirse. «Solo existe una inmortalidad», pensó Moisés, recordando el Talmud, la de los hijos. Y ahora él perdía a dos de ellos.

Moisés partió rumbo a Morelos en el ferrocarril de las cuatro. Tendría que reconocer los cuerpos, hacer los trámites necesarios para poder traer a sus hijos de regreso a la ciudad. En el camino iba pensando en lo desgraciado que se sentía al no haber una sinagoga o un panteón donde dar la última asistencia a los cuerpos de sus vástagos.

Lo que no podía saber es que cerca de Huitzilac las tropas zapatistas habían colocado una nueva bomba. Menos aún que su propio ferrocarril saltaría en pedazos y que él mismo perecería en el vano intento de recuperar los cuerpos desmembrados de sus hijos. Selma, por su lado, le pidió a algunos amigos consejo, cuando supo la nueva tragedia que cercenaba al patriarca de la familia. La desaconsejaron, por supuesto, de intentar ella misma ir ahora por los tres. Sin embargo, le dolía más dejar que sus hijos y Moisés fuesen arrojados como perros en una fosa común.

Haciendo caso omiso de las recomendaciones, encargó a Aarón con una vecina y se dio a la tarea, con su mal español y sus escasos pesos, de ser ella quien trajese a sus seres queridos a México. Selma sí lo logró. Tenía que ser fuerte para su hijo y para la nueva criatura que venía dentro de su cuerpo. Eran ellos dos no solo el recuerdo, sino la encarnación de Moisés.

En la Torah se lee que Iaakov amaba a Rajel y se dijo: «"Trabajaré por ti siete años". Entonces Iaakov trabajó siete años por Rajel y le parecieron pocos días debido al amor que tenía por ella».

Ahora Selma trabajaría siete veces siete años, o lo que hubiese necesidad, por la memoria de Moisés y de sus hijos dinamitados. Pero trabajaría aún con más ahínco por Aarón, quien siempre le recordaría a su padre y a sus hermanos. Selma también pensaba en el ser de sus entrañas que iría a nacer pronto.

El hombre y su esposa son una misma alma, dice el Zohar, separada solo para descender a este mundo. Cuando se casan, las dos almas se reúnen nuevamente. Selma tendría que esperar aún cincuenta y siete años para reunirse con Moisés, su tan querido.

30

1921

Últimamente Marina Cuautle escucha ruidos en la madrugada. O son las vigas que crujen o animales merodeando en el techo.
O fantasmas. Se dice a sí misma que no es nada, se llama a la calma. Su mente se detiene, pero solo por un momento. Luego vuelve
a la carga. Empieza a imaginar. El terror se apodera de su cuerpo.
Ya no está arriba, en la cabeza, sino en la piel que se eriza, en los
pies que se enfrían, en un sudor helado. Puede que no sea algo
sobrenatural. Un ladrón, más bien. La ciudad está llena de truhanes. Pero no puede ser. Un ladrón no regresa por la madrugada a
despertar a quien mora en la casa que busca desvalijar. No, se dice, no es un ser humano. Es algo sobrenatural. Es una fuerza que
busca decirle algo que ella no sabe escuchar. Desde que se quitó
el apellido paterno, Rodríguez, y fue a pedir trabajo sabiendo que
era casi imposible conseguirlo, no se había sentido tan apesadum-
brada. Hace diez años que se quedó prácticamente sola en la mansión de los Santoveña.

El doctor Guillermo está en su consultorio en Santa María o en
el Hospital Juárez casi todo el día y a ella no le queda otra que vivir
entre fantasmas. El doctor ha sido muy bueno con ella. Le ha enseñado a leer y a contar. Ahora puede ir al mercado y sumar lo que
le van costando las cosas. El doctor le compra un par de revistas a la
semana, con temas del hogar, y ella lee los dos periódicos que reciben diariamente. De cabo a rabo, como le gusta decir al doctor. Si él
aún no los ha leído ella los dobla con cuidado y los deja, aparentemente intactos, junto a su poltrona. El doctor suele llegar por la noche

y cena copiosamente, pero luego toma un *cordial*, como le llama a su whisky, en la biblioteca. Todos los muebles de la casa, salvo los del cuarto del doctor, los del de ella y los del salón de lectura, están cubiertos con sábanas. Así que tampoco tiene mucho que limpiar. Cocina frugalmente, pues solo se come allí desayuno y cena, nunca almuerzo ni merienda ni comida. El jardinero viene con dos ayudantes una vez por semana, y ella no interactúa nunca con ellos. Le dan miedo. Así como le dan pánico los fantasmas, también le aterra la idea de quedarse sola con esos hombres y que la ultrajen. Lee muchas historias románticas en las revistas que le compra el doctor. Pero su patrón nunca la ha mirado, no ha mostrado el menor interés en ella. A decir verdad, en nadie. No tiene amigos, ni amigas. Nadie lo visita. A los pacientes no los consulta acá, en Tacubaya, sino en Santa María. Ella ha ido allí un par de veces solamente en diez años, porque la enfermera se sentía mal y el doctor le pidió el favor de que lo ayudase. Pero la sangre le da también miedo, o como dice el doctor, repelús. Los domingos son sus días libres y ella pocas veces sale. No tiene familia y la ciudad la sobrecoge, enorme como se ha vuelto desde que se terminó la Revolución. En el *Excélsior* ella ha leído que hay en la ciudad y sus municipalidades —como Tacubaya, donde viven— casi un millón de personas. ¡Y 16 127 automóviles, 2 555 camiones y 429 motocicletas! Toda la ciudad se mueve como una enorme serpiente, piensa Marina. Y tantas y tantas nuevas colonias que se anuncian en los diarios.

Pero lo que más la asombra son los nuevos vestidos de las mujeres ricas. Se acabó el corsé. Los nuevos vestidos son rectos y flojos y no enseñan las curvas. Las faldas son más cortas, y ella ha leído los escándalos de las mujeres que llaman *flappers* y que muestran las pantorrillas. El pelo corto le asusta a ella, que lleva su larga trenza de lado. Su trenza es su orgullo. Ahora, por eso cantan:

> Se acabaron las pelonas,
> se acabó la presunción,
> la que quiere ser pelona
> pagará contribución.

A ella ni de chiste. Nadie le va a cortar su pelo como hombre.

El doctor Guillermo ha estado particularmente de malas en los últimos días. Ha habido un congreso sobre la enfermedad que estudia, el tabardillo. Aunque él le había dicho a Marina que había sido un congreso mundial sobre piojos. Pero aparentemente se peleó con un doctor muy importante. En público.

—El doctor Terrés es un ignorante, Marina. Un soberano imbécil. Pero le hacen tanto caso mis colegas… Según él nada tienen que ver los piojos con la transmisión del tifus. Y venirlo a decir ahora, en 1921, como si todos estos años nuestras investigaciones y nuestras conferencias y nuestros artículos publicados no tuviesen ninguna relevancia. Mañana me toca a mí hablar en el congreso. Y me va a escuchar José Terrés. Espero convencer a más de un escéptico.

Guillermo Santoveña detiene su discurso. Mira a Marina Cuautle. Quizá por vez primera en diez años la mira directamente a los ojos. «Qué solos estamos», piensa. «Que aquí estoy yo hablando con ella y quizás esta mujer no tenga el menor interés en mi perorata, pero la severidad de la relación amo y sirvienta la obliga a aparentar que me escucha».

—Perdone, Marina, que la importune con mis cóleras. Quizá es que no tengo nadie a quién contárselas.

La mujer responde, sin pensar:

—Me tiene a mí, doctor, no diga eso.

Pero se arrepiente de inmediato de haberlo dicho. Se lleva la mano a la boca y sale del comedor, rumbo a la cocina. Su refugio. Siente el peso de la impertinencia en su rostro, que ha enrojecido y se ha puesto caliente como una plancha. Mejor no salir, al menos si no la llama. Ya se le pasará esta maldita vergüenza.

No le ha dicho nada al doctor sobre los fantasmas. Se va a reír de ella.

A veces se siente tan inservible como el automóvil de don Gabino, que nadie ha vuelto a arrancar ni a usar. El doctor sigue usando tranvía. Hoy, curiosamente, le ha dicho que irán al Castillo de Chapultepec. Ayer la invitó.

—Usted es mi invitada, Marina. Tengo dos boletos. El presidente Obregón va a transmitir un mensaje por onda radial, por telefonía inalámbrica, y seremos testigos de este último grito de la modernidad.

A ella acompañar al doctor le da tanto miedo como los fantasmas, pero no puede rehusar. Es la primera vez. Le da vergüenza todo: su ropa, su manera de caminar.

Esa noche vuelve a escuchar ruidos.

Esta vez no piensa quedarse encerrada en el cuarto, va a ver de dónde viene el sonido. Camina por toda la casa, con sigilo. Es de madrugada y no quiere despertar al doctor. Abre y cierra puertas, pero el ruido viene y va sin que ella pueda ubicar del todo la dirección. Es como de pisadas. Como de alguien taconeando en el piso o bailando.

En la habitación de la niña Elisa la ventana está abierta. Imposible. Nadie entra allí. La cierra presa del pánico, los gruesos cortinajes aún se mueven. Voltea y mira a la niña. No es Elisa. Nunca ha visto a esa niña. Tiene unos zapatos ortopédicos, uno de ellos con unos gruesos metales y un tacón más alto. Unos zapatos de poliomielítico, como los que ha visto anunciados en el periódico. La niña le sonríe, pero no tiene dientes. Desde su boca oscura le sonríe. Tampoco ve la lengua. Grita. Con toda su fuerza, grita.

Más tarde, mientras el doctor intenta calmarla y le da un vaso de agua, apenas le salen las palabras. Es como si esa niña le hubiese también comido la lengua a ella. Está toda mojada por el sudor. Marina Cuautle sabe, muy en lo hondo de su ser, que no puede quedarse mucho tiempo más en esa casa. Una antigua lealtad, sin embargo, le impide decírselo por ahora al doctor.

Esa noche tampoco podrá dormir.

* * *

María Elvira Landero no había vuelto a ver a su padre tan entusiasmado como estos últimos días. Desde la muerte de su madre, Hilario se había encerrado en sí mismo. La fiebre española se había llevado entre sus patas a millones de personas en todo el orbe, pero a ellos dos la enfermedad terrible les había arrancado algo más que un número. Para ellos la epidemia no fue una suma, sino una terrible resta. Por más que María Elvira se había quedado a cuidarlo, sin pensar en otra cosa que en su padre por más de dos años, no lograba sacarlo de esa terrible melancolía. Varios de sus amigos estaban aún en el exilio; Hilario había también dejado de escribirles o de responder a sus misivas. Así que cuando le propuso que atendieran la invitación para ir el 27 de septiembre, en medio de otra celebración del Centenario, esta vez por la «consumación» de la Independencia, a María Elvira le pareció extraño.

—¿No te parece absurdo, hija, que un gobierno *revolucionario* rehabilite a un emperador? Ahora resulta que festejamos a Agustín I, otrora enemigo de la nación, captor de Morelos, traidor a la patria.

—Todo pretexto es bueno, padre. A Best Maugard, o Fito, como le dices, lo que le importa es que los festejos sean nacionalistas. Que ensalcen las virtudes de lo mexicano, que vuelvan glorioso el pasado. Y lo digo y se me atraganta, porque para mí el problema está en que ocultan la lucha de clases, los conflictos inherentes a la explotación.

—Bueno, ya regresó mi hija comunista. Menos mal, de pronto pensé que te habían lavado el coco.

—Nada de eso —siguió ella la broma—, poseo la credencial de afiliada número uno desde que era el Partido Socialista Obrero. ¿No organizamos en esta misma casa una recepción para nuestro líder, Manabendra Nath Roy?

—Será tu líder. Yo soy un anarquista bohemio —continuó Hilario la chanza—, el último de una estirpe de *dandies* que este país destruyó al ritmo de la pólvora. Ni siquiera tengo ya un periódico en el que escribir.

Ella ocupaba parte de su tiempo en el Ministerio de Educación, pero la mayoría de sus esfuerzos los realizaba en la Casa del Obrero Mundial. Había descubierto que ser maestra era más que un llamado, que un apostolado, una razón de ser en un país que al fin dejaba la guerra después de once años y buscaba no solo la paz, sino salvar por la educación a su pueblo. Hilario le comentó que había visto las invitaciones en la mesa del comedor y que le apetecía ir a escuchar la primera transmisión de telefonía inalámbrica en el Castillo de Chapultepec.

En los diarios se anunciaba: «Un Centro Ideal. Es la Gran Exposición Comercial en el Palacio Legislativo. Bajo un mismo techo se hayan (*sic*) reunidos los ejemplares de productos nacionales y extranjeros, los adelantos de las industrias modernas, la importancia de nuestro comercio y… un sinfín de espectáculos cultos y amenos.

Venga usted hoy. Entrada persona: un peso. Con derecho al teatro 1.50. Palacio Legislativo. El lugar de Moda».

—¿No te parece absurdo que el lugar de moda sea un montón de fierros sin terminar, un palacio sin ujieres, una legislación sin diputados?

—Un armatoste que nos recuerda el terrible pasado porfirista, padre. Es lo de menos.

Siempre se enfrascaban en esas discusiones bizantinas, sin otro fin que darse cuenta, eso lo sabía María Elvira, de que se importaban el uno al otro. Cuando escucharon, sentados en el Castillo, la voz de Luis G. Zepeda felicitando al gobernador del Estado de México en el aparato, sabiendo que había un transmisor colocado en el mal llamado palacio Legislativo, donde nadie jamás legislaría, los ojos de Hilario Landero cobraron un resplandor que María Elvira no pudo evitar gozar. Tenían un par de fonógrafos en casa, pero Hilario no había vuelto a comprar grabaciones. Ni siquiera escuchaba ya a sus favoritos, como el trío González, y su *Isaura de mi amor*, que tanto le gustaba. Ni siquiera su favorita de todas, el gran Caruso que había venido a México y había grabado *Noche feliz*.

Al día siguiente Hilario le mostraba el anuncio en *Excélsior*. Seguían recibiendo un periódico que ella detestaba: «Miles de personas acudieron ayer, quedando altamente satisfechas. De estos miles de personas el noventa por ciento volverá hoy. Venga usted hoy y pasará un día feliz». Ellos irían a otra exhibición, esta vez al aeropuerto de Balbuena. Se trataba de la inauguración de la Escuela de Aviación. María Elvira le blandía los boletos para la exhibición del circo aéreo. Hilario no podía dejar de pensar en la otra ocasión que estuvo en Balbuena para ver volar a su hermano Bernardo. Esa ocasión cuando el malogrado Madero también se subió en el monoplano. Pero ahora en el avión instalaron un aparato receptor, como el del Castillo. El aparato transmisor de radio estaría mucho más lejos, en Pachuca. Mientras el aeroplano volaba en círculos, los espectadores escucharon, completa, una canción que un fonógrafo tocaba en la capital de Hidalgo. Como si estuviese una orquesta allí mismo tocando, sin perderse una nota:

> Popular entre la tropa era Adelita [...]
> que hasta el mismo coronel la respetaba.

Desde ese momento no hubo otro interés para Hilario que la telefonía inalámbrica. Como hacía tiempo no le ocurría, la novedad de un *invento* lo había atrapado. Él había sido uno de los primeros en el país en tener un fonógrafo, una cámara de fotografiar. Ahora debía conseguirse un *radio*. Esta vez, sin embargo, la fiebre de la radiotelefonía se apoderó de la mayoría en la ciudad. Incluso la fábrica de cigarros El Buen Tono abrió pronto su propia estación. Afirmaban en su publicidad que se trataba de estar siempre en contacto con *todas las clases sociales* y que rifarían aparatos receptores. Había que guardar los anillos del número 12 para conseguirlo. Hilario fue quien esta vez arrastró prácticamente a su hija al también inconcluso Teatro Nacional. Allí se escucharía la transmisión de dos canciones desde la cabina del Teatro Ideal. Los espectadores pudieron oír a José Mugica cantando *Forrey*, y a la niña María de los Ángeles Gómez Camacho haciendo lo propio con *Tango negro*.

En pocos meses Hilario no solo tuvo su propio receptor en casa, sino que formó parte de la Liga Central de Radio, y como otros radiófilos iniciales participó en la primera convención del ramo. La radio había resucitado a su padre, pensaba María Elvira.

—Tu tío será panadero, pero yo venderé receptores de radio. Mira.

Le extendió el contrato exclusivo que había conseguido con los norteamericanos. La radiola Grand Westinghouse. En abril de 1923 Hilario Landero, antiguo periodista, inveterado poeta bohemio, abriría su negocio en el número 34 de la avenida 5 de Mayo. En la esquina con Motolinía comenzó a vender sus aparatos, incluso receptores completos y partes sueltas para los aficionados. Él, que siempre se había negado a formar parte del gremio comercial, como lo había hecho su familia por siglos, ahora utilizaba —gracias como siempre a Bernardo— un local en una de sus casonas, para abrazar al fin la modernidad.

Hilario Landero había dejado de ser un fantasma.

A María Elvira le pidieron que ayudara a una norteamericana amiga de Adolfo Best Maugard a recopilar materiales para otra exposición, esta vez de artesanías mexicanas. La idea de Fito y de

Vasconcelos era colaborar con el presidente Obregón para que los gringos reconocieran su gobierno a través de esa exhibición itinerante que iría primero a Los Ángeles y luego a Washington. A Best, sin embargo, le gustaban las presentaciones sorpresivas. Decidió introducir a su amiga Katherine Anne Porter con su ayudante mexicana en una noche de juerga. Empezarían por el teatro y luego a bailar en el Salón Mata Hari.

Adolfo Best había conseguido uno de los palcos principales, y fue quien hizo las presentaciones de rigor en el foyer del teatro.

—Estimada María Elvira, a estos dos caballeros usted ya los conoce de la Subsecretaría, colaboradores personales del doctor Gastelum. El licenciado Torres Bodet, director de Bibliotecas, y don Pepe Gorostiza.

A ambos, encantada, les correspondió un cortés apretón de manos.

—Ella es nuestra amiga, la señorita Porter. Ha venido a México como reportera del *Texas Herald*, y ahora colabora con el licenciado Vasconcelos. Usted le será de gran ayuda, como ya hemos platicado. Miss Porter, le presento a mi querida María Elvira Landero, una eficaz colaboradora.

La norteamericana era alta y escuálida. A María Elvira, contemplar su peinado, casi de muchacho, le dio cierta vergüenza. Quizá por eso, instintivamente, se llevó la mano a su larga cabellera de color marrón oscuro. La señorita Porter llevaba un vestido corto, apenas arriba de la rodilla, y el cortísimo cabello ceñido con una diadema plateada. Besó a María Elvira en ambas mejillas. O más bien hizo el ademán y depositó dos besos al aire.

María Elvira dudaba de que fuese la mejor manera de ser presentada, pero nadie negaba una invitación a ver cantar a María Conesa. La Gatita Blanca era una favorita de Álvaro Obregón. *La huerta de don Adolfo* era un sainete satírico compuesto por Guz Águila —el cronista de *El Universal Ilustrado*— y José Palacios. Se habían basado en la zarzuela *El congreso feminista*. Como en la obra española, en esta se comparaba a los políticos con hortalizas y verduras. La Conesa interpretaba a tres personajes: una gachupina, un aguacate y una anciana que dialogaba con otro viejo, un tal don Simón. «¡Ay, qué tiempos, señor don Simón!», era el estribillo.

El viejo porfirista salía al final del sainete, acompañado de la propia Gatita Blanca. Pero la tiple española iba vestida a la usanza antigua, con una peluca blanca, mantilla y unos mitones que dejaban ver sus dedos. El público estalló en aplausos mientras ella cantaba:

> Fue mi padre un glorioso soldado
> que a los treinta llegó a general,
> pues estuvo en el cinco de mayo
> e invasiones supo rechazar;
>
> pero en cambio me ha salido un hijo
> que anteayer era cabo nomás,
> no conoce el olor de la pólvora
> y hoy me sale con que es general.
>
> En mis tiempos todos entonaban
> en nuestro Himno con gran devoción:
> piensa, ¡oh, Patria querida!, que el cielo
> en cada hijo te dio un general.

El público estalló en carcajadas. La norteamericana seguramente no entendía nada de la obra. Y menos cuando el vejete, el tal don Simón, respondía diciendo que los ochenta había ya cumplido y que en sus tiempos había militares que peleaban con mucho valor, sin miedo al combate. Seguramente le parecería este un país de salvajes. «Ahora todos quieren ser soldados», seguía don Simón. «Llevan hacha, pistola y cañón; / pero a la hora de los cocolazos ahí se cagan en el pantalón».

> Hoy estudian el primer año
> borrachera, cantina y amor;
> segundo año: botica y mercurio
> y al entierro, señor don Simón. […]
>
> Hoy nos llegan las recuas de yanquis
> cada vuelta de tren, un millón,
> que nos han de sonar el trasero
> por p… prudentes, señor don Simón.

* * *

La concurrencia se levantó a aplaudir las gracejadas del sainete. Alguien debía explicarle a esta pobre mujer de qué se trataba, pensó María Elvira, compungida al verla aplaudir tímidamente en respuesta y quedarse sentada cuando todos vitorearon de pie a la Conesa y su reparto. Cientos de claveles volaban por el aire e iban a caer a los pies de la tiple. Le entregaron un enorme ramo de rosas, de algún admirador. Algunos en el público incluso chiflaban como carretoneros, más audiencia de carpa de feria que de teatro. Era terrible sentir pena ajena, pero María Elvira no podía evitarlo.

«Quizá en el Mata-Hari mejorarán las cosas», pensó.

Había danzón, muchas parejas ya bailando cuando entraron. Estaba enfrente del teatro y se había convertido en el centro nocturno por excelencia, después del Salón México. Torres Bodet saludó a un joven atildado: delgado y bajo de estatura, quien respondió al ademán. Al terminar su pieza se incorporó al grupo. Jaime lo presentó a todos:

—El mejor bailarín de danzón de México. Mi amigo, el poeta Xavier Villaurrutia.

Vinieron los saludos. Pidieron una botella y les dieron un reservado. La noche sería larga. Apenas empezaba la rumba. Solo había dado tiempo de decir «¡salud!» y chocar las copas cuando comenzaron a interpretar un danzón del cubano Manuel Faílde, *Las alturas de Simpson.*

—De la danza al danzón hay un solo paso —dijo citándolo—. No hay nada más hermoso.

Después María Elvira supo que era uno de los favoritos del poeta Villaurrutia. Caballeroso, le tendió la mano y la invitó bailar. La fama se la había ganado a pulso. Bailaba como los mismísimos ángeles. La sabía llevar con dulzura, casi sin dejarse sentir, pero con una fuerza magistral que marcaba los movimientos. Apretaba la cintura de María Elvira y le decía, en un susurrro:

—Déjese llevar. Mire el ritmo, es tan claro que se puede ver si se cierran los ojos. Una introducción, o un tiempo, un paseo, cuatro tiempos, se repite el paseo. Así. Mire. Qué bien. Luego la melodía, aquí sí nos dejamos ir, dieciséis tiempos. Pero la gracia consiste en casi no moverse. Dicen que el danzón se baila en un ladrillo. Un, dos, tres, cuatro. Otra vez, ahí vamos, un, dos, tres, cuatro.

María Elvira lo escuchaba, pero oía más intensamente la melodía. Best bailaba con la señorita Porter. La gringa no tenía mucha gracia, pero se dejaba llevar. Era lánguida, melancólica. No tenía caderas. Xavier la miró y la atrajo hacia sí, de nuevo con estudiada relajación. La orquesta estallaba en un estruendo de timbales y trompetas. Cuando terminaron hubo aplausos, y risas del grupo al volver al reservado o pulman.

—Tienes suerte, María Elvira, de que mi amigo Xavier haya bailado contigo. Es tremendamente cotizado. Las ficheras se lo pelean. Ellas mismas pagan su ficha para bailar con él. Quien tiene esa suerte consigue clientes toda la noche —le dijo Torres Bodet mientras le servía otra copa de champagne.

—Digamos que no es mi caso, no pienso levantar ningún cliente, estoy exhausta —bromeó ella.

La conversación cambió a inglés y Miss Porter estuvo más dicharachera. A María Elvira le impactó su inteligencia, la crudeza del diagnóstico después de unos meses en México:

—*I am sorry, my friends, but Mexico is doomed from an unholy trinity. The catholic church, the oil and the newly rich generals and politicians.*

Uno de esos políticos recién convertidos en riquísimos y poderosos era Luis Napoléon Morones, el líder sindical. En los próximos meses María Elvira sabría que la sabiduría de la norteamericana le venía de primera mano: alternaba la cama de Morones con la del poeta nicaragüense Salomón de la Selva.

Pero María Elvira sabría ser una confidente ejemplar. No solo porque jamás se escandalizaba. Era más liberal que ninguna de sus amigas, privilegio quizá de haber sido la hija única de un loco benigno como Hilario Landero. Era, además, comunista, y detestaba por igual a la Iglesia católica que a los generales revolucionarios y sus despilfarros. Pero esa noche en realidad inició una profunda amistad con Katherine Anne. Una que se prolongó por décadas, en cada visita a México de la escritora, y en una copiosa correspondencia entre ambas. María Elvira supo introducirla en el mundo real, más allá de sus amigos intelectuales. En un México de carne y hueso que la señorita Porter —pronto más bien Kathy— adoraba. Para María Elvira, además, representó un verdadero frenesí de trabajo y propósito. Esos meses preparando la exposición de *Arts and Crafts* fueron de verdadero aprendizaje. De México, a quien aprendió a amar con su sangre y sus ideales, pero también a las ideas encarnadas. Kathy era un ideal, pero palpable. Le contó su vida en el *Village* en Nueva York, su amistad con Best. Su infancia en Texas. La opresión protestante. Gracias a ella conoció un México que le hubiese sido vedado: lo mismo espías rusos que alemanes, ingleses y norteamericanos. Carleton Beals, Alma Reed.

Con Kathy fumó por única vez mariguana, en la azotea de la *House of Tiles*, el Sanborns. La hierba le produjo náuseas y no entró en ningún lánguido sopor, como su amiga. Cuando Kathy se fue a vivir a Xochimilco, María Elvira se volvió una regular de sus *brunches* de fin de semana. Estudiaban un *arte vivo*, la artesanía, para darlo a conocer.

Cuando finalmente la exposición fracasó debido a la negativa norteamericana de reconocer a Obregón, y al hecho de que las piezas se quedaron embaladas en San Diego, Kathy y María Elvira se emborracharon, mitad heridas en su fuero más íntimo y mitad dolidas en realidad por México. Ya bebida, la norteamericana mostró ante su amiga todo su meditado pesimismo:

—Es como con Diego. El muy idiota quiso pintar sus murales en la Secretaría de Educación con baba de nopal, como hacían los aztecas. La mezcla se pudrió, como sabes. Fue un desastre. Los murales quedaron manchados. Una ruina azteca, pero *ready made*. Instantánea. Me temo que eso mismo hemos estado haciendo, María Elvira —siempre pronunciaba así su nombre—, utilizando el arte de los indios de México, explotándolos de nuevo, como siempre, para el beneficio de unos políticos corruptos. Pero hay algo indeleble en el arte mexicano, ¿sabes? Pacientemente los indios han tenido que asimilar las técnicas extranjeras, continuando su expresión, su *racial soul*, no sé cómo decirlo en español. Siempre las han asimilado y transformado lentamente en algo incorruptiblemente mexicano, personal a su raza.

Brindaron por esa incorruptibilidad. Algo que las dos mujeres encontraron trabajando e investigando por todo el país. María Elvira nunca olvidaría esa tarde de confesiones y desgarramiento.

* * *

Pésaj, 1922. Esta vez Selma no lo pasó sola. Los Mitrani habían invitado a los Sefamí a celebrarlo juntos. A decir verdad, nunca la dejaron caerse. Una viuda es siempre un estorbo. Una viuda judía, además, deja de ser por un tiempo una mujer.

Después de la muerte de Sarah, la mujer de Abraham, es cierto que él quedó solo. «Todas las mujeres justas fallecieron antes que sus esposos para salvarse de ser viudas», dice el proverbio. El Midrash habla de la degradación, de la humillación de la viudez. Selma lo sabe, por supuesto: ella no tiene culpa alguna de que un loco zapatista haya volado dos veces en la misma semana el tren, quitándole a sus hijos tan queridos y a Moisés. De no ser por los Mitrani, ella se hubiese sentido una paria. Una exiliada en su propio exilio. A una viuda no la invitan a cenar, ni siquiera a pasar el Shabbat ni al teatro ni a una caminata por el parque. Una viuda es como una apestada. Una viuda necesita una verdadera amiga, y eso ha sido la mujer de Mitrani, Eliza. Un alma gemela que la ha ayudado a sobrevivir al dolor. Es una hermana, una hermana desterrada, como ella. La esposa no hereda del marido, por eso los sabios la protegen. Aunque no esté estipulado en la Ketubá. Algo le debe tocar a la viuda. Pero ellos no han tenido nunca nada. Ni en Siria ni en México: una maleta con trapos y mucha voluntad. Ella trabajó en tiendas del barrio, para otros, hasta que Aarón tuvo la edad suficiente para empezar a vender él mismo. Moisés no tiene un hermano soltero aquí en México que la salve, por la obligación de contraer matrimonio con él, *jalitzá*. Así que quizá quede viuda por siempre, para siempre. En tierra extraña. *Yebamá*, viuda. No puede casarse con otro hasta que su *levir* no le conceda la libertad. Eso es la *jalitzá*. Lo dicen el Deuteronomio y la Torá. Además, ella no es la viuda de un hombre sin hijos. Por eso de nada sirve. Solo si un hombre muere sin descendencia es el deber de uno de sus hermanos sobrevivientes, en orden de edad, contraer matrimonio con la viuda para que su nombre no sea borrado de Israel. Le quita el zapato derecho al cuñado, le escupe y anuncia entonces:

«¿Así se ha de hacer al hombre que no quiere edificar la casa del hermano?».

Ella tiene la libertad para casarse con el hombre de su elección. ¿Habrá pronto un viudo? Ella no quiere manchar la memoria de Moisés, su esposo tan querido.

Al menos ella no es una *agunah*, una mujer encadenada que no puede liberarse de su matrimonio. Si el marido no le firma el *get*, no se puede liberar de él o de un matrimonio roto. Ella amó siempre a Moisés Sefamí. Nunca le hubiese pedido un divorcio. Lo extraña cada día como la Sulamita al rey Salomón. Lo llora todas las noches, no importa que hayan pasado tantos años de la explosión del tren que se lo llevó.

Habían sido años buenos para la comunidad. La Alianza Monte Sinaí, el panteón Judío que permitió enterrar a sus hijos y a su esposo según sus ritos. En 1919, además, habían fundado su primer Talmud Torá, para impartir educación religiosa a los niños. Aarón era un discípulo aventajado, y participaba en la Young Men's Hebrew Association. Era como su padre, un gran conversador y un organizador nato. Era su orgullo.

Ahora conseguían comida *kosher* en el propio barrio de La Merced, tenían su propio carnicero. Lo que más la consolaba, sin embargo, era que había ya una kehilá, aunque fuera askenazí. La Nidjei Israel. Este Pésaj podrían celebrarlo allí, no en casas particulares. A pesar de su situación participaba también en el Comité de Damas para auxiliar a los recién llegados.

Al año siguiente los sefarditas —como Selma y sus dos hijos, y como los Mitrani— fundarían su propio *Bikur Holim*. A ella esas divisiones le tenían sin cuidado. Luego se harían más absurdas: los de Aleppo en contra de los de Damasco. Toda división es dañina para la comunidad. Así lo veía ella y así se lo transmitió siempre a sus hijos: un judío es judío siempre, no importa dónde haya nacido, o si es sefardí y habla ladino o si habla árabe o yidis y es askenazí. «Somos un pueblo perseguido y nos tenemos que ayudar siempre».

Tres años después fundarían el Colegio Israelita de México.

31

1928

En su recorrido rumbo a San Ángel observaba con minuciosidad cómo la ciudad era cambiante, casi cada día; cómo desde su fundación no había dejado de transformarse: los templos en iglesias, los palacios en nuevos edificios, los llanos en colonias, los terrenos baldíos en parques. Leopoldo Cuautle recordó su niñez cuando visitaba a su padre en La Palestina, siendo muy niño. El bullicio de las calles del Centro lo llevaba a ese lugar, a esos días. La gente usaba mucho la bicicleta y muchos decían que era el fin del uso del caballo, eso oía decir a los adultos que entraban al negocio a hacer alguna compra y le hacían platica a su padre. Mientras los adultos hablaban él solo escuchaba sin dar opinión; así lo habían educado, a respetar las charlas de los mayores.

Pensó también en aquellos años en los que iba al rancho a montar su caballo y lo feliz que había sido cada fin de semana, acompañado por su madre y sus hermanos, aún muy menores. La imagen de su madre montando su yegua preferida a su lado era tan linda, tan eterna, y combinada con el olor del campo de la mañana lo animaba y lo llevaba a esos días de fin de siglo.

Pero ahora en las calles no solo había bicicletas, ahora transitaban automóviles de diferentes marcas: Dodge Brothers, Cadillac, Plymouth y Ford. Circulaban por paseo de la Reforma, Bucareli, 5 de Febrero, el ruido de los automotores acaecía en cada una de esas calles. La gente de buena posición dejaba la bicicleta y ahora compraba automóviles y una que otra *flapper* corría a velocidad sobre las principales avenidas. Todo se regeneraba.

A Leopoldo esos cambios le causaban cierta melancolía, de ver cómo se transformaba la ciudad en la que nació y creció, en la que había nacido su hijo. Y a pesar de los años convulsos, la ciudad perdía y ganaba identidades a la vez, como siempre lo había hecho: llena de derrotas, de pérdidas y de transformaciones. «Lo que viene, conviene», le dijo alguna vez Aristeo Flores, el encargado de limpiar las caballerizas del rancho y quien siempre tenía listo a Progreso, su noble caballo, que hasta por ciertos días era su mejor amigo; aquel caballo era lo que le daba confianza en la vida cuando lo cabalgaba a mayor velocidad de lo normal. Aristeo le ponía su montura, hecha con los mejores acabados y con las iniciales de Leopoldo, y él estaba siempre listo para su cabalgata o para las artes charras.

Aristeo, oriundo de Oaxaca, tenía pocos años de haber llegado a la capital, en compañía de sus padres. Después de huir de varias derrotas de vida en su pueblo, Juchitán, habían decidido probar suerte en la capital. Llegaron a buscar trabajo en la ciudad y se acercaron a La Palestina. Don Nicolás Cuautle los contrató para que cuidaran el rancho, ahí Aristeo se encargaría de las caballerizas y los animales de los otros corrales: gallinas, borregos y chivos. La mamá de Aristeo guisaba chivitos al mojo de ajo, que se volvió el plato favorito de Leopoldo. Desde que ponía la carne en las ollas de barro sobre el fuego de leña y la carne se iba abañando en el jugo de los ajos molidos, el aroma enganchaba formidablemente.

Eran grandes las comidas en el rancho, y don Nicolás y su socio degustaban del platillo mientras platicaban sobre cómo hacer crecer el negocio. Leopoldo nunca entendió por qué su padre lo alejó del negocio de la familia, y de alguna forma, sin darse cuenta, durante un tiempo, hasta del rancho, del lugar en el que había pasado los mejores días de su niñez y juventud. Pero cuando entró a la Universidad Nacional a estudiar Derecho, su padre estuvo orgulloso en demasía, y no lo podía defraudar en lo más mínimo.

Después de los años llegó a ser un buen abogado, con un buen puesto en el gobierno, y sabía que podría escalar a otro puesto más importante, ahora que Álvaro Obregón había ganado las elecciones, muy a pesar de los problemas que se tenían con la Iglesia y otros grupos religiosos por la Ley Calles de 1926, sustentándose en la Constitución de 1917. Así se fueron proclamando nuevos reglamentos ante los cultos religiosos, lo que provocó diferentes movimientos en todo el país por los grupos conservadores, sacerdotes, clérigos y monjas. Con el hecho del inevitable triunfo de Álvaro Obregón, se corrió el rumor de que sufriera un nuevo atentado.

La nostalgia de aquel lugar en el que creció, una ciudad de olores, de sangre y fuego desde hace casi cuatrocientos años, hundida y descuidada. Valorada y olvidada. «Todo va y viene sin distinción, como jugando con nosotros», pensó Leopoldo mientras continuaba su camino a la comida que cambiaría todo el panorama en México. Iba en su automóvil, un Plymouth negro, que lo reconfortaba mucho al ser parte del cambio. Estaba incómodo en asistir a la comida en aquel restaurante de San Ángel, al que le gustaba más acudir solo o con un amigo, pero esta vez era de a fuerza, pues el próximo presidente era el convidado, y la posición de Leopoldo en la Secretaría de Salud lo obligaba de alguna forma a asistir.

Era casi la una de la tarde del 17 de julio cuando salió de la Secretaría de Salud con destino al restaurante La Bombilla. El ir a ese lugar lo remontó años atrás al café Madrid que se ubicaba en la calle Bolívar del centro de la Ciudad de México, cuando conoció al dueño del lugar al que conducía esta tarde, Emilio Casado Medrano, un español vasco de Bilbao y ahora dueño de La Bombilla. Sin compartir gran amistad se tenían cierta estima. Esta vez don Emilio no podía atender a Leopoldo como lo hacía cada vez que acudía a degustar su indiscutible jarrete de cordero, acompañado por una salsa de tomate con jumiles. Esa tarde llegaría el generalísimo Álvaro Obregón, el actual presidente electo, quien había ganado las pasadas elecciones sin ningún obstáculo, ya que había sido candidato único, muy a pesar de los movimientos católicos que se oponían a su postulación.

Obregón llegaría al lugar invitado por algunos diputados de Guanajuato y de otros actores políticos, entre ellos Leopoldo, quien por alguna razón no se sentía cómodo en asistir a la comida, pero su posición como oficial mayor de Salud lo llevaba al lugar. Al último día de La Bombilla.

La Bombilla presumía de ser el único restaurante con luz eléctrica, lo cual era algo que enorgullecía a don Emilio, y por supuesto, le daba clase al lugar. Estaba iluminado con bombillas eléctricas, de ahí su nombre. Esto lo hacía atractivo ante los ojos de diputados, empresarios, los funcionarios de alto nivel y medio pelo del régimen, entre ellos Leopoldo Cuautle, quien acudía al restaurante una o dos veces al mes. Siempre recatado y con su semblante pensativo, la mayoría de las veces acudía solo, y otras con su esposa y su pequeño hijo Tonatiuh.

Cuando se le acercaba don Emilio, platicaban de lo que venía con Obregón, de los levantamientos religiosos y de cómo en el fondo esos levantamientos se pronunciaban contra la reforma agraria de Obregón y los grupos sindicalistas. Este país tenía que cambiar para bien, decía Leopoldo muy seguro de su posición política y del nacionalismo que había en él. La Revolución de algo tenía que haber servido. «Nos volvimos en un país de muertos, y ¿para qué? Hay que buscarles un poco de justicia», le decía seguro de sí.

«Ante la visión y esperanza de que los mejores años puedan venir con Obregón, los que quedamos tenemos que transformar la política y el pensamiento de nuestra gente», le decía a don Emilio. Pero a este, muy a pesar de que se instaló en México en 1911, y sabedor de los sucesos de esa década, poco le importaba, solo socializaba con sus clientes para mantener a flote el negocio. Solo pensaba hacer crecer La Bombilla, la cual era su mayor logro hasta ahora.

Los primeros años no habían sido fáciles para don Emilio. Le había tocado vivir la transformación del país a base de catorrazos y balazos. Por eso no fue sino hasta ocho años después que abrió el café Madrid, volviéndose uno de los salones más populares de la ciudad y de los lugares para las primeras manifestaciones de *flappers* en la ciudad, lo que le provocó tremendas críticas por las altas esferas de la ciudad. No se veía bien que las mujeres se divirtieran con esos vestidos rectos y largos hasta los tobillos y sus collares de perlas que combinaban con sus sonrisas lascivas y exceso de maquillaje y de poca monta, la mayoría con el cabello corto. Se volvió el café de moda, y el lugar de fiestas donde bailaban, fumaban y bebían hasta altas horas.

En una ocasión lo visitó el regente de la ciudad para decirle que cuidara el nivel de su clientela, si no quería verse afectado. Esto fue a causa de un pedimento del arzobispo al mismo regente, ya que el lugar atentaba contra las buenas costumbres y la Palabra del Señor. Esto poco antes de que se promulgara la Ley Calles.

Ahí Leopoldo conoció a varios intelectuales que escribían en la revista cultural *Ulises,* enfocada en la poesía. Posteriormente, bajo el auspicio de Antonieta Rivas Mercado, se crearía el Teatro Ulises, dirigido por Salvador Novo y Xavier Villaurrutia, entre otros. Se ubicaba en la calle Mesones, y en este lugar se presentarían varias obras que evadían la visión nacionalista de Vasconcelos y que daban nuevos aires a los espectadores y a los amantes del teatro con expectativa experimental. «Este grupo de Ulises [...] fue en un principio un grupo de personas ociosas. Nadie duda, hoy día, de la súbita utilidad del ocio», con estas palabras inició la presentación del teatro por parte de Salvador Novo.

Así dieron a conocer a Jean Cocteau y a Eugene O'Neill, y fue ahí donde se presentaron sus obras por primera vez en México. Esta línea de los intelectuales en las reuniones llevó a Leopoldo a múltiples charlas y discusiones sociales en las que entraban en controversias, por el nacionalismo marcado de él. En esas charlas mantuvo una amistad con Jaime Torres Bodet, Gilberto Owen y Salvador Novo, y un tanto con Antonieta Rivas, María Luisa Cabrera, María Luisa Block y María Elvira Landero. Leopoldo gustaba de expresar en voz alta sus ideas revolucionarias, incluso sus ideales socialistas.

La herencia de la gran biblioteca familiar lo había hecho un lector apasionado, tanto de historia y literatura, como de filosofía. Las charlas con Torres Bodet eran amenas, y se entretenía al escuchar a Novo dictar sus poemas. Estos los iba publicando en las revistas culturales de la época, como *Ulises,* que surgiría a raíz de algunas pláticas en el Departamento de Salud, y que finalmente lo llevaría a publicar la revista, que solo constaría de seis publicaciones. Cuando Salvador Novo dejó la dirección, posteriormente se crearía la revista *Contemporáneos,* que le daría nombre a su grupo intelectual; se volvían largas las noches en el café Madrid, y en ocasiones se fugaban a los salones de baile, en especial al Salón México.

Su asistente le comentó que ya estaban llegando al restaurante y lo despertó de sus recuerdos. Cruzaron el portón de madera. Al parecer el próximo presidente aún no llegaba a la cita, pero el lugar ya estaba casi lleno. Afuera esperaban unos fotógrafos mientras la orquesta afinaba los instrumentos, y el gran jardín, diseñado por el arquitecto japonés Tatsugoro Matsumoto, destacaba con el gran trabajo que se había logrado, pues hacía que el restaurante luciera aún más esplendoroso y adornado. Los invitados iban llegando poco a poco. Todo parecía normal… pero en este país nada es normal.

* * *

La tarde del viernes caía en la ciudad. Cada día cambiaban los aires y se volcaban en un pequeño ámbito de esperanza social, la reelección de Obregón llevaría al país al progreso, como aseveraba en sus discursos. Ahí, en el centro de la ciudad, todo era diferente de lo que pasaba en otros lares del país. Los puestos de la calle se iban levantando, los sonidos del día se iban apagando, el movimiento cotidiano estaba dando por terminada la jornada en espera de una tregua, para que al día siguiente empezara de nuevo.

Jacobo Mitrani hacía las cuentas del día y resolvía los pendientes de la semana. La Palestina iba creciendo, al igual que la pequeña Raquel. Ya tenía casi siete años y los gastos crecían, pero el negocio también. Tal vez hoy sí le daría tiempo de asistir a la sinagoga en la plaza de Loreto, para hacer oración con algunos vecinos. Mientras asistieran más de diez adultos, un *minyan*, podían hacer la celebración. No siempre asistían los mismos, no eran muy religiosos. Y además no podían descuidar los negocios, pero tampoco se olvidaban de cumplir las celebraciones tradicionales, como el Janucá, el Shavuot, la Pascua judía o Pésaj, y el Sucot o Fiesta de las Cabañuelas. Las que eran importantes para la comunidad, si no las hacían en la sinagoga, las llegaban a realizar en algún patio de las vecindades que habitaban.

Las calles alrededor del mercado de La Merced se llenaban todos los días tanto de vendedores como de compradores. Ya no tenía los problemas que su padre había tenido cuando llegó a México. El negocio iba viento en popa y no tardaba en cambiar de casa. Así dejaría la vecindad en la calle de Guatemala, y ese pagar continuo de la renta a María Elvira Landero, quien era la encargada de cobrarla y llevar el dinero a su padre, Hilario, que a últimas fechas había dejado de hacer esa labor. Elvira era una maestra que trabajaba en la Secretaría de Educación Pública, SEP, y a veces se le veía el poco interés de hacer los cobros de las múltiples rentas de las familias judías que habitaban la vecindad donde los Mitrani estaban instalados. Pero Jacobo tenía la convicción de que pronto cambiarían de residencia; estaba juntando dinero para comprar una casa en la colonia Florida, salir de la vecindad y poder darle una mejor vida a su esposa y a su hija.

Al cerrar el negocio caminó saludando a sus vecinos, «*Shalom aleijem*», les decía, y le contestaban de la misma forma. Su comunidad no olvidaba las condiciones en las que habían llegado al puerto de Veracruz y la travesía en tren hasta llegar a la capital. Ahora se respiraban nuevos aires, paso a paso iban mejorando y entre la comunidad se ayudaban ante cualquier problema que se les presentara. Siguió caminando entre la gente y las calles que se llenaban de olores y de imágenes que se le iban guardando en el corazón, los cuales muchos años después recordaría en el sillón de su gran casa.

Al llegar al puesto de pan del señor Glantz, en la calle Jesús María, lo vio tan lúcido y amable, con sus lentes redondos y su sombrero que lo distinguía desde siempre; él y su padre se conocían casi desde su llegada a México. Lo saludó como cada vez.

—¿Cómo está Elizabeth? —preguntó Jacobo.

—Excelentemente, Jacobito. Y la pequeña Raquel, ¿cómo anda?

—Cada día más grande y juguetona. Ya va a la escuela en la vecindad de acá adelante —contestó orgulloso Jacobo, mientras tomaba pan trenzado para el Shabat, y para la casa llevó pan de centeno y de cebolla. Pagó con unas monedas y se despidió del señor Glantz.

Ya en la calle de República de Guatemala caminó más aprisa, con las ganas de ya estar en casa. Entró a la vecindad hasta llegar a la puerta de su vivienda, y en el patio se cruzó con Abraham Yedid, que salía cargando un bulto lleno de ropa.

—¿A dónde va con semejante bolsa? —preguntó amable Jacobo.

—Se lo llevo a Aarón Sefamí para ayudarlo un poco y que empiece la aventura de vender telas y otras cosas —le contestó sonriente Abraham Yedid.

—Dígale que si necesita más ayuda, para eso estamos.

—Ya está en edad de progresar y salir adelante, ¿o no cree?

Y Abraham lo fue a buscar hasta la plaza de Loreto, donde Aarón lo esperaba.

Raquel ya aguardaba ansiosa a Jacobo. Este puso el pan sobre la vieja mesa de madera y besó a su mujer en la frente con cariño.

Ella zurcía unas cortinas para su ventana, para que así no se viera tan tosca.

—¿Cómo te fue, querido Jacobo?—le preguntó sonriente, pero sin mirarlo, para no perder el hilo de la costura.

—¡Excelente, mujer!, pronto nos iremos de aquí.

* * *

—Pienso y me veo. ¿Este soy yo? Le pregunto confundido a la naturaleza. Con mi naturaleza. Con lo que soy.

> *Diluvio*
> Espaciosa sala de baile
> alma y cerebro
> dos orquestas, dos,
> baile de trajes
> las palabras iban entrando
> las vocales daban el brazo a las consonantes.

Un leve empujón de María Elvira Landero despertó a Novo de su pérdida física por un momento entre toda la gente, entre el humo de los cigarrillos y el aroma de la loción Siete Machos que les habían rociado en el baño del salón. Salvador se iba por momentos. Las parejas entrelazadas bailando al ritmo del danzón por momentos lo incomodaban, y pasaban cosas por su mente. A veces sentía que no pertenecía a ninguna parte, que sus extraños placeres no pertenecían a este mundo, mucho menos a esta ciudad en la que luchaba día con día.

Antonieta lo tomo del brazo y lo llevó a bailar. Leopoldo los observaba mientras bebía una copa de ron barato en compañía de Jaime Torres Bodet. Fumaban cigarrillos en papel arroz y platicaban de política, de asuntos de la Secretaría de Salud. Por supuesto, entre plática y silencios observaban a otras mujeres que estaban en la pista de baile y pensaban que la mayoría se veía muy diferente a sus acompañantes. Las de la pista tan guapas, tan elegantes; ellas tan descaradas, tan *flappers*, tan colorinas del rostro, con su cabello *bob cut*, sus sombreros con listones de colores y sus bailes de *foxtrot*. Y ahora se encontraban ahí, en el Salón México.

Se instalaron en la pista de cebo como otra experiencia más, después de caminar por el pasillo largo, y entre su gran cortina roja de terciopelo se adentraron al lugar. Lleno de olores y sonidos. Casi en la entrada, un letrero dictaba: «No tirar colillas, porque se queman los pies las damas». En la pista muchas mujeres bailaban descalzas. No importaba el vestir sino el bailar. El otro México bailaba ahí, se desinhibía ahí, todos llegaban en búsqueda de algo, de algo perdido en los días de la semana y lo llegaban a encontrar ahí, al ritmo de danzón. Ese era el lugar de la Guerrero, la Catedral del Danzón. El coliseo de los nuevos guerreros, guerreros de una ciudad que cambiaba constantemente, y en cada calle, en cada esquina, en cada vecindad, mercado u oficina se libraban batallas diarias y todos se llegaban a desahogar con ritmos sensuales de la Orquesta Radio; las maracas y los timbales retumbaban entre los cuerpos que se enlazaban y danzaban.

A Novo lo incomodaba el cuerpo de María Elvira, pero se dejaba llevar. Algo lo animaba, esa noche era de ellos. Estaba satisfecho con la puesta en escena de Cocteau y eso lo llenaba de orgullo. Era algo que había buscado desde hacía tiempo, darle otra dirección al pensamiento de la gente. Al presentar esas obras de teatro mucha gente no entendía la idea, y muchos calificaban al teatro de ser *snob*, refiriéndose a las de Gilberto Owen, Villaurrutia, por no decir de Novo. Poco les importaban los comentarios, ellos querían revolucionar la idea y los conceptos dramatúrgicos en la capital del país. Dejaron la pista y fueron a su mesa, tomaron sus vasos y brindaron nuevamente. Por Ulises. Todos rieron, Antonieta dejó su vaso y jaló de la mano a Elvira y se fueron a la pista.

En la pista, María Elvira bailaba con Antonieta Rivas, después de cambiar de parejas. La gente, asombrada, se les quedaba viendo, pues no era frecuente que dos mujeres bailaran juntas, y tan desinhibidas. Mientras bailaban hablaban del Partido Comunista que estaban formando, del teatro y de otros proyectos. Al ritmo de la música, el danzón, se producía calor en el cuerpo. Se quedaron viendo fijamente y sintieron un cosquilleo que las hizo acercarse tanto que sus labios se rozaron, con un beso fino de amor, de amistad. Y continuaron bailando, ninguna de las dos dijo nada. Para qué hablar de eso, y siguieron perdidas a mitad de la pista. Pero también en ese momento la vida se les iba en bailar y bailar. Y todo podía pasar…

* * *

A pesar de que casi un año antes el general había sufrido un atentado en el Bosque de Chapultepec, no tuvo duda alguna en acudir a la comida con los diputados de Guanajuato en el restaurante La Bombilla. Hasta bromeó con alguno de sus allegados. «No nos vayan a echar otra bomba», había comentado antes de partir al lugar donde ya lo esperaban con ánimo los guanajuatenses. Ante el comentario, la mayoría soltó la carcajada, pero otros solo guardaron silencio. Como estaban las cosas, todo podía pasar. Muchos no estaban contentos con la reelección ni con lo que podía venir.

En camino al convento por la calle, León Toral solo pensaba en una cosa: matar al perro desgraciado que había mandado fusilar a su amigo Humberto Pro. Cuando lo vio con el rostro desfigurado en su cajón de madera, ese día juró vengarse. Ya no tanto a nombre del movimiento en el que se encontraba con la madre Conchita, sino por pura revancha.

Toral tenía la fuerza en las manos y en el corazón. Llegó al convento escondido de la madre Conchita. Esta lo recibió con amabilidad y le puso la pistola en la mesa. Él la vio y solo pensó en jalar el gatillo y vaciar las diez cargas sobre el hombre que se la debía. Antes de tomar el arma y recibir indicaciones para actuar, la pistola recibió la bendición de un padre, y como si se tratara de una persona recibió la cruz y unas gotas de agua bendita, para poder ir con Dios a cumplir su cometido.

La misión ya tenía la bendición, y ahora todo cambiaría para bien y con la gracia del Señor por delante. Toral no podía fallar. Salió del convento con el nervio por delante, pero con el entusiasmo de cobrar la muerte de Pro. Cargaba un cuadernillo y carboncillo, para entrar como caricaturista. Todo el día se había dedicado a seguir los pasos del caudillo hasta llegar al lugar de la comida.

Leopoldo Cuautle se acomodó en el lugar que se le asignó. Obregón saludaba a cada uno antes de llegar a su mesa; desde su entrada no paraban los ¡vivas! La reelección se había concretado, el plan de continuar en el poder; el sacar adelante los movimientos obreros y agrarios se vislumbraba como la acción que lo iba a encumbrar.

422

¡Viva Obregón!

¡Viva el presidente!

Se veía contento. Más que contento, se sentía poderoso. Fuerte. Era el nuevo guía del país. El que lo llevaría a la real trasformación que tanto se esperaba. Ahora sí iban a ver lo que es bueno. Llegó hasta el centro del salón, donde estaba la mesa principal, y el resto de los diputados de Guanajuato lo esperaban, para seguir el convite, consentir al Jefe Máximo, e ir tratando lo que vendría a partir del primero de diciembre.

Pidieron que la banda tocara *El limoncito*. Los acordes sonaron, la música circundó por todo el salón, entre las mesas, entre el gran estrado de flores de bienvenida y en el gran jardín de La Bombilla. La letra sonó fuerte, y el primer invitado se sintió mejor al escuchar su canción.

> Limoncito, limoncito,
> pendiente de una ramita,
> dame un abrazo apretado
> y un beso de tu boquita.
> Limoncito, limoncito.
>
> Al pasar por tu ventana
> me tiraste un limón.
> El limón me dio en la cara
> y el zumo en el corazón.
> Limoncito, limoncito.

Toral se presentó como caricaturista ante los comensales, y principalmente al coronel Ricardo Topete, quien al verlo sospechoso con el tipo de cuadernillo que llevaba se le acercó para cerciorarse de quién era. Toral le informó tranquilamente que era caricaturista e hizo dos bocetos del general. Se los mostró también a uno de los diputados, para ver cuál le gustaría más al presidente. Leopoldo Cuautle lo vio pasar mientras tomaba una cerveza con Luis Iturbe, un oficial de Gobernación que conoció en la universidad, con el cual ahora coincidía en el gobierno. Nunca imaginó lo que haría aquel hombre delgado de traje café que parecía tan insignificante entre todos los asistentes a la comida. Toral siguió su paso hasta llegar a donde tenía que llegar.

Al acercarse, en lugar de sacar el lápiz sacó la pistola Star 32, el arma bendita, para matar al caudillo, al generalísimo, al manco de Celaya, al mismo Diablo. Le soltó seis disparos: el primero en el rostro, cuatro más en la espalda y el sexto en el muñón del brazo, como buscando la mano que ya no existía. Y gritó: «¡Solo Cristo Rey podrá gobernar la Tierra!». Obregón moría al instante.

Por un momento las detonaciones se confundieron entre los tambores de la orquesta, pero en eso el general caía sobre la mesa. Entre el asombro y la confusión, la gente no sabía exactamente qué acababa de suceder. Leopoldo no daba crédito a lo que estaba pasando; tiró su cerveza, mojando su pantalón. Pasaba de nuevo. Algo iba a cambiar. Con el alboroto no sabía si salir del lugar o esperar, todo era confuso. «Era algo que se veía venir», comentó Luis Iturbe ya después de que se sacaron el cuerpo del lugar.

Los obregonistas detuvieron a Toral.

—¡Agarren al hijo de la chingada!

—No lo dejen ir.

—¡Mátenlo al cabrón!

Gritaba la gente que estaba cerca, mientras que en ese momento bañaban a golpes a León Toral. Alguien pidió que no lo mataran; al parecer había sido uno de los diputados que estaba cerca. «No lo maten, tiene que declarar», se escuchó. El asesino tenía la cara desfigurada y bañada en sangre. Poco quedaba de aquel rostro que minutos antes se había acercado amablemente a la mesa del general.

Los obregonistas se lo llevaron a la comandancia de San Ángel. Leopoldo no daba crédito a lo que acababa de pasar, solo se quedó viendo cómo sacaban el cuerpo y lo subían al Cadillac. La ciudad y el país se volvían a caer. Se soltaron muchos rumores entre la gente y, en uno que otro pasquín se decía que Calles estaba detrás de todo, y en otros que solo era una venganza de los cristeros.

32

1938

Jacobo Mitrani se sentía completamente cómodo en su nuevo hogar en la colonia Florida, en Barranca del Muerto. Una casa con tres recámaras, cochera para dos vehículos, cuarto de servicio y un jardín grande que su esposa mantenía con gran ahínco, con sus hermosas buganvilias, naranjas, moradas y blancas; al fondo tenía una jacaranda que en marzo adornaba el piso con un lila formidable y eso maravillaba a la señora de la casa. Nada que ver con el patio de la vecindad y la convivencia con los vecinos. Ahora tenían su casa, un hogar de verdad. A veces le gustaba cerrar los ojos, sentado allí, e imaginar que estaba en Siria y que cortaba una naranja y la chupaba con fruición como cuando era niño. Veía crecer a su progenie como un viejo patriarca de la Torah.

La verdad es que nunca sabemos quiénes son nuestros hijos. Raquel Mitrani ya era una hermosa señorita casi casadera de dieciséis años, sin novio formal —pero se veía a escondidas con un joven dos años mayor que ella—, y estudiaba el primer año de Derecho en la Universidad Nacional. Había tenido que vencer barreras, no para convencer a su padre de que la dejara estudiar, pues era un valor familiar incontestable, sino por el hecho de ser mujer y querer ser abogada. Además, tenía que mantener en secreto que le gustaba un muchacho *goy*. Luis Urbina era moreno, alto y delgado, de ojos grandes y negros. Esos ojos que atraían a Raquel como la gravedad: inevitable.

El padre de Luis había trabajado un tiempo con el señor Yedid, en la tienda de telas que tenía en la calle de República de

El Salvador. Raquel lo conocía desde que ambos niños jugaban en el patio de la vecindad; él siempre la había cuidado para evitar que le hicieran maldades, y eso a Raquel le encantaba. Se sentía protegida. El único problema era que el joven no era judío. Y no pertenecía a ellos, y tal vez a nadie por sus precarias condiciones. A veces este país así era y así nos hacía.

Los padres de Luis eran originarios de Coatepec, Veracruz. La Revolución no les había hecho justicia, pero ahora con la Ley de la Reforma Agraria a su abuelo le habían dado diez hectáreas, donde se producía café, y todo podría cambiar con los nuevos tiempos. Luis había crecido en el barrio y siempre le gustó Raquel. Él seguía viviendo en La Merced, en la misma vecindad en la que los Mitrani vivieron hasta antes de irse a La Florida, y en donde aún vivían los Sefamí. Para ese entonces Jacobo ya pensaba en buscarle un buen marido a su hija. Un marido de la comunidad, un hombre de bien y con las costumbres familiares. Cada viernes, cuando asistía a la sinagoga en la plaza de Loreto, trataba de buscar al indicado para así poder concretar una relación familiar económica y próspera.

A Aarón Sefamí le fue cambiando la suerte, después de la ayuda que le dio Abraham Yedid una tarde de viernes de hace casi diez años. Comenzó vendiendo ropa en abonos y después se puso a prestar dinero a rédito a comerciantes del mercado de La Merced. Y le empezó a ir bien hasta que abrió su propio negocio de ultramarinos en la calle de República de El Salvador. Sentía que el cambio de giro le beneficiaría. Había demasiados paisanos vendiendo telas y trapos.

En la plaza de Loreto ya podían hacer sus reuniones semanales en la sinagoga, sin problemas, pues con la llegada de Cárdenas se respetaría la libertad de credo, dejando a un lado los conflictos de la década pasada. Lo mejor estaba por venir, o al menos eso creía Aarón. Ese viernes, además, el destino de su hijo parecía sellarse después de una plática con Mitrani, quien lo veía adecuado para Raquel, aunque fuera un poco más chico que ella. No hay deber más sagrado para un padre judío que casar bien a su progenie. Como dice el rey Salomón en sus proverbios: «Quien encontró una esposa halló bondad y atrajo el favor de Dios». Aunque Raquel ya estaba perdidamente enamorada de Luis Urbina, sus escapadas a La Bella Italia se hicieron peligrosas ante la comunidad, y ese amor tarde o temprano tenía que acabar, Luis no pertenecía a ella y mucho menos a su familia.

* * *

La ciudad se paralizó en esos días. La tensión se palpaba en cada rincón de cada muro de las calles. Los periódicos alertaban de la ira de las compañías extranjeras, de las posibles represalias de los países dolidos debido a las medidas del presidente trompudo. Había caricaturas satíricas, pero sobre todo esa calma chicha de antes de las grandes tormentas. Se tenía que recuperar el petróleo, eran las palabras del presidente. Los obreros petroleros hicieron paro nacional ante las malas condiciones laborales y el maltrato a los trabajadores. La presión por el artículo 27 de la Constitución hacía inminente, según algunos, la expropiación tanto de los yacimientos petroleros, como de las instalaciones, los muelles, las refinerías, los pozos y las oficinas administrativas. No había vuelta atrás.

El presidente Cárdenas estaba preparado para lo que venía. Se escuchaba decir en los pasillos de palacio Nacional. No le temblaba la mano ante la presión de los extranjeros y las buenas maniobras diplomáticas de Manuel Ávila Camacho, con la política del buen vecino, el del norte, que en nuestra historia había sido todo, menos *bueno*. Las cosas caen por su propio peso. El asunto se estaba acomodando a favor de México, a pesar de las presiones. Ya en todos lados, como restaurantes, loncherías, vecindades y en casi todas las calles se hablaba de que Ávila Camacho podía ser el sucesor de la silla presidencial. «En nuestro país siempre se quiere cruzar antes de construir el puente», pensó Cuautle.

Leopoldo Cuautle apoyaba la nacionalización de la industria petrolera, faltaba más. El oro negro, que el poeta López Velarde afirmaba era el regalo del Diablo a nuestro país, era de México y de los mexicanos. No más saqueos, no más abusos. El presidente Cárdenas estaba decidido a darle sentido a la dirección del país. Cuautle se había vuelto más institucional, sin dejar su afición por la arqueología y la importancia de preservar los orígenes de nuestro país. Pero lo que estaba pasando en México era de vida o muerte, y no se hablaba de otra cosa en las mesas de los restaurantes y de las fondas, en las calles, en los pasillos de las oficinas gubernamentales, y se sentía el temor de lo que pudiera pasar con la respuesta de los gringos.

Se venía otro cambio nacional. Este país nunca se cansaba de transformarse. El rumor salió de la Casa de los Azulejos, del Sanborns institucional, el lugar ideal para tratar estos temas, los del país, los temas que nos llevarían a otro ritmo. Todo después de desayunar con su amigo Jaime Torres Bodet. Tenían años de no verse, y el hecho que los reunía era que acababa de publicar su libro de poemas *Cripta*. Recordaron su amistad en el café Madrid y cómo habían cambiado las cosas después de ese 17 de julio, ya diez años atrás. Unos fueron perseguidos por comunistas, y el Teatro Ulises, ante toda la revuelta cultural y política, tuvo que desaparecer.

La última vez que se habían visto fue en la boda de Frida y Diego. En esos años se seguía publicando la revista *Contemporáneos*. El anuncio de la boda fue todo un acontecimiento, y la ceremonia se vertió entre amor y desgracia. Al enlace acudieron diferentes intelectuales, pintores y algunos políticos amigos de Diego. La comida fue adornada por una sopa de ostión, arroz con plátano, enchiladas de queso y picadillo, mole negro de Oaxaca, pozole rojo y de postre flan y capirotada.

La comida fue coordinada por Lupe Marín, la antigua esposa de Diego, quien vivía con Jorge Cuesta, otro de los poetas de *Contemporáneos*. Lupe, a mitad de la fiesta y con seis tragos de tequila en la sangre, se atrevió a lo inimaginable, le alzó la falda a Frida para exhibirla.

—Miren las piernas por las que me cambió Diego.

Frida tenía secuelas de polio y se apenaba por la que entonces llamaba su deformidad. Se regresó indignada a la casa de sus padres. Unos se quedaron atónitos y otros continuaron con la verbena en compañía de Diego, que días después fue por su mujer a disculparse, y continuaron ya con su vida de esposos. No se hablaba de otra cosa que de la escena de Lupe, que luego sería pintada por Diego como Salomé, con la cabeza de Cuesta cortada y sangrando en una charola. Pero esa tarde se escribió el guion de la relación de amor y odio entre Diego y Frida, de pasión y conflicto constante, por las sucesivas infidelidades de él. La que pensaban que sería recordada como la boda de la década solo la rememoraron Torres Bodet y Cuautle como el fiasco del siglo, esa tarde de 1938.

Leopoldo Cuautle y su mujer no se fueron después de Frida. Había buena música, tequila y les quedaba por ver aún otro zafarrancho. Se retiraron de la fiesta cuando Diego soltó balazos al aire poco después de que Frida se había marchado, algo común en él. A la mujer de Leopoldo le pareció ominoso lo que acaba de pasar y discretamente le pidió a su esposo que se marcharan, mientras Diego bailaba con una mujer guapísima, actriz de una carpa; todavía quedaban en la fiesta borrachos que no querían dejar la francachela.

Desde ese día Leopoldo no volvió asistir a la casa de Diego. Se hablaba de los amoríos de Diego y los berrinches de Frida, así como de las venganzas de él con otras mujeres, pero últimamente llevaban buena amistad con León Trotski.

Cuautle, como encargado de asuntos políticos en Gobernación, de alguna forma ayudó a la llegada de Trotski y su traslado del puerto de Tampico a la Ciudad de México en el tren presidencial. Frida Kahlo se presentó días después en su oficina para agradecerle enormemente el apoyo y le regaló una litografía que había terminado antes del viaje. Cuautle la colgó en su estudio, que aún mantenía en el viejo rancho.

* * *

Cárdenas les había abierto la puerta. Ahora cientos de refugiados españoles viajaban hacia México. Eran tiempos difíciles, pero se abría una esperanza: hacer una nueva vida del otro lado del mar, escapar a América. La travesía hasta Sète, Francia, no fue nada fácil. Emilio Blanco solo cargaba con una pequeña mochila en la espalda, donde le cabía una muda de ropa, un par de libros, algunas fotografías de la familia y las últimas cartas de Inmaculada, su novia del colegio preparatorio muerta en el movimiento revolucionario. Ahora se iba de su patria y con la esperanza de que todo cambiara al llegar a México, donde el presidente Cárdenas les había prometido asilo.

Habían sido años difíciles y no quedaba más que salir de ahí para no ser fusilados a la primera que los encontraran, como había ocurrido con su amigo de la universidad, Álvar Pérez, quien corrió con la suerte de que se lo llevaran a golpes de la taberna de Juanpa Domínguez un sábado por la noche. Jamás volvió a saber de él, como muchos otros, era la ley de Franco; hasta hablar catalán se les había prohibido, y por andar en la revuelta podía correr con la misma suerte.

Blanco iba al lado de una familia catalana que llevaba a una niña de doce años. Ella hablaba poco y no se quejaba de las caminatas largas, ni del frío ni de la poca comida, aunque su rostro delgaducho y sus cachetes quemados por el frío decían otra cosa.

Quizás entendía poco de lo que estaba pasando en ese momento, pero con los años esa pequeña niña, ya instalada en su departamento de la calle Ámsterdam en la colonia Condesa, entendería muchas cosas de por qué dejó su casa, su ciudad y su país, y su amor por el Barcelona sería lo que la uniría a su tierra. Por lo pronto tenía que seguir su camino a pesar de todos los inconvenientes, y hasta ahora casi nadie le explicaba qué pasaba.

En una parada entre Port Bou y Perpiñán, la madre de la pequeña niña le ofreció a Blanco un plato de sopa de cebolla con un pan duro, que suavizó mojándolo con el caldo en un pocillo de latón. Platicaron del recorrido, también eran catalanes del barrio de La Bòria. En un tiempo tuvieron un negocio de abarrotes, hasta que el esposo, impulsado por su nacionalismo, se fue a la lucha. Franco ganó y los republicanos perdieron para siempre su sueño. Solo les quedó partir al otro lado del mundo, donde les ofrecían una oportunidad de volver a empezar.

Llegaron al puerto de Sète y en el muelle se anotaron en un libro de registro de tripulantes poco antes de abordar el *Sinaia*. Así salieron del Viejo Continente. En el barco iba parte de la sinfónica de Madrid, y al pasar el peñón de Gibraltar interpretaron *Suspiros de España*. En ese momento Blanco supo en lo más profundo de su ser, aunque hacía lo posible por espantar ese pensamiento, que ya no había retorno. Todo lo que era y lo que fue se iba por la borda en ese momento.

A lo lejos se vislumbraba el fuerte de San Juan de Ulúa. Blanco llegaba con la derrota en la espalda. Llegaba como refugiado después de veinte días de navegar, y de haber hecho dos escalas, una en Madeira y otra en Puerto Rico. Al llegar los recibieron con pancartas de bienvenida y un discurso del grupo de españoles que ya residían en México. El Sindicato de Tortilleras, entre otros, había hecho también sus pancartas. Para Blanco esto fue asombroso, al no saber que se trataba de mujeres que hacían tortillas, pensó que se trataba de una unión de lesbianas y se dijo para sus adentros: «¡Vaya, aquí están organizadas!».

—No os recibimos como náufragos de la persecución dictatorial a quienes misericordiosamente se arroja una tabla de salvación, sino como a defensores aguerridos de la democracia republicana.

Estuvieron unos días en el puerto de Veracruz en varias casas que usaron de improvisado albergue. Algunos decidieron quedarse a vivir en el puerto, ya que contaban con algunas amistades que los ayudaron a quedarse.

Los demás iniciaron su travesía a la Ciudad de México, pero antes de llegar se les dio asilo en la pequeña ciudad de Perote, en la gran Fortaleza de San Carlos, construida entre 1770 y 1776 como punto medio entre la Ciudad de México y el puerto de Veracruz para guarecer alimentos, metales como el oro y otras especies que eran enviadas a España. Después de haber sido el primer colegio militar del país y el lugar donde murió el primer presidente de México, Guadalupe Victoria, ahora se convertía en lugar de resguardo para los refugiados españoles. La historia no se repite, sino que da vueltas como una loca y en cada giro el mundo gana un grado de extrañeza. La historia es siempre irónica.

En su estancia ayudaron a obras de remodelación y limpieza de esta fortaleza, y unos meses después continuaron su camino. Unos pocos más se quedaron a residir en la ciudad, donde con el tiempo pondrían un pequeño restaurante de comida española; otros se dedicaron a la elaboración de embutidos, sobre la calle que atravesaba el pueblo, el cual, a pesar de ser la tercera población más vieja del país y la capital del estado, seguía siendo un pequeño pueblo. Otros terminaron quedándose en Puebla. Era como si los refugiados se fueran quedando regados a su paso. La búsqueda de un destino, en ese momento, para la mayoría, siempre se pensó como temporal.

Blanco decidió continuar hasta llegar a la Ciudad de México, donde lo recibieron en el gran edificio Ermita de setenta y ocho departamentos. Una hermosa construcción ubicada en el cruce de las calles Jalisco y Revolución, en Tacubaya. El edificio era el primero de vivienda vertical *art déco,* y el gran vitral que tenía en el patio del cuarto piso, diseñado por Diego Rivera, concentraba la atención de los visitantes. Ese patio serviría para crear convivencias con la comunidad recién llegada.

Se le dio un pequeño departamento y un poco de dinero en lo que buscaba en qué trabajar. Era ingeniero civil y pensaba buscar suerte en alguna obra de los edificios que se construían en la ciudad. Días después, en la tortería La Texcocana, en el Centro, se tropezaría con María Elvira Landero, sin saber que ese sería su verdadero camino, su sino.

La idea de recibir a los refugiados españoles le provocaba sentimientos encontrados a Leopoldo Cuautle. Su férreo nacionalismo lo partía en dos. Se daba cuenta de la importancia de dar asilo, pero le daba miedo que sus coterráneos, embelesados con los nuevos conquistadores, prefirieran a los extranjeros y fueran los mexicanos los que perdieran de nuevo la apuesta. Pero la visión del presidente era diferente. Al final, por algo hacía las cosas. Quería que México se viera como un país de amigos ante los conflictos bélicos en el Viejo Continente. Ya había intervenido en Abisinia. Tampoco le temblaba la mano en su relación con los poderes extranjeros. No temió la ira de Stalin con el asilo a su enemigo Trotski. Leopoldo entendía que debía ser él mismo más generoso.

En el puerto de Veracruz se preparaba una recepción a todo lo que daba. Leopoldo tuvo que viajar para organizar la llegada. Era su trabajo. Quizá por eso, porque se daba cuenta de que era un suceso histórico, se hizo acompañar por su hijo Tonatiuh. Tenía tiempo que no hacían viaje familiar alguno, debido al trabajo. En el puerto seguía habiendo varios conflictos obreros por la necedad de las empresas petroleras que rechazaban el decreto presidencial. Leopoldo era uno de los enlaces para acomodar a los refugiados, tanto en viviendas como en algunos puestos de trabajo, en empresas o como profesores o colaboradores en la Universidad Nacional o en el recién creado Politécnico Nacional. La misión que se le había encomendado se llevaba a cabo con normalidad, pero tenían que hacer escala un par de meses en el poblado de Perote, en la Fortaleza de San Carlos. No era tan fácil acomodar a 1 599 personas en la Ciudad de México, así que Tonatiuh y él permanecieron con los refugiados. Leopoldo era un ávido de las listas y del orden. La logística, como él decía, era una labor de amor, no de burócratas. Y él amaba su trabajo, era su manera de *forjar patria*, como había leído en Gamio tantos años atrás.

* * *

María Elvira Landero salió de las oficinas de la SEP con el encargo de atender asuntos de varias escuelas rurales alrededor de la ciudad; primero iría a Xochimilco y luego a Mixcoac. El presidente quería que la educación llegara a todos lados, era parte de sus reformas del proyecto sexenal.

Lo del petróleo estaba en boca de todos, tanto que la gente más humilde de la ciudad y sus alrededores, así como de otros estados del país, se había organizado para juntar dinero, ya fuera en moneda o en especie. Había unos que donaban guajolotes, vacas, gallinas, bultos de maíz o frijol. Querían ayudar al gobierno a pagarle a los extranjeros lo que exigían por la expropiación de la infraestructura y los servicios de la industria petrolera. Se hablaba de cuarenta y dos millones de dólares. Luego se dijo que eran catorce, y al final quedó en ocho millones la famosa y pesada deuda. Pero el conflicto bélico en Europa ayudó a los fines de la expropiación e hizo que al final las negociaciones se suavizaran y los representantes de las diferentes empresas aceptaran el pago. Entonces se fundó Petróleos Mexicanos, PEMEX. El gran proyecto de Lázaro Cárdenas se concretaba. Sin embargo, los países agraviados tenían barcos en el Golfo, dispuestos a atacar México. Se decía que el presidente estaba dispuesto a dinamitar las instalaciones petroleras en caso de guerra.

Por momentos, Elvira sentía que se desquebrajaba su día. La ausencia de su padre, Hilario, aún mermaba su corazón, y cada mañana, por más que fuera diferente, al final se tornaba igual; sin la presencia de su querido compañero, a quien había cuidado y amado como a nadie. Se había quedado sola, entre su trabajo y continuar cobrando las rentas de la vecindad de La Merced. Poco veía a sus amistades, extrañaba mucho a Antonieta Rivas, aún no superaba su suicidio en la capilla de Guadalupe, dentro de la catedral de Nôtre Dame en París. ¿Para qué se había ido? Añoraba sus presentaciones en el teatro Ulises, sus salidas a los cafés y al Salón México.

Al terminar su jornada en las escuelas rurales, regresando de Mixcoac, se enfiló al centro de la ciudad hasta llegar por los rumbos de La Merced, a comprar unos metros de tela para un mantel de su comedor, y luego caminó sobre la calle de República de Guatemala y entró a la vecindad. Tenía que cobrar, algo que odiaba. Se sentía una usurera, una maldita. El señor Sefamí se había comprometido a que ese día por la tarde le pagaría los dos meses de renta que le debía.

Eran viejos conocidos, como de la familia. A Elvira no le preocupaba el retraso. Era un recomendado de don Jacobo Mitrani y le tenía mucha confianza. Los días se le hacían largos después de la muerte de su padre. Ahora no tenía a nadie. La orfandad total. Hilario se había reunido con su esposa, a quien la gripe española les había arrebatado veinte años antes.

Se saludó amablemente con Aarón Sefamí. Recibió el dinero. Hablaron un poco de los vecinos, principalmente de que el joven Luis se veía a escondidas con Raquel, y de que no sabía si decirle o no a Jacobo. Estaban enfrascados en una discusión terrible cuando Raquel, la mamá de Raquelita, llegó, y Aarón le pidió su opinión, como si fuera una hermana.

—Luis es un buen chico, pero no pertenece a la comunidad —le dijo él.

—En este país todos pertenecemos a todos —le contestó Raquel, seria y segura.

—Bueno, sí, como México no hay dos —comentó Aarón agachando un poco la cabeza.

—¿O ya se le olvidó cómo llegamos todos aquí? Una con otra, don Aarón, una con otra; pero allá usted. Yo me retiro.

María Elvira sonrió tratando de ser amable y solo le contestó como perdida en el aire.

—Espere, tiene usted razón, son cosas de muchachos —trató de disculparse Aarón—; nos estamos adelantando a algo que ni podría pasar.

—¡Claro! Son unos jóvenes, pero los jóvenes de ahora ya no son como antes —dijo Elvira—; quieren descubrir cosas nuevas día con día y, la verdad, en el amor uno nunca sabe.

—Así es, Elvirita, cuando uno es joven piensa con otra cosa y no con el cerebro, ¿no cree? —se lo dijo como buscando algo dentro de ella.

—No sabría decirle, en mi vida poco he creído en el amor...
Pero bueno, yo también me despido. Cuídese, señor Sefamí, y mejor
no le diga nada a don Jacobo —se lo pidió casi en forma de orden.

—No se preocupe, seré una tumba.

—Eso esperemos, nos vemos el mes entrante, como siempre.
Con permiso.

Dejó al señor Sefamí y cruzó el patio de la vecindad. Unos niños jugaban con unos soldaditos de plomo y recordó las batallas que
su padre le platicaba de la Revolución, de las idas y vueltas de los
zapatistas y de la gente de Villa, y de cómo Carranza había jugado
su juego tan notablemente. Le volvió la imagen de Hilario Landero, cansado de sus días después de la muerte de su mujer. Ella siempre trató de animarlo, pero el viejo se había vuelto difícil, y solo tenía que dejar ser.

Al salir de la vecindad ya tenía hambre y pensó en pasar a comer
una torta ahí a unas cuadras de la vecindad. Esas tortas le encantaban
a su padre, en especial la de pierna adobada y la de riñones en salsa
verde, y en homenaje a él decidió ir ahí. Hasta que tropezó con el ingeniero Blanco... y entonces algo pasó. Perdió la cabeza por aquel
delgaducho hombre de cabello castaño y ojos verdes que acababa de
llegar del otro lado del mundo. En la radio de la lonchería sonaba la
xew y se escuchaba *Farolito* de Agustín Lara.

> [...] sin llevarle más que una canción,
> un pedazo de mi corazón,
> sin llevarle más nada que un beso
> friolento, travieso, amargo y dulzón.
>
> Farolito que alumbras apenas
> mi calle desierta...

* * *

Blanco no reparó en saludarla con amabilidad ni en presentarse caballerosamente. Su acento catalán golpeó la cabeza de Elvira, y
como una visión a su corazón, sin dudarlo, lo invitó a comer con
ella, con esa soltura que la caracterizaba. Se sentía segura de sí en to-

mar la iniciativa y no le importó que pensaran mal de ella, porque no era normal actuar así en una dama.

Entraron a la lonchería y pidieron un par de tortas, con un agua de pitaya y otra de jamaica. Blanco casi se ahoga al morder su torta, Elvira inmediatamente se burló de él al ver que no aguantaba las rajas en escabeche y mucho menos el chipotle en su torta. Como si se conocieran de muchos años y no de unos minutos antes.

Todo era sideral y al mismo tiempo natural. Al estar ahí, sentados en la banca de madera de color verde pastel, Elvira lo vio como un niño ante la venganza de Moctezuma. De alguna forma tenía que pagar peaje al estar en este país, pensó Elvira, y se volvió a reír de él.

A pesar de la risa burlona de Elvira, Blanco por primera vez en muchos años se sintió libre y empezó a sentirse en casa. Era una nueva casa, pero al fin algo se estaba enderezando después de muchos años de lucha y de su travesía a esta ciudad de caos y alegrías, que se trasformaba constantemente, ahora con nuevos residentes. Todo se vislumbraba diferente.

Blanco, sin darse cuenta, en unos meses ya daba clases en el Politécnico Nacional y, de vivir en un departamento pequeño del edificio de la Ermita, ya se había trasladado a la casa de María Elvira en la colonia Roma, y su amor iba cada día mejor. A ella no le gustó que él viviera en una recámara tan pequeña y le propuso que se mudara con ella; así se harían compañía y se volvería más ligera su estadía en México. «De un par de tortas a un par de tetas», se burlaba uno de sus vecinos al que le había platicado la aventura del día en que conoció a Elvira.

Desde el día en que se mudó con ella, pactaron que por el momento no dormirían juntos; que irían despacio. Elvira aún tenía sus dudas. Nunca había vivido con un hombre y los novios que había tenido, en algún momento de su vida, solo habían sido pasajeros sin llegar a más. Él accedió caballerosamente y, un fin de semana, acomodó sus pocas cosas en la habitación que estaba libre. Era donde el padre de Elvira había pasado sus últimos días. Aún se sentía una leve presencia del difunto, pero el espacio era mejor que donde estaba, y tener cerca a Elvira lo emocionaba.

Y así se iban los días, hasta que un 22 de agosto se enteró por los periódicos de que León Trotski había sido asesinado por uno de sus vecinos, Ramón Mercader, quien vivía con su propia madre en uno de los departamentos pequeños del mismo edificio. Lo había asesinado con un golpe de piolet en la cabeza después de infiltrarse en el país con el nombre de Jacques Mornard.

Cuando Elvira regresó a la casa estaba deshecha; no daba crédito a lo que leía en las noticias. Conocía muy bien a Trotski y estaba al tanto de su relación con Diego y Frida y el Partido Comunista. En muchas ocasiones habían coincidido en casa de Frida en Coyoacán. Stalin había ganado. O solamente era otro revés de esta ciudad de mierda.

Blanco, al verla destrozada por la noticia, que estaba en todos los diarios, la abrazó tiernamente; ella se dejó envolver por su cuerpo y recargó la cabeza en su pecho. Oía el latir del corazón de Blanco, ese sonido del interior de su cuerpo la relajó, se sintió consolada y no quería desprenderse de él.

Ya no sabía si su dolor era por la noticia del asesinato o que aún no dejaba el dolor por la muerte de su padre. Blanco alzó suavemente su rostro y la besó con la dulzura de una tarde andaluza. Elvira se sintió tan amada, después de mucho tiempo, que comenzó a desabotonarle la camisa y le besó el pecho para luego besar los labios que casi siempre callaban, pero que hoy, con los besos que le estaba dando, le decían todo. Él le quitó la blusa y se deshizo de todo que le interrumpiera besar sus pechos blancos de ojos marrones y erectos, virando el placer de la lengua de Blanco. Ella se dejó hacer por él, poco a poco se deshicieron de toda la ropa y se fueron despedazando de amor. Ya llevaban meses viviendo juntos y era la primera vez que sus cuerpos se enlazaban en caricias bruscas y desenfrenadas, causadas por el tiempo que se habían estado resistiendo.

Tendidos a mitad de la sala y después de varios silencios, Elvira se volteó y le dijo «te amo». Él no dijo nada y la besó para responderle de la mejor forma. Su piel era tan suave que sus labios se refrescaban después de muchos años, así como sus manos cuando acariciaban las caderas anchas y nobles de Elvira. Ella no se cansaba de besar su pecho. «Me encanta tu pecho», le decía entre cada ir y venir.

La levantó y la condujo a su habitación, donde se siguieron perdiendo en cada parte de sus cuerpos. Elvira descubrió sensaciones guardadas e inimaginables y se dejó llevar; él estalló en ella y se quedaron dormidos. Desde ese día, Emilio Blanco dejó su habitación y realizó una nueva mudanza, tanto de sus cosas como de su cuerpo.

33

1942

Todas las grandes ciudades tienen su asesino. En Londres es Jack el Destripador; el vampiro de Düsseldorf, o Diogo Alves, en Lisboa, a quien llamaban el Asesino del Acueducto. En algunas ocasiones los asesinos imitan a sus homólogos famosos. Es curiosa su psicología, según Leopoldo Cuautle mismo ha estado estudiando. ¿Por qué demonios tuvo que tocarle a él en suerte ser el juez de la causa del que durante un tiempo sería el de la Ciudad de México, Gregorio Cárdenas, el Estrangulador de Tacuba? Dos décadas trabajando por construir el país, desde todas las trincheras imaginables. Cuando ganó Ávila Camacho le propusieron que aceptara ser el jurídico del PRI. No quiso. El premio de consolación es este juzgado de lo penal. Cuautle sabe que el día en que se negó a aceptar la *respetuosa* sugerencia del todopoderoso había echado su suerte, al presidente en turno no se le rechaza; solo que él no se veía como oficial del partido. Era un hombre de instituciones, es cierto, pero no de acción política. La derrota de Almazán había sido cuestionada, el partido había quedado *tocado* y él no deseaba ser uno de sus enfermeros.

El año de 1942 había ya mostrado ser complicado para el país en general, y para Ávila Camacho en particular. *La Prensa* se lo achacaba a los «enemigos» de la nación. La verdad era otra: lo que se había ganado en los años de Cárdenas se estaba perdiendo de un plumazo. Desde marzo la agitación estudiantil había ido *in crescendo*, como le gustaba decir a Leopoldo en el café. Primero la Escuela Nacional de Maestras, luego se sumaron los líderes del Sindicato de Trabajadores de la Enseñanza, y luego los estudiantes del Politécnico. Un Comité

Central de Huelga de la Federación Nacional Estudiantil convocó a paro en todas las escuelas técnicas del Distrito Federal. Treinta y siete planteles en paro, más de veintisiete mil estudiantes en huelga pedían la enseñanza coeducativa y no implantar la enseñanza militar. Es increíble, pensaba Leopoldo, que en 1942 aún no sea universal la enseñanza mixta. Claro que los periodistas del régimen achacaban las revueltas a «estudiantes comunistas», y a un profesor en particular —siempre es útil un chivo expiatorio—, Salvador M. Lima.

¿Qué relevancia puede tener esa combustión interna cuando el mundo, además, está en guerra? El 15 de mayo el senador León García pidió a la Comisión Permanente que convocase a una sesión extraordinaria del Congreso para que México le declarase la guerra al Eje. Un torpedeo acababa de destruir el tanque mexicano *Potrero del Llano*. El presidente, primero cauteloso, pero enérgico: «El hecho constituye una brutal agresión que destruyó un barco, amparado por nuestra bandera, y una demostración de barbarismo de parte de los enemigos de las democracias mundiales».

A la manera de Cárdenas, a quien le encantaban los telegramas, Ávila Camacho le envió uno al Sindicato de Trabajadores: «Estos hombres han muerto con honor, y al morir nos han marcado la ruta que deben tomar nuestros actos del futuro. La defensa de los ideales patrios no se hace solo con las armas, sino también con el cumplimiento del deber, a donde quiera que ese deber nos llame». El presidente, informaba *La Prensa*, canceló sus compromisos —planeaba ir a dos banquetes y una recepción— para en su lugar honrar a los muertos. Seis días después, el gobierno mexicano les declararía la guerra «a los poderes totalitarios». Otro barco, el *Faja de Oro*, había sido también hundido. Ávila Camacho convoca a los jefes militares a la Ciudad de México y nombra a Lázaro Cárdenas, para tranquilidad de Leopoldo, secretario de Guerra y Marina.

Los años anteriores, para Leopoldo, no solo fueron de formación como abogado o funcionario, fueron épocas llenas de ideales y sueños. La visión de un México nuevo que por fin permitía que vivieran felices todas las patrias. De sus viejas amistades, como Torres Bodet, que estaba fuera de México, conservaba el hábito de la correspondencia, y eso le permitía poner en claro sus ideas. Había leído a Samuel Ramos, *El perfil del hombre y la cultura en México*, y estaba convencido de que había un *alma* mexicana. No el espíritu que pensaba Vasconcelos, quien se había vuelto en los últimos años insoportable y que había dirigido una fugaz revista, *Timón*, patrocinada por los nazis. Un alma más profunda, que se actualizaba en las formas: lo mismo en la música que en la pintura. Se había hecho amigo, por razones más bien etílicas, de Silvestre Revueltas, quien había vuelto el Conservatorio Nacional un semillero de ideas novedosas. Aún recuerda cuando lo invitó al estreno de *Redes*. Eran los años iniciales de su matrimonio con Magdalena Garay Mexicano, habían ya nacido Tonatiuh y también Xóchitl, sus dos hijos. Magdalena era aún maestra; no se había convertido, en sus propias palabras, en «maestra de maestros» aún. Como él, compartía ese idealismo de contemplar un país que se estaba haciendo como de la nada. Los dos creían en la idea de Narciso Bassols de una educación socialista que pusiera al servicio de la patria las fuerzas progresistas, el ímpetu de la lucha de clases. La mamá de Magdalena, Lola Mexicano, quería que su hija se casara por la Iglesia y los dos cedieron. Recién se habían restablecido los cultos y el casorio fue en el templo de Corpus Christi. Los amigos se quedaron de ver a desayunar en Dolores, en un café de chinos, antes de la misa. Magdalena había perdido a su padre en la rebelión escobarista y su madre vivía con su única hermana, Lola, también maestra, pero directora de una primaria cerca de Candelaria de los Patos.

El sacerdote era lento y aburrido, y Leonardo solo deseaba que terminara la misa para que pudieran irse de pachanga todos. Hacía siglos que no iba a la iglesia, y se había vuelto totalmente ateo. Librepensador, se decía. El sacerdote cantaba en latín, desentonadísimo, y a él le ganaba la risa. Al final hubo aplausos, les tiraron arroz y se fueron al salón de baile.

Tomaron *highballs*. Revueltas tocó el violín cuando la orquesta tuvo su descanso.

Ahora, quizá por el juzgado, eran otras sus amistades. Se había hecho muy cercano a Eduardo Téllez, el Güero, un periodista de nota roja, y del doctor Quiroz Cuarón, un legista criminólogo que trabajaba desde hacía años para la delegación. El matrimonio con Magdalena se había deteriorado. Las dos Lolas, como les decía a su cuñada y a su suegra, se habían ido a vivir a su casa de la Portales, que había quedado enana con la cantidad de familia. Por eso decidió dejar en ella su biblioteca, convertida en su santuario, y consiguió una casa mucho más grande en la nueva colonia Del Valle, en la calle Concepción Béistegui. La casita tenía jardín, un gran patio y dos cuartos traseros, que normalmente eran de servicio, pero donde podían vivir sus familiares más independientes. Al menos así lo creyó él. La verdad era que, desde la mañana, no bien se despertaba su suegra ya estaba cocinando algo: un dulce que requería mover el cucharón dentro de la olla tres horas para que no se pegara, un caldo de pollo que apestaba toda la casa, una salsa martajada que lo hacía toser cuando tostaba los chiles en el comal. Era un infierno. Pero como sabía que para sus hijos la presencia de su abuela era benéfica, y que Magdalena cada día estaba más involucrada en el sindicato y necesitaba a su madre para que ayudara en casa, se hacía de la vista gorda. Comían como los ángeles, estaban bien cuidados y las actividades políticas de su mujer lo enorgullecían. De hecho, en marzo, Magdalena fue de las principales lideresas de las protestas contra Ávila Camacho. De verdad que su destino estaba echado.

Leopoldo empezó a pasar más tiempo, al salir del juzgado, en su biblioteca. La hizo crecer gracias a un par de nuevos amigos libreros de viejo de Donceles. Gastaba también mucho de su tiempo en la vida nocturna de una ciudad que iba creciendo y cuyos bares se hacían, a su juicio, más lujosos. El maestro Revueltas seguía en El Nivel, y Leopoldo se citaba con él todos los jueves desde las cinco. Pero al abogado le seguía gustando más el Mata-Hari. Era su lugar de los viernes. Invitaba a Magdalena siempre, sabiendo que ella se negaría, pero también como una especie de coartada. Era mejor decirle, de lleno, que se iba de juerga. El salón de baile era su lugar preferido con el Güero Téllez, quien ataviado con una bata de médico se había hecho célebre al colarse a la Cruz Verde y llevarse así la exclusiva al día siguiente de la muerte de León Trotski. Su amigo Téllez era un temerario, eso que ni qué.

Septiembre conmovió a la sociedad mexicana. Todos los periódicos se volcaron en el asesinato del momento. Hablaban de un sátiro, el Estrangulador de Tacuba, Gregorio Cárdenas, Goyo. Un abogado, Manuel Arias Córdova, proveniente de una familia acomodada de Michoacán y avecindado en el Distrito Federal, se presentó en la jefatura de policía a denunciar la desaparición de su hija. El ministerio que tomó la declaración pasó la hoja a los agentes José Acosta y Ana María Dorantes. Ellos siguieron el *librito*, por así decir: siempre que desaparece una joven, se busca al novio. El tipo resultó ser un estudiante del Bachillerato en Ciencias Químicas de la Escuela Nacional Preparatoria, de nombre Gregorio Cárdenas Hernández, oriundo de Veracruz y con una pensión de PEMEX para convertirse en químico. La novia, hija del abogado, era Graciela Arias Ávalos.

La que dio con el paradero de la madre de Gregorio Cárdenas fue Ana María Dorantes. Esta le dijo que su hijo se encontraba recuperándose de un padecimiento mental en la clínica del doctor Oneto Barenque, en la avenida Primavera, en Tacubaya.

En la casa de Cárdenas —ubicada en el número 20 de la calle Mar del Norte— se hizo un cateo, pues hubo también denuncias de los vecinos, quienes se quejaban de un olor fétido; un vecino incluso afirmaba haber visto un pie medio enterrado en el jardín —a decir de la nota del Güero Téllez al día siguiente del macabro hallazgo—. Leopoldo Cuautle conocía del sensacionalismo de su amigo reportero, pero el caso realmente ameritaría una investigación profunda. Un asesino serial es siempre carne fresca para el morbo social, y a él, tristemente, le tocaría por jurisdicción hacerse cargo del caso.

El jueves en la mañana se presentaron en la casa de Cárdenas agentes del Servicio Secreto de Policía, a cargo del general Leopoldo Treviño Garza. El padre de la joven desaparecida, Graciela, insistió también en apersonarse en el domicilio del asesino. A Téllez le gusta utilizar en sus notas todos los datos que obtiene de las actas ministeriales. Por eso Leonardo lee esa mañana en el café que el abogado Arias Córdova tiene su despacho en la calle Justo Sierra y su domicilio en el número 63 de la avenida Tacubaya. A la casa de Cárdenas se hizo acompañar por su socio, el abogado José Campuzano.

La tarde anterior la agente Ana María Dorantes —otra vez Téllez: agente número 104— entrevistó a varios compañeros de la estudiante desaparecida en la Preparatoria Nacional. Le informaron que Cárdenas frecuentaba su trato. Que iba por ella en un Ford 1939, placas B-91-01. La esperaba a la salida de sus clases y salían juntos. Graciela y Gregorio habían sido compañeros en algunas clases.

Los agentes Dorantes y Acosta Suárez —número 37, qué pinche manía con los guarismos, piensa Cuautle— de inmediato se dirigieron a la casa del novio y encontraron allí un pañuelo y unos zapatos. El coche estaba afuera, pues había llovido y se había atascado fuera del domicilio. Escribe Téllez en su nota inicial: «... la agente 104 pudo investigar que no había relaciones amorosas entre Gregorio y Graciela, sino que aquel estaba enamorado locamente de esta y la perseguía constantemente. Iba por ella a esperarla a sus clases».

Cárdenas se había internado él mismo. Luego se supo que fue por consejo de su propia madre, María Vicenta Hernández, quien vivía en la calle de Violeta 3, en el manicomio. La madre misma lo había acompañado a internarse el jueves a las quince horas.

Entrevistaron a Gregorio y fingió que estaba loco. Dijo a los agentes que había inventado unas pastillas, con sus conocimientos de química, que lo hacían invisible. Escribía en un pizarrón imaginario fórmulas complicadas y aparentaba estar en otro lado.

Le preguntaron qué sabía de Graciela Arias Ávalos, pero no lograron, en ese momento, sacarle nada. Goyo Cárdenas permaneció en silencio, como si no los hubiese escuchado. Los policías le pidieron al doctor Oneto Barenque que le hiciese un examen psicológico. Resultó que se hacía el loco, y confesó que se había internado porque temía que el padre de Graciela lo implicase en la desaparición de su hija, a quien entonces afirmó conocer.

Los agentes de policía se presentaron nuevamente en la casa de Mar del Norte 20. Había moscas verdes y la tierra del jardín parecía removida. Al examinar con cuidado el jardín, el agente Acosta encontró que emergían de la tierra apenas los dedos de un pie. Había un cadáver enterrado. Acordonaron el lugar y dieron parte a sus superiores. Fue entonces que el jefe de los servicios secretos, el padre de Graciela y agentes del Ministerio Público de Identificación procedieron a exhumar el cadáver encontrado. Resultó, por supuesto, ser el de Graciela Arias. Su propio padre, presente en el lugar, confirmó la veracidad del horrible hallazgo.

El cadáver de Graciela estaba en decúbito ventral, con la cabeza hacia el sur —así lo escribe Téllez, por supuesto; lo ha leído en las actas, pues no fue testigo presencial—, y se hallaba completamente desnudo, pero cubierto con una colcha. Sin zapatos (aunque un par de zapatos guinda de tacón fue encontrado adentro de la casa). Junto al cadáver hallaron una bolsa de mujer, un monedero con unos pocos centavos y un abrigo. Tenía las manos amarradas.

El socio de Arias, el licenciado Campuzano, corroboró la identidad de la occisa. Eran suyos esos zapatos guindas: «Los reconozco como si fueran míos. Se los vi en infinidad de ocasiones».

Mar del Norte es una callejuela estrecha —nuevamente el Güero Téllez y su retórica policiaca— que parte hacia el norte de la vía de los trenes que van hacia Tacuba y Azcapotzalco, y que está muy cerca de la Escuela de Ciencias Químicas, así como del zócalo de Tacuba. No está asfaltada, y a causa de las lluvias presenta verdaderos surcos.

La casa de Gregorio Cárdenas tiene un jardín como de seis metros de ancho por diez de largo, y la puerta de la entrada da, precisamente, a este prado. La casa es de un solo piso, y en una recámara dormía Goyo en un modesto catre de campaña. En la otra habitación había un laboratorio perfectamente montado y una biblioteca.

Uno de los policías, cuando se estaba haciendo la inspección y ya habían retirado el cadáver de Graciela Arias, sintió algo debajo de los pies. Lo había enterrado apenas, sin esfuerzo, y la tierra estaba removida y se sentía el cuerpo debajo.

—En este lugar hay otro —respondió entonces la agente 104. Unos vecinos se acomidieron y trajeron unas palas, con las que los policías procedieron a sacar los otros cadáveres. Primero los dos que habían notado a flor de tierra. El hedor no era insoportable, se veía que los cuerpos no estaban aún en plena descomposición. No tenían ni cinco días, a decir del perito del Ministerio.

El cadáver de la segunda muchacha desenterrada también estaba en decúbito ventral, pero con la cabeza hacia el norte. Estaba semivestido: traje negro, saco café a cuadros. A la cabeza la habían envuelto con unos *bloomers* color rosa. La tercera mujer que hallaron estaba amarrada de pies y manos por la espalda y tenía solo calzado un zapato. El otro estaba a un lado. Eran de color café.

Empezó a caer un aguacero torrencial. Tuvieron que interrumpir la tarea de exhumar el improvisado cementerio de Cárdenas. Vinieron a ayudar los bomberos de Tacubaya en el carro número cinco, a mando del sargento Enrique L. Meneses. En medio de la lluvia y el lodo terminaron su ingrata tarea.

El último cadáver tenía también las manos amarradas y estaba completamente desnudo. Tenía zapatos azules y junto al cuerpo estaba un suéter del mismo color. Encontraron en la casa diversos bolsos de mujer y unos calcetines de niño, lo que hizo temer que pudieran encontrar también su cadáver. Un vecino curioso incluso insistió en haber visto a un pequeño correr por el jardín. Con el tiempo y la investigación esto se probaría del todo falso.

Uno de los vecinos del lugar, Albino Peña, quien vivía en la casa de al lado, la número 18, dio su testimonio. El dueño de los dos predios era el señor Amador Curiel y él decía que estaba a cargo de las dos fincas, de la que moraba él y la del estudiante. Dijo también que el miércoles pasado había llegado tarde de un lugar llamado La Floresta, donde tenía unas vacas, y pronto se entregó al sueño. Como a las once de la noche, afirmó, escuchó que tocaban en la cortina que protegía su habitación y que antes sirvió como un expendio de pan denominado La Paloma. Dice entonces haber oído la voz de Gregorio Cárdenas, sumamente alterado. Le pidió que le ayudara con su coche, pues se había atascado en el lodo de su casa. Le dijo que con todo gusto, pero al día siguiente, pues en ese momento nada podían hacer. Cárdenas le dijo que iría por la ayuda de unos carboneros. No lo oyó más, a pesar de haber permanecido despierto toda la noche. No escuchó ni voces ni ruidos, solo el aguacero. La señora Cristina Martínez, comadre del señor Albino, y quien también mora en el número 18, afirmó también haber oído pasos como a las once de la noche, y como que depositaban unos bultos en el suelo.

—A ver, Güero —le dijo Leopoldo Cuautle cuando tomaban su segundo jaibol, dos días después—, muchos números, muchos datos y tu testigo no escucha nada, no sabe nada. La verdad es que como periodista lo único que te gusta es engatusar a tus lectores. O te da flojera investigar por tu cuenta, compadre. Te imagino por la noche, ya listo para irte a la cantina, transcribiendo apenas el acta ministerial, poniéndole aquí o allá su nota de color.

—Usted, licenciado, dirá lo que desee, pero el único que se rifa la vida en la calle es su servidor. Usted llega al juzgado después de las once y se va en su *fordcito* bien planchadito antes de las seis. Yo en cambio me enlodo en el fango criminal de esta ciudad.

—Bájele, Güero. ¿Y entonces?

—Pues tendrá que esperar al periódico de mañana para enterarse.

—Ya, en serio.

—Va. Este pobre reportero revela su historia. Sacaron a Cárdenas Hernández del sanatorio donde se fingía loco y se lo llevaron a la Jefatura de Policía. Ahí, como quien dice paladinamente, delante de propios y extraños, o sea policías y periodistas, confesó haber dado muerte a las tres mujeres que hallaron en el jardín. No solo eso, afirmó que había una cuarta, a la que no habían hallado. Por supuesto a esta última ya también la exhumaron los agentes. Dijo haber estado casado y ser oriundo de Veracruz. Informó que lo engañaba su mujer y que por esto tiene un gran odio para las personas de ese sexo. Dice que hace un mes mató a la primera. También se disculpó diciendo que la única mujer decente que había matado era Graciela, pues las otras tres eran mujeres de la vida galante.

—¡Valiente disculpa!

—Por supuesto. A una dijo haberla recogido en la calle Aquiles Serdán; a otra cerca del Ángel de la Independencia, y a una última cerca de Chapultepec. No sabe sus nombres.

—¿Pero indicó su *modus operandi*?

—Me parece curioso, licenciado Cuautle, que usted se burle de mi retórica periodística que tilda de pleonástica, y usted, como buen abogado, siempre haga uso de latinajos. Igual de cómico, si me permite.

—Compadre, al grano.

—Pues sí. Las llevaba a su domicilio, saciaba con ellas sus apetitos y las mataba después. A todas del mismo modo, ahorcándolas. Dijo que cuando estaba satisfecho de las mujeres sentía un odio tremendo hacia ellas y asegura que por tal motivo les daba muerte. Después se levantaba de la cama, escarbaba en el jardín y las sepultaba. Dijo que a una de ellas la amarró casi doblándola para que no tuviera que cavar tanta tierra.

—¿Y la supuesta novia?

—Lo de Graciela, según parece, fue del todo distinto. La recogió en la escuela y la llevó frente a su domicilio. La muchacha se resistió a entrar y la ahorcó con un cordón del automóvil. Luego, como podrá leer mañana en mi nota: cometió con ella, ya muerta, el más atroz ultraje y después la enterró.

—A estas alturas, Güero, asumo que usted ya es un experto en caracterización criminológica. He visto las fotos, pero ¿cómo describiría a Cárdenas?

—Modesto. Apocado. Vestía traje gris. Es moreno, con el pelo negro ondulado. No se veía muy excitado por los crímenes terribles que acababa de confesar. Su cara, a mi juicio, tiene perfiles repulsivos.

Las semanas siguientes, México entero se volcó sobre Goyo Cárdenas, a quien ya le había sido endilgado el epíteto de «el Estrangulador de Tacubaya». *Novedades* afirmaba que a la gente le interesaba más saber si el asesino se bañaba en la cárcel, que enterarse de la situación de Stalingrado. Tal vez Cárdenas se regodeaba con esa celebridad instantánea. Le encantaba hablar con los periodistas, y su foto tecleando en una máquina de escribir su confesión estaba en todos los diarios. En el Congreso se habló de reinstalar la pena de muerte, otros pedían una justicia expedita muy común, la mal llamada «ley fuga» para dar cuenta del terrible sátiro. Un anónimo enviado al general Leopoldo Treviño Garza pediría al jefe de la policía y al propio presidente el más ejemplar de los castigos, pues «las manifestaciones de crueldad incalificables, de majadería, de grosería, de iniquidad de que hacen gala los estudiantes universitarios, son inadmisibles. Son individuos sedientos de placeres, de orgías, de concupiscencias».

Leopoldo Cuautle fue asignado entonces al caso.

Recibió también cientos de cartas. El linchamiento era inminente. La gente había apedreado a Goyo en su salida del hospital rumbo a la cárcel. Lo primero que le impactó era que se salía del molde por edad, pues era mucho mayor que los estudiantes vituperados por el anónimo; había sido uno de los fundadores del sindicato de petroleros en 1936, había trabajado como mecanógrafo en varias oficinas burocráticas, y la beca de PEMEX lo tenía estudiando —y no en la penuria como a muchos estudiantes—, con casa y coche. Aunque no dormía siempre en esa casa de Mar del Norte, sino con su madre.

Martín de Lucenay envió una carta a *La Prensa*. Era un herpetólogo y sexólogo español que se encontraba en México, como tanto exiliado, desde la caída de la República. Leopoldo estaba indignado. ¡Cómo se atrevía este español a venir a darnos lecciones! Se lo dijo al doctor Quiroz Cuarón cuando empezaron a estudiar el caso:

—A ver, mi estimado doctor. Este hombre ni siquiera se ha acercado a Cárdenas. Toda su interpretación le viene de lo que ha leído en los periódicos. Mire lo que afirma: «No es absolutamente necesario remontarnos a las elevadas alturas de las teorías freudianas para especular, prescindiendo de un lato rigor científico, sobre el caso realmente extraordinario del gran sádico Gregorio Cárdenas Hernández, de cuyos crímenes se viene realizando una especie de propaganda morbosa».

—Pues más morboso me parece su ímpetu interpretativo —afirmó Quiroz Cuarón—. Según Lucenay, Goyo mata como parte de su satisfacción sexual. No tiene amor ni simpatía hacia sus víctimas. Yo pienso más bien en alteraciones distintas, en otros impulsos, quizá de locura. Él mismo escribió refiriéndose a sus asesinatos: «Mi cerebro ya no estaba bien. No estaba Cárdenas ahí. Se había transformado en una fiera». ¿Ve usted, Leopoldo? Usa la tercera persona al referirse al asesino, como si no fuera él mismo. Típico caso de esquizofrenia.

—«Nuevamente la bestia se apoderó de mí. Estaba enloquecido, había matado a la mujer que adoraba». Es cierto. Lo hemos leído todos. Todo el país. Pero hay que reconocer que Cárdenas se contradice en todas sus declaraciones: le echa la culpa a los celos, a la enfermedad, incluso a la curiosidad científica. Le hemos inyectado el suero de la verdad. Usted le ha mandado hacer electroencefalogramas, electroshocks. Lo mejor será quizá internarlo en La Castañeda. Un hospital mental, no una cárcel, donde de todas maneras lo matarían antes de que pasara la primera semana. No sobrevive en Lecumberri.

Otros periódicos parecían regodearse, en cambio, con el perfil de Goyo. Comentaban sus lecturas: la Biblia, Sor Juana, fray Luis de León, fray Servando Teresa de Mier, Comte, Kant. Leopoldo Cuautle, asesorado por el doctor Quiroz Cuarón, suspendió el juicio y decidió internarlo en el hospital mental el 16 de septiembre, después de que su abogado solicitase un nuevo examen psicológico.

Ahí estaría cinco años. Incluso, con el tiempo, le darían permiso de salir al cine, ir a hoteles, tener novia. Durante esos años se cultivó.

Asistió a sesiones de psiquiatría, tomó notas taquigráficas de las sesiones. El director del hospital, Salazar Viniegra, no estaba del todo a gusto con su famoso huésped. Lo sabía simulador —según le dijo después a Cuautle— y por eso sugirió una lobotomía.

—Aquí me tiene, declarando ante usted porque mi paciente se fugó a Oaxaca y no puedo proporcionar de nuevo la seguridad en el hospital. Debe ir a la cárcel.

Cuautle quizá no hubiese reabierto el caso, pero la hermana de Graciela le escribió al presidente Miguel Alemán en 1948 una carta, después de la fuga a Oaxaca. «Yo puse al asesino», escribía, «en manos de la justicia, ya que antes de la desaparición y muerte de mi hermana nadie lo había descubierto como un criminal. Ahora está gozando de todo tipo de libertades. Va al cine y hasta cabarets».

Lo capturaron en Oaxaca y ordenaron nuevos exámenes para corroborar su estado mental. Pero Salazar Viniegra era claro: no había nada malo con la mente de Cárdenas, debería juzgársele como un criminal normal. Alfonso Quiroz Cuarón concluyó tajante:

—Cárdenas, me niego a llamarle Goyo, presenta anomalías fisiológicas y mentales y una disposición perversa. Sus simulaciones son solo reflejo de una exaltación de su personalidad con el propósito de evitar el castigo. Creo, querido Leopoldo, que hay que juzgarlo como a una persona cuerda. Es potencialmente peligroso para la sociedad y debe permanecer en la cárcel.

Además, a decir de Quiroz Cuarón, quien incluyó en su informe fotos de Goyo vestido de geisha, su evolución sexual no fue correcta, estaba indiferenciada y tenía una orientación de tendencia homosexual.

Goyo, curiosamente, había acusado a Quiroz Cuarón de homosexual, diciendo que se les insinuaba inoportunamente a los prisioneros.

Se contrató al doctor Rodríguez Lafora para que hiciera un nuevo examen. Algunos protestaron, como José, el hermano del maestro Silvestre Revueltas, por la participación de un español en el caso. La defensa lo había invitado para proporcionar la asesoría de un experto. Nunca se entendieron él y Goyo. Le preguntó al doctor a cuántos pacientes había curado. La propia familia de Cárdenas lo demandó por publicar información vergonzosa acerca de ellos.

Leopoldo Cuautle confiaba en realidad en su amigo Alfonso Quiroz Cuarón. Sabía criminología, antropología, biología, psicología y sociología criminales. Usaba la ciencia, anatomía, patología y hablaba citando a Freud. Había incluso estudiado el cráneo del afamado Tigre de Santa Julia. Leopoldo había leído sus sesudas interpretaciones: «El acto criminal es el acto más íntimo e individual de cada delincuente. Es el producto más profundo de toda su personalidad; en ese acto se conjugan las tendencias hereditarias y las fuerzas de lo adquirido; actúan las tendencias temperamentales y el carácter. En el momento delictivo actúan en el sujeto las fuerzas presentes de su vida, pero también todo su pasado. Por esto, la conducta criminal solo es técnicamente comprensible mediante el estudio completo e integral de la personalidad del delincuente».

Goyo era peligroso por ese presente delictivo, por el pasado, y porque, de acuerdo con Quiroz Cuarón, estaban frente a un asesino peligroso que, dadas las circunstancias adecuadas, volvería a matar.

La pregunta entonces de Leopoldo a su amigo era simple, no requería interpretar el artículo 68 del Código Penal, solo saber si Goyo estaba loco. Tardaría muchos años en dar una respuesta completa. En 1952 publicaría su libro *Un estrangulador de mujeres*. Por ahora insistía en que debía juzgársele como a una persona normal, para evitar el peligro de tenerlo afuera, como ya había ocurrido en sus días de La Castañeda.

No hubo, en ese momento, sentencia. Fue encarcelado en Lecumberri.

Goyo también tenía hermanas, como Graciela. Enviaron otra carta, esta vez ellas al presidente Alemán. Se quejaban de que, según la Constitución y el Código Penal, no se le podía encarcelar si estaba mentalmente enfermo. Si no lo estaba, por otra parte, debería sentenciársele y establecer un término a sus días preso.

Goyo Cárdenas volvió a asombrar a la prensa. Utilizó sus días en la cárcel para estudiar la ley. Tocaba música, daba consejos jurídicos a otros presos, tejía bolsas, escribió tres libros. Se casó, tuvo cinco hijos. Siempre encerrado.

Nunca se le juzgó, pero permaneció encerrado.

Leopoldo Cuautle pidió un cambio de adscripción, pero no le fue concedido. Buscó a viejos amigos del partido, cercanos al presidente.

Era abogado, había litigado, es cierto, pero no se veía terminando sus días como juez. Después de lo de Goyo, menos imaginaba un camino hacia la magistratura. Finalmente, quizá más para quitárselo de encima que por verdadero compadrazgo, le dieron una oficina menor en el Departamento del Distrito Federal, en Obras Públicas.

—El partido, cuando te quiere chingar —le diría al Güero Téllez una noche a finales de esa década que para él había sido perdida— te da una nueva chamba, una que no puedes rehusar porque te verías como malagradecido. Pero siempre recordarás otras épocas, otros laureles.

—¿Y si se va con Lombardo, compadre? Usted me ha dicho que fueron muy cercanos.

—No podría. Para mí, tristemente, sería como una traición cambiarme de partido. Mejor apoquino, compadre. Igual y ni está peor el nuevo trabajo. Mi hijo ya está terminando medicina. Tal vez a los Cuautle les sonría la vida en el futuro, ¡a su salud!

Era 1949, tantos años después de los asesinatos de Goyo Cárdenas. Esta era otra ciudad ya, la del alemanismo. El Güero se acababa de enterar de la muerte de José Clemente Orozco, el otro grande, junto con Diego Rivera y Siqueiros. Habían sido él y su fotógrafo quienes habían visto entrar en la calle de Ignacio Mariscal 132 a Diego Rivera y a Siqueiros. La instantánea fue tomada para el *Excélsior.*

—Todo mundo apretujado en esa casa. Diego estaba muy compungido, tocaba el féretro gris. Diego me declaró que Orozco jamás se doblegó ni a las dificultades materiales ni a los ataques a su obra. La primera flor del genio de José Clemente fue semidestruida por bandoleros inconscientes y estúpidos, solapados bajo el amplio manto de Vasconcelos y escondidos tras la Iglesia, a la que ofendían con sus malos manejos.

—Está dolido, apenas casi destruyen su mural en el Hotel del Prado.

—Estaba con ánimo de pelea, dolido, ya te dije. Pero Siqueiros igual. Me dijo que Orozco era el más portentoso ejemplo de lo que significa un arte destinado a la entera ciudadanía, y no solo a un sector minoritario de seudooligarcas. Nadie entenderá del todo su obra hasta que el mundo se decida a adoptar las normas públicas que tanto amó.

Carlos Denegri acababa de denunciar a Lombardo Toledano de querer resucitar la Internacional Comunista. Los restos de Orozco andarían del tingo al tango, por lo menos de palabra. Había miedo de una manifestación comunista a favor del pintor, guiada por Diego y Siqueiros. Los diputados de Jalisco querían llevarse sus restos a Guadalajara, para evitar la manifestación. Finalmente, gracias a sus amigos muralistas, quienes afirmaban que los restos de un hombre no son propiedad de una sola entidad, sino de la nación entera, se les enterró en el panteón de Dolores.

Hubo una guardia de honor en el palacio de Bellas Artes el 8 de septiembre. Nadie había sido honrado allí desde que en 1934 se inaugurara al fin el viejo proyecto del Teatro Nacional que don Porfirio había encargado a Adamo Boari.

Leopoldo fue al panteón, como tantos otros, a rendirle honor a uno de sus patriotas favoritos, uno que no se rindió nunca ante el burdo nacionalismo. Caía la tarde. Estaba también allí Pablo Neruda, lo pudo reconocer. Su discurso retumbaba en el crepúsculo:

—Orozco es materia ciclópea de la estructura americana.

Rivera casi no podía hablar. Se le salían las lágrimas:

—En adelante vivirás en la conciencia de los mexicanos para guiarlos con tu vigor por buen camino.

Caía la tierra sobre el féretro, sepultándolo para siempre. Leopoldo Cuautle consultó su reloj de pulsera: las 4:30. Él también iba llorando de regreso a casa, solo. No porque se le hubiese muerto un amigo. No había frecuentado a Orozco, como sí lo había hecho con Diego y Frida hacía años, cuando todos estaban en su plenitud y el país se la creía. Quizá era por eso que lloraba, porque el país había perdido, a su juicio, para siempre el buen camino.

34

1957

Sube al taxi en la esquina de avenida 5 de Mayo y calle de La Palma, afuera del café El Popular. Algo lo inquieta y decide no ir con los demás a la cantina de siempre. Hay tráfico y apenas han avanzado unas cuadras cuando los detiene un choque entre un Mercury y un Packard. Los conductores están a punto de agarrarse a golpes mientras una mujer grita asustada que no peleen; al taxista le da risa y le suelta a su pasajero:

—En esta ciudad hasta los ángeles caen, hasta el más santo resbala y peca, y la más puta coge sin cobrar, ¿o no, mi joven?

Nunca le ha gustado conversar con los choferes. Algo, además, lo perturba. Y eso que a él, Tonatiuh Cuautle, la intuición y la superstición no le van. Es un hombre de ciencia, un médico al fin. Se dirige a su casa en Ciudad Satélite. Más temprano se había reunido en un café de chinos con unos viejos amigos de la universidad. Les gustaba el café lechero y los bísquets del señor Eng Fui. La plática lo entretuvo, y regresar al lugar donde muchas veces se sintió tan feliz le hizo olvidar sus días en el consultorio, tenía tiempo que no veía a sus cuates. Cuando Armando propuso ir a la cantina, Tonatiuh se disculpó con un falso dolor de estómago y se retiró. Una cosa es la nostalgia y otra comportarse como si no hubiesen pasado los años y ellos siguieran siendo unos jovencitos irresponsables, de farra. ¡La noche es joven!

El taxista hablaba sobre la manera en que la ciudad iba creciendo, haciéndose cada día más imposible. En algún momento, Tonatiuh no supo si hablaba realmente de México o hacía referencia a su propio destino. Era un hombre desconfiado, dubitativo. De hecho, en un principio dudó en llevarlo, por la distancia desde el Centro hasta Satélite. Pero lo vio y se le hizo un tipo decente. Con ese viaje cerraba la noche rotundamente y tendría tiempo para algo más.

—Ahí cuando quiera, mi joven, lo llevo con unas damitas de buen ver, las conozco bien de ahí de la Guerrero; están rechulas las condenadas y buenas pa la vacilada. ¿O cómo la ve?, si a leguas se mira que le falta acción, mi joven. Digo, sin ofender, hacemos el uno dos. O nos lanzamos al Salón México, luego caen buenas chamacas, usted solo dígame y vamos.

El taxista ya se veía entrado en sus cincuenta y tantos, tenía un porte entre TinTan y Luis Aguilar, la época tenía sus modas que de alguna forma el cine propagaba. Muchos querían parecerse a las estrellas del cine y sentirse más, o los muy muy, como decían en el barrio. Cuautle iba en el asiento de atrás y solo asentía con la cabeza. Se hizo un silencio en el coche, casi como si viniera vacío, como si en automático recorriera las calles. El Impala, pintado de cocodrilo, se escurría por las venas de la ciudad que iba creciendo cada vez más, como decía el chofer. Cada día llegaba gente de diferentes pueblos del país; la sequía de esos años y la pobreza los obligaban a emigrar a la gran ciudad en busca de algo mejor. ¿Dónde quedó lo prometido por la Revolución? «No, a la Revolución ya se la llevó la fregada», pensó Tonatiuh. Sintió tristeza por su padre, Leopoldo, que tantos años le había dedicado a la burocracia, en todos los ministerios posibles, para terminar así, cansado, jubilado. Como la Revolución. ¿Por qué él se hizo médico? En retrospectiva, para curar, para salvar a muchos, como su padre, de peores enfermedades que el hartazgo o la abulia. Ahora le tocaba ver por sus propios hijos.

Tonatiuh sonrió al ver su reflejo en el vidrio y colocó su rostro sobre la ventana del coche con la mirada perdida, observando las luces de la ciudad y de los coches que pasaban cerca del «cocodrilo» y su chofer, que ya para entonces había entrado en confianza y le había dicho su nombre: Camilo. Solo era cuestión de sobrevivir y no más, se decía para adentro. Algo lo carcomía desde hacía tiempo; algo que ni siquiera podía hablar con su padre. Algo había pasado entre ellos y no se dieron cuenta. Era sábado por la noche y los lugares se apagaban y otros se encendían. La noche era joven, como habían dicho sus amigos. Y él se sentía más viejo que nunca.

Pasaron las Torres de Satélite. La obra de Mathias Goeritz y Luis Barragán, la idea de una ciudad fuera de la ciudad, el cinturón verde entre Satélite y México. Así, la metrópoli se iba trasformando cada día. Eran casi las diez de la noche. Llegaron al fin a su casa y el buen Camilo lo vio como perdido y ya no quiso insistirle con lo de las chicas de la Guerrero. Se despidió con estudiada cortesía, luego se metió un palillo mojado entre los labios. Tonatiuh pagó y él le agradeció con un simple hasta luego. Se bajó del cocodrilo y vio cómo se perdía al final de la calle. Una comezón se le removía por dentro, como si algo irremediable fuera a pasar. Lo sentía debajo de su piel.

Camilo regresó hacia el centro de la ciudad, tenía sed de la mala y decidió ir a su cantina en Tacubaya con los pesos extra de la dejada en Satélite. De seguro el Rubén ya estaba ahí. Avanzó entre las calles zigzagueando entre los coches, se sentía bien chicho pa la chafireteada, su orgullo era su «cocodrilo», con eso tenía pa la casa y pa que su vieja no lo chingara si faltaba feria, y todavía le sobraba pal chupe del sábado con la banda. Se contemplaba en el espejo retrovisor y le gustaba su bigotito de artista, a la Remedios le encantaba, y a su vieja también. Buscó dónde estacionarse cerca de la cantina y cerquita estaba una navesota de poca, un Meche de ensueño. Se estacionó con gran cuidado para no rozar el Mercedes Benz rojo carmín. Se bajó de su portentoso cocodrilo y se enfiló a la cantina. Era raro encontrar a alguien de ese nivel en la cantina. Un planchadito medio perdido. Saludó a Chava, el cantinero, y le preguntó por Rubén.

—Ni su luz, mi Camilo. ¿Qué te sirvo?

—Pos una de esas. —Le señaló con la mirada, mientras preparaba unas cubas de ron Potosí.

—Ya estás, solo dame chance y le llevo esta a los *popoffs* que están ahí en la mesa de la esquina.

Camilo volteó y eran dos tipos que vestían de lo más elegante y conversaban casi en silencio, se veían totalmente fuera de lugar. Ellos no pertenecían aquí. ¿Qué se les perdió, qué buscaban, qué querían? Chava se acercó a su mesa y les puso sus cubas y les cambió el cenicero. Fumaban, apenas lo tomaron en cuenta, como si fuera uno más de su servidumbre, así estaban acostumbrados. A que les sirvieran.

Eran las 2:40 de la mañana del 28 de julio 1957. Sismo con epicentro en el puerto de Acapulco. Luego el radio lo confirmaría: las ondas sísmicas llegaron a 7.7 grados en la escala de Richter. La ciudad se volvía a tambalear como en el 11, después de la llegada de Madero, esa entrada triunfante llena de cambio después de treinta años de injusticia. ¿Será que todo gran cambio trae consecuencias insospechadas, como temblores de tierra, huracanes, destrucción al por mayor? Es como si un castigo divino y eterno se cerniera sobre esta ciudad de caos y de esperanza. Algo escondido en las cloacas o en los lagos desecados y las acequias destruidas sacudiría la tierra y el estruendo se volvía a repetir cuarenta y seis años después. ¡Ay, qué poco sabemos! El miedo atrapaba una vez más a todos sus habitantes en esta, la Muy Noble y Muy Leal. Pero también la Muy Hija de la Fregada.

¿Ahora qué pasaba? El miedo sacaba a las personas despavoridas de sus casas, en piyama, medio desvestidas, sin zapatos o con pantuflas. De inmediato las calles se llenaron de personas que parecían abejas huyendo de un panal. Se escuchaban estruendos en diferentes puntos de la ciudad. Parecía como si todo se estuviera cayendo. Camilo estaba afuera de la cantina, que se había vaciado, como decían en las películas de Pardavé, en un santiamén.

Al miedo lo sucedió la oscuridad total. De repente, sobrevino un gran apagón. Todo se puso negro. En ese momento nadie leía el terremoto o el apagón como presagios. Ni siquiera sabían que el guardián de la ciudad, el Ángel de la Independencia, había caído y se quedaban sin el protector, pues su cabeza se había hecho pedazos sobre el pavimento. Aun sin conocer la magnitud de lo ocurrido, el desamparo había hecho presa de los habitantes de México.

* * *

Leopoldo Cuautle se despertó intempestivamente con los movimientos de la Tierra. Su mujer tardó en reaccionar, siempre dormía profundamente. Pensaron en sus hijos. Tenía tiempo que Tonatiuh ni se aparecía por ahí, desde que se había cambiado a Ciudad Satélite siempre se disculpaba por no tener tiempo y le decía que tenía muchos pacientes. «Ni una llamada, ya ni la amuela», le decía su mujer los domingos, cuando había pasado otra semana sin saber de él.

—Pues háblale tú, invítalo a comer el próximo domingo.

—Debí haber tenido una hija, ellas sí son más apegadas con sus madres. Si te mueres, me voy a quedar más sola que un perro.

En paseo de la Reforma era como si la historia misma se viniese abajo. Cuando se supo, a la gente sí que le pareció un presagio de mayores desgracias. El Ángel cayó de su pedestal, descabezándose y partiéndose con la ciudad entera. La Victoria alada caía abatida por las sacudidas. El estruendo silenció al pueblo. Muchos pensaban que a partir de entonces todo iría de mal en peor. O de la chingada, como siempre. La sombra del anterior sexenio ocultaba los claroscuros de este, pero se veía claro que el progreso era para unos cuantos. Los nuevos ricos, favorecidos por los políticos en turno, vivían ahora en Lomas de Chapultepec o se guarecían en Acapulco en sus grandes hoteles; vacacionaban en Las Brisas o tenían su casa cerca de los Alemán, con vista a la bahía. Los demás, los otros, los que realmente hacían el país día con día, esos seguían de pie, como siempre, desde hacía años, décadas, siglos. A pata, sin un veinte. De prestado, pues.

A la mañana siguiente, muchos se restablecían en sus casas, y otros, presas del miedo de una réplica que les impedía vivir tranquilos, se iban sin remedio a trabajar. Leopoldo Cuautle salió a caminar, seguía sin saber de Tonatiuh. Pensó en ir a buscarlo a su consultorio. Qué bruto, se dio cuenta de que era domingo. En su colonia un edificio multifamiliar, recién construido, se encontraba en ruinas. Mucha gente trataba de rescatar damnificados entre los escombros, hasta los más humildes ayudaban en el rescate. Más tarde llegaría el presidente Ruiz Cortines a ver los daños del siniestro. «Serenidad ante todo», expresó el presidente al llegar al lugar donde los restos del Ángel permanecían, y un grupo de trabajadores, con la supervisión del ingeniero Manuel Moreno Torres, hacía el levantamiento para realizar pronto la reconstrucción del monumento, símbolo de la ciudad. Así lo había pedido el presidente. La ciudad se hallaba cortada, partida en dos desde sus entrañas. Pero poco a o poco se levantaría. Esta ciudad era así, volvía a nacer de las ruinas o las cenizas.

Su andar lo llevó hasta Reforma. A Leopoldo le ofendió mucho ver a la gente que se acercaba a lo que quedaba del Ángel y trataba de llevarse pedazos del guardián despedazado, pensando que era de oro. En realidad era de bronce, revestido por pan de oro. Un año después sería restaurado y colocado en su lugar para volver a convertirse en el guardián de la ciudad, para que lo que pasó en aquella madrugada no volviera a pasar. La mayoría seguía encomendándose a la Virgen de Guadalupe. Casi nadie sabía que el verdadero santo patrono era San Hipólito. Igual, si a él le rezaran, tendrían respuesta.

Las líneas telefónicas estaban cortadas. Leopoldo podía haber ido, claro, en auto a ver a su hijo. Pero las malas noticias llegan pronto y los periódicos decían que no había ocurrido nada en Satélite. El caos se presentaba más en el centro de la ciudad y en la colonia Roma, donde el edificio de cinco pisos propiedad de Cantinflas, en Insurgentes 337 esquina con Coahuila, quedó arrasado, al igual que el multifamiliar Juárez.

* * *

Para Tonatiuh el día no había terminado aún. Su mujer, a pesar de la hora, lo esperaba a cenar. Comieron fideos asados con queso fresco. Escuchó sus quejas:

—Si no viviéramos donde da vuelta el aire, al menos podría ir a ver a mis padres. Mañana, antes de ir a tu consultorio me dejas en su casa con los niños. Me voy a pasar el día con ellos, Tonatiuh. Pasas por mí en la noche y entonces nos volvemos.

No respondió. Para él era un orgullo venirse a vivir aquí, abrazar la modernidad de Satélite. Él iba a la Portales a su consultorio, a la vieja casona que su padre le regaló cuando se casaron. Ahí estaban la biblioteca familiar y sus pacientes. La vida, en cambio, estaba en otra parte. Aquí, por ejemplo. Se sirvió un whisky y encendió una lámpara de pie, cerca de su sillón favorito. Abrió el libro que por entonces leía, *El laberinto de la soledad,* y se detuvo en esta frase, que le pareció luminosa: «Viejo o adolescente, criollo o mestizo, general, obrero o licenciado, el mexicano se me aparece como un ser que se encierra y se preserva: máscara el rostro y máscara la sonrisa».

¿Y si María Eulalia tuviera razón y ellos se hubiesen venido aquí como última forma del encierro? ¿Y si por eso dejó de frecuentar a los compañeros de la facultad, para enmascararse del todo, presa de sus propios dolores y dudas?

Cerró el libro, se levantó de su sillón y fue al baño. Orinó lentamente, como con ganas de algo, pero su mujer ya estaba profundamente dormida y no quiso ser inoportuno. Los últimos días así habían transcurrido, sin comunicación.

Una hora después sintió el sacudir de la habitación, estaba temblando, eran casi las tres de la mañana. La ciudad se movía, la tierra reclamaba algo. Uno de sus amigos de la infancia se quedaría atrapado en el edificio multifamiliar de Frontera y Álvaro Obregón, varias familias quedarían sepultadas. Tonatiuh se enteraría de eso a la mañana siguiente.

Temprano se dirigió al Centro. Pasó por el edificio de la colonia Roma y, al verlo en ruinas, pensó en su amigo. Se detuvo. Trató de preguntar por él con la gente que estaba cerca. Al parecer, ya habían rescatado a la mayoría de la gente del edificio y no se sabía si aún había más personas atrapadas entre los escombros. Mientras, Tonatiuh, desconsolado, trataba de ver si podía hacer algo. Del otro lado de la calle, su padre pasaba asombrado de ver los restos del edificio, sin saber que entre la gente estaba su propio hijo, dos desconocidos que se conocen tan bien, perdidos en el caos de la ciudad y sus múltiples laberintos. El temblor no solo había movido la tierra, sino algo más dentro de los habitantes de esta ciudad, que no se cansaba de sorprenderlos.

Los días pasaron y la reconstrucción de la ciudad en algunos lados iba lenta; en otros, con la ayuda de la gente se iba restableciendo poco a poco la normalidad. Bomberos, militares, socorristas de la Cruz Roja y voluntarios seguían con sus labores en busca de alguna persona que siguiera bajo los escombros. Se abrieron diferentes puntos de acopio de víveres, donde la población participó con gran ánimo. Diferentes sindicatos del país pensaban en hacer colectas con sus trabajadores y enviar ayuda económica para los damnificados. Una vez más, el pueblo se manifestaba solidariamente.

* * *

Raquel Mitrani caminaba por la calle de Orizaba en la colonia Roma cuando el pequeño Isaac le pidió un helado de fresa con limón. Con insistencia y con la pericia de un niño consentido, había conducido a propósito a su madre por esa calle. Él conocía el destino real; había aprendido a hacer su voluntad con cierta pericia, tanta que a veces su madre poco lo percibía, o caía en cuenta solo cuando ya le había cumplido el capricho a su hijo.

Raquel no lo escuchó a la primera. Su mente se sumergió en otro momento en esa misma calle. Recordó una tarde de abril cuando Luis la llevó a La Bella Italia por un helado de vainilla. Él no pidió nada, porque en ese momento únicamente le alcanzaba para eso, un helado para la niña de sus ojos. Así la llamaba tiernamente, sin imaginar que la perdería algún día. Ahora, en estos días, después de haber conseguido un lugar en las oficinas de Gobernación con Miguel Alemán, se había hecho muy rico. Tenía un pequeño hotel en Acapulco y vivía con una gringa que había sido, según esto, Miss Ohio. El viejo rancho de Coatepec se había convertido en uno de los más grandes de la región y exportaba café a Estados Unidos, todo conseguido gracias a los beneficios de la Secretaría de Economía, donde un viejo amigo lo ayudó a que prosperaran sus tierras. En este país necesitas siempre un padrino para crecer y hacerte rico a costa del pueblo. Solo con los conectes necesarios es posible que todo crezca. Hasta un primo de Luis era ahora diputado y se veía en un futuro como el próximo gobernador de Veracruz. ¡Cómo habían cambiado las cosas y cómo se había perdido todo en el dichoso progreso!

En otras circunstancias estarían juntos, pensó ella. Si no hubiese sido por su padre y sus férreas tradiciones judías. Era feliz, sin embargo, aunque medianamente. «¿Quién es del todo feliz?», se preguntaba Raquel. Ahora, su pequeño Isaac la hacía más. No podía olvidar sus viejos paseos a escondidas. Esos tiempos en los que Luis era muy atento con ella. La trataba como a una reina. Y dentro de sus escasas posibilidades, siempre se las ingeniaba para sorprenderla. También la protegía, como siempre lo había hecho. Como en el patio de la vecindad y los días que compartían desde niños. Esa ráfaga de nostalgia de pronto no la dejaba vivir tranquila.

Cuando su padre, Jacobo, se enteró por don Abraham Yedid, la encerró por casi dos meses en su casa. Pensó en huir con Luis. Pero algo pasó y lo perdió irremediablemente. Luis fue con el tiempo deslizándose y perdiéndose por las venas de esta ciudad. Durante mucho tiempo Raquel no supo de él, hasta que lo vio en una foto del

Excélsior en un evento del presidente Alemán. Ahí supo que ya le era más lejano de lo que había sido nunca.

Con el tiempo conoció a Samuel y, a pesar de resistirse, la presión de las dos familias la llevó a olvidar un poco a Luis y a irse enamorando del aceptado por su padre. Samuel varias veces la llevó a La Bella Italia, pero nunca fue lo mismo, el helado de vainilla perdió el sabor y lo cambió por napolitano. La convivencia con los demás muchachos de la comunidad y el esmero de Samuel para enamorarla la fueron doblando con el tiempo. Los Mitrani y los Sefamí se harían más cercanos ante la inminente unión de sus hijos y la idea de hacer crecer los negocios. Y más con las reuniones que tenían los adultos, donde apostaban, bebían café y hacían prosperar sus actividades comerciales.

El Kidushín se celebró en la sinagoga de la plaza de Loreto. En el Ketubah, momentos antes, Raquel pensó en abandonarlo todo, huir lejos y buscar a Luis. Su madre habló con ella y la convenció de que casarse era lo mejor. Al final la ceremonia fue de lo más vistosa. Raquel ocultó todos sus sentimientos y trató de estar a la altura de su compromiso. Samuel estaba feliz, de alguna forma Raquel siempre le había gustado. Se sentía realizado, y más con los negocios prosperando poco a poco.

El pequeño Isaac le jaló la mano y le volvió a pedir su helado. Se acercaron a la barra y lo pidieron. Ella estuvo a punto de pedir uno de vainilla, pero el recuerdo la movió y pidió uno de mantecado. Su corazón se detuvo. Salieron de La Bella Italia y continuaron su camino hasta llegar a su casa en la calle de Ámsterdam. Isaac a veces no entendía a su madre, por qué se quedaba tan callada y su belleza se desencajaba. Le gustaba mucho estar con ella después del colegio, el Hebreo Monte Sinaí, donde aparte de su educación básica aprendía las costumbres judías. Con su madre a veces hablaba en yidish, pero cuando salía a jugar al parque con otros niños que no eran judíos, aprendía otras palabras que en casa no podía decir. Y las escribía en una libreta y las hablaba con sus soldaditos, jugando en su habitación. En su casa había muchos silencios. Su padre Samuel era poco cariñoso con él, pero lo llenaba de juguetes. Se acostumbró a esas soledades, y aparte de escribir las palabras de sus amigos, ponía en su cuaderno lo que hacían sus padres y su difícil relación. Con los años, al releer esas libretas, se daría cuenta del poco amor que le tenía su madre a Samuel. Fue más claro aún al encontrar las hojas que escribió el día del temblor.

Samuel estaba en su sillón leyendo el periódico con una taza de café, no había querido salir con su esposa y su pequeño hijo. Se sentía cansado de toda la semana en el nuevo negocio de costura. Estaba maquilando trajes de vestir y diseñando una nueva marca, junto con uno de los Portolarec. Tenía todo el apoyo de su padre Aarón y por supuesto de su suegro y de otros personajes de la Cámara de Comercio Israelita. Raquel entró con el pequeño, y apenas lo saludó a causa del vuelco de todos sus recuerdos. Fue a la cocina, se sirvió un vaso de agua, y después se retiró a su habitación. Samuel la alcanzó más tarde y se recostó con ella; la quiso besar, pero Raquel se hizo la dormida hasta de verdad conciliar el sueño. Samuel aún sentía celos de Luis; sabía que a veces la indiferencia de su mujer se debía a él. Por unos años su relación con Raquel había sido perfecta, pero se fue apagando como si vivieran en reversa. Salió de la recámara y regresó a su sillón, pero ahora con un whisky.

Unas horas después, despertaría a gritos a su mujer:

—Raquel, despierta, despierta, está temblando. ¡Despierta, carajo!, voy por el niño.

Raquel despertó como si emergiera de un sueño antiguo, y no ante los gritos de miedo de su marido. Todos los muebles se tambaleaban; la lámpara de la habitación iba de un lado a otro; Samuel cargaba al niño y salieron de la casa. Algunos vecinos ya estaban afuera cuando se hizo la oscuridad total y dejó de temblar.

Jacobo Mitrani, por su parte, trató de salir de su cama. El miedo lo paralizó, al igual que a su mujer, quien se intentó mover, pero permanecía inerte entre las sábanas. Todo se tornó en oscuridad total y su miedo lo llevó a otros años, a otras épocas, cuando vivía en el centro de la ciudad. No recordaba la fecha exacta, solo que fue el día en que Madero entró triunfante a la ciudad. La tierra se sacudía de la misma manera que lo hacía ahora. Era muy chico cuando eso pasó y le dejó tanto miedo, que hoy le volvía. No quiso salir de la cama hasta que dejó de temblar. Su mujer no sabía qué hacer ante el estado de su marido; intentó marcarle a Raquel, pero no había líneas telefónicas. Pensó que esa noche se volvería viuda.

* * *

En el salón Candiles del Hotel del Prado, Rafael Santoveña brindaba con otros dos viejos amigos que poco había visto desde su regreso a México. Se peleaban amigablemente, viendo quién pagaba la cuenta y todos decían que le tocaba a Santoveña. Debía pagar el remojo de su flamante Mercedes Benz 300.

Desde su regreso, con la ayuda de Alemán, los Santoveña prosperaron a la par que el país. México había cambiado. Además, deseaban que los pequeños Manuel y Beatriz conocieran su tierra original, hablaran español y respiraran los aires de la región más transparente. Su mujer, Antonieta de Teresa, al principio no estuvo de acuerdo. A ella le encantaba vivir en Europa, le daba otra imagen ante sus amigas que se habían quedado en México. A través de cartas les decía lo hermosa que era su casa, las calles y las tiendas que visitaba, en donde gastaba el dinero de su marido —en ropa de moda, perfumes y zapatos—. Pero al final se impuso la voluntad de su esposo. Por más que ella se opusiera, él quería que su hijo creciera en su país verdadero. México iba rumbo al primer mundo y su hijo tenía que ser testigo.

Rafael terminó pagando la cuenta. Al salir del Hotel del Prado su amigo Fermín le pidió un aventón. Vivía a unas dos cuadras de la casa de los Santoveña, en Lomas de Chapultepec. Se subieron al flamante Mercedes Benz y empezaron a avanzar sin un destino claro. Ese sábado se sentía diferente, los dos tenían ganas de seguir bebiendo y buscar otra cantina para sentir otros aires, rozarse con la plebada, como le había propuesto Fermín. Rafael no lo pensó dos veces, tenía pocas ganas de llegar a casa y acostarse con su mujer. Necesitaba algo diferente. A pesar de tenerlo todo, siempre estaba inconforme y esperaba que algo sucediera.

Entraron a una cantina en Tacubaya, y a Rafael no le importó dejar su flamante automóvil estacionado en esas calles. Seguía con esas ganas en la mente, las de probar algo diferente, las de sentir al pueblo, le dijo a Fermín en tono de burla. Entraron a la cantina, se apreciaba un leve olor entre cigarro, licor barato y orines. Buscaron una mesa en un rincón para no juntarse tanto con los demás. En la rocola se oía la voz de José Alfredo Jiménez, en *Ojalá que te vaya bonito*.

Ojalá que mi amor no te duela
y te olvides de mí para siempre,
que se llenen de sangre tus venas
y te vista la vida de suerte.
Yo no sé si tu ausencia me mate...

En una mesa un hombre solitario bebía una botella de tequila, mientras sus lágrimas se peleaban con su alma en cada estrofa del poeta de la desolación. En la mesa de junto, otros tres jugaban baraja. Rafael los observaba con los ojos de un espectador atónito ante lo desconocido; en el fondo lo maravillaba la escena multiplicada por el mareo del alcohol: estar tan cerca de todo esto y ser de *tan* lejos en la misma ciudad.

El cantinero se les acercó, preguntándoles qué iban a tomar. Pidieron dos cubas. Rafael sacó un cigarro Belmont de su cigarrera de plata, se la había regalado el presidente Alemán. Si no fuera por él, seguiría en Europa; ahora vivía en Lomas de Chapultepec, tenía una casa en Acapulco y una finca cerca de Cuautla. Esa la consiguió unos meses atrás cuando fue a ver el inicio de la construcción de la carretera Cuernavaca-Acapulco. Una de sus constructoras tenía a su cargo el primer tramo. En esos días conoció a unos terratenientes de la región, y uno de ellos, que andaba necesitado, le ofreció su finca entre Cuautla y Cuernavaca a un precio irrisorio. Con el apoyo del gobernador de Morelos, la compra y la escrituración se hicieron en dos patadas. Toda una ganga, le presumía a Fermín, sin dejar de insistir en lo piadoso y buen amigo que había sido el presidente con su familia.

—Necesita de gente como nosotros de regreso en México para detonar el desarrollo. El futuro no puede hacerse con gente de medio pelo.

La puerta se abrió y entró Camilo directo a la barra. Después de que Chava, el cantinero, le sirviera una cuba, se quedó viendo a Rafael con asombro. ¿Qué podía estar haciendo un hombre tan fino y educado en la cantina? Sí llegaban a asistir periodistas, oficinistas, hasta uno que otro escritorcillo intelectual, pero no alguien tan fino. Casi nunca. No que él recordara.

Al notar Rafael que el engominado de mostacho fino que estaba en la barra se le quedaba viendo por ratos, decidió alzar su vaso y hacerle seña de salud, a lo que Camilo respondió de la misma forma. Se volteó y buscó los cigarros en su chamarra, pero ya no tenía la cajetilla, tal vez se le habían quedado en el taxi. Reviró a la mesa de los *popoffs,* y como vio que ellos fumaban se decidió acercarse y pedirles un cigarro, sin pena alguna; de todas maneras los que salían sobrando ahí eran ellos y tenían que pagar su cuota, por muy ricos que fueran.

—Buenas noches, ¿serían tan amables de regalarme un cigarro?

—¡Claro, mi amigo! —contestó Rafael sonriente, extendiéndole la cigarrera de plata.

—¡Ah, canijo!, esta cosa esta muy elegantiosa, con todo respeto para usted.

—Es un regalo de un amigo, cualquier cosa.

—¡Pos qué amigazos se carga usted, mi buen!

—¿Gusta una copa? ¿Qué está tomando?

—No quisiera interrumpirlos.

—En lo absoluto, tome asiento, mi buen.

Camilo jaló una silla y se sentó con ellos. Se presentó, les dijo que era taxista y que solo pasó pa echarse unas, relajar el cuerpo y ver si encontraba a un amigo. Les platicó de su chamba y ellos lo escucharon con agrado. Les hacía gracia su forma de hablar. Les contó que vivía en una vecindad de Tepito, tenía tres hijos y dos niñas que eran su adoración. Su mujer era muy decente, pero su amante, la Remedios, lo traía bien loco. Dijeron salud por la Remedios, medio en burla, pero él no pudo notarlo. Luego, el que llevaba la voz cantante pidió una nueva ronda.

Alrededor de las tres de la mañana, los vasos cayeron de las mesas; las botellas, de la barra, y el piso se movía de un lado a otro. Camilo pensó que ya estaban todos más que borrachos.

—¡Está temblando, hijo de la chicharra! —gritó Chava, el cantinero.

—Vámonos pa fuera antes de que se caiga todo.

Cuando pudieron salir, el temblor ya había pasado; la gente parecía espantada, sin moverse de las banquetas, mirando los estragos. Camilo llegó a mitad de la calle y a lo lejos pudo ver cómo su taxi estaba destrozado. Una parte de la barda de una casa se había caído encima, aplastando su preciado «cocodrilo». El flamante Mercedes

Benz de Santoveña, en cambio, estaba intacto, solo cubierto de polvo. En este país, los ricos nunca pierden.

* * *

Al anciano Guillermo Santoveña el terremoto le había sacudido las ideas. Volvió a reflexionar en la que, estaba seguro, sería su pronta muerte. El temblor había dado al traste con algunas de las piezas prehispánicas que adoraba. Tenía una colección modesta, y un comerciante de la Lagunilla le conseguía otras para acrecentarla. Al caerse la vitrina con las sacudidas de tierra, su máscara de jade favorita se hizo añicos. Había mandado a hacer, cuando se trasladó a la casa de su primo, esa vitrina para exhibirlas. Marina se había burlado de él cuando al fin las colocó y encendió la luz interior para iluminarlas. Nadie frecuentaba esa casa, ¿para qué demonios quería tenerlas a la vista? A ella le causaban miedo. Esos ojos, los dientes, las incrustaciones. Guillermo había heredado de la familia ocho piezas y llegó a tener alrededor de treinta. Una vasija sellada con forma de águila, que parecía contener algo en su interior, era parte de la herencia de su padre. Aseguraba que había estado con la familia desde el inicio de los tiempos. Quizá desde que llegaron de España. Gracias a Dios, pensó Guillermo, quedó intacta después del temblor.

Al doctor nunca le pareció necesario verificar el contenido de la vasija. Prefería pasarla a otro miembro de la familia. Como no tenía descendencia, pensó en Manuel, su sobrino nieto que había regresado de Francia. Esa tarde telefoneó a su sobrino Rafael Santoveña, padre del muchacho, para anunciarle que había decidido heredarle su colección.

—Ya estoy viejo y es mejor que se sepa quién será el dueño de todas estas piezas invaluables antes de que me muera y las malbaraten.

—¡Ay, tío, qué cosas dices! Eres un roble. No te nos vas a ir pronto. Te me estás poniendo sentimental.

—Tu hijo sería mi esperanza. Ojalá que algún día, en lugar de dedicarse a los negocios, como tú, estudie medicina.

—¿Cómo vamos a saber, tío? Si el chamaco apenas tiene diez años. Además, si es médico ¿para qué le van a servir tus antiguallas prehispánicas?

—Si no le interesan, que las exhiba en su consultorio, que también le podría heredar.

Los dos hombres colgaron y quedaron de verse el fin de semana siguiente.

* * *

Dos noches después, como acostumbraba, Isaac Sefamí escribió en un pequeño diario sus recuerdos del día del temblor:

Mi mamá me llevó a La Bella Italia. Yo iba corriendo pensando que era el Llanero Solitario. Me sentía fuerte sobre Plata. Mi aventura era convencer a mamá de que me comprara un helado y luego un globo. Extrañaba a Marcos Cohen, mi mejor amigo. Siempre jugábamos en el parque con otros niños. Pero era sábado y lo mejor era ir por un helado. Cuando llegamos a casa, mi papá estaba de mal humor leyendo su periódico, entré rápido a mi cuarto, los oí pelear desde atrás de la puerta. Si tuviera a Plata podría huir. Me acosté en mi cama y me quedé dormido. Me despertó mi mamá y me llevó un vaso de leche con pan. Sus ojos se veían rojos, seguro estuvo llorando. Le di un beso en el cachete y me sonrió. Se veía tan bonita que parecía actriz de cine. Me volví a dormir hasta que mi papa me sacó de la cama a gritos. Salimos a la calle. Era de madrugada. Vi a Marcos con su papá, llevaban piyama de rayas como nosotros. Una señora pasó gritando que ahí a unas calles un edificio se cayó. Todo era como una película americana. La gente gritaba, todo a oscuras. Luego supe que Rogelio y Luis, mis amigos, quedaron sepultados en el edificio que se había caído. Nunca les pregunté dónde vivían. Nuestras aventuras eran siempre en el parque México. Mi mamá sigue igual, tengo miedo de preguntarle qué tiene. Con todo esto tiene la mirada perdida. Fuimos a la sinagoga a orar. Ahí vi a Marcos, luego salimos a jugar, pero todo era diferente. Incluso las caras de nuestros papás, como que después del temblor a todos se nos ha movido algo.

Isaac Sefamí

35

1968

Toda ciudad es una red de laberintos, donde lo más seguro es perderse. Pocos llegan a encontrarse con el Minotauro, solo para salir despavoridos, presas del más oscuro miedo. El centro de la ciudad no existe, en realidad se trata de miles de distintos vectores de signos contrapuestos que se atraen y se repelen. Solo en las grandes ciudades, quienes no estaban destinados a encontrarse pueden, incluso, volverse íntimos. Las ciudades son, de hecho, inefables. No se les puede decir ni interpretar. Solo una cosa es cierta: las ciudades destruyen lo fatal, el destino, lo ya escrito. Las ciudades son el territorio de lo posible.

Isaac Sefamí estaba en segundo año de filosofía cuando se encontró con Leonardo Cuautle Luján. Ambos llevaban bajo el brazo la primera edición de *La región más transparente*. Leonardo era estudiante de tercer año de arqueología, en la Escuela Nacional de Antropología e Historia. Estaban en mesas distintas de la cafetería El Ágora, en Insurgentes y Barranca del Muerto. Sefamí fue quien reconoció en el otro joven a un posible cofrade. Era mayo de 1968 y no se hablaba de otra cosa que de los estudiantes en París y la Primavera de Praga, en una renovación del socialismo casi juvenil, llena de alegría. Isaac se levantó de su mesa y fue a la del vecino, sin pena:

—Veo que leemos el mismo libro —dijo señalando el ejemplar de Cuautle—, andamos medio trasnochados, ¿no crees? Yo voy en la tercera relectura. Sigo hipnotizado. ¿Puedo sentarme? Soy Isaac. Isaac Sefamí. Estudio filosofía, ¿tú?

Cuautle era más bien reservado, y la inicial perorata llena de preguntas lo dejó perplejo. Al inicio no respondió, ni tampoco pudo aventurar ningún gesto de invitación. Sefamí no parecía necesitarlo. Arrimó la silla, regresó a su mesa por el café americano y una cajetilla de Camel. Luego susurró al oído de su nuevo amigo:

—Ese que está allí, fumando solitario, es Juan Rulfo.

—Lo sé. Una de las razones por las que vengo es su presencia totémica en este lugar, como si presidiera la cafetería. Quizá me atreva a hablarle un día. No encuentro la fuerza, me da vergüenza. —Dio un fuerte suspiro y al fin pudo presentarse ante Sefamí—. Yo soy Leonardo Cuautle Luján, mucho gusto.

Se dieron un apretón de manos. Sefamí le comentó, en tono de burla, que se parecía a Ixca Cienfuegos.

—Yo, en cambio, no aparezco en la novela. ¿Te imaginas un judío sirio de La Merced? Algún día quizá yo escriba la novela de mi familia. Por ahora sé que somos invisibles. ¿Y qué haces Ixca Cuautle? ¿Estudias o trabajas?

—Estudio. Arqueología, recojo tepalcates. Excavo. Vivo en el pasado.

—Yo vivo en el presente. Me encanta esta «ciudad puñado de alcantarillas, cristal de vahos y escarcha mineral, ciudad presencia de todos nuestros olvidos, ciudad de acantilados carnívoros, ciudad de dolor inmóvil, ciudad de la brevedad inmensa, ciudad del sol detenido, ciudad de calcinaciones largas, ciudad a fuego lento, ciudad con el agua al cuello, ciudad del letargo pícaro, ciudad de los nervios negros, ciudad de los tres ombligos, ciudad de la risa gualda, ciudad del hedor torcido»…

Cuautle continuó recitando, pero saltándose un largo pedazo del sermón:

—«Ciudad del tianguis sumiso, carne de tinaja, ciudad de reflexión de la furia, ciudad del fracaso ansiado, ciudad en tempestad de cúpulas, ciudad abrevadero de las fauces rígidas del hermano empapado de sed y costras, ciudad tejida en la amnesia, resurrección de infancias, encarnación de pluma, ciudad perro, ciudad famélica, suntuosa villa, ciudad lepra y cólera, hundida ciudad. Tuna incandescente».

Luego los dos, al unísono:

—«Águila sin alas. Serpiente de estrellas. Aquí nos tocó. Qué le vamos a hacer».

Los interrumpió la llegada de otra joven. Resultó ser la novia a escondidas de Isaac Sefamí. Eso lo supo Cuautle la semana siguiente, cuando fueron los tres al cine a ver *Los caifanes*, la película de Juan Ibáñez que tenía un guion de Fuentes. La película había recibido la Diosa de Plata ese mismo mes. La novia de Sefamí se llamaba María de las Mercedes Landero y estudiaba enfermería en el Poli. Todo eso le dijo Isaac, otra vez trompicándose. Ella lo interrumpió, presentándose con Cuautle:

—Llámame Meche —dijo extendiéndole la mano. De inmediato la separó y le dio un par de besos largos a Isaac, como si no le importasen los demás. Como si no hubiese nadie en El Ágora. Ya le gustaría a Leonardo tener ese arrojo o vestirse con esas minifaldas.

Isaac y Cuautle intercambiaron teléfonos y quedaron de verse pronto. Las siguientes tardes afianzaron su amistad. Leonardo vivía solo, en una casa en la Portales. Después del cine los invitó a unas chelas. Eran ya seis. Leonardo había invitado también a Octavio Cardona, un estudiante de física de Zacatecas, que había conocido en las islas de Ciudad Universitaria, y que también compartía la afición cinéfila. María de las Mercedes llevó a uno de los internistas, Manuel Santoveña y de Teresa, a la película. Sefamí, medio celoso, había preguntado:

—¿Cómo caben tantos apellidos en tu cartilla?

Pero el joven estudiante de medicina lo desarmó bromeando:

—La mía dice, textualmente, «inútil a la patria». Así que solo la uso para poder entrar a los centros nocturnos.

María de las Mercedes había llevado también a su hermano, apenas un año menor, Felipe de Jesús. Isaac, siempre en tono de chanza, lo presentó también:

—Aquí mi cuñado, Felipe. O nuestro chaperón. O nuestro freno de mano. No pudimos dejarlo viendo cómo paría la marrana, así que igual se divierte con la película.

Ya en la casa de Cuautle, Isaac le confió a su nuevo amigo que Felipe en realidad era a todo mecate y les hacía la valona para que pudieran verse. Los papás de Meche darían el grito en el cielo si supieran que su hija andaba con un judío. Isaac puntualizó:

—Y los míos más si saben que salgo con una *shiksa*. En mi casa será siempre casarse entre judíos, a menos que me escape del país y me vaya al carajo. Con Meche o sin ella. Ya veremos.

Ese grupo, totalmente disímil, había nacido gracias a esa ciudad cabeza de mil serpientes que se muerden la cola, pensó Leonardo. Los hermanos Landero habían estudiado en el Colegio Madrid; Santoveña había estudiado en el Patria, con los jesuitas; Isaac, en el Israelita, y él, en la Prepa 1, en San Ildefonso. El único que estudió en colegios públicos era él. Pero gracias a su padre era el único que tenía, digamos, casa propia. Después de años de llevarlo todos los días al Centro, a la prepa, Tonatiuh Cuautle había decidido dejarle la casa de la Portales. Conservaría el consultorio, claro, y podrían verse a menudo. Al principio, su madre no estuvo de acuerdo, pero luego cedió. Ciudad Satélite quedaba en el fin del mundo y era absurdo seguir yendo en el Studebacker Comando de su padre, un vejestorio azul oscuro, largo como una lancha que cruzase los antiguos canales de Tenochtitlan. O al menos así lo veía él.

Así que ese verano la casa de la Portales se convirtió en el cuartel general del curioso grupo. Cuando la triste realidad del país los alcanzó con la represión en aumento, fue el lógico centro de operaciones, al que acudían antes de volantear o ir a las manifestaciones. Algunos más se anexaron al grupo: Juan Madrid y su novia Deborah; un amigo de Octavio, Takahiko, cuyos padres inmigrantes habían inventado los cacahuates japoneses, según decían. Pero ellos seis se mantuvieron como el núcleo duro de verdaderos amigos, forjados en meses de impotencia y rabia que empezaron cuando los granaderos reprimieron a dos grupos que reñían por algo tan banal como un juego de «tochito», ni siquiera uno formal de futbol americano. Fue allá por la Ciudadela, cerca de la Vocacional 5, lo que prendió la mecha. Aunque suene manido. Ahí estalló todo. Hasta los papás fueron a las marchas a protestar. Los hasta entonces antagónicos alumnos del Poli y los de la UNAM, unidos contra la mano férrea de Díaz Ordaz.

Los Ciudadelos, una pandilla, enfrentó al equipo de la preparatoria particular Isaac Ochoterena. Los Ciudadelos eran del Poli, de las vocacionales 2 y 5. Los de la Ochoterena apeadrearon la Voca 2. Cientos de alumnos del Poli, al día siguiente, salieron buscando venganza rumbo a la preparatoria particular. Ahí fue cuando intervinieron los granaderos: cercando y golpeando a los politécnicos. La policía se metió a las vocacionales y madreó por igual a alumnos, maestros y maestras.

«¡No queremos Olimpiadas, queremos revolución!», era el grito colectivo que Leonardo y sus amigos gritaron una y otra vez ese verano, ese otoño, el otoño de su desconsuelo, dirían más tarde. Pero fue esa pinche olimpiada la que precipitó la iracundia del presidente contra los estudiantes. Se decía que iba a costar más dinero —en pesos actuales— que la celebración del centenario de don Porfirio. ¿Y todo para qué? ¿Para mentirle al mundo que México era democrático y pacífico y moderno? Esas eran preguntas que la realidad les iba respondiendo cada día. Porque eso ocurre en momentos así: los días no alcanzan, las horas pasan de largo y la Historia, con mayúscula, arrasa todo a su paso: las vidas, las ideas, los proyectos. Isaac era quien les traía lecturas y quien organizaba el círculo de estudio. Entre julio y agosto leyeron a Marx, buscando empaparse. Comenzaron a convertirse en una célula, como la llamaban al principio, medio en broma, la Célula de la Portales, con sus estrategias de resistencia y sus postulados políticos discutidos en grupo. Fueron semanas de efervescencia. Semanas tan intensas como ninguno de ellos volvería a vivir. No al menos de esa manera, como si a la mañana siguiente se fuera a acabar el mundo.

El más politizado, además de ser alcahuete de su hermana, era Felipe de Jesús. Landero estudiaba ingeniería en el Poli y era quien les explicaba lo que iban leyendo. Las discusiones, entre humo y cervezas, duraban hasta bien entrada la noche. Él sí tenía experiencia en manifestaciones, iba siempre a las de la Juventud Comunista. Dos veces al año, por Vietnam y por Cuba. Salían de la glorieta de la SCOP, pasaban por Niño Perdido y desembocaban en San Juan de Letrán. Gracias a Felipe supieron de la cantidad de presos políticos, de la historia ya longeva de represión del PRI. Les explicó quién era realmente Demetrio Vallejo. Les hablaba de los sindicatos charros, del vejete de Fidel Velázquez. El 26 de julio no fueron a la manifestación, a pesar de que Felipe los invitó. Era del partido y rehusaron. Estaba leyendo a Revueltas en ese momento. Les hablaba de la democracia cognoscitiva, del trotskismo, de los espartacos del Partido Comunista. Su padre no solo no sabía nada de los amores de Meche con Sefamí, menos la ideología de su hijo. El Poli organizó su propia manifestación para el mismo día, por lo ocurrido en la Ciudadela. Meche quería ir con unas amigas enfermeras, y Manuel Santoveña se ofreció a acompañarla. Sefamí se sumó al grupo. Dejaron el Impala en un estacionamiento cerca del Reloj Chino, en Bucareli. Los granaderos ya habían tomado las calles. La manifestación había sido disuelta antes de que ellos llegaran.

—Parece que al llegar a la avenida Juárez los granaderos atacaron las dos manifestaciones. La policía persiguió a los estudiantes hasta el Casco de Santo Tomás. Igual, mejor pírense —les dijo un estudiante que venía corriendo, con la cabeza ensangrentada y una chamarra de mezclilla improvisando un torniquete también rojo.

—Te llevamos a una clínica —le ofreció Meche—, yo soy enfermera.

—No se preocupen. Llego a mi casa de volada y ahí mi mamá me cura. Incendiaron un camión de granaderos, se va a poner de la fregada.

Se regresaron al «cuartel» de la Portales, a la casa de Cuautle. Allí estaban los demás. Y ellos tres, que regresaban con la cola entre las patas, sin haber visto nada.

Cardona tenía un Dinalpin A110, que había pertenecido a su hermano mayor, médico que se había regresado a Zacatecas, así que solo llevaba a un compañero. Santoveña, en cambio, traía a los demás en su Impala. Sefamí bromeaba con Cardona:

—Ora te toca invitar a ti, mano, al fin que eres minero.

—Dueño de mina, que es distinto —reviraba Cardona, quien apenas conseguía lo suficiente para mantenerse en la ciudad. Todos cooperaban para la comida y la bebida, y los cigarros se habían vuelto un tesoro colectivo. Manuel Santoveña, por su parte, se disfrazaba de *hippie*, según sus amigos, y no le gustaba hacer gala del dinero de su familia. De todas maneras, era quien disparaba al fin de mes, cuando se había acabado la lana. Sin hacer alarde, deslizaba un billete de cien pesos que inflaba las mermadas arcas del grupo. Siguió habiendo cine, por supuesto, incluso un día fueron todos al Blanquita. Pero lo demás del tiempo lo dedicaban a organizarse políticamente y a decidir con qué grupos simpatizaban más entre las tantas facciones de estudiantes. Cuando estalló la huelga general, sin embargo, eran un mismo frente ya. Las demandas eran ya claras, libertad a los presos políticos, disolución del cuerpo de granaderos, destitución de sus jefes, de Frías, Cueto y Mendiolea.

—¡Ahora deben liberarlos a todos! —decía Felipe, haciendo eco de las demandas del Consejo de Huelga—, a Valentín Campa, a Víctor Rico Galán y a los médicos que siguen en la cárcel después de los ceses por su movimiento.

Mientras, el ejército iba ganando territorio. Entró a San Ildefonso, a la Prepa 1, entró al Politécnico, amenazaba con tomar Ciudad Universitaria. El rector Barros Sierra encabezó una marcha con más de cien mil universitarios el primero de agosto. A la manifestación del 13 fueron todos los de la Célula de la Portales. No juntos, porque cada grupo iba con los suyos. Quedaron en una táctica: al final de las marchas siempre terminarían regresando a la casa de Cuautle. Era su «casa de seguridad», decían, utilizando un lenguaje de la clandestinidad que copiaban de sus manuales. El caso es que hubiera un lugar donde contar lo ocurrido y refugiarse si fuera necesario. El 13 de agosto, por vez primera la manifestación logró llegar al Zócalo, al centro de la vida política. Salieron del Casco de Santo Tomás, cruzaron hasta paseo de la Reforma, pasaron por El Caballito y dieron vuelta en la avenida Juárez. Cruzaron San Juan de Letrán y tomaron Cinco de Mayo. En el Zócalo gritaban:

—¡Sal al balcón, hocicón! ¡Sal al balcón, hocicón!

Eran cientos de miles. Estaban en el corazón de México-Tenochtitlan, frente al Gran Teocalli, el palacio de Moctezuma, les dijo Cuautle.

Frente al palacio de la Ignominia, pensó Landero al escucharlo. La televisión dijo que habían sido trescientos mil manifestantes. De regreso pasaron de nuevo por Reforma. Santoveña, Meche y Felipe Landero, Sefamí y Cuautle. Manuel les dijo que esperaran al llegar a la sede del Comité Olímpico.

—No les he dicho nada, pero acá trabaja mi hermana con Ramírez Vázquez. Es arquitecta. Ahora baja y viene con nosotros.

—Landero, ¿cómo ves? ¿Aceptamos a una infiltrada en el grupo? —bromeó Leonardo.

—Otra mujer, al menos así me siento menos sola —intervino Meche.

—Mi hermana Beatriz —les dijo Manuel, presentándola—; mis cuates, de los que te he hablado.

—Mucho gusto, Célula de la Portales —bromeó ella—. Manuel ya ni se para por la casa por estar con sus amigos revoltosos. Tanto gusto.

Le dio un beso en la mejilla a cada uno. Era idéntica a Manuel. Era Manuel con el pelo largo. Ellos estaban acostumbrados al asombro instantáneo desde niños. Beatriz intervino:

—Sí, somos gemelos. Dos gotas de agua, como diría mi madre.

Es difícil acostumbrarse a ver al doble —en este caso a la doble— de alguien cercano a ti. No sabes dónde detener la vista. Leonardo, en particular, se sentía incómodo, sin entenderlo. Beatriz y Manuel se quedaron poco rato esa noche en la casa de Cuautle. Según Meche, la hermana era más simpática y alivianada que Manuel. Leonardo no estaba de acuerdo:

—Parecía estudiarnos todo el tiempo, como si la hubiese mandado su mamá a ver qué calaña de amigos tenía su hijito —respondió Leonardo.

—Uta, ¿a ti qué mosca te picó, maestro? —terció Landero—, tampoco es para tanto. Además, a mí también me cayó bien la hermana.

Varias veces más se anexó al grupo, una vez para ir al cine con todos. Inauguraban el cine Regis con una película británica, *Repulsión,* de Roman Polanski, de la que todo el mundo hablaba. Manuel los invitó a todos y cenaron en el hotel Regis, al lado. Se trataba de un festín para sus amigos «proletarios», les dijo con sorna Beatriz. Odiaba que le dijeran Betty. Se los advirtió mientras brindaban con sus cubas libres.

—Vamos al bar, otro día los invito al Capri. Pero no creo que esta sea una noche de cabaret —interrumpió Manuel, apenado con su hermana gemela. Cuautle no podía dejar pasar la ocasión:

—Doña Beatriz Santoveña y de Teresa, faltaba más —bromeó esta vez Leonardo mientras genuflexionaba haciendo reverencias.

La noche fue un oasis necesario en medio de semanas de activismo. Se sentían extraños, pero al mismo tiempo nobles, marqueses. No iban vestidos para la Taberna del Greco, pero no parecía importarles. Comían caracoles a la riojana y filete de lenguado e incluso Beatriz había pedido langosta Thermidor. Felipe, menos mal, no había asistido. Él sí estaba con sus verdaderos amigos proletarios, trotskistas, planeando la revolución y soñando la disolución del Estado represor. Hubo un amago de apertura los días siguientes. Un mitin de diálogo con los diputados al que, por supuesto, no asistió ningún diputado. El secretario de Gobernación, Echeverría, declaró a la prensa, falazmente, que había disposición de escuchar a los representantes de los maestros y de los estudiantes. A Felipe le parecía que les estaban tendiendo una trampa para ganar tiempo, que lo único que les importaba eran sus jodidas Olimpiadas. Doscientos delegados de todas las escuelas participaban en el Consejo Nacional de Huelga. No se ponían, por supuesto, de acuerdo: había guevaristas, maoístas, trotskistas. Cinco días enteros, del 22 al 27 intentando llegar a puntos comunes. Se iba agosto y también las esperanzas de conseguir satisfacción de sus demandas.

Volvieron a manifestarse el 27. Salieron del Museo de Antropología y pudieron llegar de nuevo al Zócalo. Las campanas de Catedral repicaban, echadas al vuelo. Las luces encendidas. La plaza llena y ríos enteros de gente que venían de Madero, de 5 de Mayo, abarrotándola. Se decidió montar una guardia permanente en el Zócalo. Se encendieron hogueras. Se instalaron tiendas de campaña.

—Vamos a conseguir tortas y cigarros para los compañeros que se quedarán velando —propuso Manuel como a la una de la madrugada.

Tomaron la calzada de Tlalpan y se hicieron de abasto en una fonda de Insurgentes que por fin encontraron abierta. Iban a subirse al Impala de regreso cuando pasó Cardona en su Dinalpin:

—¡Está de la chingada, no regresen! Nos vemos en la casa.

Del interior de palacio Nacional habían salido tanques de guerra que dispersaron a los muchachos que se habían quedado a montar guardia. Venían corriendo por Reforma, por avenida Juárez, algunos en camiones del Poli, gritando:

—¡A CU!, ¡todos a CU!

La asamblea para discutir lo ocurrido fue en el auditorio Justo Sierra. Cuautle se regresó a su casa, para encontrarse con los otros. Felipe Landero y Sefamí se fueron a la asamblea. No se llegó a ningún acuerdo. A la mañana siguiente se obligó a los burócratas a apersonarse en el Zócalo a rendirle honores en desagravio al *lábaro patrio*.

Díaz Ordaz, en el informe del 1 de septiembre, advertía con su vieja retórica de abogado:

—No quisiéramos vernos en el caso de tomar medidas que no deseamos, pero que tomaremos si es necesario; lo que sea nuestro deber hacer, lo haremos; hasta donde estemos obligados a llegar, llegaremos.

Ninguno podía entrever entonces hasta dónde habría de *llegarse*.

* * *

De todos los días siguientes y sus noches, Leonardo Cuautle habría siempre de recordar la Manifestación del Silencio. Esa tarde, saliendo del mitin se quedaron solos Manuel Santoveña y él. Se habían metido en una bocacalle después de San Juan de Letrán, para tomar aire. Los miles de estudiantes se dispersaban, volvían al Poli, a Ciudad Universitaria, CU; sus amigos estarían seguros regresando a la casa de la Portales, manejando o a pata. A todos les había dado llave. No tuvo tiempo de pensar. Manuel lo abrazó y lo besó. Fue un beso intenso, breve. Él abrió los labios, metió la lengua y jugueteó con la de su amigo. Habrán sido unos segundos, pero perdió toda noción del tiempo. Era la primera vez que besaba a un hombre, o que lo besaban a él; pero había sabido desde mucho antes que no le gustaban las mujeres. Se había resistido del todo a aceptarlo. Nunca sospechó que Manuel también. Menos que tuviera ese arrojo que a él siempre le faltaba. Se separaron. Suspiró hondo. Se vieron a los ojos. Entonces a Leonardo se le ocurrió solo una pregunta:

—¿Desde cuándo, Manuel?

—¿Desde cuándo qué?

—¡Desde cuándo sabes, carajo!

—¿Qué soy joto? Desde los ocho años —soltó una carcajada—, menos mal que eso es lo que te preocupa después de que te besé. ¿Y tú? ¿Desde cuándo lo sabes?

—Ni idea, Manuel. Ni puta idea. Desde ahora, quizá.

—No chingues, por favor. ¿Vas a decir que nunca? ¿Qué no te imaginas cosas? ¿O que no tienes fantasías?

—No. No me malentiendas. Sé que lo sabía y sé que no lo aceptaba. Desde siempre, quizá. Desde que nací, igual. Nunca me atrajo ninguna mujer. Y sí muchos hombres, pero me negaba a verlo. De verdad. Hasta ahora. Es como si hubieras corrido un velo de mis ojos. Madres, de golpe.

—¿Y ahora?

—¿Ahora qué? ¿Le decimos a nuestros amigos? ¿Nos escondemos? Puta madre, no sé ni qué estoy diciendo.

—¡Cómo les vamos a decir! Muy a la lucha, obreros del mundo, pero son unos machines. Pero es lo de menos. No tenemos que decirle a nadie. ¿Quieres conmigo? Digo, eso es lo único que importa. Lo otro, pues cuidarnos. Este país no está preparado para gente como nosotros. Todavía no.

Sacaron el Impala de un estacionamiento y enfilaron de regreso. Leonardo sabía que algo muy hondo se había movido para siempre en él. Estaba rojo, muerto de vergüenza, pero a la vez quería estar solo con Manuel. Y le daba miedo. Mucho miedo.

Se quedaron en silencio. Esta vez su amigo parecía haber perdido también el arrojo de siempre. Puso el radio. Sonó Johnny Laboriel, *Calor*.

> Qué calor, qué calor.
> Las calles llegan a quemar.
> Qué calor, qué calor.
> Un lugar fresco para estar.
> Qué calor, qué calor.
> Tu mano quiero yo tomar…

Los dos amigos sueltan una carcajada. Manuel lo abraza. El asiento continuo del Impala le permite a Leonardo acercarse, pone la cabeza en el hombro de Santoveña. En pocos minutos, así, en silencio, se lo han dicho todo.

En medio del fragor político, Manuel se instala al menos dos veces por semana en casa de Leonardo. Unos días antes, su amigo le ha enseñado la única posesión que realmente lo enorgullece: la biblioteca de su abuelo, con los miles de libros hermosamente encuadernados en *española*. A Manuel le ha impresionado la biblioteca, y por eso le trae, cuidadosamente envuelta, una vasija prehispánica diciéndole que es mejor que él la tenga:

—Aparentemente ha estado con mi familia desde siempre, pero no creo que nadie la valore. Además, tú vas a ser arqueólogo. Igual un día la abres y sabes qué demonios se oculta adentro. Solo tienes que prometerme que no la vas a donar a un museo o a los del INAH. Mi tío abuelo me la regaló, con su colección de ídolos, pero creo que estará mejor contigo.

—No sé, Manuel. La acepto, pero si alguien de tu familia la reclama, te la devuelvo sin bronca.

—Nadie lo hará. Era mía y ahora es tuya. —Le da un beso que sella el obsequio.

En su tocadiscos portátil escuchan bandas medio oscuras en discos que Manuel colecciona, grabados incluso en garaje.

* * *

El país seguía encendido, con la llama de la revuelta atizada día a día por el gobierno. El rector había fijado el 17 de septiembre como la fecha para reanudar la normalidad académica, pero el 18 el ejército ocupó la universidad. Adiós autonomía universitaria. Un pelotón de paracaidistas arriaba la bandera que el rector desde el martes 30 de julio había colocado a media asta. Nadie supo ver que era el final del movimiento. Los comités de lucha comenzaron a planear cómo resistir desde fuera de Ciudad Universitaria. Se reunían en iglesias, en parques. Hacían mítines relámpago. En la casa de la Portales instalaron un mimeógrafo que trajo Cardona. Se pasaban el día planeando acciones y luego ejecutándolas para después volver a planear. Los periódicos se habían negado a publicar el manifiesto del Consejo General de Huelga. Pintaban camiones. Venían escaramuzas con soldados. Los comercios del Centro cerraron. El jefe de la Policía, Cueto, había informado en la televisión que ya habían detenido a quinientos setenta y dos revoltosos. Igual y ya eran muchos más. Se trataba de una minúscula guerra de guerrillas, tres días de luchas callejeras. El 21 de ese septiembre los granaderos volvieron a atacar a estudiantes de la Vocacional 7, cerca de la Unidad Habitacional Tlatelolco. Piedras. Bombas molotov. Gases lacrimógenos. Balas de verdad. El rector Barrios Sierra anunció su renuncia, aunque la junta de gobierno la rechazó. El ejército ocupó sangrientamente el Casco de Santo Tomás.

Luego, para finalizar septiembre, el gobierno volvió a mentir; dijo que regresaba al diálogo y retiraba al ejército. Esa noche fue la última que Manuel y Leonardo pasaron juntos.

—Tengo miedo, de verdad miedo. Por más que siga yendo a las manifestaciones y grite «¡Medicina no claudica!», siento que nos va a cargar el payaso. No creo que Díaz Ordaz recule. Solo gana tiempo. A ti, en cambio, te veo tranquilo, Leonardo.

—Será que me importa más por ahora estar contigo que toda esta lucha.

Manuel traía un nuevo disco, Las Antorchas. Puso una canción, colocando cuidadosamente la aguja sobre el acetato, sonó *Dime*. Habían escuchado antes a la banda, pero sus canciones de protesta. Ahora era solo esto. Pura melodía. Superpacheco. Manuel sacó dos ácidos. Era también la primera vez que Leonardo iba a probar LSD. Y la última. Pinche malviaje. Pero mientras el rock psicodélico de Las Antorchas sonaba, se levantaron a bailar. El efecto del ácido empezaba a alterar la visión de Cuautle. Manuel se duplicaba, triplicaba, centuplicaba. Eran un chingo de Manueles los que tenía enfrente. Cogieron, como le gustaba decir a Manuel, como nunca. Como si los dos supieran que algo se iba a romper después y que no les iban a alcanzar los años para pegar las piezas de los añicos en los que iban a convertirse.

Antes de que Leonardo se sintiera mal y comenzara a vomitar, todavía fumaron y se quedaron así, desnudos, abrazados. Como si la ciudad cupiese en un cuarto.

* * *

El 2 de octubre nuevamente los miembros de la improvisada Célula de la Portales irían en grupos diversos a la manifestación.

—Nos vemos acá en la noche —les pidió Sefamí, que compartía con Landero el liderazgo improvisado—, y si pasa algo se reportan antes. Cardona y Taka se van a quedar imprimiendo volantes y al pendiente del teléfono.

Y así ocurrió. Cada uno tuvo algo distinto, atroz, que contar. Una rabia espantosa unía las historias de quienes fueron llegando a la casa de Cuautle. Abrían unas cervezas y se tiraban en los sillones de la sala. Todos habían presenciado *algo*, y el rompecabezas iba armándose a retazos de ira y de dolor. Un solo día era suficiente para cercenar las vidas y los sueños de miles. Un solo día para clausurar el porvenir, así pensaba Meche, la última en llegar, ya de madrugada, de un interrumpido turno en el hospital del Poli. El silencio de todos ellos, envejecidos al unísono en una sola jornada, nadie se atrevía a interrumpirlo sino con interjecciones. Meche lloraba y nadie se atrevía a consolarla. Al fin habló:

—Igual y estábamos locas de por sí. Qué teníamos que hacer yo y mis compañeras participando. Carajo. Nos habíamos propuesto integrarnos al contingente de la manifestación. Paramos un camión en Carpio y Plan de Ayala, en Santo Tomás. El chofer estaba bien asustado, nos pedía que no le destruyéramos el camión y se ofreció a llevarnos. Enfermeritas uniformadas de guinda y blanco, con sus *jumpers* de mil rayas. ¡Idiotas! Íbamos gritando y cantando: «¡Huélum!, ¡huélum!, ¡gloria!, a la cachi cachi porra, pim pom porra, Politécnico, ¡gloria!» Ni tres calles avanzamos cuando la policía interceptó el autobús. Dos patrullas escoltaron el camión y nos llevaron a una delegación. Nos tomaron declaración, nos arrancaron los gafetes y tomaron nuestros números de teléfono. Ahí se había acabado nuestra vida de revolucionarias. Me sacó mi tía María Elvira: ochocientos pesos. Pero estaba orgullosa de mí. Mi tía sí había sido una verdadera revolucionaria en los veinte, pero luego se los cuento.

Su hermano, Felipe, le abrió una cerveza y se la pasó. Meche continuaba, sin parar:

—Me regresé al Casco de Santo Tomás y me reporté en el Hospital de la Mujer. Al menos que sirviera de algo. Tenía guardia. Me dijeron que había una brigada de rescate, que había habido muchos heridos en Tlatelolco, que si me quería integrar. Fuimos tres médicos y tres enfermeras. Teníamos permiso de pasar. Llegamos hasta el edificio Chihuahua. Uno de los doctores nos había aleccionado para que entráramos rápido, buscando heridos, y no volteáramos a ver nada más. Los soldados nos apuntaban con sus rifles. El mismo doctor nos gritó que solo nos llevaríamos a los que seguían vivos. Todo era improvisado. Hicimos camillas con tubos y sábanas en el hospital. Actuábamos rápido, como autómatas. Nos pudimos llevar a cuatro. El chofer de la ambulancia, otro de los doctores, nos gritaba que abrigáramos a los heridos. «¡Tómenles los signos vitales! ¡Póngales oxígeno!». Había un puesto de socorro en el sótano del hospital. Allí estaban algunos padres buscando a sus hijos, pero los granaderos no los dejaban pasar. Traían material de curación que nos regalaban. Bebidas calientes. La brigada decidió hacer un segundo viaje de rescate. Trajimos a otros cuatro esta vez, pero nos llevó la chingada. ¡Carajo! Nos interceptó un camión del ejército. Nos obligaron a abrir la ambulancia y se llevaron a los heridos. ¡No puede ser!, los tiraban en el camión como costales. Se han de haber muerto todos.

Dio un largo trago a su cerveza y se soltó a llorar. Su hermano la abrazó, pero no pudo contener los sollozos, las lágrimas.

Entonces habló Sefamí. A Isaac sus padres le pidieron que fuera a cobrar unas mercancías a la Guerrero y llegó tarde. Un helicóptero sobrevolaba ya Tlatelolco. Iba por la calle de Wagner, les dijo, cuando vio venir a un adolescente.

—Un niño, de verdad. No podía tener más de quince años. Venía gritando, alterado: «¡El ejército está matando gente en Tlatelolco!». Me quedé de piedra, como una estatua. Luego llegaron allí Juan Madrid y uno de sus amigos, Malpica. Iban tarde, como yo, porque un amigo los había invitado a jugar billar en la calle de Pedrell. ¿Nos salvamos por idiotas? ¿Por llegar tarde? Aquí mismo falta Manuel. ¿Alguien sabe dónde está? Muchos de los de Medicina iban al mitin desde temprano.

Cardona lo calmó:

—Está en su casa. Habló como a las ocho, cuando se enteró de la balacera. Sus padres no lo dejaron salir a la manifestación. Dijo que tampoco sabía si podría venir por la noche. Al menos sabemos que está sano y salvo.

Isaac continuó:

—¿Se acuerdan de Beto Ruisánchez? ¿El pecoso que también estudia filosofía? Sus papás lo estaban buscando desde hacía horas. Me encontré a su mamá allí mismo, en la calle de Wagner, mientras pensábamos si nos escondíamos en casa de alguien o ya intentábamos la retirada. Madrid lo vio venir entonces, a Beto. Sin camisa. Medio golpeado. No podía hablar. Intentaba, pero no le salía nada de la boca. Ni siquiera un grito. Lo acompañé con su madre, a su casa que estaba cerca, en la Guerrero. Mientras nos íbamos, veíamos cientos de padres por las calles buscando a sus hijos. La mayoría con menos suerte que los Ruisánchez. Al fin, después de masticar medio bolillo y tomar un vaso de agua, nos contó lo que había pasado. Se encontraba en la plaza cuando empezó la balacera. En medio del caos encontraron un local comercial abierto. Oían los gritos «¡Aquí, Batallón Olimpia!, ¡Aquí, Batallón Olimpia!», pero estaba tirado en el suelo. De pronto los balazos terminaron. Poco a poco fueron levantándose. Un joven estaba encima de él. Entonces Beto se dio cuenta de que el muchacho estaba muerto. Consiguió escapar, pero lo agarraron unos soldados que cercaban la unidad habitacional. Un oficial se acercó a él y le ordenó subirse a uno de los camiones. Le dijo que se estuviera quieto y se sentara al fondo. Un soldado le tiró una casaca militar y un casco y le ordenó que se los pusiera. Ya no se acordaba después de cuánto tiempo el camión, ya lleno de soldados de verdad, se había retirado de Tlatelolco. Como a las tres calles el camión se detuvo y le gritaron: «¡Pélate!». No sabía si era broma o no, pero se sacó la casaca y tiró el casco al piso y se puso a correr como loco hasta que lo alcanzamos. O sea que esos soldados igual le salvaron la vida. ¡No mames, qué mierda es todo esto, qué puta mierda!

—Y la suerte, Isaac. Hoy Beto Ruisánchez amaneció con su ángel de la guarda bien cerca —dijo entonces Meche, que había parado de llorar.

Los demás fueron contando lo que vieron o cómo salieron de la plaza de las Tres Culturas esa tarde de octubre que ninguno olvidaría. Improvisaron una especie de hospital de campaña, aunque sus heridas fueran del alma. Todos se quedaron a dormir, menos Meche y su hermano, que ya se habían reportado a casa desde temprano. Cardona les dio un aventón, así apretados los tres en el Dinalpin. Como sardinas, pero al menos vivos.

* * *

Poco a poco el grupo se fue desperdigando, quizá porque la lucha fue cercenada de tajo, porque el país culero regresó a la normalidad como si nada, o porque el presidente tuvo sus pinches olimpiadas. Lo cierto es que ese semestre finalmente hubo hasta exámenes. Cada uno en su facultad, o incluso en distintas universidades. Lo que los había hermanado se fue diluyendo, junto con la esperanza, que no es cierto que sea lo último que muera. Sefamí siguió viendo regularmente a Cuautle, y también Landero. Se decían los tres mosqueteros y a veces Meche jugaba a ser la D'Artagnan.

Leonardo buscó durante varios días a Manuel. No se lo pasaban al teléfono, le decían que no estaba. Un día se apersonó en la mansión de la familia, una casa enorme en Prado Sur, en Lomas de Chapultepec. Tocó el timbre y salió una empleada. Dio su nombre, pidió hablar con Manuel. Finalmente, la que llegó a la puerta fue Beatriz. Lo abrazó, le dio uno de sus famosos besos al aire y le dijo que Manuel se había ido de México. O más bien, que lo «habían ido». Sus padres decidieron que volviera a Francia, finalmente en ese país había nacido:

—Va a terminar medicina allí, en París. Es lo mejor.

—¿Me puedes dar su dirección?

—Me matan mis papás si saben. Además, no creo que él quiera saber nada de este país de mierda, Leonardo.

—Deja que sea él quien decida, por lo que más quieras, Beatriz.

Se la proporcionó, a regañadientes. No quiso darle el teléfono. Manuel Santoveña y de Teresa nunca respondió ninguna de sus cartas. Un día, así como se habían terminado los Juegos Olímpicos y el año de 1968, Leonardo Cuautle decidió que habría de olvidarlo. Se lo propuso con la misma determinación con la que terminó sus estudios de arqueología con las más altas notas.

Al terminar su graduación, sabiendo de todas formas que no había festejo posible, su abuelo Leopoldo oficializó el regalo que Leonardo más añoraba:

—Estos libros no son solo una biblioteca, Leo. Ni me voy a poner sentimental y endilgarte una clase de historia a ti, que has hecho del pasado tu oficio. Solo quiero decirte que aquí están siglos de memoria familiar. Mi padre, que no era un bibliófilo, los recibió de su abuelo, que sí lo era. Y la línea se va muy atrás. El primer libro de esta biblioteca data de finales del siglo XVII, y un Cuautle lo compró porque pensó que entre sus páginas se encerraba algo preciado, algo que un día alguien como tú tendría en sus manos.

Hasta ese momento la biblioteca del abuelo Leopoldo había sido una fuente de orgullo, y había sacado una decena de libros de sus estantes, no más. Le habían sido útiles para sus clases, en algunos casos. Su abuelo entonces fue a una de las vitrinas, la abrió y extrajo uno de los volúmenes. Se trataba de un ensayo arqueológico sobre la Coatlicue y la Piedra del Sol, de Antonio de León y Gama: *Descripción histórica y cronológica de las dos piedras, que con ocasión del nuevo empedrado que se está formando en la plaza principal de México, se hallaron en ella el año de 1790*. Había leído fragmentos del libro que ahora sostenía en sus manos, pero siempre citado por otros.

—¡Espero que esta sea la primera de muchas conversaciones entre nosotros, hijo! Al fin y al cabo, esta era mi casa también, antes de que se la diera a tu padre y luego él te la regalara. Porque eso me ha dicho, que la ha escriturado a tu nombre, cosa que me alegra sobremanera. ¡Tú sí que sabrás cuidar estos tesoros!

Leonardo lloraba, sin contenerse. Su abuelo no podía saber, sin embargo, que no era ni por su gesto ni por el de su padre. Tenía esa casa y tenía esos libros y sabía muy hondo que lo había perdido todo irremediablemente.

36

1978

———

¿Se puede experimentar la juventud con nostalgia mientras está ocurriendo? Así se sentía Leonardo Cuautle cada noche, como si en lugar de vivir su existencia estuviese dejando atrás algo precioso e irrepetible. Dolía a ratos, y era ligera y disfrutable en otros, por supuesto. Sin embargo, habitaba sus días como quien mora una casa que no le pertenece y que sabe que, a pesar de que le guste tanto, tendrá que dejar pronto. Se decía, incluso, que así debían sentirse los viejos cuando perciben que se les va el poco tiempo que les queda. No los jóvenes. ¿Cuándo se deja de ser joven?, ¿cuando pierdes la cacareada inocencia?, ¿cuando destruyen tus sueños? Aunque a ratos el cuestionamiento retórico le parecía cursi, no dejaba de preguntarse, en íntima soledad, cuál era, si acaso lo tenía, su futuro.

Era, de cualquier forma, inevitable. Por las noches ya solo, después de alguna aventura erótica, el aguijón de la nostalgia lo punzaba. Algo le decía que nunca más volvería a ser tan libre. Si su relación con Manuel, aun cuando hubiese sido efímera, había representado una especie de iniciación, la verdad es que lo había dejado solo. Pero solo en el peor sentido, porque no tenía ningún amigo homosexual que lo orientase, y la pena le impedía comentarlo con Sefamí, por ejemplo, con quien seguía viéndose una o dos veces al mes en El Covadonga. Además del tocadiscos y media docena de LP, Manuel había dejado un par de revistas viejas de *One*, que se describía a sí misma como «*The Homosexual Magazine*», que dejó de salir en el 68. En las librerías de México no se conseguía nada parecido, ni libros, ni, que él supiera, publicaciones periódicas. Empezó guiándose a ciegas en el laberinto de la vida nocturna. Había oído, por supuesto, que en la Zona Rosa se juntaban los que él mismo llamaba entonces *maricones*. Frente al Sanborns del Ángel de la Independencia, en la esquina de Florencia y paseo de la Reforma, se percató de que había hombres paseando o entrando al hotel María Isabel. Pocos *parecían* homosexuales o afeminados. Uno que otro, más que en otros lados, eso seguro. ¿Cómo acercárseles? ¿Qué decir? ¿Qué se pregunta, cómo se *liga* entre jotos? Le sudaban las manos. Ojeaba revistas en la librería del Sanborns, entraba a la cafetería, se tomaba un café. Volvía a hojear revistas. Veía que algunos hombres se acercaban a otros, les decían algo al oído, se iban. ¿Y a él? ¿Cómo lo reconocerían? Le daba miedo que le pusieran más bien una madriza. En la noche se metía al bar del María Isabel, pero nada podía delatar un comportamiento distinto que en otros lugares. Nada lo ayudaba.

El tercer fin de semana de estas *visitas* ocurrió el primero de sus encuentros.

No en el Sanborns, sino en la librería del hotel María Isabel. Leonardo había agotado ya sus horas, el local casi cerraba. Estaba hojeando la misma revista, con la mirada de la empleada fija en él, como diciendo «si no la compra, no magulle». Un hombre de bigote, casi de la misma edad que Leonardo, lo interpeló:

—¿Me acompañas arriba?

Asintió, dejó la revista y lo siguió. No le había dado tiempo para mirarlo, para que hubiese atracción alguna. Como autómata, subió con el hombre. Se imaginaba que el tipo tenía un cuarto alquilado en el hotel. Se imaginaba la habitación. Estaba aún más nervioso.

Pero no era así. Fue en los baños del segundo piso, no en una cama. Lo encerró en el escusado. Otra pareja de hombres salía de allí. Fue un encuentro breve, agitado, sin mucho placer. Le daba miedo que entrara otra pareja, lo que finalmente ocurrió, y se interrumpieron casi profesionalmente. Luego reanudaron lo suyo. Al final intercambiaron nombres, pero no teléfonos. Nada más. Le pareció extraño, pero no indagó. Se fajó la camisa y se fue solo al bar, mientras el tipo se iba del hotel.

A ese le siguieron otros encuentros, menos fugaces, menos insípidos. Este, el olvidable, quedó en la memoria por ser el primero, por enseñarle un *modus operandi* que lo salvó de la soledad total en la que vivía. Sus «parejas» ocasionales, sin embargo, nada tenían que ver con él. No hablaban de nada. Uno, por ejemplo, de origen español, era dueño de una zapatería en la calle de Tacuba y estaba casado, tenía un Ford Mustang. Edgardo Chirinos. Con él fue al cine, al hotel Texas, cerca del monumento a la Revolución. Con él hubo *citas*, algo más normal. Pero nada formal. Tampoco había realmente atracción física. Desfogue, eso sí. Coger, como decía Manuel. Nada más. Luego hubo otros, cuyos nombres tampoco quedaron en la memoria, quizá con sus teléfonos en una vieja agenda. Otro más, Luis, que lo llevó *de bares* y lo introdujo en El 9.

El día que fueron al lugar, aunque juntos, cada uno ligó con otro. Adoraba por un lado esa libertad, el hecho de no tener *novio*, ni siquiera pensar en una pareja estable. La misma palabra le parecía repelente, burguesa. De la sordidez y la prisa de los baños y de los encuentros del María Isabel, por fin entraba a un mundo distinto, uno no solo más sofisticado, sino donde se podía conversar, donde había gente interesante, *gays* como él que no estaban casados ni pensaban estarlo, que no tenían aventuras de fin de semana solamente para desfogarse, sino que vivían en un mundo gay oculto, si bien no reprimido. Fue como liberarse al mismo tiempo del miedo y de una atmósfera oscura que nada tenía que ver con su temperamento dionisiaco. Con quien tuvo la más larga de las *relaciones*, aunque nunca se trató de algo formal, mucho menos exclusivo, fue con Julio Serrano, un exquisito anticuario que se ganaba la vida decorando las mansiones de los millonarios con altares de plata del Cusco, bargueños de marquetería de Puebla y pinturas coloniales que Leonardo imaginaba robadas.

—Los ricos quieren comprarlo todo, incluida la historia. Y luego la apelmazan en la misma habitación, sin criterio alguno —le dijo la primera vez en su departamento de Polanco. El lugar tampoco era un dechado de simpleza y austeridad. Es como si todo cupiese también allí. Tibores de talavera, enormes candelabros de plata, esculturas coloniales de santos. Una hermosa biblioteca de cedro repleta de libros de arte, nada antiguo como en la suya, nada empastado. Candiles de cristal, sillones de piel. Cuadros y cuadros. No había espacio en la pared que no estuviese ocupado por una pintura.

»Ya ves, a mí también me chifla el coleccionismo. Es mi adicción. Bueno, y los jóvenes guapos. —Le tendió una copa de whisky. Nunca había probado uno tan rico. Nada de agua, ni de hielo.

—¡Qué rico!

—Una sola malta, no las porquerías que sirven en El 9. Ponte cómodo, Leo. Nunca me he cogido a un arqueólogo. Siento que después de hacer el amor me vas a arrestar por traficante de arte sacro.

Con Julio aprendió sobre la sutileza del placer, la elegante suavidad de un coito sin prisas, sin miedo. Lo introdujo en toda suerte de placeres sensoriales. Tenía un socio, también gay, Sandro Ornelas. Los fines de semana los pasaban en la casa de Sandro en Cuernavaca, asoleándose, nadando en la alberca. Allí entendió qué significaba, también, tener una relación abierta. La primera vez que, habiendo sido invitado por Julio, este se acostó con un inglés medio loco que estaba de viaje en México y buscaba muebles para su casa de Nueva York, Leonardo estuvo a punto de largarse, con una mezcla de celos e impotencia. Luego, con el paso de los meses, él mismo tuvo sus encuentros furtivos en la casona de Cuernavaca. Bueno, nada furtivos, a la vista de todos sus nuevos amigos.

El socio de Julio le dijo un día, sin mediar nada:

—Te hace falta roce social, Leo. Eres como el amigo primitivo de Julio. Te hace falta una pulidita, mano.

Y de la misma manera en que pronunció su *dictum,* se dio a la tarea de codearlo con sus amigos, de invitarlo a cenar con clientes. Sandro era el amigo universal, tenía contactos en todos lados: la policía, los altos políticos, la gente de mayor alcurnia de la ciudad.

—Piensa en mis invitaciones como una *finishing school* en Suiza, Leo. *Impagable.*

Y sí lo fue. Por un tiempo. Amplió además su zona de ligue, de El 9 y sus barras minúsculas pegadas a la pared, a otros lugares que abrían y cerraban en la Zona Rosa; pero sobre todo al Quid, el restaurante del actor Ernesto Alonso y su pareja, el dentista Ángel Fernández. El lugar había estado de moda en los cincuenta, según le explicó Sandro, pero aún conservaba su especial *glamour.* Había jazz en vivo, una buena cava que Leonardo aprendió a apreciar de la mano de su mentor. La cocina francesa, de la que él solo conocía la sopa de cebolla. El Quid estaba en el sótano de un edificio de despachos, a la vuelta de la parroquia del Verbo Encarnado, en la calle de Oaxaca, y Alonso lo había hecho decorar por Arturo Pani Darqui al estilo *Hollywood regency*. Otro homosexual que Sandro le presentó una noche de jazz que se prolongó hasta las dos de la mañana. Al entrar, se bajaban seis escalones, y el *maître*, Luis Ortega, los recibía junto al guardarropa, en un vestíbulo con una jaula de tucanes. Allí también estaban los baños. Los comensales podían asomarse a la cocina al entrar. Había largas cortinas de rayas. El Quid estaba dividido en cuatro zonas distintas. Al fondo, en el privado, solo podían entrar quienes fueran amigos de los dueños. O quienes hubieran reservado para fiestas muy selectas. Un privado raro, enjaulado, como el espacio de los tucanes. El comedor tenía unas ocho mesas, y entre el comedor y el bar, pequeñísimo, con solo nueve butacas de hierro tapizadas con piel de leopardo, estaba el escenario para la orquesta de jazz. Había ocho mesas enfrente.

Sandro, esa noche, le presentó al hijo de Díaz Ordaz, un aspirante a rockero bastante malón.

—¡Supercoco!, como todos sus amigos de esa mesa —señaló.

Solo entonces Leonardo se dio cuenta de cuán distinto era el ambiente de Sandro y Julio del suyo. Mucho más parecido al espacio social de Manuel que el de él. La pulidita, que siguió ocurriendo con menos frecuencia desde esa noche, le fue dejando un sabor amargo. «¡Toparse con el hijo de Díaz Ordaz, qué mala suerte!», pensaba de regreso en su casa de la Portales. Al pensar en su casa, sin saber qué era lo que hacía su cerebro, la comparó con el departamento de Julio, con la casa de Cuernavaca de Sandro, con la tienda de antigüedades de los dos amigos en San Ángel. Era cierto que tenía mucho más de qué hablar con ellos que con sus esporádicos amantes, pero le quedaba claro que para él habría siempre dos mundos: el suyo, privadísimo —su burbuja—, y el mundo gay, que a ratos lo repelía con su frivolidad. O al menos el mundo gay que le había tocado en suerte.

—Luis siempre está al tanto de las mejores fiestas y reuniones del *mundo J.* —Así le gustaba decirle Sandro—. Te lo presento en privado a la salida.

Sonaba Cole Porter cuando los sentaron frente a la orquesta, *Anything goes*.

Les sirvieron *foie gras* con trufa y ensalada de arúgula. Champagne para brindar. Un cantante con infinita elegancia.

> Times have changed,
> and we've often rewound the clock,
> since the Puritans got a shock,
> when they landed on Plymouth Rock.
>
> If today any shock they should try to stem,
> 'stead of landing on Plymouth Rock,
> Plymouth Rock would land on them.
>
> In olden days a glimpse of stocking
> was looked on as something shocking,
> but now, God knows. Anything goes.
>
> Good authors too,
> who once knew better words,
> now only use four-letter words
> writing prose.
> Anything goes.

* * *

Le fascinaba, sin embargo, ese mundo al tiempo ajeno e íntimo, a flor de piel. A ratos incluso se cuestionaba si no era un atávico complejo de inferioridad el que no le permitía disfrutar lo que la vida le estaba regalando. Él se merecía esto. Estas burbujas, estos brindis, esta música, ¿por qué no? Sandro había invitado a Julio también en esta ocasión, pues mucho del aprendizaje de Cuautle había ocurrido sin él.

—Veo que Leo es otro, Sandro. Me encanta tu Galateo.

Sandro no quiso seguir la broma. Le cantaba a Leonardo al oído repitiendo los versos de Porter:

—*The world has gone mad today, / and good's bad today, / and black's white today, / and day's night today.*

—*Anything goes* —pronunció ahora Leonardo Cuautle—, ¿por qué carajos no?

Así era. Un pedazo de su vida transcurría en la Zona Rosa, con Sandro o con Julio, pero también solo, y otra en el mundo de la arqueología, entre su trabajo, los viajes arqueológicos y las clases en la ENAH. Podía un fin de semana asistir a la inauguración de Le Neuf, en el número 156 de la calle de Londres, el restaurante italiano de Guiliano Guirini, entre baronesas (Franca Rosset), condesas (Elita Boari, quien descendía del famoso arquitecto que planeó el Teatro Nacional, ahora palacio de Bellas Artes) y descendientes de los viejos generales revolucionarios, como Alicia Almada, nieta de Plutarco Elías Calles, o Viviana Corcuera, ex miss Argentina, casada con el *playboy* de moda, Enrique.

¡Todo México! Ixca Cuautle, como le seguía diciendo su amigo judío, con personajes sacados de *La región más transparente* o de *Casi el paraíso*, de Spota.

Fue precisamente Isaac Sefamí, en recuerdo quizá del otro mundo al que también pertenecía, quien lo sacudió de ese sueño de opulencia y sofisticación y le enseñó este otro mundo que, no el dinero, sino el mundo J, le había abierto.

—¿Sabes que Manuel Santoveña regresó de París? Casado con una francesa y con dos hijitas. Viene a trabajar a Nutrición, ya ves. El nuevo hospital Salvador Zubirán logró su retorno; pero la fuga de cerebros continúa. Yo me voy a Texas, me aceptaron en Austin al doctorado, hermano. ¡Abur!, ahí se ve la comunidad y su cerrazón.

—Barajéamela más despacio. Primero, ¿cómo te enteraste de que regresó Manuel?

—Por Meche. Ella es jefa de enfermeras en Nutrición. Ella lo vio, ya platicaron. Incluso la invitó a su nueva casa. Estrenó una mansión, según Meche, en Lomas. Le presentó a sus hijas, comieron juntos. Su esposa es igualita, según parece, a Jean Seberg. Güera, pelo corto, guapisísima.

—¿Te sigues viendo a escondidas con Meche?

—Una última vez, y que ni se entere Felipe. Se va a España, a vivir con unos tíos a Fitero, en Navarra. Me cortó. Esa es la verdadera noticia. Bien cabrón. Me dijo que fue bueno mientras duró, pero que ella estaba segura desde el principio de que no teníamos futuro. Su papá ni por equivocación la iba a dejar casarse con un judío. Por eso también me voy. Por eso y porque la comunidad es imposible también para mí.

—Esa era la verdadera noticia, Isaac. Por ahí podrías haber empezado, por contarme que tú y Meche seguían pero que rompieron.

—¿Me vas a decir que no te importa lo de Santoveña? No te hagas, mi Ixca.

—No tanto, vieras.

—¡Qué malo eres mintiendo, la verdad! ¿O crees que no todos sabíamos que ustedes andaban? Era un secreto a voces de la Célula de la Portales. Empezó como broma, dos jotos se infiltraron, decíamos en privado, pero luego vimos que era en serio y se acabaron los chistecitos.

Leonardo estaba anonadado. Confundido con ambas noticias, el regreso a México de su primer amante (o de su único amor, carajo, ahora casado) y del hecho de que todo el grupo sabía. Hubiese sido tan fácil vivir si él hubiese sabido que no había bronca, que todos estaban enterados. Carajo de nuevo.

—Te quedaste de a seis, ¿no? Perdona. No pensé que todavía te afectara tanto. Digo, ya pasaron casi diez años.

—«Murió mi eternidad y estoy velándola» —le dijo a su amigo, sabiendo por supuesto que reconocería la cita de Vallejo.

* * *

Terminó el posgrado, entró a trabajar al INAH, comenzó a dar clases en la Escuela de Antropología. La cercanía con uno de sus maestros, Ángel García Cook, y de su esposa Leonor, le fue abriendo las puertas poco a poco para una carrera feliz, ya no solo excavando tepalcates, como siempre decía de broma, sino reencontrándose con el pasado como si este, en lugar de piedras, estuviese hecho de textos legibles, de gratas sorpresas. Se volvió experto en Cuicuilco, el único sitio arqueológico al que se entra por las puertas de atrás de una escuela, decía de broma, refiriéndose a su propia casa de estudios.

El día 23 de febrero a las nueve de la mañana, una mujer, que no quiso dejar su nombre, habló a la Subdirección de Salvamento Arqueológico del INAH. Estaba alarmada porque unos trabajadores de la Compañía de Luz y Fuerza del Centro, al abrir una zanja en el pavimento en la esquina de Guatemala y Argentina, habían dado con una enorme piedra que parecía muy antigua, tal vez prehispánica. El encargado en turno no hizo caso. Tal vez porque llamadas como esa suceden a menudo y no conducen a nada o por estar cansado y no querer molestar a nadie a esas horas. Pero hacia las once horas volvió a hablar la misma señora, más alarmada aún, diciendo que seguía escuchando a los trabajadores excavar.

—¡Van a destruir la piedra. Tienen que hacer algo ya! ¿Qué tal que es un tesoro? ¿O una diosa? —insistía. No quiso dar su nombre tampoco esta segunda vez. A las doce llamó un empleado de la Compañía de Luz. Un ingeniero.

El empleado, después de colgar, llamó a García Cook, su jefe. Enviaron a dos pasantes, Raúl Arana y Rafael Domínguez, junto con Leonardo Cuautle, a inspeccionar. Leonardo dio el reporte: se trataba de una pieza colosal. Debía ser un hallazgo muy importante. García Cook llegó al lugar apenas clareaba. Un vistazo fue suficiente. Había que detener la instalación del transformador y avisar al director, Gastón García Cantú. Era como si los dioses se hubieran despertado, pensaba Leonardo, hartos de siglos de silencio. A pesar de haber despejado con cuidado una parte mayor del monolito en los días siguientes, había grandes dudas sobre la deidad representada en la piedra. Muchos capitalinos comenzaron a protestar, porque para realizar el peritaje hubo que cerrar esa calle, transitadísima. En la zona se habían encontrado, siglos antes, la Piedra de Sol y la Coatlicue. El hallazgo era prometedor. El Consejo de Arqueología parecía un tribunal de la Inquisición debatiendo sobre una teología ignota. Los pechos cansados, colgados, de la mujer —porque de eso estaban seguros, se trataba de una diosa— parecían los de Coatlicue. Una calavera adornaba su cintura. Luego se dieron cuenta de que no se trataba de la Coatlicue. La figura tenía los pliegues en el vientre de una vieja. Algunos arqueólogos creyeron que se trataba de Toci, Nuestra Abuela. Otros apostaron por Tonantzin, Nuestra Madre; pero había quienes pensaban que el tocado apuntaba en realidad a Tlazoltéotl, la Devoradora de Inmundicias, otra deidad de la Tierra.

Cuando pudieron descubrir el diámetro total se fijaron en el cascabel de la mejilla. Como en 1825, en Catedral, cuando fue descubierta una enorme cabeza decapitada con cascabeles en los pómulos.

—Hay una versión que recoge Sahagún —dijo otro de los arqueólogos, Eduardo Matos— y que cuenta que Coatlicue, la madre de los dioses, estaba barriendo el cerro Coatepec, cerca de Tula, cuando de lo alto descendió algo como una pelotilla hecha de hermosas plumas. Coatlicue la guardó bajo su falda, junto a su vientre, y quedó embarazada. Sus hijos estaban muy enojados y la increparon preguntándole quién la había preñado, que así los había infamado y avergonzado. Eso gritaba Coyolxauhqui, y les decía a sus hermanos que mataran a su madre «habiéndose en hurto empreñado». Desde su vientre, el hijo neonato de Coatlicue la consoló diciéndole que no tuviese miedo, que él sabía qué hacer. Los hijos de Coatlicue avanzaron como un pequeño ejército con dardos y cascabeles y armas para atacarla; pero al llegar a donde ella se encontraba, nació Huitzilopochtli. Tenía un penacho en la cabeza y venía también armado con una rodela, un dardo y una vara de color azul. Su pierna izquierda era delgada y estaba emplumada, y los brazos y muslos los traía pintados de azul. Con una culebra de teas despedazó a Coyolxauhqui y la tiró lo más lejos que pudo. Su cabeza fue a dar a la sierra. Luego Huitzilopochtli mató a casi todos sus hermanos sin escuchar sus ruegos de piedad. Los arrojó al Huitztlampa.

—Entonces, ¿es la Coyolxauhqui?

—Creo que sí. Miren la banda que le cruza la nariz y que termina en los cascabeles de las mejillas. Miren la boca entreabierta, impretérrita ante la muerte. Los codos y las rodillas de sus brazos —señaló entonces Felipe Solís, quien después se encargaría de la cerámica encontrada en las nuevas excavaciones— muestran los colmillos de la máscara de Tláloc. En sus manos las líneas de la vida y de la muerte.

—Y los hermosos huaraches, las cuatro extremidades desmembradas formando un círculo —opinó Leonardo.

—Es una vieja conocida, además. La Coyolxauhqui es llamada Chu'ul entre los tepehuanes y Tepusilam entre los mexicas. En el comienzo del mundo, cuentan los viejos aún en el sur de Durango, los señores principales pensaron hacer un mitote y la convocaron a la fiesta, pero ella se comió a los mensajeros. Luego enviaron al colibrí, a Huitzilopochtli, y el pájaro con astucia infinita la emborrachó y la convenció. Mientras caminaba rumbo al convite tiró su molcajete, tiró sus husos, tiró sus ovillos de algodón y se puso a bailar en el patio, frente a la hoguera. Pidió un hijo a una mujer que allí estaba, se lo echó a la espalda, siguió bailando y luego lo devoró también.

Al ver los principales cómo desaparecían los niños, le dieron un vino de alacranes, arañas y serpientes venenosas, los animales del dios de los muertos, del Mictlan. La vieja finalmente rodó inerte. La quemaron en la hoguera y con sus restos hicieron chuina, la comida ritual del mitote.

Todo eso lo dijo otro de los arqueólogos, que había trabajado en la Sierra Madre Occidental. Los mitos cuentan siempre el mismo cuento. El rito sucede cuando se empieza a olvidar el mito. De cualquier forma, no se sabe cuánto de los mitos del lejano noroeste, lugar de los chichimecas, «perros sarnosos» según los nahuas, fueron conservados por los mexicas.

Esa noche, apenas unos días después de la llamada que interrumpía los trabajos de Luz y Fuerza del Centro, estaban seguros de que Manuel Gamio había tenido razón en 1913, cuando en una casa derribada de la esquina de Argentina y Guatemala vio una escalinata y una cabeza de serpiente. Entonces Gamio conjeturó que allí debió haber estado el Templo Mayor.

Ahora el subsuelo había vomitado a la Coyolxauhqui y no podía volver a ocurrir lo que le pasó a Gamio, cuando los colonialistas pusieron el grito en el cielo ante la posibilidad de derrumbar edificios novohispanos. El subsuelo había gritado, abriendo sus fauces, pidiendo que ya, ahora sí, se desenterrara el Huey Teocalli, el Templo Mayor de Tenochtitlan: sobreviviente ultrajado, nunca una simple ruina. Templo doble, oratorio del dios guerrero Huitzilopochtli y del numen pluvial, Tláloc. La tributación periódica de los pueblos vencidos en las guerras floridas y la cosecha anual favorecida por la lluvia.

Esa noche, en el otro templo, el de su biblioteca, Leonardo Cuautle fue a buscar sosiego en los libros. Habían sido días de gran emoción. Para un arqueólogo, un hallazgo así es la empresa de una vida. Un sitio lo marca para siempre, sabe que le dedicará años, quizá décadas, que solo su paciencia permitirá desenterrar no piedras, sino sentido. En los *Anales de la Nación Mexicana* leyó: «En un año 3-Casa fue conquistada la ciudad. La fecha en que nos esparcimos fue en la veintena de Tlaxochimaco, en un día del calendario 1-Serpiente». En 1521, en la fiesta en que se hacen ofrendas de flores:

Todo eso pasó con nosotros. Nosotros lo vimos, nosotros lo admiramos, con esta lamentosa y triste suerte nos vimos angustiados. En los caminos yacen dardos rotos, los cabellos están esparcidos. Destechadas están las casas, enrojecidos tienen sus muros. Gusanos pululan por calles y plazas y en las paredes están los sesos. Rojas están las aguas, están como teñidas, y cuando las bebimos es como si bebiéramos agua de salitre. Golpeábamos, en tanto, los muros de adobe, lagartijas, ratones, tierra en polvo, gusanos. Comimos la carne apenas sobre el fuego estaba puesta. Cuando estaba cocida la carne de allí la arrebataban. En el fuego mismo la comían.

Así leyó esa noche Leonardo, como si fuese aquel día la derrota de la ciudad ombligo del mundo. Así se consumó la derrota de los mexicas, señores todopoderosos de Mesoamérica. Y ahora a ellos les correspondía, así fuese humildemente, hacer reparaciones, sacar de la tierra el Huey Teocalli, la inmensa mole de piedra, tierra y estuco que deseaba seguir conversando con los vivos. Era el 28 de febrero, el mes mocho. Ese día el propio presidente había ido a ver el hallazgo. López Portillo había escrito una novela, *Quetzalcóatl*, quizá porque quería ser como su abuelo, el novelista tapatío, o porque en su misticismo nacionalista quería acercarse a una figura cosmogónica. Lo cierto es que, ante la posibilidad de encontrar ahí a la Coatlicue, se comprobaría lo que desde el 13 de agosto de 1790 se especulaba: ahí estaba el Templo Mayor. El presidente decidió ordenar que se expropiaran y, si fuera necesario, se hicieran las demoliciones para rescatar ese espacio sagrado.

El mito es el mismo dicho de forma distinta, vuelve a la carga Leonardo. El rito comienza cuando el mito empieza a olvidarse. Coyolxauhqui nace al morir. Su hermano fratricida nace de la Madre Tierra, la Coatlicue, y la asesina a ella y a los centozonhuiznahua, todos sus otros hermanos. El Huey Teocalli es la representación del cerro original, Coatepec, el cerro de la serpiente. Huitzilopochtli estará siempre encima, Coyolxauhqui debajo, decapitada y desmembrada. El ritual de sacrificio repetía el mito de origen: al inmolar a la víctima propiciatoria en lo alto del templo y luego arrojar su cuerpo por toda la escalinata para hacerlo caer a la piedra de la Coyolxauhqui, se repetía innúmeras veces esa escena primigenia.

Tantas incógnitas por resolver.

El Huey Teocalli sería también el altar en el que Leonardo Cuautle se inmolaría durante los siguientes años de su vida, con una devoción de la que él mismo no se sabía capaz.

Pero antes decidió también enfrentar de alguna manera su propio pasado. Una mañana, después de haber averiguado la dirección de Manuel Santoveña en Lomas de Chapultepec —Prado Norte 234, para más señas—, y pensando que era lo suficientemente temprano como para que el doctor no hubiese salido aún al hospital, se apersonó en el lugar y tocó el timbre. Solo cuando hubo sonado la campanilla se percató de la temeridad de la acción, o al menos de su inconsciencia. Manuel y él habían estado juntos, realmente juntos, menos de un mes. Los dos ya estaban huevones como para andarse con todos esos rodeos y nunca haber encarado el asunto. Sefamí le había dejado además muy claro que estaba casado con una francesa —guapísima, parecida a Jean Seberg, blablablá— y que tenía dos hijas pequeñas. Manuel había nacido en Francia, igual que su padre, Rafael. La familia se los había llevado del país en 1911, mientras Madero soltaba al tigre, como decía don Porfirio. Se llevaron sus millones y se fueron a vivir en opulencia. A Escocia, a Londres, a París. Un día, invitados por Miguel Alemán o por Bernardo Quintana, y huyendo de Hitler, regresaron a hacerse aún más ricos. Manuel había vuelto no a la Ciudad Luz, sino a su ciudad natal, y allí había encontrado a su mujer. Nada tenía que hacer Leonardo en esa casa. Iba a regresar al coche cuando abrieron la puerta. Era Jean Seberg, o su doble, de verdad:

—Sí, ¿a quién busca? —le preguntó con un acento hermoso, como toda ella. Lo miró con suspicacia.

—Buenos días. ¿Es la casa del doctor Santoveña? Soy un amigo de la universidad. Supe que regresó a México recién.

—Ah, otro doctor, entonces.

—No, soy un amigo arqueólogo. Coincidimos en 1968. —Iba a seguir explicando, pero se dio cuenta de lo inútil del caso—. ¿Está Manuel?

—No, ha salido de madrugada. Tenía guardia.

—Bueno, no la molesto más entonces. Dígale que vino su amigo Leonardo. —Sacó una tarjeta del bolsillo y se la tendió—. Ahí está el teléfono de mi oficina. Él tiene el de la casa, sigo viviendo en el mismo lugar.

—Bien, Leonardo. Ojalá se comunique y vengas pronto a cenar con nosotros. Me dará mucho gusto que conversen de esos años en México, que él añora.

Se despidió de mano y cerró la enorme puerta de madera.

Ahora estaba en la *lancha* de su padre frente a la casa de su viejo amante o amigo o lo que hubiera sido. ¿Y si se presentara en el hospital, así de sopetón antes de que su mujer le dijera que estuvo allí?

Tomó hacia Nutrición, pero en el camino se arrepintió del gesto. Una vez más era él quien echaba el señuelo a ver si Manuel lo pescaba. Algo le decía, sin embargo, que ocurriría como hace diez años: ninguna respuesta.

Así fue, por un tiempo.

* * *

El Studebaker Commander, del que tanto se burlaba Manuel, era uno de los regalos de su padre, al igual que la casa. Un día, al salir del consultorio entró a verlo y le dijo, primero, que se jubilaba, que quitaría el consultorio.

—Tal vez puedas alquilar el lugar, te daría una entrada para tus gastos fijos. Yo seguiré operando unos años en el Seguro. Desde que murió tu abuelo me hace daño venir a esta casa. Me lo recuerda y me hace extrañarlo.

Leonardo no iba a decirle, por supuesto, que no recordaba que fueran tan cercanos. El abuelo siempre estuvo a distancia de la familia. Era él quien iba a visitarlo, no Tonatiuh. El dolor entra por donde menos se espera. Entonces también aprovechó para decirle:

—Te habrás dado cuenta, con los años, de que mi idea de que vivieras en esta casa no era solo para que estuvieras más cerca de la escuela, sino para que pudieras ser feliz. Lo supe siempre, pero a tu madre le daría mucha tristeza aceptarlo. Ni siquiera lo he comentado con ella. Demasiado católica para entenderlo. Hubiera dicho que lo tuyo era una enfermedad, que habría que enderezarte. Yo preferí dejarte en libertad.

—¿Por qué nunca me dijiste nada? ¿Cuándo supiste que era homosexual?

—Yo qué sé. Tal vez lo intuí desde que eras muy pequeño, pero estaba seguro cuando entraste a la adolescencia.

—Me lo hubieras dicho, caray. Hubiera sido menos pesado vivir así, sin tener que guardar el secreto. Al menos no contigo. No iba a andar con mis novios en casa, ni delante de mi madre, pero me hubiera hecho bien.

—Más vale tarde que nunca. Igual un día conozco a tu pareja, si la tienes.

—Tuve, ya no más. O no por ahora, qué más da.

—En fin, quiero que me acompañes a la agencia, me compré un coche nuevo, nada estrambótico. Un Renault 12, para que dure toda la vida. Te quedas con la lancha, entonces.

Leonardo se dedicó a realizar sondeos, calas y pozos con otros arqueólogos y decenas de trabajadores dentro del estacionamiento de la Secretaría de Hacienda, en el costado norte de la calle de Guatemala. Matos ya dirigía el proyecto entero. Se hallaron suficientes vestigios durante esos meses como para excavar después el patio de Honor de palacio Nacional, donde encontraron restos de columnas que, especulaban, podrían haber pertenecido al palacio de Cortés. También hallaron un adoratorio circular en el patio posterior de palacio.

Matos les había dicho que en realidad tendrían que resolver un enigma, o completar un rompecabezas. El plan siempre estuvo guiado por el problema específico de encontrar la mayor parte del Templo Mayor, y se emplearon las técnicas más adecuadas para obtener datos sin dañar los restos, aplicando el principio de no reconstrucción del edificio.

No fue sino hasta marzo de 1978 cuando se definieron las fases ulteriores de trabajo. Así ocurre con la arqueología, es labor de una infinita paciencia. Hay días, semanas, en los que no se encuentra nada, y de pronto aparece, casi por azar, un vestigio, un elemento que recompone las cosas: una pieza del rompecabezas de Matos.

Pero excavar el Huey Teocalli, o cualquier lugar de la antigua Tenochtitlan, es como hacerlo en Jerusalén o en Roma o en Constantinopla. Los vestigios se ocultan sobre una ciudad activa, vivísima, en la que la gente va al mercado, estudia, trabaja. Una ciudad del presente que muchas veces prefiere olvidar su pasado. Toneladas de asfalto y de concreto separan esos siglos que se buscan afanosamente mientras otros edificios que se atesoran pueblan la parte visible de sus calles, hundidas varios metros por debajo de donde caminaba la gente en tiempos virreinales. Encontrar implica destruir, a menos que solo se explore la cloaca, el subsuelo, cosa muy difícil en una ciudad compuesta de islotes y que ahora es un monstruo. Si acaso una garra de jaguar desprendiera partes de ese subsuelo, aún se encontraría primero otro sustrato, el de los niveles más antiguos de la capital de la Nueva España: todo lo construido entre 1521 y 1650. Es como si la serpiente hubiera cambiado muchas veces de piel, pero se hubiera vestido con cada una de ellas hasta desaparecer.

Recuperar conlleva sacrificar.

Una noche de la primavera de 1978 sonó el teléfono. Era Manuel:

—Leonardo, ¿te agarro en mal momento? ¿Puedes hablar?

—Por supuesto, ¿pasa algo?

—Nada. O sí, algo. Todo. Hace días pasaste por la casa y dejaste una tarjeta. Mi mujer, Céline, está extrañada de que no te haya llamado. Más bien de que no te haya invitado. Parecía muy cercano a ti, me dijo. Un buen amigo. Como comprenderás, no le voy a contar nada. Pero tampoco puedo seguir haciéndome pato. Le he dicho que no te he podido localizar. Pero insiste. Así que necesito que vengas a la casa. Comemos, charlamos, conoces a las niñas. Y ya. Se acabó. Hazlo como un favor a un viejo amigo.

—¿Así nomás?

—¿Cómo así nomás?

—¿Sin hablar antes? Te hablé cientos de veces. Te busqué, te escribí un montón de cartas. Me hubieras al menos contestado una. Hubieras dado señales de vida siquiera para preguntar cómo estábamos todos después de lo que pasó en Tlatelolco.

—Todo sucedió tan de prisa. Mis padres, además, me amenazaron.

—Una explicación. Una conversación. Una despedida mínima. Nada más te hubiera pedido eso. No el pinche silencio de todos estos años. Y ahora simplemente deseas que yo vaya a tu casa, me comporte como un antiguo amigo que no siente nada y luego desaparezca de nuevo de tu vida. Muy cómodo.

—Para mí tampoco es cómodo, te lo juro. Comprenderás que ahora tengo una vida distinta. Y unas hijas.

—Tú fuiste el que me dijo que lo que somos se sabe desde siempre, que no se trata de una elección. ¿Algún día vas a decirle a Céline quién eres de verdad o vas a reprimirte toda la vida? Yo ya rehíce la mía. No fui a verte para pedirte nada. O sí, una explicación solamente. Sería mejor que acá la dejáramos, Manuel.

Colgó.

Dos días después fue a verlo a Nutrición. No para hablar. No para continuar una conversación inútil. Le llevó el tocadiscos portátil, los LP.

—Acepto la invitación, seré todo un caballero. Y me acompañará Isaac. Se va a Austin, lo aceptaron en el doctorado. Podemos decir que se trata de su despedida.

Tres días después comieron en la casa de Lomas. Conoció a las hijas, jugó con ellas. Brindó por la felicidad de la pareja. Céline le pareció fantástica. Isaac estuvo bromista, como siempre, y de 1968 solo recordaron las visitas al cine y los bares. Nada de política. Nada sustancial ni comprometedor. Comieron afuera, en una terraza, protegidos por una enredadera de pasionarias. Céline dijo que la jardinería era uno de sus pasatiempos.

Recuperar conlleva sacrificar. No en esta ocasión. No había nada que sacar de la tierra, ni del pasado. No había inmolación que valiera la pena. Cuando ya de noche regresó a su casa, con el rostro de Manuel aún en su cabeza, se percató de otra cosa todavía mayor: le había dejado de importar.

37

1985

Es el primer día de clases. De nuevo. La Escuela Nacional de Antropología e Historia. Su otra casa. Otra generación de aspirantes. La mayoría se quedará en las aulas, piensa, mientras mira sus rostros. Muy pocos llegarán a titularse, menos a ejercer. Este país se ha ido desdibujando a cada crisis, envuelto en su propio fango de corrupción e impunidad. Hace frío, es muy temprano. Siempre le ha gustado dar clases a esa hora. La mayoría de los alumnos están dormidos. Pero la ciudad apenas se mueve, no hay ruido. La ciudad que tanto ha amado. La Ciudad de los Palacios que se ha vuelto la de los ejes viales y el asfalto, la impersonal a la que le han arrasado los árboles. La ciudad de la que no se iría nunca. Esa ciudad es su verdadera amante. La camina. La disfruta. Sigue envuelta en misterio, ignota a pesar de ser tan vista.

Hay veintiséis alumnos, los cuenta mientras camina al escritorio, donde deposita un altero de libros. Sabe que es mejor asustarlos el primer día. Claro que su fama lo precede y solo unos cuantos se atreven a inscribirse a sus clases. No sabe si le tienen miedo por el rigor o por los infinitos paseos por la ciudad. No se aprende arqueología en un pupitre, les dice siempre, sino excavando. Mira al frente del salón. Le gusta enfocarse en una o dos caras, lo tiene bien aprendido. Así se pierde el miedo escénico, aun después de tantos años. Leonardo Cuautle, uno de los primeros que excavaron el Templo Mayor, eso los atrae siempre. Al menos a los osados. Hay uno, en particular, en la segunda fila; lentes, pelo largo, fuma. Varios fuman en clase. Él mismo, en un rato, seguro encenderá uno de sus cigarrillos.

Delicados sin filtro, siempre. El humo llenará el salón, como si fuera niebla. Les pedirá que se presenten, le gusta dirigirse a cada uno por su nombre desde el inicio. Y su memoria es infalible, su mejor cualidad. Pero ahora, primero, tiene que atraparlos para siempre. Como le dijo hace años una de sus discípulas: «Eres un encantador de serpientes». Eso. Será el apellido, pensó entonces, sin atreverse al chiste insulso de recordarles que Cuautle viene de *cuauhtli*, águila.

Lo miran, lo estudian ellos también, preguntándose si habrán tomado una decisión correcta al inscribirse en su clase. Les dirá que la materia debía en realidad llamarse «las enseñanzas de las ruinas». Enciende un retroproyector y les muestra viejas imágenes de Teotihuacán, cuando la Pirámide de la Luna estaba cubierta de tierra y vegetación, como un cerro. Cambia los acetatos por otras imágenes, enseñándoles el proceso. Luego pregunta, sin detener la vista en ninguno, para no intimidarlos:

—¿Por qué nos fascinan las ruinas? —La clase se sumerge en un silencio unánime—. Si podemos responder esta pregunta empezaremos bien el semestre. Piensen.

Ahora sí los mira. ¿Quiénes son? Cada uno de ellos. Lo miran. Uno de los alumnos, moreno, delgado, casi un adolescente, baja la vista, apenado.

—Para ver cómo vivían nuestros antepasados —se atreve una alumna a responder. Tiene un cuaderno abierto, en blanco, y plumas de varios colores con las que seguramente piensa *atrapar* la sabiduría de su profesor. Leonardo no responde inicialmente, al contrario, los sigue contemplando inquisitivamente. Más que miedo, sintió escepticismo en el salón.

—Las ruinas nos hablan. Son verdaderas. Buscamos la verdad del pasado —dice el alumno del pelo largo que se ha sentado en la última fila y fuma con displicencia.

Solo entonces les dice que por favor digan su nombre antes de hablar.

—Así nos vamos conociendo. Entonces, ¿cómo te llamas?

—Julián.

—Perfecto, Julián. La verdad. Bien. ¿Cuál es la diferencia entonces entre verdad y ficción?

—Los hechos —dice a bote pronto, sin pensar.

—Hechos. ¿Y quién determina cuáles hechos son relevantes? ¿De quién es la historia? Casi siempre es masculina. Por ejemplo, con los mexicas. Es una historia casi exclusivamente militar. ¿Y ellas? ¿Dónde están los hechos que les atañen a ustedes, compañeras? —mira a las estudiantes, una a una—; los hechos solo nos dicen lo que ha pasado. Las piedras igual: pestes, guerra, muerte. La historia descansa en las grietas, en las fisuras, en los pliegues. La verdadera pregunta se hace siempre en condicional: «¿qué hubiese pasado si...?». Necesitamos eliminar de nuestro estudio del pasado la idea de inevitabilidad. ¿De dónde nos viene esa lectura teleológica?

Vuelve a hacerse el silencio. El joven tímido que había bajado la vista al inicio se atreve:

—Soy Raimundo, profesor. Será la idea de causalidad.

—Bien, de acuerdo. La historia no obedece las leyes de la física, como que a toda acción le corresponde una reacción. Esto es efecto *inevitable* de esta causa. Aun así no hemos contestado la pregunta más importante, ¿por qué demonios nos fascinan tanto las ruinas?

—Nos hablan de algo majestuoso, nos revelan misterios —nuevamente la chica del cuaderno y las plumas de colores.

—Son instantáneas, es cierto, de aquello que ocurrió antes. Por ejemplo, Pompeya. —Coloca un acetato alusivo en el retroproyector—. Nos hablan de aquello que existía antes de la catástrofe, la explosión del Vesubio que los sepultó a todos. Los arqueólogos investigamos esos sitios. Para propósitos científicos. Pero al abrir y *limpiar* un vestigio arqueológico contribuimos a su destrucción. Miren estas imágenes. Una bañera. Lo que seguramente era la cocina de una casa. Nos sugieren no una épica majestuosa, sino la vida cotidiana de quienes nunca pensaron ser sujetos de estudio de ninguno de ustedes. El pasado estaba enterrado y ustedes son los antisepultureros. Todo arqueólogo es un profanador de tumbas. Perpetuamente molestamos, perturbamos ese pasado que yace enterrado.

Cambia las imágenes, esta vez son de la cultura maya. La tumba de Pakal.

—¿Qué les dicen estas imágenes, además de la opulencia? ¿Qué les revelan?

Ahora el silencio es más denso. Es un silencio que podría *palparse*. El silencio del salón de clases de Leonardo Cuautle Luján ha adquirido textura. Y raspa, rugoso, como la piel de una toronja. Enciende un cigarrillo. Echa humo. Mira a sus alumnos nuevamente.

—Jaques Bernardin de Saint-Pierre, en sus *Études de la nature*, de 1784, fue el primero en hablar del *placer* de las ruinas. Está hablando de una visita a Dresden en 1765, cinco años después del bombardeo prusiano. Miren esta imagen.

El acetato muestra un grabado de Bernardo Bellotto, *Canaletto*, *Las ruinas del viejo Kreuzkirche*, de Dresden. Una imagen del mismo año que la visita de Saint-Pierre.

—Según él —continúa Leonardo—, nuestro placer aumenta si esas estructuras ruinosas fueron originalmente sitios de crímenes o tiranías. Pero deténganse en la palabra que he usado ya dos veces, *placer*. ¿Por qué nos fascinan las ruinas?

—Morbo —dice Julián, el joven de pelo largo.

—Exacto. Digamos que nos satisface ese género que podríamos llamar *pornorruina*.

Los estudiantes ríen. Pero no ha dicho una broma. Leonardo está convencido de que su explicación tendrá sentido pronto en las mentes de sus discípulos. O en algún momento, a lo largo de sus carreras. Se explica, entonces:

—Nos pasó en el Templo Mayor, el Huey Teocalli. El presidente hubiese querido que se reconstruyera la edificación. No entendía, por ejemplo, que, según sus palabras, no mostrásemos la grandeza del pasado mexica. ¿Para quién? Para los turistas, para los políticos, para un nacionalismo ramplón. Pero se trataba de un proyecto *arqueológico*, científico. Las sucesivas excavaciones, que ya han durado ocho años, han permitido estudiar el pasado, cuestionarlo, repensarlo.

»Henry James, el novelista norteamericano, lo pensó así también en sus *Horas italianas*. Deleitarse, escribía, en los aspectos de la ruina *sensible* puede aparecer como un pasatiempo sin corazón; y el placer, lo confieso, muestra la nota de la perversidad. Nuestra fascinación por la *pornorruina* es, ciertamente perversa, compañeros. Hace rato uno de ustedes decía que las ruinas tienen sentido, que encontramos en ellas el pasado. Solo si podemos contrastarlas con el recuento que tengamos de ese pasado. Es una precondición. Pero lo que nos enseñan verdaderamente las ruinas es que están hechas de ausencia. Es lo ausente lo que nos corresponde desentrañar como arqueólogos. Ese es nuestro perro oficio, y lo entenderán pronto. La siguiente clase, el jueves, será afuera, en Cuicuilco. «No se aprende arqueología en un pupitre».

Esa frase, que Leonardo Cuautle repetía cada cuanto, era objeto de mofa en la ENAH, cuando los alumnos lo imitaban. Aún, en esa primera sesión, le faltaba una vuelta de tuerca a su argumento.

—Patrick Leigh Fermor, en el fragor de la Segunda Guerra Mundial, se sentó entre las ruinas griegas. Sintió cierta paz de espíritu, cierta calma que narra entonces, dice que incluso una especie de callado éxtasis le sobrevino. Y luego apunta lo que a mí me parece más relevante: «Casi todo lo que ha ocurrido se desvanece en un limbo de sombras e insignificancia y es sustituido por una invitación de calma, simplicidad y brillo que desata todos los nudos y acertijos y parece murmurar una sugerencia benevolente e ineludible de que la vida en su totalidad, si fuera capaz de desenvolverse sin obstáculos o compulsión o búsqueda de soluciones ajenas, sería ilimitadamente feliz». ¿Entienden algo en medio de la prosa de Fermor? ¿Realmente creen que puede existir la felicidad ilimitada?

Silencio. El odioso silencio de nuevo. Leonardo entonces concluye:

—Para algunos, las ruinas no solo llaman al recuerdo, sino al olvido. Olvidarlo todo puede ser trágico, pero no olvidar nada es mucho peor. Vivir es acostumbrarse a la pérdida y al consiguiente olvido. Solo sobrevive quien olvida.

Recoge sus papeles y se despide de los alumnos. Les pide que repitan nuevamente sus nombres para que toda la clase los recuerde. Asigna mentalmente a cada nombre no un rostro, es muy temprano en el semestre, sino un rasgo de la persona que le permita recordarlo sin titubeos. Es un truco que siempre le funciona. Apaga el retroproyector, cuyo ventilador ha estado encendido, haciendo un ruido espantoso. El muchacho tímido se ha quedado al final, cuando ya todos se han retirado del salón. Se acerca a decirle algo.

—¿Sí, Raimundo? —le pregunta.

—Solo quería decirle que es un honor para mí atender su clase. Muchas gracias.

Ha dicho su frase con rapidez, sin esperar respuesta y se retira a toda prisa, con vergüenza. De alguna manera le recuerda a quien era él hace años, en estos mismos salones, cuando era un joven sin respuestas, el Ixca Cuautle del que se burlaba su amigo Isaac. El que aún creía, ingenuo, que en México no había tragedia, que todo se volvía afrenta. Ahora está seguro, más bien, de que las afrentas se han ido acumulando, teñidas, eso sí, de coágulos, y que se han convertido en tragedia.

El miércoles, normalmente, al no tener que ir a clases, iba al Templo Mayor. Ya se había acabado la primera etapa de trabajo y se había logrado exhumar lo que se consideraba la primera y más antigua pirámide. Una construcción que ni siquiera habían visto Cortés o los mexicas contemporáneos a la conquista. Se había también determinado que no se trataba de un centro ceremonial, sino de siete superpuestos. La quinta construcción, la que conocieron los teules al llegar a México-Tenochtitlan, se ha perdido, destruida. De la cuarta solo quedan los basamentos. Al llegar a la tercera se percataron de que los constructores habían dejado, reclinados sobre el arranque de la escalinata, ocho portaestandartes que pertenecían a la segunda etapa del Huey Teocalli. En menos de cien años se edificaron cinco teocaltin, uno sobre otro.

A él le gustaba aún dedicarse a estudiar las piezas encontradas. Felipe Solís, su amigo, se había encargado de la cerámica, y él, de las esculturas mayores y los altares. Cuando iba de salida lo sorprendió el teléfono. Era Julio, tantos años sin saber de él. ¿Tres, quizá cuatro?

—Se trata de Sandro, Leo. Se está muriendo. Tienes que venir a verlo. Hoy. Dicen los doctores que igual no pasa de hoy —sollozaba.

Para complicar las cosas, Sandro estaba en el hospital de Nutrición. No deseaba volver a encontrarse con Manuel Santoveña. En los últimos años se le habían ya muerto tres amigos de AIDS. El secretario de Salud insistía en que se le llamara a la enfermedad en español: Síndrome de Inmunodeficiencia Adquirida. La enfermedad se había convertido, además, en un estigma. Ahora le tocaba a Sandro. Sus cientos de contactos le habían permitido los mejores tratamientos, pero la epidemia era muy culera, se ensañaba. Ver morir es jodido. Pero ver morir de sida es catastrófico. Sandro no era la excepción. Lo supo una hora después, cuando le tomaba la mano y le besaba la frente. ¿Qué quedaba de ese hombre maravilloso en los pocos kilos de ese cuerpo casi transparente, cadavérico? Tenía los labios resecos, casi llagados. Los hermosos ojos verdes hundidos en sus propias cuencas, apenas abiertos. Unas enormes ojeras. Las arrugas pronunciadas del rostro. Julio sabía que no había palabras para llenar el silencio. Sandro prácticamente no podía hablar. Aun así tomó fuerzas y le dijo al oído:

—Cuídate, Leo. ¡Que a ti la muerte te la pele!

Julio lo escuchó también y no pudo evitar soltar una risita.

Pronto se quedó dormido, respirando apenas, como un pájaro herido que no encuentra oxígeno suficiente y respira con esfuerzo. Julio y él salieron del cuarto, y abrazados fueron a la cafetería. Su antiguo amigo le relató los últimos meses de su socio, el calvario por la enfermedad.

—Era un apestado, Leo. Ni los viejos amigos lo visitaban. No sé por qué no te hablamos antes. Te quiere mucho.

—Yo también. Sabes que es como un padre para mí. Me enseñó todo. Me ayudó a crecer. Me hizo sentirme importante, ¿sabes? Me quitó mis complejos, me sacudió la timidez atávica. ¿Te acuerdas cómo te burlabas? Decías que yo era su Galateo. Igual y sí. Es verdad. Soy su creación. Me duele tanto verlo así.

—Y a él le duele más, te lo aseguro. Odia que le tengamos lástima. Quisiera volver a ser el dandi que todo abría a su paso. ¿Te acuerdas? «Ábrete, Sésamo», bromeaba, y de verdad, como Ali Babá, no había puerta que no se le abriera ni familia que no se rindiera ante sus encantos. Quédate un rato. Le va a encantar que no te hayas ido cuando despierte.

Estuvo con ellos todo el día. Bajaron a comer, pero no tenía apetito. Volvieron a la habitación cuando ya caía la noche. El doctor acababa de salir.

—Es inminente, Julio —dijo con esa fría sapiencia que se aprende para no sentir. Él lo sabía por su propio padre.

—Gracias, doctor. No nos separaremos de él.

Sandro Serrano se fue sin aspavientos, casi sin avisar. Estaban conversando sobre Tamara de Lempicka y su casa en Cuernavaca, en la que Sandro fue tantas veces invitado especial, cuando él simplemente cerró los ojos y dejó de existir.

Julio, en cambio, se rompió en mil pedazos.

Debían hacer una serie de estudios, no podían darles el cuerpo así nomás; había un protocolo especial a causa del sida. Debían esperar un par de días para poder cremarlo, como era su deseo. Leonardo se ofreció a acompañar a Julio a su casa, pero su amigo rehusó. Tenía que disculparlo. Demasiadas emociones. Necesitaba estar solo.

Manuel Santoveña nunca se *manifestó* en el hospital de Nutrición, lo que había sido al menos un alivio. Manejó lentamente de regreso a casa, como si no quisiese regresar del todo, o como si la ciudad lo obligara a ir en cámara lenta, contemplándola. La ciudad serpiente encendida, la ciudad famélica de los vagabundos y las putas. La ciudad que nunca duerme pero que siempre sueña. Su ciudad amante, filo de obsidiana.

Dio vuelta y cambió de dirección, rumbo al Infinity. Un bar gay de la calle de Niza. ¡Cómo habían cambiado las cosas desde la época de El 9! Igual seguía habiendo *razzias,* y el regente, Ramón Aguirre, por órdenes del presidente De la Madrid y su supuesta *renovación moral de la sociedad,* daba rienda suelta a su homofobia. Uno más en la larga lista de paleros del régimen. O como decía Sandro de cualquiera de ellos —Corona del Rosal, por ejemplo—, «nuestro Uruchurtu en turno». Más que un bar, el Infinity era una discoteca, y el ruido y las luces del estroboscopio lo terminaron por marear. Alcanzó a tomarse solo un gin and tonic. No tenía ganas tampoco de ligar. Había ido allí quizá como un homenaje a Sandro. Un obituario silencioso.

Finalmente volvió a la noche; tomó rumbo a la Portales. Las calles estaban vacías, no le tomó casi nada de tiempo.

Metió el auto a la cochera, cerró el portón, y en vez de entrar a su casa volvió al vehículo, quién sabe por qué causa. Encendió uno de sus Delicados, abrió el cenicero repleto de colillas. Encendió la radio. Rock 101. Se escuchaba a Bowie. Le fascinaba su androginia. David cantaba, tipludo:

> *They'll split your pretty cranium and fill it full of air*
> *and tell that you're eighty, but brother, you won't care.*
> *You'll be shooting up on anything, tomorrow's never there.*
> *Beware the savage lure*
> *of nineteen eighty-four.*

* * *

El jueves 19 de septiembre, sin embargo, no hubo clases. Su tan planeado semestre, como la ciudad, se desmoronó como un montón de piedras, tan ilegibles como las que les había pintado en esa primera clase desenfrenada. Eso no lo sabía, por supuesto, cuando salió de bañarse. Se vistió con el desaliño de siempre, tomó un café instantáneo como único desayuno y revisó los papeles que llevaría a la ENAH. Siempre que iba a clases salía alrededor de las 7:30 para evitar el tráfico y llegar con tiempo a su oficina de la escuela. Ahí se preparaba un café de verdad y repasaba la lección que iba a dictar. Un rito, una forma de alcanzar cierta calma antes del teatro. «Un profesor es siempre un actor», se decía.

Las 7:19, el garrafón de agua, colocado sobre un endeble pedestal, se agita como si un pequeño océano viviera en su interior. La lámpara del comedor, un candil pequeño, comienza a moverse como si esa casa de la Portales fuese un barco en medio de la tormenta. Siente miedo, el piso se le mueve. Escucha cómo caen los libros de la biblioteca. Tiembla. Ollin. Sale a la calle que ya en ese momento empieza a llenarse de vecinos, muchos en pijama, o camisetas. Los cables de luz se agitan. Truena la tierra, se cimbra. El temblor no amaina. Ahora la tierra crepita. Sabrá pronto que fue primero oscilatorio y luego trepidatorio, que eso lo convirtió en el más letal del que se tuviera memoria. Sabrán que en la escala de Richter fue de 8.1, que se inició, o tuvo su epicentro en Playa Azul, Michoacán, datos para documentar lo inentendible. Por ahora solo escucha los gritos de la gente, contempla el miedo en la calle. El rostro del pánico. Miran sus casas ante el estrépito y la furia de la tierra. Son segundos, pero pasan lento, muy lento. En cualquier momento se pueden caer los techos, desplomar las bardas. La gente sigue saliendo, como topos de sus madrigueras: atónitos, silenciosos, paralizados.

No fueron segundos, en realidad, sino casi cuatro letales minutos.

Cuando se detuvo, la gente no sabía si regresar o quedarse en la calle. Tímidamente algunos volvieron dentro, a verificar los daños, quizá, o a hablar por teléfono para ver cómo estaban parientes

515

en otros lados de la ciudad. Leonardo finalmente también regresó y encendió la televisión. Las líneas no funcionaban. No podía hablar con nadie. No había tampoco señal del Canal 2. Sintonizó otra frecuencia:

—El cine Regis se desplomó. El hotel está bien. No ha habido desgracias —dice el locutor. Parece que se cayó el edificio Nuevo León en Tlatelolco.

Apaga.

No sabe la razón, lo hace inconscientemente, pero saca el coche y toma rumbo al centro de la ciudad. Cree que podrá llegar a su cubículo del Templo Mayor. Necesita saber el tamaño de los daños. Piensa en su ciudad, su amada México, destruida.

Se escuchan ya sirenas, aunque lejanas. Baja la ventanilla. Maneja con rapidez, pero como autómata. Se detiene en un semáforo solo para ver un edificio que se ha colapsado, un piso aplastando a otro, como un sándwich de concreto. Las varillas de las columnas expuestas, como después de un bombardeo. La gente llora en la calle, se lleva las manos a la cara, presas de estupor e incredulidad. Escucha los gritos de alguien que viene corriendo por la acera entre Serapio Rendón y Alfonso Herrera:

—¡Se cayó mi edificio! ¡Se cayó mi edificio!

Hay vecinos sacando a sobrevivientes, desalojando casas y edificios medio en ruinas o dañados. Ve gente cubierta de polvo, con heridas en la cabeza, sangrando. Ve cuerpos, también, depositados en las aceras. Hay gente que corre de un lado a otro.

Leonardo avanza, en el coche, sin saber que entra en la zona más dañada de la ciudad, su querido Centro Histórico. Toma la avenida Juárez. Mira el cine Regis, destruido como han dicho en la televisión. Pero el hotel, junto, está incendiándose. Sale humo por todos lados.

Pasa San Juan de Letrán, no se acostumbra a llamarle Eje Central Lázaro Cárdenas; nunca se acostumbrará a los ejes viales, a los miles de árboles que perdió la ciudad ante Su Majestad el automóvil.

Hay más gente que de costumbre en las calles. Todos con los ojos desorbitados, gritándose, dando órdenes. Lo rebasa una patrulla con la sirena encendida. Amaina el paso, tratando de absorber la magnitud de lo ocurrido. Mira la Torre Latinoamericana intacta, como en el temblor de 1957. La famosa Copa de Leche, en la esquina con

Victoria, está colapsada. Hay un tumulto afuera. El edificio de cuatro pisos se vino abajo, aplastando todo. Sabría pronto que tan solo allí murieron trescientas personas, entre los clientes de la cafetería y los vecinos de los veinte departamentos que se desplomaron.

En Isabel la Católica hay nubes, pero de polvo, no de incendio.

El Nuevo León, en Tlatelolco, se cayó también; sus trece pisos, sus tres mil almas quizá atrapadas allí. Demasiado temprano por la mañana para que la gente no siguiera en sus casas. En ese momento comenzó a percatarse de la verdadera tragedia: no los edificios, no la historia, no las piedras: las personas, las vidas cercenadas, los futuros truncos.

En el Centro Médico los pabellones de Oncología, de Obstetricia y de Traumatología se vinieron abajo. Setenta doctores aplastados por las ruinas. El Hospital Juárez en ruinas —una semana después, los rescatistas sacarían con vida de ahí a seis bebés que aún estaban en sus incubadoras.

No quiso seguir al Zócalo. Tomó de regreso hacia la colonia Roma. En Tamaulipas vio también otro edificio alto, de diez pisos, derrumbado en el suelo. Olía a gas. Olía ya a muerte. No sabía si regresar a casa o hacer algo. Igual y los teléfonos no servían aún. El caos paraliza, el cerebro difícilmente halla qué hacer ante el tamaño del infierno.

La Secretaría de Comercio, el edificio de la Secretaría de Marina, en ruinas. Bucareli es un paisaje después de la batalla. La Torre de Comunicaciones cerca de la Ciudadela. Los estudios de Televisa Chapultepec. El Hotel del Prado. Y el Regis, desplomado también después del incendio. Regresa a casa, sintiéndose inútil. Jacobo Zabludovsky en la televisión arriba de un coche, como había hecho él antes, intentando transmitir imágenes de la devastación.

Suena el teléfono. Se reestablecerán y cortarán las líneas a lo largo de todo el día.

—¿Cómo estás, todo bien? —es la voz de Isaac Sefamí.

—Bien, todo bien por lo menos aquí. La ciudad está destruida, acabo de regresar de recorrerla. En la televisión están pasando imágenes horribles. ¿Estás en México?

—No, por eso te hablo. Además de para saber de ti. A ver si puedes comunicarte con mi mamá. No logro hacerlo desde aquí. Te doy el número. Mi hermano tampoco ha podido hacerlo, pero ya va para su casa. Se cayeron muchas casas en La Merced. El taller de mi tío, según parece, con todas las costureras adentro. Eso me cuentan. Estaban encerradas, no pudieron escapar. Es espantoso. Si sabes algo me hablas, porfa. De inmediato. Había más de ochocientos talleres, muchos clandestinos o medio ilegales en la zona de La Merced. ¡Cuántas costureras murieron ahí aplastadas!

Leonardo ni siquiera podía imaginárselo. Alguna vez acompañó a Isaac, hace décadas, a ver a su tío.

Leonardo habla también a la casa de su madre, en Satélite. No ha pasado nada por allá. Está con su hermana. Todos bien.

Habla a la ENAH. No ha pasado nada tampoco en Cuicuilco. Luego habla a las oficinas del proyecto Templo Mayor. Nadie le responde. Ya habrá tiempo de saber qué es lo que ocurrió con las excavaciones, si todo está bien. Sigue paralizado. No ha comido. Bebe agua.

Por la noche logra comunicarse con Raquel Mitrani, la madre de Isaac. Todo bien de su lado; le cuenta que ya ha hablado con su hijo. Le ofrece una oración en árabe que Leonardo no entiende. Luego le manda muchos besos y le dice que se cuide.

A la mañana siguiente, Leonardo piensa que es tiempo de hacer algo, no se va a quedar encerrado mientras su ciudad destruida se consuela, como puede, de la pérdida. Muchas calles están cerradas, la Ciudad de México en estado de sitio. Pasa por la Condesa. El Hotel Continental también se ha venido abajo. La ciudad es un canto de sirenas de ambulancia, de patrullas. Ha salido con una pala, de las que usa para sus excavaciones. Ahora sí llega al Centro, a la zona de vecindades. Ha dejado el coche lejos, estacionado. Camina por la calle de Regina.

Hay muchos vecinos, como él, armados de palas, moviendo escombro, escuchando el más mínimo gemido, buscando sobrevivientes. Son ellos, no las piedras, los únicos que hablan, los que importan. Él no parará en su empeño, como miles más, que no se han quedado con los brazos cruzados, y sacan cuerpos y miembros de los escombros. Tlatelolco es, nuevamente, lugar de una masacre, esta vez debida a la naturaleza. Mira a un padre, enloquecido, que ha conseguido solo una parte de su hijo: la cabeza. Es todo lo que ha encontrado de él en el Nuevo León. Otros solo hallarán miembros. O ninguna parte del cuerpo que enterrar. Cientos de cadáveres en bolsas de plástico son llevados al Parque del Seguro Social, que huele a muerte. Ahí los familiares buscan también, desesperadamente, encontrar a quien no hallan, a quien no les ha respondido, ni podrá hacerlo nunca. La ciudad se ha convertido en un terrible Tzompantli. Recita para sus adentros Leonardo, lleno de dolor:

Solo venimos a dormir,
solo venimos a soñar:
no es verdad, no es verdad que venimos a vivir en la tierra.

En yerba de primavera venimos a convertirnos:
llegan a reverdecer, llegan a abrir sus corolas nuestros corazones,
es una flor nuestro cuerpo: da algunas flores y se seca.

*

¿Conque he de irme, cual flores que fenecen?
¿Nada será mi nombre alguna vez?
¿Nada dejaré en pos de mí en la tierra?

¡Al menos flores, al menos cantos!
¿Cómo ha de obrar mi corazón?
¿Acaso en vano venimos a vivir, a brotar en la tierra?

*

En vano nací, en vano vine a brotar en la tierra:
soy un desdichado, aunque nací y broté en la tierra,
digo: ¿qué harán los hijos que han de sobrevivir?

* * *

Por la tarde vuelve a temblar. Más leve, pero el susto es mayúsculo. Son las 19:37. En la escala de Richter 7.1, casi dos minutos. Ciento cincuenta edificios más se desploman con la réplica del temblor.

El silencio del gobierno es oprobioso.

Y cuando responde es peor. Treinta y seis horas necesitó el regente Ramón Aguirre para dar la cara. Su peor rostro. Sacó al ejército a acordonar las zonas dañadas. En la calle de Regina en la que

Leonardo ayudó a sacar cuerpos, los vecinos no pueden ya seguir rescatando. Les tiran piedras a los soldados, siguen con sus palas y picos desenterrando vivos de entre las ruinas. El recuento de los daños vendrá después: los casi mil edificios que habría que demoler porque quedaron dañados, sin posibilidad de volver a ser habitados. En los postes la gente pega retratos de sus hijos desaparecidos. Leonardo mira uno: «Alondra Terán. Nuevo León, recompensa de 10 000 pesos». Comienzan los desalojos, las casas son trampas mortales.

Después de la réplica muchos no quieren volver a casa. Acampan en el Zócalo, como lo hicieron ellos en 1968, antes de que los tanques los expulsaran de madrugada. La plancha de la vieja plaza de Armas cubierta de damnificados, la palabra que se acuñaría; vecinos sin casa o temerosos de que, en Tepito, la Guerrero o La Merced se viniera abajo una de sus vecindades; casas viejas por siglos olvidadas, ajenas a un buen mantenimiento, hechas crecer como enjambres con sus *accesorias* para albergar a más y más almas. Esas que esta noche duermen a la intemperie. O en casas de campaña improvisadas, en un espontáneo motín del desamparo.

De entre los escombros, por supuesto, emergerán héroes que no buscaban la fama, solo ayudar. Efrén Sariñana, la Pulga, por ejemplo. Leonardo lo vio trabajar sin cansancio alguno. Edificio tras edificio. Llovía a cántaros el 22 y el 23, ahora se luchaba no solo contra los escombros, sino contra el lodo. No importaba. A nadie parecía lloverle, como si las gotas cayeran, pesadas, en otros cuerpos. Fueron extraídos de las ruinas 4 016 damnificados.

Leonardo marchó con los sobrevivientes el 27 de septiembre. Más de treinta mil voluntarios salieron a la calle, con sus cascos de construcción y sus tapabocas, al frente los rescatistas. Otra vez tomar la calle, protestar, gritarle al gobierno su ineptitud en la cara. Salieron de Tlatelolco hacia el Zócalo.

El 11 de octubre, temeroso de las movilizaciones, el presidente expropia 5 500 inmuebles inservibles, anuncia que se construirán viviendas para los vecinos. Al día siguiente ya son más los que salen a la calle, 50 000 cantan y corean por Chapultepec, rumbo a Los Pinos: «¡Lucha, Lucha, Lucha! ¡No dejes de luchar por una vivienda digna, barata y popular!».

A la tragedia le sigue la organización. La de la gente. Espontánea y verdadera. Quizá más auténtica que nunca. Leonardo ha vuelto a la escuela, a las clases. Pero el resto del tiempo lo pasa en organizaciones vecinales; le parece que por ahora tiene mucho más sentido que estudiar sus piedras. Para Leonardo los días no están compuestos de horas, ni siquiera de etapas diferenciables, mañanas, tardes, noches. Desde el día del sismo su vida ha transcurrido en fragmentos, cientos de ellos, muchos indiscernibles, pero discontinuos. La existencia ha dejado de tener sentido como tal, solo existe *ese* instante, el que va ocurriendo en una especie de presente ciego. No sabe nada de Manuel Santoveña, ni ha conseguido el ánimo para hablar a su casa y preguntar por él en medio de la catástrofe colectiva. Sabe de Felipe Landero, le ha preguntado sobre su familia. Nada que lamentar de su parte. Las panaderías quedaron dañadas, eso sí. Meche, le cuenta, sigue en España, ha tenido tres hijos. No ha vuelto a México, pero su hermano piensa ir a pasar las fiestas con ella a Navarra en diciembre. Felipe, por supuesto, ha dejado hace tiempo el trotskismo y es el encargado del negocio familiar; también se ha casado y, después de las noticias, intercambia con él su número telefónico de casa, la nueva dirección. Lo invita a cenar un día de estos, para que conozca a la familia. Cardona ha regresado de estudiar astrofísica en Boulder y trabaja en Tonantzintla, Puebla. Tampoco lo ha visto, ni sabe más de él ni de Takahiko, su amigo y «lugarteniente». La ahora vieja Célula de la Portales le suena a algo que le ocurrió a otro, no a él.

Siente, además, por vez primera, el peso de la orfandad. Como si antes de esos días haberse quedado sin padre fuese, también, una noticia, algo leído en la crónica de un periódico. Ha ido a ver a su madre un par de veces, pero como siempre, la siente lejana. No se entienden y a estas alturas no va a explicarle a su madre su vida entera. Prefiere sentirla así, como una pariente lejana a la que visita por cortesía.

Si estuviese vivo Tonatiuh por lo menos tendría con quién compartir el peso enorme de la soledad. Buscarían quizá en la biblioteca del abuelo —que él ha vuelto a dejar en orden después del temblor— referencias antiguas, marcas documentales de la catástrofe. Quizá esa sería una empresa lógica, ahora que lo piensa: documentar, en homenaje a su abuelo, en diálogo con su padre médico, los grandes desastres de la Ciudad de México: inundaciones, plagas, guerras, intervenciones, temblores. Encontrarían referencias al fortísimo temblor del 19 de junio de 1858 que causó tan grandes estragos. En esa ocasión se habían recogido diecinueve cadáveres tan solo antes de la oración de la noche. Durante dos días no pudieron transitar carruajes, y en la Alameda, iluminada, se colocaron improvisadas tarimas para que los infelices que estaban sin techo durmieran. Podrían haber leído también el escrito del conde De la Cortina que refería el violento terremoto de 1845. Según el memorioso conde, el siglo XVI padeció setenta y tres movimientos telúricos de consideración; el siglo XVII, setenta y nueve; el XVIII, veinticuatro, y para cuando él escribía, el siglo XIX llevaba registrados seis temblores de tierra. También podrían haber reflexionado junto con el diplomático inglés Henry G. Ward, para quien estaba clara la razón por la cual en la Ciudad de México no había grandes edificios, ni muy altos, «debido a la dificultad de poner cimientos en el valle de México». Ward se equivocaba, por supuesto, cuando más adelante en su escrito decía que los temblores en esta tierra casi nunca eran severos. La pobre marquesa Calderón de la Barca vivió, en cambio, su terrible fuerza. Ay, la pobre Fanny, quien refiere el susto de sentir moverse la tierra firme y percibir que la confianza en la estabilidad de esta se desvanecía a sus pies. Leonardo recordó que su abuelo, Leopoldo, quien siempre citaba a Guillermo Prieto, hubiese encontrado la memoria exacta de su prócer favorito al recordar el temblor de Santa Cecilia, ocurrido a media noche. «Las gentes dejaban el lecho medio desnudas y confesaban a gritos sus pecados en medio de la calle; los sacerdotes pegaban la faz contra la tierra o alzaban las manos al cielo; bamboleaban las torres, sonaban las campanas como articulaciones doloridas, y las fuentes deponían sus aguas causando terror».

¿Qué crónica contemporánea podría apresar la destrucción de este nuevo temblor de tierra? La ciudad era más enorme que nunca, un monstruo voraz. La tierra se había abierto para tragarse a sus hijos de un solo mordisco.

Estaba seguro de que Manuel Santoveña estaba bien. Su nombre no había salido entre los doctores muertos, y de seguro Sefamí o Landero se hubiesen enterado y ya Leopoldo lo sabría. No dejaba de pensar en él, aunque lo hacía como quien recuerda a un pariente lejano que se quedó en otro país y con el que se ha perdido todo contacto. El suyo era un cariño viejo, pero se había desvanecido esa pasión efímera que durante diez años lo mantuvo preso.

Recordó la pieza prehispánica que hacía años Manuel le había regalado y fue a buscarla. La tomó entre sus manos: una hermosa vasija con forma de águila. *Cuauhtli*, como él, como el apellido de su familia.

Trajo sus instrumentos y con parsimonia, con la habilidad de un cirujano, fue quitando la cera que cubría la boca del recipiente. Colocó los restos del sello con cuidado en una caja de Petri para hacerlos verificar con carbono 14. Después de casi una hora de trabajo, logró sacar el contenido. Se trataba de un *amoxtli*. Uno de esos libros de figuras que los *tlacuiloque* dibujaban con esmero para los monjes españoles. Comenzó a interpretarlo —para algo le servían los años de estudio—. Leyó: «Ometéotl, el señor de los mantenimientos, protege al tiempo y al calendario, Cipactli, que lleva la tierra en sus espaldas. El último signo del calendario es cuidado por la estrella durmiente, Xóchitl. Son los únicos que vivieron antes de que iniciara el tiempo. Serán los únicos sobrevivientes de la destrucción final…».

¡Qué palabras, qué terrible presagio! Leonardo recordaría siempre los gritos de auxilio, ese clamor insoportable a lo largo de todo el 19 de septiembre. Ese día larguísimo. Un lamento colectivo que no atenúa ahora en su memoria el consuelo de la solidaridad colectiva. La impotencia ante la agonía de quien escuchas aún con vida, pero no puedes rescatar. O sacar a una anciana, como le tocó hacer a él en una vecindad derruida de la calle Peña y Peña, en La Merced, que seguía llorando desconsolada. Adentro estaban sus dos hijas que perecieron. Ella las sabía muertas. Hubiese preferido, por supuesto, ser ella la muerta. El consuelo, también, del diminutivo, con los rescatistas improvisados, casi todos estudiantes, diciéndole: «Ya encontramos dos muertitos».

El horror de los cuerpos desmembrados, como el de la Coyolxauhqui. Descubrir solo un brazo o una pierna. Pero en la calle de Regina, en el número 26, a Leonardo la suerte lo puso con la imagen más cruenta de su vida: un padre, abrazando a su hijo muerto. Los dos sepultados bajo una viga enorme. Imaginó la desesperación del hombre intentando proteger al pequeño, de no más de tres años, mientras veía desplomarse el cuarto entero.

Y el olor. El olor a gas y a muerte y a polvo y luego a tierra mojada por la lluvia. Un olor que se te pega en las narices y que no puedes olvidar.

El Conjunto Pino Suárez a medio caerse. Uno de los edificios ya por los suelos. Pero él estaba allí, enfrente, con otros tantos voluntarios cuando el otro edificio se mecía y mecía y apenas se lograba sacar a la gente del metro. El edificio en vilo, sentenciado a muerte, moviéndose de un lado al otro, como una balanza que no encuentra el fiel.

Y también el tamaño de la esperanza. El grito de alguien que se encuentra aplastado, que no puede moverse pero escucha, afuera, los pasos de quienes buscan sobrevivientes y grita, con lo que le queda de oxígeno:

—¡Estoy vivo!, ¡estoy vivo!

Y de este lado la respuesta:

—¡Aguanten, aguanten!, ¡ya vamos por ustedes!

¿Quién va a narrar el peso de la noche, la exacta magnitud de la tragedia? Tal vez sea un poeta quien lo haya hecho antes, como un presagio. Saca el libro, la primera edición de 1966, sabe en qué página exacta debe abrirlo. Lee:

> […] La piedra de lo profundo late en su sima […]
> Así de pronto lo más firme se quiebra,
> se tornan movedizos concreto y hierro,
> el asfalto se rasga, se desploman
> la vida y la ciudad. Triunfa el planeta
> contra el designio de sus invasores.
> […]
> Llega el sismo y ante él no valen
> las oraciones ni las súplicas.
> Nace de adentro para destruir
> todo lo que pusimos a su alcance.
> Sube, se hace visible en su obra atroz.
> El estrago es su única lengua.
> Quiere ser venerado entre las ruinas.

[…]
Cosmos es caos pero no lo sabíamos
o no alcanzamos a entenderlo.
¿El planeta al girar desciende
en abismos de fuego helado?
¿Gira la tierra o cae? ¿Es la caída
infinita el destino de la materia?

Somos naturaleza y sueño. Por tanto
somos lo que asciende siempre:
polvo en el aire.

* * *

La Ciudad de los Palacios y de los desastres, esa que Leopoldo y Tonatiuh compartirían con él si estuvieran juntos, si él no estuviera solo, en la biblioteca de su abuelo, revisando los grandes desastres de la Muy Noble, Leal y Muy Cabrona Ciudad de México. La ciudad muerta, sepulturera.

Pero también la ciudad como un ser vivo, enfermo y resucitado, muerto una y mil veces; la ciudad insepulta, la ciudad abrazo de millones de almas que, en lugar de gritar y golpearse, rescatan y ayudan. También esa ciudad de la que nadie habla, de la que nadie escribe.

Contar y cantar esa otra historia, *nicantlami*.

Desde la Ciudad de México, octubre 2016 y
hasta la Ciudad de Boston, marzo de 2021.

Guía de forasteros

Escribe Octavio Paz en *Sor Juana Inés de la Cruz o Las trampas de la fe* que «El arte y la ciencia de construir ciudades son políticos. Una civilización es ante todo un urbanismo; quiero decir, más que una visión del mundo y de los hombres, una civilización es una visión de los hombres en el mundo, y de los hombres como mundo: un orden, una arquitectura social», y que por esa misma razón: «Las ciudades de Nueva España son la imagen de un orden que abarcó a la sociedad entera, al mundo y al trasmundo […] Las ciudades mexicanas nos devuelven la fe en el genio de nuestra gente».

Esta es una novela histórica. El énfasis debería ponerse sobre el sustantivo: *novela*. Una obra de ficción que, buceando profundamente en los archivos, anales, crónicas se presenta como un nuevo documento sobre nuestro pasado. Ficción mental de una ficción verbal, ficción de ficción, eso es la literatura, piensa don Alfonso Reyes en su *Deslinde*. Y sí. En este caso ni los Santoveña, ni los Cuautle ni los Landero ni los Sefamí son reales. Las cuatro familias que nos guían, junto con muchas otras —y sus primos y sus hijos bastardos, y sus lejanos tíos—, no existieron en los quinientos años del México que aquí se narra. Lo curioso es que estos seres hechos de palabras se topan con otros que sí vivieron en cada una de estas épocas. No solo los conocen, sino que en muchos casos son amigos, amantes, interactúan con esos otros que no tienen la culpa de que estos nuevos seres de papel hayan decidido irse a morar a sus casas y sus almas. La novela es el territorio de la libertad absoluta, y es con ese espíritu que este *México* fue escrito. Lo que importa, a mi parecer, es la aventura, el poder transitar por las calles de la ciudad que se renueva y recrea, que muere y renace una y otra vez de la mano de ellos. Les estoy eternamente agradecido, tanto a los personajes de ficción como a los históricos, por haberme dejado en estas páginas hermanarlos, casarlos, buscarles descendencias. O ascendencias, qué más da. Espero que la soberana libertad del novelista y la profundidad y el apego al documento del historiador se den la mano en estas páginas.

Una novela como esta solo puede escribirse si muchos Virgilios te acompañan por los siete círculos de la Muy Noble y Muy Leal Ciudad de México: desde mi librero de antiguo, Antonio Mendoza Tabares, quien es capaz de encontrar la joya bibliográfica más difícil y remota, hasta mi colonialista de cabecera, David Colmenares, quien revisó con sabiduría mis inicios en el siglo XVI y XVII y mis intentos de revisión de la mitología azteca. Enrique Ortiz, mejor conocido como Tlatoani Cuauhtémoc, por su nombre digital, también me aportó fechas, datos y curiosidades. En este tiempo aciago de soledad y ostracismo, debo tanto a la amistad de Benjamín Juárez Echenique. Conversar con él sobre la novela era como viajar a cada uno de esos momentos de la ciudad. Salíamos a veces a caballo, otras en coche, las más a pie, a recorrerla con la imaginación, pero sobre todo con su precisa erudición musical. Benjamín puede, como pocos, relacionar una partitura de la Catedral de México con una sinfonía europea, seguir su linaje hasta Monteverdi o Beethoven. Nos divertimos como personajes de los *Diálogos* de Cervantes Salazar. Gracias a él me acerqué a Jesús Ramos-Kittrell y sus trabajos sobre Ignacio de Jerusalem y Stella.

El arduo trabajo de investigación durante tres años no podría haberse logrado sin mis colegas en Tufts University: James Glaser, quien no solo ha confiado en mí, sino que me ha honrado al nombrarme titular de la cátedra Fletcher de Oratoria. Y el poeta José Antonio Mazzotti, quien me brindó su estímulo y amistad constantes. Agradezco a mis asistentes, Meagan Waff y Pedro Cárdenas, que fatigaron conmigo el Archivo General de la Nación, el Archivo de Indias y los tantos y tantos libros, y a Anna Beaverman, por haberme ayudado en el impulso final navegando directamente en la prensa mexicana del siglo XX. Debo sobre todo agradecer a Rosa Elena Temis, a quien tanto había extrañado desde mi *Zapata*, pues en medio del dolor y el coraje familiar y personal pudo estar a mi lado en la construcción de esta empresa; mi deuda es grande con ella. Diana Isabel Jaramillo, también de vuelta, se inundó conmigo —apenas por un instante— en las acequias desbordadas. Víctor Macías González, uno de los más brillantes historiadores jóvenes, estuvo a mi lado y me dio consejos y consejas de toda índole mientras me conseguía materiales suculentos para el libro. Rodrigo Moreno me ayudó a cribar en la montaña historiográfica con una generosidad enorme, a pesar de nuestras disputas futbolísticas. Iván Hernández se apeó de su propia creación y colaboró conmigo entre María Callas y el Ángel caído, y de regreso a nuestros amados Contemporáneos y esos años cruciales de 1928 y 1938, donde se forjó y *desforjó* la patria.

Gabriel Sandoval y Carmina Rufrancos, en la cómplice conspiración, me han tendido la mano; he abusado de su paciencia y he ganado, con su generosa ayuda a lo largo de los arduos años de elaboración del manuscrito, esta empresa colectiva e infinita. Estoy en deuda con Eduardo Latapí Zapata, cuya meticulosidad y visión hicieron de esta novela un texto más redondo y hospitalario. A mi padre, su erudición y su biblioteca, de Valle Arizpe a Orozco y Berra; de Riva Palacio a González Obregón. Hubiésemos discutido de tantas cosas si estuviese vivo. Lo habría cuestionado y siempre me hubiera proporcionado otro volumen de sus estanterías como prueba. Tengo varios a mi lado, aunque esté tan lejos: Novo, su querido Fernando Benítez. Lamento que nunca pueda leer esta novela. Lo mismo me ocurre con la ausencia de Carlos Fuentes, con quien charlaba tanto de mis proyectos históricos. Me gustaba su ironía, el cáustico encuentro de su incredulidad ante mis empresas. Estoy seguro de que me hubiera dicho: «¿Quinientos años de la Ciudad de México? Estás loco. Ni Ixca Cienfuegos se hubiese atrevido». Me queda Silvia, querida, otra atenta lectora, mi amiga.

Cuando estaba a punto de claudicar encontré a Alejandro Basáñez, que vuelve de Japón y escribe excepcionalmente dramaturgia y ficción. Su ayuda en la imaginación histórica y en la discusión cotidiana —literal, por Zoom durante la pandemia— me permitió crear un siglo XIX creíble, documentado y robusto. No hay historia de México que pueda pensarse con seriedad si no se discute este siglo crucial, olvidado muchas veces por las efemérides, las intervenciones y, por supuesto, la Revolución. Esta novela le debe mucho a su empeño y su inteligencia. Sin Alejandro igual y esta novela no estaría terminada. Somos otros gracias a esas infinitas sesiones, y hemos crecido ambos como escritores.

Jacobo Sefamí me prestó no solo su apellido, sino su historia familiar. Los Sefamí de esta novela nada tienen que ver, por supuesto, con sus consanguíneos, pero su mirada penetrante y sus reflexiones sobre los judíos sirios en México fueron fundamentales para que pudiera yo escribir y profundizar en algo más que libros y artículos.

En ciertas épocas de la escritura el bloqueo ha sido inevitable, quizá porque se escapa la idea, por la dificultad del hallazgo del tono, esa nota en bemol que da la forma. No lo sé. Solo conozco la brutal angustia de saber que la frente sangra y las palabras se secan. Eric Maisel, sutil terapeuta, ha venido ya dos veces a mi rescate, con su voz tranquila y su sabiduría pragmática. «Ponle un título provisional a cada capítulo. Es más, deja de llamarlos capítulos. Busca un ícono que te centre en ellos. Son, ya me lo dijiste, pequeñas historias que se concatenan por las familias. Déjalos vivir. Concéntrate. Haz una especie de *soundtrack* de la música que escuchaban. Déjalos respirar». Otra vez obró maravillas, y las palabras, detenidas en la garganta y en las teclas, empezaron a fluir como de un manantial sonoro y repiqueteante.

En otro momento difícil Ignacio Sánchez Prado me puso en contacto con el libro divertidísimo de Heriberto Frías, *Los piratas del boulevard. Desfile de zánganos y víboras sociales y políticas en México* y la sátira me permitió continuar. Lo mismo me sucedió con Juan Gerardo Sampedro, quien me acercó al volumen de historia oral hecho por el Centro Cultural Tlatelolco, de la UNAM: *Crónicas de 68*. Miguel Valerio me envió su punzante artículo «Problematizar la soberanía negra», y Richard Anthony Grijalva su disertación en Berkeley: «Political Spirituality and the Idea of Mexico: From the Bourbon Reforms in New Spain to Mexican Independence». Me beneficié mucho también de la tesis recién terminada de Ariel Wind defendida en la misma universidad, *Senses of the Salón: Performance and Literary Aesthetics in Mexico City's Spaces of Spectacle*. El historiador Pablo Piccato me ha acompañado siempre en mis novelas históricas con su investigación sobre el crimen en México. Esta vez no fue la excepción con su *Historia nacional de la infamia: crimen, verdad y justicia en México*.

Este libro no sería lo que es sin otros libros en esa *Biblioteca de Babel* que es la crónica de la Ciudad de México (algunas veces, aunque no nos guste, Distrito Federal). Doy cuenta de ellos porque, como decía Cortázar, uno cita para invitar a los amigos y los cronopios a la fiesta. Solo menciono, por supuesto, los más importantes para no distraer al amable lector que ya nos acompañó hasta aquí. Artemio de Valle Arizpe y sus *Notas de platería*, así como su *Historia de la Ciudad de México*, su *Historia, tradiciones y leyendas de calles de México*, su *Calle vieja y calle nueva*. Estos libros acompañaron a Luis González Obregón y su imprescindible *Las calles de México*, junto con las copiosas memorias de Guillermo Prieto y las reflexiones de Antonio García Cubas y Manuel Payno. Estos últimos tres, además, personajes de algunas secciones de la novela. El coleccionismo de Carlos Monsiváis nos dio cientos de crónicas esenciales sobre la ciudad. Yo navegué sobre todo en un libro hermoso, *Imágenes de la tradición viva*, cuya erudición corre pareja con una investigación iconográfica espléndida y omnívora.

Eduardo Matos y su *Tenochtitlan*, así como la edición conmemorativa de su *Templo mayor*, convivieron con Manuel Orozco y Berra y su *Historia de la ciudad de México desde su fundación hasta 1854*. Los acompañaron una media decena de artículos de Leonardo López Luján, de Manuel Miño Grijalva y Pilar Gonzalbo. Pero también el excepcional *Textiles and Capitalism in Mexico: An Economic History of the Obrajes, 1539-1840*. El curioso volumen *Calendario azteca, ensayo arqueológico* de Alfredo Chavero de 1876 me fue precioso.

Las *Noticias de México*, de Francisco Sedano, editadas en dos volúmenes en 1880, se juntaban con informes de corregidores, como Bernardo Bonavía, u otros del Archivo Histórico del Distrito Federal. También, gracias a la excepcional colección de *Mapas y planos de México: siglos XVI al XIX*, editados por Chomel H. Martine y Víctor Hernández, y la *Historia general de México*, de Daniel Cosío Villegas, junto con artículos de Myron Echenberg, Luz Fernández de Alba y Lourdes Márquez Morfín, pude pensar a Humboldt en México. Los grandes libros de Myron Echenber: *Humboldt's Mexico* y *The Invention of Nature*, así como *Alexander Von Humboldt's New World*, de Andrea Wulf, fueron esenciales, junto con los consejos una vez más de Víctor Macías-González, a quien debo también reflexiones señeras sobre la decoración masculina en el mundo porfiriano, los baños y los homosexuales en México y los lugares de ocio para el mundo gay en los años cincuenta. Guillermo Osorno y su *Tengo que morir todas las noches: una crónica de los ochenta, el underground y la cultura gay*, así como la novela del dramaturgo Gonzalo Valdés Medellín, *La cara del destino*, terminaron de armar algunos de mis capítulos. *El veneno y su antídoto. La curiosidad y la crítica en la revista* Ulises *(1927-1928)* de Anuar Jalife se sumó a mis propios estudios sobre los Contemporáneos. Y el mundo del pan en México me fue posible entenderlo gracias a *Bakers and Basques. A Social History of Bread in Mexico*, de Robert Weis. Los títulos que redondearon mi visión general de la evolución de la ciudad fueron el espléndido libro de Matthew Vitz, *A City on a Lake. Urban Political Ecology and the Growth of Mexico City;* el de Annick Lempérière, *Entre Dios y el rey: la República. La ciudad de México de los siglos XVI al XIX,* y el de Mauricio Tenorio Trillo, «*Hablo de la ciudad*». *Los principios del siglo XX desde la Ciudad de México.*

Salvador Rueda Smithers y Ana Lidia Peña García me ayudaron a imaginar esa ciudad que tan cuidadosamente estudió Nettie Lee Benson en su obra *La diputación provincial y el federalismo mexicano.* Torcuato Luca de Tena, con su particular estilo, me llevó a su *Ciudad de México en tiempos de Maximiliano.* Y para ese periodo me fue de gran ayuda el estudio de Collin Mac Lachlan y William H. Beezley, *Mexico's Crucial Century: 1810-1910: An Introduction.* Al final de ese siglo crucial los trabajos de Agustín Piña Dreinhofer sobre la arquitectura porfiriana completaron reflexiones que empezaron con el libro de Timothy E. Anna, *Forging Mexico: 1821-1835,* y las reflexiones de Ángeles González Gamio sobre el Parián, así como los estudios sobre su demolición, de María Dolores Lorenzo. Humberto Musacchio, que me ha acompañado tantas veces, lo hizo con su *Urbe fugitiva*, de la mano de *Los paseos* de Salvador Novo.

James Oles, en su *Art and Architecture in Mexico* iba a la par que *El país en formación (1821-1854)* de David Guerrero Flores y Emma Paula Ruiz Ham. Luego vino mi lectura de la antología preparada por María Gayón Córdova, *La ocupación yanqui de la Ciudad de México 1847-1848,* junto con los recientes trabajo de José Bravo Ugarte y Pablo

Escalante Gonzalbo. Mi antiguo maestro, Ernesto de la Torre Villar, escribió de todo, pero aquí utilicé su *El ferrocarril de Tacubaya,* junto con el trabajo de David M. Pletcher, «The building of the Mexican Railway».

Serge Gruzinski intentó una historia general en su monumental *La Ciudad de México: una historia;* también lo hizo, con otras pretensiones, Jonathan Kandell en su *La capital,* o más recientemente el poeta *beat* John Ross en su *El Monstruo: Dread and Redemption in Mexico City.* Alejandro Rosas le ha dedicado buena parte de sus trabajos a la ciudad, y estoy en deuda con él por sus muy amenos *Érase una vez en México* (junto con Sandra Molina), como también lo estoy con el nuevo cronista de la urbe, Héctor de Mauleón, quien me ha ayudado tanto a caminarla no solo en los dos volúmenes de *La ciudad oculta,* sino en sus antologías. Desde antes, en *La ciudad que nos inventa, crónicas de seis siglos,* ya nos había asombrado con su erudición y estilo.

Curiosidades como *My Mexico City and Yours*, de Pepe Romero, o el *Chapultepec* de Alfonso Teja Zabre, se complementaban con los serios estudios de Anna Lanyon, *The New World of Martin Cortes,* o el excepcional trabajo de Antonio Saborit, *El virrey y el capellán. Revilla Gigedo, Alzate y el censo de 1790.* El propio Saborit realizó la mejor recopilación de textos sobre la Decena Trágica, *Febrero de Caín y de metralla.* Utilicé muchísimo el libro de John Tutino, *Power, Sovereignty, and Silver: Mexico City, 1808 in an Age of War and Revolution,* así como el excepcional trabajo de Barbara E. Mundy, *La muerte de Tenochtitlan, la vida de México.* Fernando Benítez escribió copiosamente y un volumen recoge tres de sus libros esenciales, *De la Conquista a la Independencia,* donde cualquier novelista debe abrevar. Las *Memorias* de Torres Bodet, especialmente el volumen *Tiempo de arena,* y las de Novo, recogidas a manera de crónica periodística aquí y allá en su *La vida en México,* me fueron utilísimas.

De pronto tenía que sumergirme, en serio, en el directorio telefónico del año 1891, o en los trabajos de Marie François, «Vivir de prestado. El empeño en la Ciudad de México», parte de los volúmenes coordinados por Anne Staples en la *Historia de la vida cotidiana en México.* Moisés González Navarro y su obra *La Reforma y el Imperio* acompañaban los nueve tomos de la *Historia de la Ciudad de México* de Fernando Benítez. El Departamento del Distrito Federal en

1988 pidió a Hira de Gortari que editara la voluminosa y comprensiva obra *La Ciudad de México y el Distrito Federal: una historia compartida*, editada también por el Instituto Mora. En ella me demoraba junto con el *Cuadro geográfico, estadístico, descriptivo e histórico de los Estados Unidos Mexicanos*, editado por la Tipografía de la Secretaría de Fomento en 1885, así como en la *Guía general descriptiva de la República Mexicana: historia, geografía, estadística, etc.*, en dos volúmenes, de Figueroa Domenech, impresa en 1899. Mi lectura entonces de la *Historia sumaria de la Ciudad de México*, de Jesús Galindo y Villa cobraba sentido al fin, en tan grata compañía, como le hubiese gustado a don Alfonso Reyes.

Metropolis: a History of the City, Humankind's Greatest Invention de Ben Wilson, *The Ruins Lesson: Meaning and Material in Western Culture* de la poeta Susan Stewart, y el excepcional ensayo *An Inventory of Losses* de Judith Schalansky, completaron mi odisea bibliográfica y mi visión de las ciudades, la memoria y el olvido.

Mi familia ha sido, como siempre, un pilar en medio de todos estos años, particularmente el último debido a la pandemia. Lucía, quien incluso diseñó una caja de sorpresas que podía ir abriendo cada que terminaba un capítulo; Andrés, siempre dispuesto a poner a punto mi tecnología; Antonio, lejos pero siempre cerca, y sobre todo Indira, eternamente a mi lado, fueron esenciales para que la aventura de escribir la novela de la Ciudad de México, y al menos las historias de las vidas de cuatro de sus familias durante casi quinientos años, pudiera estar finalmente en tus manos, lectora y lector pacientes.

ÍNDICE

Nota del autor 7

ÁRBOLES
GENEALÓGICOS
Cuautle 8
Santoveña 10
Landero 12
Sefamí 14

PRIMERA
PARTE
1. 1526 21
2. 1529 29
3. 1-caña. Un amoxtli de antes de la llegada
   de los teules 37
4. 1540 43
5. 1562 59
6. 1634 69
7. 1649 77
8. 1692 85
9. 1737 95
10. 1753 105

11. 1787 115

12. 1790 127

Segunda
PARTE

13. 1803 143

14. 1808 155

15. 1815 169

16. 1822 183

17. 1828 197

18. 1832 211

19. 1843 229

20. 1847 239

21. 1850 257

22. 1857 271

23. 1861 287

24. 1865 305

25. 1867 321

26. 1897 337

Tercera
PARTE

27. 1910 355

28. 1911 371

29. 1914 387

30. 1921 399

31. 1928 413

32. 1938 425

33. 1942 439

34. 1957 455

35. 1968 471

36. 1978 489

37. 1985 507

Guía de forasteros 527

MAPAS

La ciudad antes llamada Tenochtitlan 18
La Muy Noble y Muy Leal Ciudad de México 140
Una ciudad de orden y de progreso 350